实务精要系列

融资租赁法律实务指引

理解适用与关联规定

李阿侠 / 编

中国法治出版社
CHINA LEGAL PUBLISHING HOUSE

前　言

本书是融资租赁领域的一本实务工具书。

无论是在融资租赁合同办案过程中还是在企业合法性审查过程中，检索法律法规、监管规定、司法解释、司法政策、典型案例必不可少。然而，市面上有关此领域的法规检索工具书极少，有的也只是将法律规定简单汇编成册，未作深入加工。查阅时往往需要东翻西找，不仅费时费力，还难免出现遗漏。此外，虽然近年来各级人民法院发布的典型案例层出不穷，但往往在需要参考时却记不清出处。由此，笔者萌生了将融资租赁领域所有法律法规及典型案例梳理成书的想法。目的是希望通过此本工具书快速检索到与某一法律问题相关的全部法律规定和典型案例。

这就要求对融资租赁领域所有的法律规定作全面的梳理。高效的做法是将涉及同一法律问题的分散性、碎片化法规按照一定的逻辑体例科学、有序地编排整合，以充分发挥法律规范的体系效益。

为此，本书以《民法典》①合同编融资租赁合同章（26条）、《最高人民法院关于审理融资租赁合同纠纷案件适用法律问题的解释》（15条）以及《最高人民法院关于适用〈中华人民共和国民法典〉有关担保制度的解释》（7条）相关规定为主线，逐条进行精解，并将与其联系最为密切的法律法规、部门规章、行政规范性文件、司法政策、典型案例、国际公约等置于其后，从而形成体系上的关联和呼应。每一法条的解读包括"理解与适用""相关法律法规""相关部门规章""相关行政规范性文件""相关司法解释""相关司法文件""相关国际公约""相关典型案例"等栏目。一些重点法条还会额外增加"相关司法建议""相关监管法规""相关参考观点""要点提示"等栏目。

为了增强此工具书的权威性、广泛性与实用性，有以下四点需要加以说明。

一是编入本书的法律文件都是现行可查的有效法律文件。

---

① 为行文简洁，方便读者阅读，全书法律规范均为简称，如《中华人民共和国民法典》简称为《民法典》，以下不再特别标记。

二是在解读《民法典》及司法解释法条时，尽可能地尊重立法原意。虽然我国最高立法机关尚未针对融资租赁合同章法律条文作出专门的立法解释，但参与立法工作的专家所作的学理解释对理解立法原意无疑具有重要的参考价值。为此，在解读《民法典》融资租赁合同章法律条文的内涵时，主要参考了全国人大常委会法工委、最高人民法院编写的《中华人民共和国民法典合同编释义》与《中华人民共和国民法典合同编理解与适用（三）》两书。同理，在解读融资租赁合同相关司法解释的内涵时，则主要参考了司法解释制定者最高人民法院民二庭编著的《最高人民法院关于融资租赁合同司法解释理解与适用》与《最高人民法院民法典担保制度司法解释理解与适用》两书。

三是本书收录的典型案例绝大部分是各级人民法院官方公开发布的典型案例。自融资租赁合同司法解释2014年出台以来，各级人民法院相继发布了大量典型案例，为准确理解、适用法律提供了丰富的实践样本。这些案例的发布都经过了严格的筛选程序，体现了发布法院的司法态度与倾向性意见，对其他法院处理类似案件提供了有益借鉴，需要法官、律师与从业者重点关注。值得一提的是，2024年2月，人民法院案例库正式上线并向社会开放，最高人民法院相关负责人在人民法院案例库建设工作情况新闻发布会的答记者问中明确表示，"人民法院案例库开放后，各级法院审理案件必须查阅案例库，参考入库类似案例作出裁判"。[①] 考虑到人民法院案例库的权威性和指导性，已入库的7件融资租赁合同纠纷典型案例亦收录本书中。笔者尽最大努力将这些典型案例共计98件全部收集齐全，并明晰其裁判规则。

四是为了更好地给企业合规经营提供指引，除法律外，本书还格外重视对监管法规的收集。尽管作为私法的《民法典》与具有公法属性的监管法规在规范目的及功能定位上有所不同，但对金融监管部门抑或融资租赁企业而言，依法经营不仅要遵循《民法典》及相关司法解释的规定，还要符合监管要求。在人民法院日益重视贯彻"抓前端、治未病""金融治理协同理念"的当下，本书将融资租赁领域的行政法规、部门规章、行政规范性文件与《民法典》及司法解释进行关联，试图搭建起《民法典》与其他监管法规的沟通桥梁，以满足企业日益增长的合法性审查需要。比如，为了探究地方政府部门对于无形资产融资租赁的态度，收集整理了2件地方性法规以及32件行政规范性文件。针对

---

① 参见《人民法院案例库建设工作新闻发布会答记者问》，载最高人民法院网站，https://www.court.gov.cn/zixun/xiangqing/426212.html，最后访问时间：2024年8月8日。

车辆融资租赁，收集整理了多省（市）出台的28件行政规范性文件。

因本书定位于工具书，笔者只是一名"搬运工"，唯一做的一点工作就是将这些资料分门别类地"搬运"到一起。由于法规众多，精力所限，"搬运"过程中难免会出现遗漏。相信随着立法与司法实践的持续发展，本书的内容会越来越丰富。最后要说的是，本书的最终面世，离不开中国法治出版社韩璐玮老师认真细致的审阅、编辑和校对工作，过程中对本书提出了许多宝贵建议，特此感谢！

李阿侠

2025年2月1日　天津

目 录

第一部分 《民法典》合同编融资租赁合同章

第七百三十五条 【融资租赁合同的概念】 003
一、一般规定 003
二、船舶融资租赁合同 009
　案例01　承租人应按照光船租赁终止协议之约定履行光船租赁注销登记义务 011
　案例02　普通债权不能在融资租赁船舶的拍卖程序中受偿 012
　案例03　承租人逾期付款和船舶建造人破产并存，出租人可先以破产财产受偿，再向其他责任方追偿 013
三、回购型融资租赁 014
　案例04　出租人可一并向承租人、回购人主张债权 016
　案例05　针对同一笔融资租赁业务，可在融资租赁合同纠纷中一并处理回购合同纠纷 017
　案例06　对未实际购买的租赁物，回购人不承担回购责任 018
　案例07　回购合同兼有保证合同与所有权转移类合同双重属性 019
　案例08　回购合同的性质认定 021
四、其他融资租赁模式 022
　案例09　出租人委托承租人自行购买租赁物的，可构成融资租赁法律关系 025
　案例10　委托租赁中委托人可申请法院强制收回租赁物 026
　案例11　绿色发电项目收益可认定为应收账款并作为质押标的 026
　案例12　承租人涉嫌刑事犯罪不影响保险公司承担保险赔偿责任 028

　　　　案例 13　合同是否涉嫌刑事犯罪不属于管辖权异议审查范围 …… 029
　　　　案例 14　《业务合作协议》与通用保险条款约定不一致时，
　　　　　　　　应优先适用《业务合作协议》的约定 ………………… 031

第七百三十六条　【融资租赁合同的内容】………………………………… 032
　一、融资租赁合同内容 …………………………………………………… 033
　　　　案例 15　有效司法约定送达地址的认定 ………………………… 039
　　　　案例 16　出租人将与合同无任何实际联系的地点约定为管辖
　　　　　　　　法院的，该管辖协议无效 ……………………………… 040
　二、融资租赁合同电子签约 ……………………………………………… 041
　　　　案例 17　电子签约合同效力的判断与认定 ……………………… 042

第七百三十七条　【融资租赁通谋虚伪表示】……………………………… 043
　　　　案例 18　不具有融物属性的"融资租赁合同"不构成融资
　　　　　　　　租赁法律关系 …………………………………………… 046
　　　　案例 19　租赁物部分真实情形下"名为租赁实为借贷"之
　　　　　　　　司法认定 ………………………………………………… 048
　　　　案例 20　名为融资租赁实际构成有效民间借贷的认定及处理 …… 050

第七百三十八条　【特定租赁物经营许可对合同效力影响】……………… 052
第七百三十九条　【融资租赁标的物的交付】……………………………… 054
第七百四十条　　【承租人的拒绝受领权】………………………………… 057
第七百四十一条　【承租人的索赔权】……………………………………… 061
第七百四十二条　【承租人行使索赔权的租金支付义务】………………… 065
第七百四十三条　【承租人索赔不能的违约责任承担】…………………… 067
　　　　案例 21　承租人应就出租人怠于行使索赔权导致其索赔失败
　　　　　　　　的事实承担举证责任 …………………………………… 069

第七百四十四条　【出租人不得擅自变更买卖合同内容】………………… 069
第七百四十五条　【租赁物的登记对抗效力】……………………………… 071
　一、所有权取得 …………………………………………………………… 072
　二、租赁物登记与查询 …………………………………………………… 073
　三、特殊动产登记 ………………………………………………………… 090
　　（一）一般规定 ………………………………………………………… 090
　　（二）机动车 …………………………………………………………… 091

　　　　案例 22　车辆登记在承租人名下，不发生物权变动效力 ……………… 092
　　　　案例 23　出租人可以自物抵押享有租赁物的抵押权 ………………… 093
　　（三）航空器 ………………………………………………………………… 094
　　（四）船舶 …………………………………………………………………… 095
　　　　案例 24　出租人可请求确认对租赁物享有所有权 …………………… 096
　四、不动产登记 ………………………………………………………………… 098
　五、登记对抗效力 ……………………………………………………………… 100
第七百四十六条　【租金的确定规则】 ………………………………………… 101
第七百四十七条　【租赁物瑕疵担保责任】 …………………………………… 103
　　　　案例 25　租赁物存在质量问题的，不影响承租人的租金支付
　　　　　　　　 义务 ……………………………………………………………… 104
　　　　案例 26　承租人以租赁物存在质量问题为由不支付租金的主
　　　　　　　　 张不能成立 ……………………………………………………… 105
第七百四十八条　【出租人保证承租人占有和使用租赁物】 ………………… 106
　　　　案例 27　出租人锁机后未及时采取救济措施导致损失扩大
　　　　　　　　 的，应自行承担扩大的损失 …………………………………… 109
　　　　案例 28　租赁物并非出租人提前收回的，承租人拒付租金的
　　　　　　　　 主张不能成立 …………………………………………………… 110
　　　　案例 29　融资租赁出租人应审慎行使租赁物自行取回权 ………… 111
　　　　案例 30　出租人向征信机构不当报送承租人"不良信息"的，
　　　　　　　　 应承担删除责任 ………………………………………………… 113
第七百四十九条　【租赁物致人损害的责任承担】 …………………………… 114
第七百五十条　　【租赁物的保管、使用、维修】 …………………………… 116
第七百五十一条　【承租人占有租赁物毁损、灭失的租金承担】 …………… 117
第七百五十二条　【承租人支付租金的义务】 ………………………………… 120
　一、一般规定 …………………………………………………………………… 121
　　　　案例 31　第三人代付租金约定的法律性质认定 …………………… 122
　二、加速到期 …………………………………………………………………… 123
　　　　案例 32　出租人主张租金加速到期的法律要件 …………………… 126
　　　　案例 33　承租人经营状况明显恶化的，出租人可宣布租金加
　　　　　　　　 速到期 …………………………………………………………… 127

案例 34　承租人付款义务虽未届至，但已构成预期违约的，
　　　　　　出租人有权主张租金加速到期 …………………………… 128

三、解除合同 ……………………………………………………………… 129
　（一）一般规定 ………………………………………………………… 129
　　案例 35　承租人违约未支付租金，出租人有权解除合同并要
　　　　　　求赔偿损失 ………………………………………………… 133
　　案例 36　租赁物可分的，出租人可主张部分合同加速到期、
　　　　　　部分合同解除 ……………………………………………… 134
　　案例 37　在承租人轻微违约时，出租人不得滥用合同解除权 … 135
　　案例 38　承租人已支付大部分租金，仅有轻微违约且有还款
　　　　　　意愿的，法院可引导出租人变更诉讼请求，尽量避
　　　　　　免合同解除之结果 ………………………………………… 136
　（二）破产程序中的合同解除 ………………………………………… 137
　　案例 39　承租人破产的，合同解除不适用《企业破产法》
　　　　　　第 18 条规定 ……………………………………………… 139
　　案例 40　承租人破产的，可适用《企业破产法》的相关规定 … 141
　　案例 41　出租人应与承租人破产管理人就租赁物协议作价，
　　　　　　或拍卖变卖进行受偿，并可就未获偿部分申报债权 … 142
　　案例 42　融资租赁合同中的出租人享有权利的性质 …………… 144

第七百五十三条　【承租人擅自处分租赁物时出租人的解除权】 ……… 148
　　案例 43　承租人擅自将租赁物转让给第三人的，出租人有权
　　　　　　按照合同约定宣布租金加速到期 ……………………… 152
　　案例 44　融资回租中出租人善意取得租赁物的司法认定 …… 153
　　案例 45　在不同机关登记的抵押权与融资租赁所有权发生
　　　　　　冲突的处理 ………………………………………………… 155

第七百五十四条　【出租人或承租人均可解除融资租赁合同情形】 …… 159
　　案例 46　出租人以融资租赁合同解除为由请求解除三方挂靠
　　　　　　协议的，应予支持 ………………………………………… 161

第七百五十五条　【承租人承担出租人损失赔偿责任情形】 …………… 162

第七百五十六条　【租赁物意外毁损灭失】 ……………………………… 163

第七百五十七条　【租赁期满租赁物的归属】 …………………………… 167

第七百五十八条　【承租人请求部分返还租赁物价值】……… 168
  一、清算规则 ……………………………………………… 169
      案例47　融资租赁合同解除后的违约责任认定 ………… 172
  二、本条涉及的"其他费用"……………………………… 173
    （一）服务费、手续费、咨询费等费用 ……………… 173
      案例48　出租人收取的服务费等费用系变相利息，不予支持 …… 179
      案例49　融资租赁合同中服务费及搭售保险的认定 …… 180
    （二）首付款与首付租金 ……………………………… 182
      案例50　承租人支付的首付款约定不明时，可冲抵租金 …… 183
    （三）律师费、诉讼保全担保费 ……………………… 183
    （四）租赁物占有使用费 ……………………………… 184
      案例51　融资租赁物巨幅贬值情况下承租人违约责任的承担 …… 184
  三、补偿规则 ……………………………………………… 189
      案例52　租赁期届满且承租人留购后出租人不能完整交付租赁物的，出租人应负合理补偿义务 ……… 190

第七百五十九条　【支付象征性价款时的租赁物归属】……… 191
第七百六十条　　【融资租赁合同无效时租赁物的归属】……… 192
      案例53　融资租赁合同实际构成的借款法律关系无效之处理 …… 201
      案例54　行为人以已注销主体签订的融资租赁合同法律效力 …… 203
      案例55　某科技公司未取得金融业务许可签订的融资租赁合同无效 …… 204

第二部分　《最高人民法院关于审理融资租赁合同纠纷案件适用法律问题的解释》部分

第一条　【法律关系的认定】……………………………… 209
  一、租赁物范围 …………………………………………… 210
    （一）一般规定 ………………………………………… 210
      案例56　租赁物为集合物的，可构成融资租赁法律关系 …… 218
      案例57　租赁物并非承租人使用而是用于销售的，不构成融资租赁法律关系 ……………………… 219

案例58 以不适格绿色资产开展售后回租的，不构成融资租赁法律关系 220
（二）航空器 222
（三）船舶 223
（四）机动车及配套设备设施 223
（五）不动产及其附属设施、设备 245
案例59 欠缺融物属性的融资租赁合同应根据实质认定其法律性质 250
（六）基础设施 251
（七）公益资产 253
（八）生物资产 256
案例60 生物资产作为融资租赁合同适格租赁物的判断与认定 258
（九）无形资产 259
案例61 著作权可作为融资租赁标的物 267
（十）海关监管物 269
（十一）消耗品 277
案例62 无法返还原物的消耗品不能作为融资租赁交易之标的物 278

二、租赁物价值 280
案例63 融资租赁物价值低值高估，不构成融资租赁法律关系 281

三、租金构成 283
案例64 集合动产中真实存在的租赁物的价值能够与融资款大致相当的，不构成低值高买 284

四、当事人权利和义务 285
案例65 工业厂房所有权未转移至出租人名下的，不构成融资租赁法律关系 286

五、其他考量因素 287

六、按照实际法律关系处理 288

案例66　未将租赁物所有权转移至出租人的"售后租回"
　　　　　　　构成借款合同关系而非融资租赁合同关系 …………… 292
　　　案例67　融资租赁合同按借款法律关系处理之规则 ………… 295
　　　案例68　部分租赁物虚构的，可在同一案件中分别处理融资
　　　　　　　租赁和借款法律关系 ………………………………… 298
第 二 条　【售后回租】 ………………………………………………… 300
　　　案例69　售后回租合同合法有效 ……………………………… 301
　　　案例70　售后回租合同的效力应予认定 ……………………… 303
　　　案例71　售后回租合同的效力应予认定 ……………………… 303
　　　案例72　售后回租中瑕疵交付的融资租赁合同并非当然无效 … 304
第 三 条　【拒绝受领租赁物】 …………………………………………… 306
第 四 条　【出租人处分租赁物】 ………………………………………… 307
　　　案例73　出租人故意隐瞒债权转让事实，妨碍人民法院审理
　　　　　　　案件的，人民法院可依法对其进行处罚 ……………… 310
第 五 条　【出租人可解约的情形】 ……………………………………… 311
第 六 条　【承租人解约的情形】 ………………………………………… 312
第 七 条　【解约后果的释明】 …………………………………………… 313
第 八 条　【出租人瑕疵担保责任】 ……………………………………… 315
第 九 条　【承租人逾期付租的责任】 …………………………………… 316
　　　案例74　融资租赁合同中租金及违约金合理计算方式的确定 … 321
　　　案例75　逾期租金违约金应当自每期逾期之日起计算，提前
　　　　　　　到期租金违约金自加速到期日起计算 ………………… 323
　　　案例76　承租人逾期付租的迟延利息上限标准可参照年利率
　　　　　　　24%确定 ……………………………………………… 325
　　　案例77　对租金、违约金及其他费用总计超过承租人融资数
　　　　　　　额年利率24%部分的，不予支持 …………………… 326
第 十 条　【承租人逾期付租时出租人的选择权】 ……………………… 327
　　　案例78　出租人不能既要求解除合同、收回租赁物又要求支
　　　　　　　付全部未付租金 ………………………………………… 330
　　　案例79　融资租赁中出租人诉讼请求的选择权 ……………… 330

案例 80　出租人在提起租金加速到期之诉后可再起诉要求解除融资租赁合同、收回租赁物 …………………………… 332

案例 81　法院判决承租人支付合同约定的租金但承租人未履行的，出租人可再行起诉请求解除租赁合同、收回租赁物 …………………………………………………………… 333

案例 82　出租人在已经收回租赁物的情况下，不能再同时要求承租人支付全部未付租金 ……………………… 334

案例 83　出租人选择要求支付租金即视为放弃租赁物 ……… 335

第十一条　【提前解约的损失赔偿】……………………………… 336

案例 84　融资租赁合同解除后损失赔偿范围的认定 ………… 339

案例 85　因租赁物收回时的价值无法确定，出租人主张赔偿损失的诉求不能得到支持 ………………………… 340

案例 86　承租人可反诉要求出租人返还租赁物残值超出欠付租金及其他费用的部分 …………………………… 341

第十二条　【租赁物价值的确定】………………………………… 343

案例 87　租赁物的价值可依当事人约定的期满后租赁物赔偿金及残值确定 ……………………………………… 347

案例 88　根据合同约定的租赁物价格并结合租赁期限进行折旧计算确定租赁物收回时的价值 ………………… 349

案例 89　融资租赁出租人自行收回并处置租赁物应遵循公平原则 ………………………………………………… 350

案例 90　租赁物价值确定方式有失公允的，人民法院不予认可 ………………………………………………… 352

第十三条　【当事人】……………………………………………… 353

案例 91　承租人以自己名义为他人融资购入车辆的，出租人有权选择约定的承租人作为其合同相对方 ……… 356

案例 92　出租人主张经营者对个体工商户债务承担保证责任的，不予支持 …………………………………… 358

第十四条　【租金债务的诉讼时效】……………………………… 358

第十五条　【适用范围】…………………………………………… 361

第三部分 《最高人民法院关于适用〈中华人民共和国民法典〉有关担保制度的解释》涉及融资租赁部分

第 一 条　【适用范围】 ··· 365
第 六 条　【学校、幼儿园、医疗机构、养老机构等提供担保】 ········ 367
第五十六条　【正常经营活动中买受人的认定】 ································· 369
第五十七条　【价款超级优先权的适用】 ·· 371
第六十五条　【出租人对租赁物享有的所有权及其实现程序】 ············ 373
　　案例93　融资租赁承租人破产时租赁物优先受偿权的司法
　　　　　　认定 ··· 378
第六十七条　【融资租赁未经登记不得对抗的"善意第三人"范围及
　　　　　　效力】 ··· 379
　　案例94　未登记的船舶抵押权可对抗非善意的第三人 ············ 384
第 七 十 条　【保证金账户质押】 ·· 385
　　案例95　保证金账户符合特定化和移交占有要求的，可以设
　　　　　　立金钱质权 ·· 390
　　案例96　出租人迟延返还履约保证金的，应承担违约责任 ········ 393
　　案例97　保证金应在提前到期日按照实现债权的费用、滞纳
　　　　　　金、手续费、租金的顺序冲抵债务 ···································· 394
　　案例98　融资租赁案件三种保证金的性质甄别及回购价格
　　　　　　确认 ··· 395

第一部分

《民法典》合同编融资租赁合同章

第七百三十五条　【融资租赁合同的概念】[1] 融资租赁合同是出租人根据承租人对出卖人、租赁物的选择，向出卖人购买租赁物，提供给承租人使用，承租人支付租金的合同。

理解与适用

融资租赁是一种贸易与信贷结合，融资与融物为一体的综合性交易。一般来说，融资租赁要有三方当事人（出租人、承租人和出卖人）参与，通常由两份合同（出租人与承租人之间的融资租赁合同，以及出租人和出卖人之间的买卖合同）或者两份以上的合同构成，其内容是融资，表现形式是融物。出卖人虽然不是融资租赁合同的缔约方，但融资租赁合同的履行却有赖于出卖人基于买卖合同的交货义务的履行。融资租赁合同具有以下三方面含义：[2]

第一，出租人根据承租人对出卖人、租赁物的选择购买租赁物。这是融资租赁合同区别于租赁合同的一个重要特点。租赁合同的出租人是以自己现有的租赁物出租，或者是依自己的意愿购买租赁物用于出租，而融资租赁合同是出租人根据承租人的要求，先购买后出租，是为租而买。[3] 正是从这一意义上，这种合同被冠以"融资"的称号。

第二，出租人必须将购买的租赁物交付承租人使用收益。出租人购买租赁物的直接目的是交付承租人使用收益，而不是自己使用收益。这是融资租赁合同中出租人的买卖行为不同于买卖合同之处。

第三，承租人须向出租人支付租金。正是在这意义上，该种合同的名称中包含"租赁"一词。

一、一般规定

相关部门规章

《金融租赁公司管理办法》（国家金融监督管理总局令2024年第6号，2024年9月14日）

第二条　本办法所称金融租赁公司，是指经国家金融监督管理总局批准设立的，以经营融资租赁业务为主的非银行金融机构。

---

[1] 本书条文前【】中的内容为条文主旨，非条文内容。下文不再对此提示。
[2] 黄薇主编：《中华人民共和国民法典合同编解读》（下册），中国法制出版社2020年版，第855页。
[3] 最高人民法院民法典贯彻实施工作领导小组主编：《中华人民共和国民法典合同编理解与适用（三）》，人民法院出版社2020年版，第1611~1612页。

金融租赁公司名称中应当标明"金融租赁"字样。未经国家金融监督管理总局批准，任何组织和个人不得设立金融租赁公司，任何组织不得在其名称中使用"金融租赁"字样。

第四条 本办法所称融资租赁，是指金融租赁公司作为出租人，根据承租人对出卖人、租赁物的选择，向出卖人购买租赁物，提供给承租人使用，承租人支付租金的交易活动，同时具有资金融通性质和租赁物所有权由出卖人转移至出租人的特点。

本办法所称售后回租业务，是指承租人和出卖人为同一人的融资租赁业务，即承租人将自有资产出卖给出租人，同时与出租人签订融资租赁合同，再将该资产从出租人处租回的融资租赁业务。

第二十八条 金融租赁公司可以经营下列本外币业务：

（一）融资租赁业务；

（二）转让和受让融资租赁资产；

（三）向非银行股东借入3个月（含）以上借款；

（四）同业拆借；

（五）向金融机构融入资金；

（六）发行非资本类债券；

（七）接受租赁保证金；

（八）租赁物变卖及处理业务。

第二十九条 符合条件的金融租赁公司可以向国家金融监督管理总局及其派出机构申请经营下列本外币业务：

（一）在境内设立项目公司开展融资租赁业务；

（二）在境外设立项目公司开展融资租赁业务；

（三）向专业子公司、项目公司发放股东借款，为专业子公司、项目公司提供融资担保、履约担保；

（四）固定收益类投资业务；

（五）资产证券化业务；

（六）从事套期保值类衍生产品交易；

（七）提供融资租赁相关咨询服务；

（八）经国家金融监督管理总局批准的其他业务。

金融租赁公司开办前款所列业务的具体条件和程序，按照国家金融监督管理总局有关规定执行。

❖ 相关司法解释

1.《最高人民法院关于审理融资租赁合同纠纷案件适用法律问题的解释》（法释〔2014〕3号，2020年修正）

第二条 承租人将其自有物出卖给出租人，再通过融资租赁合同将租赁物从出租人处租回的，人民法院不应仅以承租人和出卖人系同一人为由认定不构成融资租赁法律关系。

2. 《最高人民法院关于适用〈中华人民共和国民法典〉有关担保制度的解释》（法释〔2020〕28号）

第一条 因抵押、质押、留置、保证等担保发生的纠纷，适用本解释。所有权保留买卖、融资租赁、保理等涉及担保功能发生的纠纷，适用本解释的有关规定。

3. 《最高人民法院关于新民间借贷司法解释适用范围问题的批复》（法释〔2020〕27号）

广东省高级人民法院：

你院《关于新民间借贷司法解释有关法律适用问题的请示》（粤高法〔2020〕108号）收悉。经研究，批复如下：

一、关于适用范围问题。经征求金融监管部门意见，由地方金融监管部门监管的小额贷款公司、融资担保公司、区域性股权市场、典当行、融资租赁公司、商业保理公司、地方资产管理公司等七类地方金融组织，属于经金融监管部门批准设立的金融机构，其因从事相关金融业务引发的纠纷，不适用新民间借贷司法解释。

二、其他两问题已在修订后的司法解释中予以明确，请遵照执行。

三、本批复自2021年1月1日起施行。

4. 《最高人民法院关于审理非法集资刑事案件具体应用法律若干问题的解释》（法释〔2022〕5号）

第二条第九项 实施下列行为之一，符合本解释第一条第一款①规定的条件的，应当依照刑法第一百七十六条②的规定，以非法吸收公众存款罪定罪处罚：

---

① 《最高人民法院关于审理非法集资刑事案件具体应用法律若干问题的解释》第1条：违反国家金融管理法律规定，向社会公众（包括单位和个人）吸收资金的行为，同时具备下列四个条件的，除刑法另有规定的以外，应当认定为刑法第一百七十六条规定的"非法吸收公众存款或者变相吸收公众存款"：
（一）未经有关部门依法许可或者借用合法经营的形式吸收资金；
（二）通过网络、媒体、推介会、传单、手机信息等途径向社会公开宣传；
（三）承诺在一定期限内以货币、实物、股权等方式还本付息或者给付回报；
（四）向社会公众即社会不特定对象吸收资金。
未向社会公开宣传，在亲友或者单位内部针对特定对象吸收资金的，不属于非法吸收或者变相吸收公众存款。

② 《刑法》第176条：非法吸收公众存款或者变相吸收公众存款，扰乱金融秩序的，处三年以下有期徒刑或者拘役，并处或者单处罚金；数额巨大或者有其他严重情节的，处三年以上十年以下有期徒刑，并处罚金；数额特别巨大或者有其他特别严重情节的，处十年以上有期徒刑，并处罚金。

单位犯前款罪的，对单位判处罚金，并对其直接负责的主管人员和其他直接责任人员，依照前款的规定处罚。

有前两款行为，在提起公诉前积极退赃退赔，减少损害结果发生的，可以从轻或者减轻处罚。

......

（九）以委托理财、融资租赁等方式非法吸收资金的；

......

❋ 相关行政规范性文件

1. 财政部、海关总署、国家税务总局《关于在全国开展融资租赁货物出口退税政策试点的通知》（财税〔2014〕62号，2014年10月1日）

本通知所称融资租赁，是指具有融资性质和所有权转移特点的有形动产租赁活动。即出租人根据承租人所要求的规格、型号、性能等条件购入有形动产租赁给承租人，合同期内有形动产所有权属于出租人，承租人只拥有使用权，合同期满付清租金后，承租人有权按照残值购入有形动产，以拥有其所有权。不论出租人是否将有形动产残值销售给承租人，均属于融资租赁。

2. 商务部、国家税务总局《关于从事融资租赁业务有关问题的通知》（商建发〔2004〕560号，2004年10月22日）

八、融资租赁试点企业应严格遵守国家有关法律法规，不得从事下列业务：

（一）吸收存款或变相存款；

（二）向承租人提供租赁项下的流动资金贷款和其他贷款；

（三）有价证券投资、金融机构股权投资；

（四）同业拆借业务；

（五）未经中国银行业监督管理委员会批准的其他金融业务。

3. 银保监会《融资租赁公司监督管理暂行办法》（银保监发〔2020〕22号，2020年5月26日）

第二条 本办法所称融资租赁公司，是指从事融资租赁业务的有限责任公司或者股份有限公司（不含金融租赁公司）。

本办法所称融资租赁业务，是指出租人根据承租人对出卖人、租赁物的选择，向出卖人购买租赁物，提供给承租人使用，承租人支付租金的交易活动。

第五条 融资租赁公司可以经营下列部分或全部业务：

（一）融资租赁业务；

（二）租赁业务；

（三）与融资租赁和租赁业务相关的租赁物购买、残值处理与维修、租赁交易咨询、接受租赁保证金；

（四）转让与受让融资租赁或租赁资产；

（五）固定收益类证券投资业务。

第八条 融资租赁公司不得有下列业务或活动：

（一）非法集资、吸收或变相吸收存款；

（二）发放或受托发放贷款；

（三）与其他融资租赁公司拆借或变相拆借资金；

（四）通过网络借贷信息中介机构、私募投资基金融资或转让资产；

（五）法律法规、银保监会和省、自治区、直辖市（以下简称省级）地方金融监管部门禁止开展的其他业务或活动。

第五十条 融资租赁公司吸收或变相吸收公众存款以及以其他形式非法集资的，依照法律、行政法规和国家有关规定给予处罚；构成犯罪的，依法追究刑事责任。

4.《上海市融资租赁公司监督管理暂行办法》（沪金规〔2021〕3号，2021年7月26日）

第十八条 融资租赁公司可以经营下列部分或全部业务：

（一）融资租赁业务；

（二）租赁业务；

（三）与融资租赁和租赁业务相关的租赁物购买、残值处理与维修、租赁交易咨询、接受租赁保证金；

（四）转让与受让融资租赁或租赁资产；

（五）固定收益类证券投资业务。

第二十二条 融资租赁公司不得开展下列业务或活动：

（一）非法集资、吸收或变相吸收存款；

（二）发放或受托发放贷款；

（三）与其他融资租赁公司拆借或变相拆借资金；

（四）通过网络借贷信息中介机构、各类地方交易场所、非持牌资产管理机构、私募投资基金等机构，以资产证券化、资产管理计划、资产转让（含债权或收益权转让）等方式，直接或间接向社会公众融资（依法开展的股权融资，以及国家及本市另有规定的情形除外）；

（五）出借、出租融资租赁经营资质；

（六）以暴力或其他非法手段催讨债务或处置租赁物；

（七）法律法规、行业监管制度禁止开展的其他业务活动。

✦ 相关国际公约

1.《国际融资租赁公约》①（1988年5月28日通过）

第一条

1. 本公约管辖第2款所指的融资租赁交易，其中，一方（出租人）：

---

① 本书引用的《国际融资租赁公约》为国际统一私法协会制定，1988年5月28日在加拿大首都渥太华召开的国际外交会议上通过。本书引用的译本为裴企阳译，转引自最高人民法院民事审判第二庭编：《最高人民法院关于融资租赁合同司法解释理解与适用》，人民法院出版社2016年版，第466~473页。

a. 按照另一方（承租人）的规格要求同某个第三方（供货人）订立一项协议。根据该协议，出租人按承租人就涉及其利益的部分所认可的条件取得成套设备、资本货物或其他设备（设备），并且，

b. 同承租人订立一项协议（租赁协议），以承租人支付租金为条件，授予承租人使用设备的权利。

2. 前款所指的融资租赁交易是一种包括以下特点的交易：

a. 承租人指定设备和选择供货人，并且不主要地依赖出租人的技能和判断；

b. 出租人之取得设备是同某一租赁协议相关联的，并且供货人知悉该协议已经或必将在出租人和承租人之间订立，以及

c. 该租赁协议项下应付租金的计算是特别考虑了摊提设备的全部或大部分成本的。

3. 无论承租人是否已有或者随后取得购买该设备或凭另一租期的租赁协议占有该设备的任择权，也无论是支付名义货价还是支付租金，本公约均适用。

4. 本公约适用于涉及所有的设备的融资租赁交易，除非该设备将主要供承租人个人、家人或家庭使用。

2.《租赁示范法》①（2008年11月13日通过）

第二条 定义

……

融资租赁，是指具有以下特征的租赁，不论合同条款是否包含全部或部分租赁物的购买选择权：

（1）承租人指定租赁物并选择供货人；

（2）出租人取得与租赁相关联的租赁物，且供货人知道该事实；

（3）关于租赁项下租金或其他应付费用的构成，不论是否考虑了出租人全部或大部分的投资的摊销。

……

承租人，是指租赁交易中取得租赁物的占有权和使用权的人。承租人一语包括转承租人。

出租人，是指租赁交易中让与租赁物的占有权和使用权的人。出租人一语包括转出租人。

人，是指任何法人，包括私有或公有实体，或自然人。

供货人，是指融资租赁中出租人向其取得租赁物的人。

---

① 国际统一私法协会全体代表大会及政府专家委员会联席会议于2008年11月10日至13日在罗马举行，会议审议通过《租赁示范法》草案，该《租赁示范法》于2008年11月13日正式通过。本书引用的译本来源于最高人民法院民事审判第二庭编著：《最高人民法院关于融资租赁合同司法解释理解与适用》，人民法院出版社2016年版，第474~480页。

供货合同，是指融资租赁中出租人取得租赁物的合同。

二、船舶融资租赁合同

理解与适用

船舶融资租赁合同是常见的海商合同类型，《民事案件案由规定》将其列为第三级案由，应当注意船舶融资租赁合同与一般的光船租赁合同的区别。船舶融资租赁合同是指出租人根据承租人对出卖人、船舶的选择，向出卖人购买船舶，提供给承租人使用，承租人支付租金的合同。该合同当事人因合同的订立、履行、变更和终止而产生的纠纷，即为船舶融资租赁合同纠纷。

船舶融资租赁只有在光船租赁条件下进行，主要有两种情况：[1]

一是银行对承租人的融资。光船承租人以光船租赁的形式租进船舶，可能是为了购买船舶，从而取得船舶的所有权。承租人购买船舶，一般需要向银行融资。一种做法是承租人事先取得贷款以购买船舶。但是，如果承租人自己没有船舶或者其他可靠的财产作担保，那么银行不会给予贷款。而在价款付清之前，所要购买的船舶所有权属于卖方，承租人无法以拟购买的船舶作为贷款的抵押。为解决这一问题，银行以购买人的身份出现，与卖方订立船舶购买合同，付清购买款项，取得所有权，之后将船舶光租给承租人，由承租人负责营运，银行定期收取租金，借以回收购船价款的本金及约定利息。承租人通过支付租金全额偿付了银行购船的本金及利息后，船舶即属承租人所有。这就是所谓的"租购条款"。《海商法》第154条规定，光租合同如订有租购条款，承租人按照合同约定向出租人付清租购费时，船舶所有权即归于承租人。

二是出租人对承租人的融资。承租人如果无须以船舶作为融资的手段，光租出租人则是一般的船东或者船厂（如果是新建船舶）。租购条款实际上是出租人对承租人的融资，承租人借以在付清船舶价款之前占有并使用船舶。此时，船东或者船厂作为出租人，与银行的地位相同。

确定该类争议的案由时，应当注意对案涉合同的法律定性。司法实践中，船舶建造、船舶买卖、船舶租赁时常有融资因素的介入，对租金与租赁物价值差距过大的合同，以及约定内容与《民法典》关于融资租赁合同的定义存在些许出入的合同，应综合《民法典》及司法解释规定，区分船舶融资租赁合同关系与船舶建造、买卖和租赁过程中发生的借款法律关系，对争议的法律关系是否为融资租赁法律关系作出最终认定。[2]

---

[1] 最高人民法院民事案件案由规定课题组编著：《最高人民法院民事案件案由规定理解与适用》，人民法院出版社2011年修订版，第332页。

[2] 最高人民法院研究室编著：《最高人民法院新民事案件案由规定理解与适用（下）》，人民法院出版社2021年版，第613页。

根据《最高人民法院关于海事法院受理案件范围的规定》，船舶融资租赁合同纠纷由海事法院专门管辖，并根据《民事诉讼法》关于地域管辖的规定确定具有管辖权的海事法院。

处理船舶融资租赁合同纠纷的法律依据主要是《海商法》第144~154条有关光船租赁合同的规定，以及《民法典》合同编第15章融资租赁合同的规定。如船舶融资租赁合同具有涉外因素时，首先还应依据《海商法》第269条、《涉外民事关系法律适用法》第41条的规定确定合同准据法，即审查合同双方当事人是否协议选择了应当适用的法律。当事人没有选择的，适用履行义务最能体现该合同特征的一方当事人经常居所地法律或者其他与该合同有密切联系的法律。如果案件不具有涉外因素，可直接依据《民法典》《海商法》和相关司法解释确定当事人的权利义务。①

相关司法解释

《最高人民法院关于海事法院受理案件范围的规定》（法释〔2016〕4号）

根据《中华人民共和国民事诉讼法》《中华人民共和国海事诉讼特别程序法》《中华人民共和国行政诉讼法》以及我国缔结或者参加的有关国际条约，结合我国海事审判实际，现将海事法院受理案件的范围规定如下：

23. 船舶融资租赁合同纠纷案件；

……

37. 海运集装箱融资租赁合同纠纷案件；

……

46. 港航设备设施融资租赁合同纠纷案件；

……

59. 海洋开发利用设备设施融资租赁合同纠纷案件；

相关司法文件

《民事案件案由规定》（法〔2020〕347号，2020年12月29日）

第四部分 合同、准合同纠纷

……

112. 融资租赁合同纠纷

第七部分 海事海商纠纷

……

214. 船舶融资租赁合同纠纷

---

① 最高人民法院研究室编著：《最高人民法院新民事案件案由规定理解与适用（下）》，人民法院出版社2021年版，第612页。

相关行政规范性文件

1.《国务院关于上海市进一步推进"证照分离"改革试点工作方案》（国函〔2018〕12号，2018年12月31日）

3. 改革国际船舶运输经营业务审批，放宽国际船舶运输经营业务审批对自有船舶的准入条件。对已取得国际船舶运输经营资格的航运企业，允许将其自有船舶出售给依法取得国家有关部门批准的融资租赁公司后，再以融资租赁方式回租的该船舶认定为自有船舶。

2.《交通运输部关于做好〈国内水路运输管理规定〉实施有关工作的通知》（交水规〔2020〕6号，2020年5月26日）

2. 水路运输经营者拟通过融资租赁方式在国内新建船舶或从国（境）外进口船舶经营国内水路运输业务的，应按有关规定向具有相应权限的水路运输管理部门申请办理新增客船、危险品船运力许可手续或进行普通货船运力备案，并注明拟采用融资租赁方式。有关水路运输管理部门应在新增运力批准文件或备案回执上注明采用融资租赁方式。

相关典型案例

案例01　承租人应按照光船租赁终止协议之约定履行光船租赁注销登记义务[①]

【案情摘要】

M租赁公司作为出租人、L公司作为承租人签订《融资租赁合同》及《光船租赁合同》，合同项下租赁物为L轮。双方共同向海事局办理了该船舶登记手续，《船舶所有权登记证书》记载该船舶所有人为M租赁公司，《光船租赁登记证明书》记载该船舶承租人为L公司。在该合同履行过程中，M租赁公司与L公司签订了《加速到期协议》和《光船租赁终止协议》。《加速到期协议》约定，L公司确认并同意其在融资租赁系列协议项下已构成违约，双方同意加速到期并终止融资租赁系列协议。《光船租赁终止协议》约定，L公司负责办理各项船舶变更登记手续。之后，L公司未按该协议履行船舶租赁注销登记义务。M租赁公司以L公司违反上述协议为由向法院提起诉讼，请求判令L公司继续履行《光船租赁终止协议》，并办理L轮的登记变更手续。

【裁判要旨】

案涉《融资租赁合同》《光船租赁合同》以及《加速到期协议》和《光船租赁终止协议》均依法成立，且未违反法律法规的强制性规定，也未侵犯其他第三人的合法权益，应认定为有效合同，对双方当事人均具有约束力。《民法典》第557条规定，合同当事人可以约定终止合同项下权利义务。本案中，《加速到期协议》和《光船租赁终止协议》确认

---

① 本案例为作者根据工作、研究经验，为具体说明相关法律问题，编辑加工而得。

终止融资租赁系列协议，据此，本院认定《融资租赁系列协议》终止，双方应按照《加速到期协议》和《光船租赁终止协议》的约定履行结算与清理义务。涉案《光船租赁终止协议》约定被告负责办理各项船舶变更登记手续，但被告拒不履行该义务，应承担相应的违约责任。L 公司应于判决生效之日起十日内按照具有法律效力的《光船租赁终止协议》的约定履行 L 轮光船租赁注销登记义务。

案例 02　普通债权不能在融资租赁船舶的拍卖程序中受偿[1]

【案情摘要】

2014 年 10 月 4 日，被告 H 公司与原告 Z 公司签订《修船合同标准条款》，约定由 Z 公司修理 A 轮。同年 10 月 7 日，H 公司与 Z 公司签订 A 轮结算协议，确认 Z 公司已完成修理工作，产生修理费 395000 元，H 公司在开船前支付 200000 元，承诺余款 195000 元在 2014 年 11 月 7 日前付清。但 H 公司至今未付余款。另，A 轮由被告 R 公司融资租赁给 H 公司，该轮登记所有权人为 R 公司，登记光船租赁人为 H 公司，登记时间 2012 年 3 月 1 日，起租日期 2010 年 7 月 30 日，终止日期 2016 年 4 月 15 日。因 R 公司的申请，该轮于 2014 年 12 月 13 日被扣押，2015 年 5 月 13 日被依法拍卖，2015 年 6 月 16 日注销光租登记。拍卖 A 轮公告期间，Z 公司向本院申请债权登记，之后依法提起本案诉讼。

【裁判要旨】

法院经审理认为，Z 公司为 H 公司经营的 A 轮进行修理，双方形成船舶修理合同关系，该合同系双方当事人真实意思表示，内容合法，应确认有效，双方均应按约履行。Z 公司按约修理船舶后，H 公司未付修理款的行为显属违约，故 Z 公司要求 H 公司支付拖欠修理款的主张合法有理，予以支持。R 公司未参与船舶经营，并非修理合同的相对人，因此 Z 公司要求 R 公司支付修理费的主张于法无据，不予支持。

【典型意义】

船舶融资租赁本质上是出租人为承租人提供融资服务，融资租赁船舶虽由出租人登记为所有权人，承租人登记为光租人，但与海商法规定的光船租赁合同的法律性质并不相同，不适用《最高人民法院关于扣押与拍卖船舶适用法律若干问题的规定》第 3 条的规定。本案 Z 公司的修理费债权属于普通债权，不能在融资租赁船舶的拍卖程序中受偿。

---

[1]　本案入选宁波海事法院船舶融资租赁合同纠纷典型案例，案号：（2015）甬海法商初字第 570 号民事判决书，载中国裁判文书网，最后访问时间：2024 年 8 月 1 日。

本书未特别说明案例来源的，均来自中国裁判文书网，下文不再特别说明。

案例 03　承租人逾期付款和船舶建造人破产并存，出租人可先以破产财产受偿，再向其他责任方追偿①

【案情摘要】

2010 年 10 月 27 日，原告 R 公司与被告 Y 公司、王某、邬某及案外人 H 公司签订《融资租赁合同》，约定 R 公司根据 Y 公司的选择，向作为船舶建造人的 H 公司订购一艘绞吸式挖泥船，并融资租赁给 Y 公司；融资租赁船舶的总价为 1 亿元，租赁期限为 60 个月，月租息率为 5.0667‰，服务费为 400 万元，保证金为 2500 万元，名义货价为 150 万元；如 H 公司不履行船舶建造合同义务，由 Y 公司行使索赔权利并承担费用，不影响其按照合同约定支付租金；R 公司首次支付价款之日即为起租日，租金每月支付 1 期，前 8 期按月支付租息，后 52 期按月等额支付租金；若 Y 公司延迟支付租金，应按日支付违约金，任何一期租金拖欠 15 日以上或出现第二次租金延付的，或有侵犯租赁物所有权的，或承租人、保证人有经营状况严重恶化等丧失或可能丧失履行债务能力的，R 公司可以要求 Y 公司立即支付到期租金、违约金、经济损失赔偿金，也可以解除合同，收回租赁物；王某、邬某为 Y 公司履行该合同提供连带责任担保。上述融资租赁合同签订当日，R 公司又与 Y 公司、H 公司签订船舶建造合同。此后 R 公司按照合同约定共支付了人民币 9000 万元的船舶建造款，最后一期造船款计人民币 1000 万元待船舶建造完毕取得 R 公司为所有权人的船舶所有权登记证书后再支付。但在该融资租赁合同履行过程中，Y 公司起始即拖欠租息，由保证人代付；至应付租金的 2011 年 8 月 15 日，Y 公司未及时支付到期租金，作为保证人也只支付部分租金 100 万元，后于 2011 年 9 月 2 日支付银行远期承兑汇票 100 万元；2011 年 9 月 15 日之后的租金更是分文未付，其余保证人也拒不履行保证义务；拖欠租金逾付多期。后 Y 公司经营状况严重恶化，不能正常偿还到期债务。2011 年 11 月，R 公司起诉至法院后，由于涉案船舶建造单位 H 公司进入破产程序，原案中止审理，R 公司于 2013 年 6 月申请撤诉，法院予以准许。2015 年 2 月 9 日，R 公司在 H 公司破产程序中获得受偿 8133397.12 元。其余债务三被告仍未支付，故诉至法院。

【裁判要旨】

法院经审理认为，R 公司与 Y 公司、王某、邬某、H 公司签订的《融资租赁合同》及 R 公司与 Y 公司、H 公司签订的《船舶建造合同》，系各方当事人的真实意思表示，合法有效，应受法律保护。R 公司未取得涉案船舶所有权不影响其与 Y 公司间的融资租赁合同关系，各方当事人应全面履行各自合同义务。Y 公司依约应向 R 公司支付租金但逾期未付，R 公司有权要求其依约立即支付全部到期租金及其为实现债权而支付的律师费用等，王某、邬某应依约对上述债务承担连带保证责任。R 公司主张按照租金总额 116343120.4 元扣除已付租金、保证金及利息，R 公司尚未投放的造船款及其从 H 公司处收回的款项，Y 公司尚欠 R 公司租金 70227851.11 元，该计算方法符合约定，不违反法律规定，予以保

---

① 本案入选宁波海事法院船舶融资租赁合同纠纷典型案例，案号：（2015）甬海法商初字第 1027 号民事判决书，最后访问时间：2024 年 8 月 1 日。

护。至于 Y 公司与 H 公司间的债权债务关系，可另择合法途径解决。

【典型意义】

在融资租赁期间，承租人应按照约定向出租人支付租金，这是承租人的基本义务。如果承租人没有按照约定支付租金，则出租人享有催告权，即通知承租人，并要求其在一定的合理期间内支付租金。如果承租人在合理期限内仍未支付租金，则出租人可以要求支付全部租金，也可以解除合同，收回租赁物。但出租人不能同时要求支付全部租金和解除合同、收回租赁物。原因在于给付全部租金的诉请与要求解除合同、收回租赁物是两个相互排斥的诉讼请求，出租人只能择一行使。

三、回购型融资租赁

❂ 相关部门规章

《金融租赁公司管理办法》（国家金融监督管理总局令 2024 年第 6 号，2024 年 9 月 14 日）

第六十六条 金融租赁公司基于流动性管理和资产配置需要，可以与具备从事融资租赁业务资质的机构开展融资租赁资产转让和受让业务，并依法通知承租人。如转让方或受让方为境外机构，应当符合相关法律法规规定。

金融租赁公司开展融资租赁资产转让和受让业务时，应当确保租赁债权及租赁物所有权真实、完整、洁净转移，不得签订任何显性或隐性的回购条款、差额补足条款或抽屉协议。

金融租赁公司作为受让方，应当按照自身业务准入标准开展尽职调查和审查审批工作。

❂ 相关司法文件

1.《全国法院民商事审判工作会议纪要》（法〔2019〕254 号，2019 年 11 月 8 日）

91.【增信文件的性质】 信托合同之外的当事人提供第三方差额补足、代为履行到期回购义务、流动性支持等类似承诺文件作为增信措施，其内容符合法律关于保证的规定的，人民法院应当认定当事人之间成立保证合同关系。其内容不符合法律关于保证的规定的，依据承诺文件的具体内容确定相应的权利义务关系，并根据案件事实情况确定相应的民事责任。

2.《天津法院融资租赁合同纠纷案件审理标准》①（津高法发〔2017〕2 号，2018 年 4 月修订）

第 2.3 条 可以合并审理的案件，是基于同一融资租赁行为发生的融资租赁合同、买卖合同、担保合同及回购合同等纠纷。

---

① 高憬宏主编：《人民法院司法标准化理论与实践（二）》，法律出版社 2018 年版，第 79 页。

第4.8条　回购合同不适用担保法中关于保证合同的规定,适用合同法第一百二十四条的相关规定。

3. 上海市高级人民法院《融资租赁合同纠纷类案办案要件指南》①（2020 年 5 月 18 日）

（一）回购担保合同的法律性质认定和裁判规则

【审查要点】

回购合同是以附条件买卖合同为形式,为保证融资租赁合同履行为目的的一种混合合同,兼具保证和买卖的双重属性。具体来讲,保证属性方面,回购合同具有担保债权,保障债权人债权得以实现的目的,回购人（即出卖人）应在承租人违约时承担保证责任,即支付回购款。买卖属性方面,出租人应向回购人交付符合合同约定的回购物。对于回购合同,不能单纯的适用担保法或者买卖合同的相关规定,而是应结合担保和买卖两种法律规范对合同双方的权利义务予以调整。

（二）回购担保的范围认定和裁判规则

【审查要点】

回购条款一般会对回购人的回购范围及回购价格有明确的约定。回购合同的约定若不存在无效合同或可撤销合同的法定情形,应遵循契约自由原则,并尊重相关行业交易惯例,应属合法有效。

【注意事项】

鉴于回购的担保性质,回购价款具有一定的补偿性,其计算方式通常与承租人的违约情形相挂钩。有的合同约定为承租人未付租金,有的合同约定为承租人未付租金减去保证金,还有的合同约定为承租人全部未清偿债务,包括逾期租金、全部未到期租金及其他应付未付款项。对于回购价款的计算方式并没有严格的标准,主要尊重当事人意思自治,以约定为准。但如果存在回购价款过高的情形,法院可根据案件情况予以调整。

（三）出租人通知回购人及时性的认定和裁判规则

【审查要点】

承租人违约后存在补交租金等履约因素,且出租人权利救济时间已由诉讼时效制度予以限制,故回购条件成就之时立即通知缺乏相应的合同依据,未及时通知与损失扩大缺乏必然性联系。

（四）出租人可一并向承租人、回购人主张债权

【审查要点】

出租人向承租人主张租金,同时向回购人主张回购责任的,法院可以合并审理。

（五）回购合同纠纷案件审理中需注意的其余问题

---

① 茆荣华主编:《上海法院类案办案要件指南》（第 1 册）,人民法院出版社 2020 年版,第 80-83 页。

【注意事项】

1. 应注意审查回购合同签订当事人在融资租赁合同中的地位和合同履行情况，是否真实存在承租人，租赁物是否由承租人占有使用。谨防出租人与出卖人以回购为名，行企业间拆借之实。

2. 对回购条件是否成就应从严审查和判断。一般回购合同都由处于优势和主动地位的出租人提出，回购对出卖人不利，从利益平衡角度考虑，应对回购条件的成就与否从紧从严掌握。

3. 要注意回购条款对第三人即承租人的效力，尤其对约定不实际交付的回购请求，应由出租人提供其已经通知承租人租赁物所有权转让的证据，审查出租人是否履行了通知义务，以证明其为交付标的物履行了相关义务。

相关典型案例

案例 04　出租人可一并向承租人、回购人主张债权①

【基本案情】

甲租赁公司与李某签订融资租赁合同，乙公司是融资租赁合同项下租赁物的出卖人，甲租赁公司与乙公司就融资租赁合同的履行又签订回购担保合同。后因李某未付租金，甲租赁公司起诉要求李某支付全部未付租金，并要求乙公司支付约定回购款。乙公司辩称，融资租赁合同与回购合同是两个法律关系，不应一并审理。

【裁判要旨】

法院经审理认为，尽管李某与乙公司对甲租赁公司所承担责任的性质有所不同，但均系甲租赁公司出于保护系争融资租赁合同债权得以实现而分别与李某、乙公司合意设立。在任何义务一方履行相应给付义务之后，其他义务方相应的给付义务将予以免除，甲租赁公司的主张未超出其合同利益。因此，甲租赁公司就融资租赁合同项下的损失向李某、乙公司主张权利，于法无悖。

【典型意义】

回购合同的设立以降低出租人融资租赁合同债权风险为目的，回购合同与融资租赁合同具有关联性。回购款金额与未付租金基本一致，债权范围具有一致性。当债权的主张对象存在数个给付主体时，债权人有权选择对其最有效率和保障的权利救济方式。若出租人选择就承租人的违约责任和回购人的回购责任一并提起诉讼的，虽然责任性质不同，但是系针对同一债务，一并审理更有利于融资租赁交易事实的查明和纠纷的解决。任何一方责任主体按照法院判决履行了对出租人的债务给付义务的，其他责任主体对出租人的给付义务将予以相应免除，出租人亦无法获得多重赔偿。

---

① 本案例为作者根据工作、研究经验，为具体说明相关法律问题，编辑加工而得。

案例 05　针对同一笔融资租赁业务，可在融资租赁合同纠纷中一并处理回购合同纠纷①

【基本案情】

2019年9月6日，某金融租赁股份有限公司（以下简称某金租公司）与杭州某公司签订《融资租赁合同》，由杭州某公司采用售后回租的方式向某金租公司租赁汽车合计400台，租赁期限36个月，每期租金816214.61元。若承租人未按本合同约定支付租金及其他应付款项，则出租人有权宣布本合同项下承租人的债务全部或部分到期，要求承租人立即支付应付的所有违约金、全部或部分未付租金和其他应付款项，承租人应就逾期未付款项按日万分之五向出租人支付违约金，直至全部付清之日止。同日，某金租公司与陈某签订《自然人保证合同》，陈某对杭州某公司在上述融资租赁合同项下的全部给付义务承担连带责任保证。某金租公司和浙江某公司签订《二手车辆转让合同》，约定若承租人存在任何一期租金未按融资租赁合同约定按时足额向出租人支付且逾期超过60日的，出租人有权要求浙江某公司履行购买义务，购买价款为《融资租赁合同》项下承租人应当支付的所有到期未付租金及所有未到期租金、违约金以及合理费用等。由于杭州某公司未依约支付租金，某金租公司一并将杭州某公司、陈某、浙江某公司起诉至本院，要求杭州某公司支付全部未付租金并承担相应的违约责任、陈某承担连带保证责任、浙江某公司承担回购责任。

【裁判结果】

法院生效裁判认为，某金租公司与杭州某公司签订的《融资租赁合同》，系双方当事人真实意思表示，内容不违反法律、行政法规的强制性规定，合法有效。原告依约履行了合同项下义务，但被告未按约支付相应租金，已构成违约，原告有权主张租金加速到期，要求被告杭州某公司支付全部未付租金，并承担相应的违约责任。陈某承诺对某金租公司在案涉《融资租赁合同》项下的债务承担连带责任保证，某金租公司有权要求陈某对杭州某公司的全部未付租金、违约金承担连带清偿责任。关于被告浙江某公司的责任承担，依据原告与浙江某公司签订的《二手车辆转让合同》约定，承租人任何一期租金未按《融资租赁合同》的约定按时足额向出租人支付且逾期超过60日的，原告有权要求浙江某公司履行购买义务，故在承租人未如约支付多期租金的情况下，被告浙江某公司应向原告承担购买责任。因浙江某公司承担购买义务的范围与承租人、保证人向原告承担责任的范围相同，其中一方当事人承担责任后，其他当事人的责任份额应相应减少，若任何一方履行完毕给付义务，则其他各被告对于原告相应的给付义务予以免除。

【典型意义】

近年来，在融资租赁交易中引入回购担保的交易模式较为常见。回购人通常会向出租人承诺在承租人不履行租金支付义务时，将按照约定向出租人支付回购价款，购回租赁物

---

① 参见天津自由贸易试验区人民法院2024年3月发布的《汽车金融风险防控及企业合规治理典型案例》，载微信公众号"天津滨海新区法院"（2024年3月15日），https://mp.weixin.qq.com/s/-7wc0h42Z4gOgPriTOGYAw，最后访问时间：2024年7月20日。案号：天津自由贸易试验区人民法院（2022）津0319民初5008号民事判决书。

或租金债权。本案法院将回购合同和融资租赁合同在同一个诉讼中一并处理，不仅有利于查明案件事实，合理界定承租人与回购人的法律责任，还有利于一次性化解矛盾纠纷，减轻当事人的诉累。因承租人的违约责任与回购人的回购责任存在紧密关联，一方承担了责任就会导致另一方相应责任的减轻，故需要注意避免出租人双重受偿。

案例 06　对未实际购买的租赁物，回购人不承担回购责任[①]

【要旨】

融资租赁交易具有融资和融物的双重属性，如仅有资金空转而无租赁物的转移交付，不构成融资租赁法律关系，对未实际购买的租赁物，回购人不承担回购责任。

【案情】

2010 年 9 月 20 日，甲租赁公司与乙公司签订《融资租赁合同》《委托购买合同》及抵押合同，约定甲租赁公司根据乙公司对供货商和租赁物的选择，委托乙公司以 3488 万元的价格向丙公司购买硫化机 16 台、成型机 4 台，并同意将前述设备出租给乙公司使用，租赁期限 36 个月；乙公司将其名下的设备抵押给甲租赁公司，以担保融资租赁合同项下的所有债务。同日，甲租赁公司与丙公司签订《回购保证合同》，约定丙公司为乙公司的《融资租赁合同》提供回购保证。同年 10 月 26 日，甲租赁公司与乙公司对抵押物办理了动产抵押登记。2011 年期间，甲租赁公司分别向乙公司支付了两笔价款共计 3101 万余元，乙公司购买了硫化机 16 台，但并未购买成型机 4 台。

乙公司使用租赁设备后，自 2013 年 2 月 8 日起未再按约支付租金，2013 年 8 月 22 日，甲租赁公司与乙公司签订《补充协议》，重新确认了剩余租金及支付期限等，并约定因乙公司的原因未取得成型机 4 台，甲租赁公司无须再向乙公司支付剩余产品价款，因乙公司嗣后仍迟延支付租金，甲公司起诉至法院，请求判令乙公司支付未付租金、迟延履行金等，对乙公司的抵押物行使抵押，以及丙公司在乙公司不履行前述付款义务时履行回购义务等。

【审判】

法院认为，当事人之间签订的《融资租赁合同》及《补充协议》等合法有效，乙公司系承租人，其未按合同约定支付钱款，构成违约，应承担违约责任。融资租赁交易具有融资和融物的双重属性，缺一不可，如无实际租赁物或者租赁物所有权未从出卖人处转移至出租人，则应认定该融资租赁合同没有融物属性，仅有资金空转，应属借款合同。本案中，甲租赁公司与乙公司签订总金额为 3448 万元的《融资租赁合同》，其中 1888 万元购买硫化机 16 台的部分构成融资租赁，而另 1560 万元的部分因最终并未购买设备，事实上仅发生了资金占用，不构成融资租赁法律关系。

甲租赁公司与丙公司签订的《回购保证合同》约定了回购标的、回购条件、回购价款

[①] 参见《金融服务实体经济典型案例（四）| 甲租赁公司诉乙公司、丙公司融资租赁合同纠纷案》，载微信公众号"上海二中院"（2018 年 2 月 3 日），https://mp.weixin.qq.com/s/G2AaMeU5xTmImtZ4GXcK_Q，最后访问时间：2024 年 8 月 1 日。

及租赁物所有权的转移,从合同条款来看,该回购保证义务的承担应以回购标的的存在为前提,作为回购保证人的丙公司有义务在回购条件成就时支付回购价款,但同时也有权在支付回购价款后取得租赁物所有权。本案中,《融资租赁合同》项下的租赁物并未购买,出租人甲租赁公司亦未取得部分租赁物的所有权,因此对该部分价款,甲租赁公司无权要求回购保证人承担回购责任,丙公司仅对已实际购买的设备承担回购责任,法院遂判决部分支持了甲租赁公司的诉讼请求。

【意义】

本案系一起涉回购的融资租赁合同纠纷,回购是融资租赁交易中一种新型的担保出租人权利的业务模式,具有防控融资风险的功能。与传统的融资租赁交易模式比较而言,回购型融资租赁业务中,设备制造商或销售商不仅承担出卖人的角色,而且在承租人未支付租金等违约行为发生时,还负有回购租赁设备的责任。一方面,出租人通过与租赁设备的出卖人设立回购,以出卖人介入融资租赁合同项下租金支付和受让标的物的方式,最大限度地降低出租人的融资风险,保障租金债权的安全。另一方面,出卖人则以回购为代价实现设备销售目的,通过这一交易模式,融资租赁各方面基于商事交易需要实现合作互利、风险共担的目的。本案例从分析融资租赁合同有别于其他合同的特征出发,认为融资租赁交易具有融资和融物的双重属性,缺一不可。如仅有资金空转而未实际购买租赁物,则当事人之间不构成融资租赁法律关系,而应属借款法律关系,回购人对未实际购买的租赁物亦不承担回购责任。本案裁判有利于规范新类型金融商事担保行为,促进融资租赁市场健康发展,以更加有效的支持实体经济。

案例 07　回购合同兼有保证合同与所有权转移类合同双重属性[①]

【案情摘要】

2013 年 4 月 27 日,S 租赁公司(出租人)与朱某某(承租人)签订《融资租赁合同》,约定出租人通过售后回租方式为承租人提供融资支持,租赁物为自卸汽车 2 台,买卖价款为 630000 元,融资期限为 24 个月,租金合计 694923.36 元。

2013 年 6 月 1 日,S 租赁公司(甲方)与 H 公司(丙方)、Y 公司(乙方)签订《租赁物回购协议书》,约定:鉴于乙方及丙方向甲方推荐的客户(即承租人)与作为出租人的甲方签订了《融资租赁合同(售后回租)》及相关附件,承租人向乙方购买了设备并签订买卖合同,乙方系丙方的经销商,丙方为租赁物的生产商,乙方对其销售给承租人的全部租赁物在约定条件下向甲方承担回购义务,乙方不能承担本协议的回购义务的,由丙方向甲方承担与乙方同等的回购义务。如承租人出现融资租赁合同中约定的违约行为,则甲方有权于上述承租人违约行为出现时向乙方发送租赁物回购通知,乙方有义务和责任在甲方发送租赁物回购通知之日起 5 日内向甲方支付租赁物项下的全部回购价款,该回购价

[①] 本案入选天津市高级人民法院发布的《天津法院金融商事审判典型案例(2016 年)》,案号:天津市第二中级人民法院(2015)二中民二终字第 759 号民事判决书,最后访问时间:2024 年 8 月 1 日。

款包括租赁物项下的逾期租金及利息、逾期罚息、剩余租赁本金、名义价款及其他甲方因承租人违反合同约定所实际发生的合理费用；如果在前述约定的回购条件成就后，甲方向乙方发出租赁物回购通知之日起15日内，乙方不能承担本协议约定回购义务的，由丙方向甲方承担与乙方同等的回购义务，甲方有权立即向丙方发送回购通知，丙方应在甲方发出租赁物回购通知之日起的5日内向甲方支付租赁物项下的回购价款；乙方或丙方承担本协议约定的回购义务不以甲方移交租赁物为前提条件，自乙方或丙方承担回购责任之日起，承租人同意就已获清偿债务的租赁物所有权归属于承担了回购义务的乙方或丙方；甲方应于收到乙方或丙方全部回购款之日起七个工作日内将回购租赁物的相关材料及所有权转移文书交乙方或丙方。该协议后附《融资租赁合同明细表》。H公司在协议尾部丙方处及《融资租赁合同明细表》后均加盖公章，加盖印章时间和签字处空白。S租赁公司及Y公司分别于2013年6月1日和5月31日在协议尾部及《融资租赁合同明细表》后签章。截至本案辩论终结前，Y公司与H公司均未履行回购义务。

融资租赁合同签订后，除首期款外，朱某某未支付任何租金。2013年9月8日，S租赁公司向Y公司和H公司分别发送《租赁物回购通知书》，要求就承租人的违约行为承担《租赁物回购协议书》中约定的回购义务，H公司拒绝履行回购责任。S租赁公司认为H公司的行为已严重违约，故向法院提起诉讼。

【法院裁判】

一审法院认为，S租赁公司、H公司及Y公司签订的《租赁物回购协议书》应认定为有效合同。关于H公司是否应当承担回购责任的问题。融资租赁回购合同是在融资租赁行业发展过程中新兴的合同形式，它不同于保证合同，它是一种单务合同。回购合同在约定一方承担回购义务的情况下，会同时约定另一方转移租赁物所有权，是一种兼有保证合同与所有权转移类合同性质的双务合同。由此，融资租赁回购合同不能等同于担保合同，不能单纯援引《担保法》的相关规定。涉诉回购协议明确约定，如承租人出现融资租赁合同中约定的违约行为，S租赁公司有权于上述承租人违约行为出现时向Y公司发送租赁物回购通知，Y公司有义务和责任支付租赁物项下的全部回购价款。回购协议同时约定，如果在前述约定的回购条件成就后，S租赁公司向Y公司发出租赁物回购通知之日起15日内，Y公司不能承担本协议约定回购义务的，由H公司向S租赁公司承担与Y公司同等的回购义务，S租赁公司有权立即向H公司发送回购通知，H公司应在S租赁公司发出租赁物回购通知之日起的5日内支付租赁物项下的回购价款。根据上述约定，在Y公司接到租赁物回购通知之日起15日内不能承担回购协议约定的回购义务时，由H公司向S租赁公司承担与Y公司同等的回购义务。依据查明的事实，朱某某拖欠S租赁公司租金属于合同约定的回购情形，且在S租赁公司发出回购通知后，Y公司未依约履行回购义务，H公司承担回购责任的条件已经成就，应当依约承担回购责任。依照合同约定，自H公司或Y公司承担回购责任之日起，S租赁公司同意就已获清偿债务的租赁物所有权归属于承担了回购义务的H公司或Y公司，故H公司履行了约定的回购义务后，即获得了租赁物的所有权。

H公司不服一审判决，提起上诉。二审判决驳回上诉，维持原判。

【典型意义】

典型的融资租赁交易模式一般由三方当事人、两个合同构成，即出租人与承租人之间的融资租赁合同和出租人与出卖人之间的买卖合同。但实践中，出租人为保障租赁合同项下权利的实现，降低交易风险，常常另行签订回购合同。回购合同模式是指出租人与生产厂家或者经销商等签订回购合同，约定承租人逾期支付租金时，出租人有权要求生产厂家或经销商对租赁物承担回购责任，回购价款包括租赁物项下的逾期租金及利息、逾期罚息、剩余租赁本金、名义价款及其他因承租人违反合同约定所实际发生的合理费用等。回购方承担回购责任后，出租人将回购租赁物的相关材料及租赁物所有权转移文书交与回购方。回购合同虽然具有担保租赁合同项下权利实现的作用，但其权利义务内容不同于保证合同，不能直接适用《担保法》中关于保证合同的规定，应适用《合同法》中关于无名合同的相关规定。

案例08　回购合同的性质认定[①]

【案情摘要】

某金租公司（出租人）、某工贸公司（承租人）签订《融资租赁合同》。某金租公司、某集团公司签订《合作协议》，约定不良《融资租赁合同》产生后，某金租公司有权要求逾期租金垫付方支付逾期租金垫付款项；如逾期租金垫付方未能履行逾期租金垫付责任，则某金租公司有权要求某集团公司下属子公司支付回购价款，无条件购买某金租公司在该《融资租赁合同》项下的全部权益。某金租公司、某机械公司签订《合作协议附属协议》，约定某机械公司同意对《合作协议》的所有《融资租赁合同》项下所有债务承担逾期租金垫付责任，保证范围为承租人在《融资租赁合同》项下应向某金租公司支付的全部债务。

后某工贸公司逾期支付租金，某机械公司未履行租金垫付义务。某矿业公司（某集团公司下属子公司）陆续向某金租公司支付回购款项，承担回购义务，取得案涉《融资租赁合同》项下相关权利。某矿业公司根据《合作协议》提起诉讼，要求某机械公司承担连带责任。

【裁判结果】

天津市第三中级人民法院认为，关于融资租赁业务回购义务人履行回购义务的性质问题，《合作协议》中对于回购的约定为"无条件购买出租人在《融资租赁合同》项下的全部权益"，回购义务人的回购义务并非单纯的担保出租人在《融资租赁合同》项下的权利得以实现，同时具备买卖合同的性质，回购义务人以支付承租人欠付的租金为对价，购买出租人在《融资租赁合同》项下的全部权益以及以此形式担保出租人权利的实现。故回购义务人履行回购义务的行为并非单纯履行保证担保责任。此外，某机械公司在融资租赁合

[①] 本案入选天津市第三中级人民法院2024年12月发布的《供应链金融纠纷典型案例》，载微信公众号"天津三中院"（2024年12月21日），https://mp.weixin.qq.com/s/sbWUciMCBD0OKxQs1F4xqg?poc_token=HCuxc2ej2jAIOE040rzOpuJMc0Xwo3KA0DQDPg19，最后访问时间：2024年12月18日。

同订立过程中向某金租公司出具《承诺函》，承诺对案涉《融资租赁合同》项下债务承担连带责任保证。某矿业公司在支付回购价款后取得某金租公司在《融资租赁合同》项下的全部权益，并已分别向某工贸公司及某机械公司发送权益转让通知书，因此某矿业公司在本案中主张某机械公司承担相应的保证责任于法有据。

【典型意义】

本案系售后回租融资租赁交易中涉及回购的案例。在融资租赁业务领域，回购交易不断增多、回购模式多样，其法律性质存在争议。在判断融资租赁业务中涉及的回购交易的法律性质时，应当采取实质重于形式的原则，运用穿透式思维，结合具体案情探究当事人的真实意思表示，准确识别其业务实质。本案明确了回购合同系商事活动中创设的一种非典型合同，其在功能上兼具担保与买卖的双重属性，具有双务性和有偿性，应区别于传统的担保方式。该案件的妥善处理，对融资租赁业务中的回购合同的审理规则进行了探索和验证，在合法框架下遵循契约自由并保护当事人的表意自由，推动了融资租赁业务规范有序发展。

四、其他融资租赁模式

理解与适用

实践中，还有杠杆租赁、转租赁等特殊的融资租赁合同形式。杠杆租赁一般是指出租人只投入少量资金，如总金额的20%~40%，以此部分资金为交易基础，其余部分依靠银行和银团贷款的融资租赁交易方式。此时，出租人需将租赁物的所有权、融资租赁合同的受益权转让或者抵押给贷款人，贷款人对出租人无追索权。此种租赁方式多在金额较大的融资租赁交易上采用，如飞机租赁、电讯设备租赁等。其主要特点在于出租人与贷款人的融资安排，但出租人的融资方式并非融资租赁合同的调整对象，故并不影响出租人与承租人之间的融资租赁合同关系的认定。

融资租赁交易中的转租赁有两种方式：第一种方式是出租人将租赁物租给第一承租人，承租人经出租人同意，又以第二出租人的身份将租赁物转租给第二承租人。第二种方式是出租人把购买租赁物的买卖合同转让给第三人，由第三人作为买受人及出租人履行买卖合同，出租人再从第三人手中租回租赁物，并转租给最终承租人。此类交易在跨国租赁交易中运用较多，其主要目的在于利用不同国家的税收优惠，降低融资成本。其实质是出租人分立为两个或者多个，故对出租人与承租人之间的权利义务关系，仍应认定为融资租赁合同关系。[①]

---

① 最高人民法院民事审判第二庭编著：《最高人民法院关于融资租赁合同司法解释理解与适用》，人民法院出版社2016年版，第59页。

相关部门规章

《金融租赁公司管理办法》（国家金融监督管理总局令 2024 年第 6 号，2024 年 9 月 14 日）

第六十四条 金融租赁公司与具备从事融资租赁业务资质的机构开展联合租赁业务，应当按照"信息共享、独立审批、自主决策、风险自担"的原则，自主确定融资租赁行为，按实际出资比例或按约定享有租赁物份额以及其他相应权利、履行相应义务。相关业务参照国家金融监督管理总局关于银团贷款业务监管规则执行。

第六十六条 金融租赁公司基于流动性管理和资产配置需要，可以与具备从事融资租赁业务资质的机构开展融资租赁资产转让和受让业务，并依法通知承租人。如转让方或受让方为境外机构，应当符合相关法律法规规定。

金融租赁公司开展融资租赁资产转让和受让业务时，应当确保租赁债权及租赁物所有权真实、完整、洁净转移，不得签订任何显性或隐性的回购条款、差额补足条款或抽屉协议。

金融租赁公司作为受让方，应当按照自身业务准入标准开展尽职调查和审查审批工作。

第六十七条 金融租赁公司基于流动性管理需要，可以通过有追索权保理方式将租赁应收款转让给商业银行。金融租赁公司应当按照原租赁应收款全额计提资本，进行风险分类并计提拨备，不得终止确认。

第七十条 金融租赁公司应当对合作机构实行名单制管理，建立合作机构准入、退出标准，定期开展后评价，动态调整合作机构名单。

金融租赁公司应当按照适度分散原则审慎选择合作机构，防范对单一合作机构过于依赖而产生的风险。金融租赁公司应当要求合作机构不得以金融租赁公司名义向承租人推介或者销售产品和服务，确保合作机构与合作事项符合法律法规和监管要求。

第九十二条 本办法所称主要股东，是指持有或控制金融租赁公司 5% 以上股份或表决权，或持有资本总额或股份总额不足 5% 但对金融租赁公司经营管理有重大影响的股东。

前款中的"重大影响"，包括但不限于向金融租赁公司提名或派出董事、高级管理人员，通过协议或其他方式影响金融租赁公司的财务和经营管理决策，以及国家金融监督管理总局或其派出机构认定的其他情形。

本办法所称大股东，是指符合国家金融监督管理总局相关规定认定标准的股东。

本办法所称厂商租赁业务模式，是指金融租赁公司与制造适合融资租赁交易产品的厂商、经销商及设备流转过程中的专业服务商合作，以其生产或销售的相应产品，与承租人开展融资租赁交易的经营模式。

本办法所称合作机构，是指与金融租赁公司在营销获客、资产评估、信息科技、逾期清收等方面开展合作的各类机构。

本办法所称资本净额，是指金融租赁公司按照国家金融监督管理总局资本管理有关规定，计算出的各级资本与对应资本扣减项的差值。

相关行政规范性文件

1.《国务院办公厅关于加快融资租赁业发展的指导意见》（国办发〔2015〕68号，2015年8月31日）

（四）改革制约融资租赁发展的体制机制……允许融资租赁公司兼营与主营业务有关的商业保理业务。

2. 商务部《融资租赁企业监督管理办法》（商流通发〔2013〕337号，2013年9月18日）

第八条① 融资租赁企业可以在符合有关法律、法规及规章规定的条件下采取直接租赁、转租赁、售后回租、杠杆租赁、委托租赁、联合租赁等形式开展融资租赁业务。

3. 银保监会《融资租赁公司监督管理暂行办法》（银保监发〔2020〕22号，2020年5月26日）

第五条 融资租赁公司可以经营下列部分或全部业务：

（一）融资租赁业务；

（二）租赁业务；

（三）与融资租赁和租赁业务相关的租赁物购买、残值处理与维修、租赁交易咨询、接受租赁保证金；

（四）转让与受让融资租赁或租赁资产；

（五）固定收益类证券投资业务。

第二十一条 融资租赁公司对转租赁等形式的融资租赁资产应当分别管理，单独建账。转租赁应当经出租人同意。

4.《四川省地方金融监督管理条例》（2019年3月28日通过 2019年7月1日施行）

第十七条 融资租赁公司依照有关规定可以采取直接租赁、转租赁、委托租赁、联合租赁等形式开展融资租赁业务，建立完善的内部风险控制体系，形成良好的风险资产分类管理制度、承租人信用评估制度、事后追偿和处置制度以及风险预警机制等。

---

① 需要注意的是，银保监会2020年5月26日发布的《融资租赁公司监督管理暂行办法》删去了该条规定。

❖ 相关国际公约

《国际融资租赁公约》（1988年5月28日通过）

第2条 在涉及同一设备的一次或多次转租赁交易的情况下，本公约适用于每笔是融资租赁交易因而本应受本公约管辖的交易，如同向第一出租人提供设备的是供货人和据以取得设备的协议是供货协议那样。

❖ 相关典型案例

案例09 出租人委托承租人自行购买租赁物的，可构成融资租赁法律关系①

【案情摘要】

X租赁公司与S公司签订《融资租赁合同》。合同约定：由X租赁公司委托S公司直接购买租赁物，再由X租赁公司将租赁物出租给S公司，S公司收到卖方交付的租赁物时，X租赁公司取得租赁物所有权。此外，双方在《融资租赁合同》中还约定了租金（包括租金和利息）支付方式和支付标准，租赁期限，违约责任等内容。《融资租赁合同》和《委托购买协议》签订后，X租赁公司履行了合同约定的全部义务，但S公司并未按照合同约定支付租金，X租赁公司认为，S公司的行为已经构成违约，应承担相应的违约责任，故向法院提起诉讼。

【法院裁判】

法院判决认为，X租赁公司与S公司的融资租赁合同系双方当事人的真实意思表示，且不违反法律法规的规定，应为合法有效。合同签订后，X租赁公司依约履行了全部合同义务，S公司违反合同约定，未按约支付相应的租金，应承担支付租金的义务（包括到期未付和全部未到期租金），同时应向X租赁公司支付相应的违约金。保证人应当按照《保证合同》的约定对S公司因履行《融资租赁合同》所负债务承担连带担保责任，并在承担保证责任后有权向S公司追偿。

【典型意义】

融资租赁合同是出租人根据承租人对出卖人、租赁物的选择，向出卖人购买租赁物，并提供给承租人使用，由承租人向出租人支付租金的合同。本案的特殊性在于，出租人并没有直接根据承租人的选择向出卖人购买租赁物，而是委托承租人自己向出卖人购买租赁物，并在扣除一部分费用后，由出租人直接将购买租赁物的款项支付给承租人，出租人在承租人收到租赁物时取得租赁物的所有权。上述交易行为虽然有别于一般融资租赁的交易习惯，但是从双方的业务操作流程及合同约定内容看，也符合融资租赁的基本特征，应认定为双方之间是融资租赁法律关系，案件的裁判应适用涉及融资租赁问题的法律法规和司法解释的相关规定。

---

① 本案例为作者根据工作、研究经验，为具体说明相关法律问题，编辑加工而得。

案例 10　委托租赁中委托人可申请法院强制收回租赁物[①]

【案情简介】

2019年3月，重庆某航空投资公司与某通用航空公司、某融资租赁公司签订《融资租赁合同》，约定重庆某航空投资公司根据某通用航空公司的选择，向卖方购买6架皮拉图斯PC-6/B2-H4飞机，并以委托融资租赁的方式出租给某通用航空公司使用。后双方发生纠纷并产生诉讼，案涉6架飞机长时间处于停飞状态。经成渝金融法院判决，某通用航空公司应向重庆某航空投资公司返还融资租赁物6架皮拉图斯PC-6/B2-H4飞机并赔偿损失等。因某通用航空公司未履行生效法律文书确定的义务，重庆某航空投资公司向成渝金融法院申请强制执行。

【裁判结果】

成渝金融法院在执行中查明，案涉执行标的物属于特殊动产，涉及飞机交付的材料及变更登记手续繁多，飞机转场交付还涉及适航性的确定、航空监管部门对航线的批准、停放机场、后期维保等诸多事宜。成渝金融法院秉持善意文明执行理念，考虑到双方当事人均具有从事航空行业背景经验，"因案施策"制定执行方案，积极组织双方当事人以及机场运营方多次就飞机交付及后续相关事宜进行充分协商，最大限度维护各方当事人合法权益，最终促成各方达成一致意见，顺利完成飞机交付工作，停飞已久的6架飞机得以重新投入运营使用。

【典型意义】

成渝金融法院秉持善意文明执行理念，"因案施策"促协商，积极优化法治化营商环境。本案当事人一方为国有企业，另一方为民营企业。案件执行过程中，成渝金融法院自觉服务大局，依法积极作为，最大限度维护双方当事人合法权益，积极组织相关各方就6架飞机交付事宜进行充分协商，最终达成一致意见，顺利完成案涉飞机交付工作。在有效盘活资产的同时，督促企业自觉履行，用善意文明的执行行为营造良好的法治化营商环境，服务保障"三攻坚一盘活"等改革任务落实落地。

案例 11　绿色发电项目收益可认定为应收账款并作为质押标的[②]

【基本案情】

2021年2月4日，原告某融资租赁公司（出租人）与被告某农业科技公司、某能源科技公司（共同承租人）签署《融资租赁合同（售后回租）》及相关附件，约定：原告某

[①] 本案入选成渝金融法院2024年11月发布的《成渝金融法院及辖区法院金融纠纷典型案例》，载微信公众号"成渝金融法院"（2024年11月29日），https：//mp.weixin.qq.com/s/vV-yLIRegwCX-OIOUsOMl_Q，最后访问时间：2024年11月30日。

[②] 本案入选上海市浦东新区人民法院2024年10月发布的《涉绿色金融商事案件审判工作白皮书及典型案例》，载微信公众号"上海高院"（2024年10月11日），https：//mp.weixin.qq.com/s/jd-Fmtef4_BuGJtxxPdMW_Q，最后访问时间：2024年10月11日。

融资租赁公司以融资租赁（售后回租）的形式向被告某农业科技公司、某能源科技公司出租一批沼气发电设备，租赁期限为60个月，自起租日开始计算租赁期限，同时约定了租赁利率和回购价款。同日，原告某融资租赁公司与被告某农业科技公司、某能源科技公司签署《质押合同》，约定被告某农业科技公司、某能源科技公司以"内蒙古某沼气发电项目&沼气提纯项目中被告某能源科技公司的电费、沼气、有机肥销售等收益权"作为质押标的，并设置特定收款账户，为案涉融资租赁合同项下债务承担担保责任。该质押于2021年3月3日在中国人民银行征信中心-动产担保登记上进行质押登记。《融资租赁合同（售后回租）》签订后，原告某融资租赁公司于2021年3月10日向被告某农业科技公司发放融资款。被告某农业科技公司、某能源科技公司自2023年6月21日起逾期未支付租金，构成违约。原告某融资租赁公司诉至人民法院，宣布涉案《融资租赁合同（售后回租）》提前到期，请求被告某农业科技公司、某能源科技公司向原告某融资租赁公司支付全部未付租金、逾期利息、留购价款等款项，并要求实现应收账款质权以清偿上述债务。

【裁判结果】

浦东新区人民法院经审理认为，案涉《融资租赁合同（售后回租）》《质押合同》均系各方当事人真实意思表示，内容不违反法律、行政法规的强制性规定，故依法成立有效，各方当事人均应恪守。现原告已按约向被告某农业科技公司、某能源科技公司支付了案涉租赁物购买价款，被告某农业科技公司、某能源科技公司未按约向原告支付租金，已构成违约，理应承担相应的违约责任，原告有权要求被告某农业科技公司、某能源科技公司支付未付租金、逾期利息。关于原告要求行使二被告享有的相应项目电费、沼气、有机肥销售等收益权的质权主张，因上述收益具有可期待性及可确定性，原告的该项主张有合同和法律依据，人民法院依法予以支持。

一审判决后，双方当事人均未提起上诉，一审判决已经生效。

【典型意义】

绿色融资担保方式包括绿色应收账款质押担保、绿色设备抵押担保、绿色企业不动产抵押担保等。对于绿色应收账款质押担保效力判断，一方面，需要对应收账款基础法律关系进行审查，即对诸如风力、沼气、水利发电、绿色基站等项目建设中形成的未来应收账款确定其可期待性及可确定性，具体可从绿色项目的应收账款是否已经具备了相应的基础交易关系、绿色债权实现的基础条件是否已具备、绿色应收账款是否可以基于应收账款债务人的实际履行得以稳定实现等方面进行综合判断；另一方面，要审查绿色应收账款质押合同以及出质登记情况，质押合同约定的应收账款范围及质押担保的范围与出质登记是否一致等。此外，本案裁判亦反映出，对将有的应收账款设立特定收款账户有助于在发生争议时实现应收账款质权，不仅可以有效避免应收账款未合理识别、未特定化问题，也可直接确定账户内款项优先受偿，从而降低诉讼维权成本。

案例 12　承租人涉嫌刑事犯罪不影响保险公司承担保险赔偿责任[①]

【案情简介】

浙江某融资租赁公司、天津某融资租赁公司分别与某科技公司签订《融资租赁合同》，约定两公司向某科技公司提供融资租赁服务。某保险公司、某科技公司和浙江某融资租赁公司、天津某融资租赁公司分别签订业务合作协议，约定由某科技公司作为投保人，浙江某融资租赁公司、天津某融资租赁公司作为被保险人及第一受益人向某保险公司投保融资租赁合同项下履约责任保证保险。因某科技公司未按约向浙江某融资租赁公司、天津某融资租赁公司支付租金，浙江某融资租赁公司、天津某融资租赁公司向某保险公司申请理赔，某保险公司拒绝理赔申请，故浙江某融资租赁公司、天津某融资租赁公司提起诉讼，要求某保险公司按照履约责任保证保险合同赔付保险金。经某保险公司等五家保险公司举报，某地公安局于2017年9月13日对某科技公司涉嫌合同诈骗一案立案侦查。公安机关侦查发现某科技公司与下游网吧之间签订的《电脑设备租赁协议》部分为伪造，涉嫌犯罪。除该两案外，因某科技公司未支付租金，全国各地多家融资公司起诉保险公司请求支付履约责任保证保险保险金。各地法院受理案件后，有的法院裁定驳回起诉。

【裁判思路】

本案争议焦点在于，某科技公司涉嫌刑事犯罪的事实对某保险公司赔偿保险金责任的影响。法院认为，虽然某科技公司伪造《电脑设备租赁协议》涉嫌犯罪，但该事实并不导致浙江某融资租赁公司、天津某融资租赁公司和某科技公司、某保险公司之间签订的《对应业务合作协议》《融资租赁合同》《履约责任保证保险合同》当然无效。在未有充分证据证明浙江某融资租赁公司、天津某融资租赁公司参与犯罪，某保险公司主张所依据的合同关系本身存在经济犯罪的情况下，本案应按相应民事案件处理。某科技公司伪造《电脑设备租赁协议》的行为与上述融资租赁合同及履约责任保证保险合同之间确有牵连，但二者并非基于同一事实或属于同一法律关系，融资租赁合同及履约责任保证保险合同的效力应按照合同法律相关规定独立进行评价。履约责任保证保险合同应定性为保险合同，独立于融资租赁合同，适用《保险法》的相关规定。保险公司应当对保险标的尽到必要的审核义务，包括但不限于审核保险标的是否真实存在。虽投保人某科技公司存在故意未履行如实告知义务的行为，但某保险公司未在法定期间内行使解除权，即使其享有解除权亦已消灭，且业务合作协议也没有将犯罪行为作为保险责任的免除事由。现合同约定的保险事故已经发生，被保险人浙江某融资租赁公司、天津某融资租赁公司在保险事故发生时，对保险标的具有法律上承认的利益即保险利益。据此，某保险公司应向被保险人浙江某融资租赁公司、天津某融资租赁公司支付保险金。

[①] 参见《杭州法院金融审判典型案例（2018-2023）》，载微信公众号"杭州中院"（2023年10月31日），https://mp.weixin.qq.com/s/YV8R7j7xO-QkcSzeiIQ1Vw，最后访问时间：2023年12月30日。

【典型意义】

刑民交叉是民事案件审理中经常遇到的问题，且因犯罪行为的复杂性、危害性，以及对于民事行为影响的不确定性，法官在办理民事案件发现涉及刑事案件时，一般秉承"先刑后民"的司法处理原则。然而，刑事与民事并无绝对的先后顺序。从法律体系整体而言，刑事诉讼法和民事诉讼法作为两大部门法，在位阶关系上平等，在刑民交叉案件的适用上既要防止机械适用"先刑后民"，以刑止民，又要防止过于刻板地固守刑事诉讼和民事诉讼的独立性，一概排斥"先刑后民"的适用。不能因为对该原则片面和错误的认识，在审判实践中损害当事人的合法权益。司法实践中，对于刑民交叉案件，还是要根据个案的实际情况，对民事纠纷与刑事犯罪间的关联性质和程度进行判断。只有在刑事案件的处理结果对民事案件的处理结果足以产生实质性影响的前提下，才应当优先处理刑事案件再处理民事纠纷。

案例 13　合同是否涉嫌刑事犯罪不属于管辖权异议审查范围[①]

【裁判要旨】

合同纠纷中，在合同有约定管辖法院的情形下，常有被告以案涉合同涉嫌经济犯罪为由对法院管辖权提出异议，认为法院应当将案件移送公安机关处理。管辖权异议解决的问题为法院是否有管辖权，通常采取形式审查的标准，即根据双方合同约定的内容来确定法院有无管辖权。至于案涉合同是否涉嫌刑事犯罪，法院是否应当驳回起诉，向公安机关移送案卷，不在管辖权异议审查的范围之内。

【基本案情】

某融资租赁公司诉称：2017 年 5 月 17 日，某融资租赁公司与浙江某消防器材公司、浙江某燃气设备公司签订《融资租赁合同》，开展动产设备的融资租赁业务。租赁本金为 9000 万元，租赁期限为 24 个月，还租期共计 8 期。同日，浙江某风机公司与某融资租赁公司签订《回购协议》。浙江某风机公司在回购协议中确认为确保上述两承租人依约完全履行主合同，其同意在承租人发生主合同项下违约情形时，将回购主合同项下租赁物及某融资租赁公司对两承租人享有的租赁债权。周某灿、周某向某融资租赁公司出具了《自然人保证合同》，对《融资租赁合同》项下承租人的义务提供连带保证责任。主合同签订后，某融资租赁公司向浙江某消防器材公司、浙江某燃气设备公司支付了租赁设备购买价款共计 9000 万元。浙江某消防器材公司、浙江某燃气设备公司依约支付了 2 期的租金，最近一个租金支付日为 2017 年 12 月 15 日。在合同履行过程中，某融资租赁公司发现浙江某消防器材公司、浙江某燃气设备公司存在多个严重违反主合同约定的行为，包括保证人丧失担保能力、主合同项下租赁物存在重复融资的情形以及未经某融资租赁公司同意对外存在

[①] 参见《某融资租赁公司诉浙江某消防器材公司等融资租赁合同纠纷管辖权异议案》（人民法院案例库，入库编号：2024-08-2-112-001）。

巨额担保情况。浙江某消防器材公司、浙江某燃气设备公司的上述行为严重违反了合同约定的义务，且拒不改正。浙江某消防器材公司、浙江某燃气设备公司的行为已构成违约，按照双方签订的《融资租赁合同》应承担相应的违约责任；浙江某风机公司、周某灿、周某为浙江某消防器材公司、浙江某燃气设备公司的债务提供了符合法律规定的担保，应承担相应的担保责任。因周某灿已死亡，依照《民事诉讼法》《继承法》的规定，申请应由周某灿的合法继承人即周某灿的配偶汪某芳、母亲章某莲、独子周某1参加诉讼，承担相应的责任。因此某融资租赁公司请求法院判令：1. 浙江某消防器材公司、浙江某燃气设备公司向某融资租赁公司支付未到期租金72048978.48元，留购价款0元，以上金额共计72048978.48元；2. 上述款项全部付清前，《融资租赁合同》附件一中的《租赁物清单》项下所有租赁物的所有权归某融资租赁公司所有；3. 汪某芳、周某1、章某莲对上述第1项诉讼请求范围内的债务在周某灿的遗产继承范围之内承担连带清偿责任；同时，周某对上述第1项诉讼请求范围内的债务承担连带清偿责任；4. 浙江某风机公司对上述第1项诉讼请求范围的债务承担回购义务。

浙江某风机公司在提交答辩状期间，对管辖权提出异议，认为《回购协议》系伪造，依照原告就被告的原则，应将本案移送浙江省绍兴市人民法院审理。同时提出，浙江某消防器材公司涉嫌伪造印章罪和集资诈骗罪，应依法裁定驳回起诉，将相关线索移送绍兴市公安局上虞分局。

天津市第二中级人民法院于2018年3月29日作出（2018）津02民初213号民事裁定：驳回浙江某风机公司对本案管辖权提出的异议。宣判后，浙江某风机公司不服，提起上诉。天津市高级人民法院于2018年8月8日作出（2018）津民辖终85号民事裁定：驳回上诉，维持原裁定。

【裁判理由】

法院生效裁判认为：虽然浙江某风机公司主张本案涉及刑事问题，但现有证据不能证明浙江某风机公司主张的犯罪事实与本案事实系同一事实，且该问题不属于管辖权异议审查的范畴。因此，浙江某风机公司提出驳回起诉，将本案移送浙江省绍兴市公安局上虞区分局处理的上诉请求，理由不足，法院不予支持。如通过实体审理，本案纠纷中确实存在刑事犯罪，且符合法律规定的移送条件，则可以向有关公安机关进行移送。根据浙江某风机公司提交的证据及诉讼请求，本案涉及主从合同纠纷。某融资租赁公司、浙江某消防器材公司、浙江某燃气设备公司签订的《融资租赁合同》中明确约定争议解决方式为向出租人住所地天津市有管辖权的人民法院诉讼，该约定不违反法律规定，合法有效。出租人某融资租赁公司住所地位于天津自贸试验区（东疆保税港区），属于原审法院辖区，且本案诉讼标的额达到本市中级人民法院受理一审民事案件的标准，原审法院对本案具有管辖权。浙江某风机公司主张依据原告就被告的原则，请求将本案移送浙江省绍兴市中级人民法院审理的上诉请求，亦缺乏依据，不予支持。

案例 14 《业务合作协议》与通用保险条款约定不一致时，应优先适用《业务合作协议》的约定①

【基本案情】

为与乙融资租赁公司批量开展嵌套式汽车融资租赁售后回租业务，甲融资租赁公司与某保险公司协商订立《业务合作协议》，约定某保险公司知晓并认可甲融资租赁公司与乙融资租赁公司之间的业务模式，同意就此业务模式承保。合作协议签订后，甲融资租赁公司与乙融资租赁公司陆续签订 67 份《汽车融资租赁合同》，乙融资租赁公司将其与案外人之间的融资租赁合同项下的租赁物打包出售给甲融资租赁公司，用于办理售后回租业务。其间，甲融资租赁公司又与某保险公司签订《业务补充协议》《保险条款的情况说明》，其中关于保险责任范围、责任免除事由、理赔条件等内容与融资租赁履约保证保险条款的约定不一致。后因乙融资租赁公司未依约支付租金，甲融资租赁公司起诉要求某保险公司在保险金额范围内支付保险赔偿金，诉讼期间双方对于《业务合作协议》及其补充协议的效力存在争议。

【裁判结果】

法院生效判决认为，案涉《业务合作协议》《业务补充协议》《保险条款的情况说明》均系甲融资租赁公司和某保险公司的真实意思表示，未违反法律、行政法规的强制性规定，依法成立并生效，均系本案认定双方当事人权利义务的重要依据。结合在案证据和当事人的陈述可知，《业务合作协议》系三方开展案涉保险业务的前提和基础，而《业务合作协议》的形成原因主要为案涉融资租赁模式涉及两层融资租赁法律关系，较通用保险条款中的融资租赁模式更为复杂，为了满足甲融资租赁公司对保险产品的需求，某保险公司与甲融资租赁公司根据案涉融资租赁模式的特点对保险条款作出了相应调整。因此，《业务合作协议》更能反映出双方当事人的真实意思表示，当通用保险条款与《业务合作协议》约定不一致时，应当优先适用《业务合作协议》的约定。

【典型意义】

本案是全国首批嵌套式融资租赁与保证保险叠加的新金融模式，核心争议为案涉保证保险条款的解释适用。本案涉及保险人与投保人间的保险合同，被保险人与保险人间的《业务合作协议》（含履约保证保险条款），合同签订主体不同，条款内容存在重叠、不一致。综合考量《业务合作协议》、保险合同签订与条款备案、约定内容等情况，认定《业务合作协议》优先对缔约双方产生拘束力，针对保险合同条款设计缺陷导致免赔范围不确定，作出不利于条款提供方即保险人的解释。本案裁判结果，支持了金融新模式的创新，对打造金融创新运营示范区、促进金融高质量发展具有重要意义。

---

① 参见《三中院服务保障天津自贸试验区高质量发展白皮书典型案例》，载微信公众号"天津三中院"（2024 年 5 月 22 日），https://mp.weixin.qq.com/s/OfAdV_ CbA8NcsvC0Y4HIyw，最后访问时间：2024 年 6 月 20 日。

第七百三十六条　【融资租赁合同的内容】 融资租赁合同的内容一般包括租赁物的名称、数量、规格、技术性能、检验方法，租赁期限，租金构成及其支付期限和方式、币种，租赁期限届满租赁物的归属等条款。

融资租赁合同应当采用书面形式。

理解与适用

实践中，由于租赁方式的不同，融资租赁合同的内容往往也不同，本条是对典型的融资租赁合同内容的规定，主要包括以下四方面内容。①

1. 有关租赁物的条款

融资租赁合同的标的物是承租人要求出租人购买的设备，是合同当事人双方权利和义务指向的对象，因此，融资租赁合同首先应就租赁物作出明确约定。此条款应写明租赁物的名称、数量、规格、技术性能、检验方法等。由于有关租赁物的说明多涉及工程技术内容，专业性很强，而且繁杂具体，所以，一般只在合同正文中作简明规定，另附表详细说明，该附表为合同不可缺少的附件。

2. 有关租金的条款

租金是合同的主要内容之一。合同对租金的规定包括租金总额、租金构成、租金支付方式、支付地点和次数、租金支付期限、每期租金额、租金计算方法、租金币种等。

3. 有关租赁期限的条款

租赁期限一般根据租赁物的经济寿命、使用及利用设备所产生的效益，由双方当事人商定。此条款应当明确租赁起止日期。租赁期限对于明确租赁双方权利义务的存续期间具有非常重要的法律意义，由于融资租赁合同一个很重要的特性就是合同具有"中途不可解约性"，因此，此条款应当明确约定在合同有效期内当事人双方无正当、充分的理由不得单方要求解约或退租。

4. 有关租赁期限届满租赁物归属的条款

租赁期限届满，承租人一般有三种选择权，即留购、续租或退租。在留购情况下，承租人取得租赁物的所有权。在续租和退租情况下，租赁物仍归出租人所有。

除上述条款外，融资租赁合同一般还应包括租赁物的交付、使用、保养、维修、保险、担保、违约责任、争议解决方法、合同签订日期和地点等条款。

---

① 黄薇主编：《中华人民共和国民法典合同编解读（下册）》，中国法制出版社2020年版，第856~858页。

一、融资租赁合同内容

🔧 相关法律法规

《**民法典**》（2020年5月28日）

第四百七十条 【合同主要条款及示范文本】合同的内容由当事人约定，一般包括下列条款：

（一）当事人的姓名或者名称和住所；

（二）标的；

（三）数量；

（四）质量；

（五）价款或者报酬；

（六）履行期限、地点和方式；

（七）违约责任；

（八）解决争议的方法。

当事人可以参照各类合同的示范文本订立合同。

第四百九十条 【采用书面形式订立合同的成立时间】当事人采用合同书形式订立合同的，自当事人均签名、盖章或者按指印时合同成立。在签名、盖章或者按指印之前，当事人一方已经履行主要义务，对方接受时，该合同成立。

法律、行政法规规定或者当事人约定合同应当采用书面形式订立，当事人未采用书面形式但是一方已经履行主要义务，对方接受时，该合同成立。

第四百九十二条 【合同成立的地点】承诺生效的地点为合同成立的地点。

采用数据电文形式订立合同的，收件人的主营业地为合同成立的地点；没有主营业地的，其住所地为合同成立的地点。当事人另有约定的，按照其约定。

第四百九十三条 【采用合同书订立合同的成立地点】当事人采用合同书形式订立合同的，最后签名、盖章或者按指印的地点为合同成立的地点，但是当事人另有约定的除外。

第五百一十条 【约定不明时合同内容的确定】合同生效后，当事人就质量、价款或者报酬、履行地点等内容没有约定或者约定不明确的，可以协议补充；不能达成补充协议的，按照合同相关条款或者交易习惯确定。

第五百一十一条 【质量、价款、履行地点等内容的确定】当事人就有关合同内容约定不明确，依据前条规定仍不能确定的，适用下列规定：

（一）质量要求不明确的，按照强制性国家标准履行；没有强制性国家标准的，按照推荐性国家标准履行；没有推荐性国家标准的，按照行业标准履行；没有国家标准、行业标准的，按照通常标准或者符合合同目的的特定标准履行。

（二）价款或者报酬不明确的，按照订立合同时履行地的市场价格履行；依法应当执行政府定价或者政府指导价的，依照规定履行。

（三）履行地点不明确，给付货币的，在接受货币一方所在地履行；交付不动产的，在不动产所在地履行；其他标的，在履行义务一方所在地履行。

（四）履行期限不明确的，债务人可以随时履行，债权人也可以随时请求履行，但是应当给对方必要的准备时间。

（五）履行方式不明确的，按照有利于实现合同目的的方式履行。

（六）履行费用的负担不明确的，由履行义务一方负担；因债权人原因增加的履行费用，由债权人负担。

相关司法解释

《最高人民法院关于适用〈中华人民共和国民法典〉合同编通则若干问题的解释》（法释〔2023〕13号）

第三条　当事人对合同是否成立存在争议，人民法院能够确定当事人姓名或者名称、标的和数量的，一般应当认定合同成立。但是，法律另有规定或者当事人另有约定的除外。

根据前款规定能够认定合同已经成立的，对合同欠缺的内容，人民法院应当依据民法典第五百一十条、第五百一十一条等规定予以确定。

当事人主张合同无效或者请求撤销、解除合同等，人民法院认为合同不成立的，应当依据《最高人民法院关于民事诉讼证据的若干规定》第五十三条的规定将合同是否成立作为焦点问题进行审理，并可以根据案件的具体情况重新指定举证期限。

相关司法文件

1.《最高人民法院关于中国东方租赁有限公司诉河南登封少林出租旅游公司等融资租赁合同纠纷一案的复函》（〔1990〕法经函字第61号，1990年7月20日）

北京市高级人民法院：

你院京高法字（1990）第66号请示收悉。经研究答复如下：

国际融资租赁由国际货物买卖合同和国内租赁合同两部分组成，其标的物主要是各种设备和交通工具。在租赁期间，所有权属于出租方，承租方对租赁物具有使用权，但不得对租赁物进行处分，并按合同规定的期限和币种支付租金。

中国东方租赁有限公司诉河南登封少林出租旅游汽车公司、河南省对外经济贸易委员会融资租赁合同纠纷一案，属于国际融资租赁合同纠纷，有关支付租金的条款，不受《中华人民共和国经济合同法》第十三条第一款的规定的限制，可按租赁合同约定的币种进行支付。

中信实业银行诉海南省海吉电子工业联合公司、海南省经济计划厅的租赁合同纠纷一案，由于租赁物是彩色电视机的关键散件，并允许承租方将散件组装成整机出售，因此不具备国际融资租赁合同的特征，应认定为买卖合同纠纷，有关支付租金条款，适用《中华人民共和国经济合同法》的有关规定。

2.《全国法院贯彻实施民法典工作会议纪要》（法〔2021〕94号，2021年4月6日）

6. 当事人对于合同是否成立发生争议，人民法院应当本着尊重合同自由、鼓励和促进交易的精神依法处理。能够确定当事人名称或者姓名、标的和数量的，人民法院一般应当认定合同成立，但法律另有规定或者当事人另有约定的除外。

对合同欠缺的当事人名称或者姓名、标的和数量以外的其他内容，当事人达不成协议的，人民法院依照民法典第四百六十六条、第五百一十条、第五百一十一条等规定予以确定。

3.《天津市高级人民法院关于审理融资租赁合同纠纷案件若干问题的审判委员会纪要（一）》（津高法〔2019〕335号，2019年12月30日）

四、合同约定送达地址条款的法律效力

当事人存在搬离原住所、拒接电话等规避送达的情形，导致无法要求其确认送达地址，融资租赁合同、担保合同等相关合同中对于法律文书送达地址有明确约定的，以约定的地址为送达地址。

当事人在相关合同中明确约定变更送达地址应及时通知相对方或者重新约定送达地址，否则将承担不利后果的，一方当事人变更送达地址后未采取上述措施，导致法律文书未能送达的，合同中约定的地址为送达地址。

4.《北京银保监局 北京市高级人民法院关于推进个人贷款业务送达地址确认工作及完善金融纠纷多元化解机制的通知》（京银保监规〔2022〕1号，2022年6月27日）

一、推进个人贷款业务送达地址确认工作

（一）规范送达地址确认条款。各银行业金融机构与金融消费者签订个人贷款合同时，应签订《送达地址确认书》，约定送达地址；各信用卡中心在开展业务时，应告知申请人填写《送达地址确认书》。各银行业金融机构应与金融消费者约定线下送达地址，同时金融消费者可自愿选择是否同意电子送达。《送达地址确认书》应作为主贷款合同或信用卡申请表的重要组成部分。

（二）明确适用范围和签订主体。本通知所称个人贷款，包括但不限于住房按揭贷款、个人消费贷款、个人经营贷款以及信用卡。《送达地址确认书》确认人需为个人贷款的债务人、担保人或信用卡申请人，确保做到借款、担保主体全覆盖。

（三）履行重要事项告知义务。签订《送达地址确认书》时，各银行业金融机构应明确告知确认人送达地址的适用范围、送达地址变更后的告知义务、送达地址不准确的法律责任以及电子送达与线下送达具有同等法律效力等事项。各银行业金融机构应明确告知确认人送达地址变更渠道，并做好送达地址变更的可回溯管理。线下方式签订《送达地址确认书》的，应就上述内容履行对确认人的释明和告知义务，并要求确认人确认被告知事项；线上方式签订《送达地址确认书》的，应通过设定合理的强制阅读时间、页面停留时间、强制翻阅页面至文末、提交前后弹窗提示等系统管控措施，履行对确认人的释明和告知义务，并留存提示证据。

（四）审慎开展电子送达确认工作。确认人同意电子送达的，在发送相关送达材料时，需向确认人留存的手机号码发送提示短信。严禁诱导、欺骗确认人选择电子送达或填写非本人拥有或控制的电子地址等。针对60岁以上的老年人等群体，原则上使用线下送达方式。

（五）加强期间管理并留存送达证据。电子送达成功后，因电子化材料不清晰等原因导致识别困难，确认人提出需要纸质材料申请的，应当及时提供。线下送达的，应做好台账记录并留存送达回执；电子送达的，应在业务系统中留痕，便于查询、跟踪、核验，严防法律风险。

（六）优化格式条款和业务系统。各银行业金融机构应按照《送达地址确认书》模板，及时修订个人贷款合同和信用卡申请表；线上个人贷款业务，应优化业务系统，有效支持送达地址确认工作。

（七）合规开展贷后管理。各银行业金融机构应按照监管要求合规开展各项贷后管理工作，严禁以送达催收函方式替代实地走访和上门核实。

（八）有序推进相关工作。本通知印发后，线下个人贷款送达地址签订工作自2022年9月1日起执行；线上个人贷款送达地址签订工作自2022年12月1日起执行。对于存量个人贷款，未约定送达地址的，在充分保障金融消费者自主选择权的前提下，鼓励开展《送达地址确认书》的补签工作。监管部门将适时对个人贷款业务诉前送达地址确认工作开展情况进行评估。

相关司法建议

《上海市浦东新区人民法院金融审判庭融资租赁合同示范条款（一）》（2024年4月30日发布）[①]

第一条 【电子送达条款】 为更好地保障出租人和承租人的合法权益，提高诉讼效率，双方就发生诉讼时司法送达地址（电子送达）约定如下：

1. 同意司法机关（包括但不限于人民法院）可以手机短信或电子邮件等现代通讯方式向本人（或本公司，下同）送达诉讼文书（包括但不限于诉讼材料、法律文书、在线庭审会议号、微法庭通知等）适用于包括诉前调解、一审、二审、再审、执行以及督促程序

---

① 载微信公众号"上海浦东法院"（2024年4月30日），https：//mp.weixin.qq.com/s/JQfv6APaJJ2E-94gQHSPqw，最后访问时间：2024年11月1日。

等各个诉讼阶段。

2. 本人指定接收诉讼文书的手机号码或电子邮箱为合同签约时填写的手机号码或电子邮箱，司法机关向此号码或邮箱发出诉讼文书，当送达信息到达送达地址所在系统时，即完成有效送达。采取两种（或以上）方式送达的，送达时间以前述送达方式先到达的为准。

3. 如合同履行过程中电子送达地址发生变更，合同当事人应及时书面告知合同相对方变更后的电子送达地址。如诉讼期间电子送达地址发生变更，合同当事人应提前以书面形式告知合同相对方及受诉法院变更后的电子送达地址。

4. 本人已阅读本条约定所有条款，并保证电子送达地址是准确、有效的；如果提供的电子送达地址不准确，或未按照合同约定及时告知变更后的电子送达地址，导致本人未能收到的，本人自行承担由此可能产生的法律后果，司法机关向本人提供的电子送达地址送达的诉讼材料，视为本人已经收到。

5. 本条约定内容为本合同各方均明确同意的特别条款，效力独立于本合同其他条款。不论本合同其他条款因为任何原因被司法机关、仲裁机关或其他有权机关认定为无效或者被撤销，本条约定内容均为有效。

（说明：合同中以上内容应以不同字体、加粗等形式对合同当事人作特别提示或告知，有关合同当事人之间发出的通知等可参考上述内容约定）

第二条　【综合融资成本明示】 本合同项下，承租人融资租赁成本包括本融资租赁项目下出租人收取的所有成本，包括租金、服务费、手续费等；其中服务费、手续费等费用是出租人提供融资租赁及相关服务利润的组成部分。

出租人将本合同项下融资租赁成本向承租人明示如下：_____。

本融资租赁项目项下，承租人融资租赁业务实际融资成本（含租金、服务费、手续费等）按年化利率计算不超过_____%。

（说明：上述融资租赁成本需将项目名称及金额逐一列明；上述年化利率不能超过法律保护上限）

第三条　【专利权融资租赁条款】 出租人和承租人一致同意，以专利号为_____的专利权开展融资租赁业务。出租人通过受让依法取得作为租赁标的专利权，并将该专利权许可给承租人使用。

出租人和承租人一致同意，就本合同项下的专利权，指定有资质的评估机构进行价值评估，并在此基础上合理确定标的物价值和租金。

本合同履行过程中，承租人应积极配合出租人密切监测无形资产价值对融资租赁债权的风险覆盖水平，科学评估无形资产价值，采取有效的风险应对措施。

第四条　【售后回租的融物条款】 为保证售后回租型融资租赁合同法律关系的成立并生效，出租人和承租人就租赁物约定如下：

1. 承租人以融通资金为目的，向出租人出售租赁物，并保证其对租赁物享有独立、完整的所有权和处分权，租赁物所有权转移至出租人前，租赁物不存在权利上的瑕疵或限制，承租人未曾、将来也不会在租赁物上设定任何担保物权；

2. 承租人保证其对租赁物享有所有权的文件、证照是齐备的，承租人办理完毕租赁物所有权转移的必要手续后，出租人向承租人支付租赁物购买价款；

3. 出租人在本合同签署前已经对承租人提供的原购买租赁物的发票等权属文件、相关票据及出租人认为必要的各种批准或许可证明材料进行了审核；在本合同签署后3个工作日内，承租人应当向出租人提供上述材料原件或经各方当事人核对一致的复印件。

第五条 【直租的索赔权转让】非因出租人原因造成的如下事项：包括卖方不交货、延迟交货，或所交货物的品质规格、技术性能和数量等不符合买卖合同的约定，或在安装调试、操作过程中有质量瑕疵等情况，或租赁物件在实际使用中不能达到承租人所期待的效果等，出租人均不承担责任。除涉及到租赁物的更换、退货、减价的情况外，出租人将因此享有的有关租赁物件的对卖方的索赔权全部转让给承租人，承租人接受这种转让，直接向卖方行使索赔权。承租人直接向卖方索赔的，出租人应予以配合。

若承租人与卖方达成赔偿协议，应在三日内通知出租人，并将签署的协议副本交出租人存留。基于买卖合同所发生的相关争议及索赔、仲裁或诉讼由承租人自行办理，法律后果由承租人承担。

第六条 【融资租赁公司取回租赁物要求】出租人、承租人应当按照诚信原则开展融资租赁业务。

承租人逾期支付租金的，双方可以协商解决。协商不成的，出租人应当催告承租人在合理期限内支付所欠租金。承租人仍不支付的，出租人可以按照法律规定或者合同约定解除融资租赁合同或采取其他救济措施。

出租人主张融资租赁合同解除的，应向承租人发送通知。上述解除合同的通知，应以邮件、短信或电子邮件等方式，向本合同送达条款约定的对方送达地址（含手机号码、电子邮箱等）进行送达。

融资租赁合同解除后，出租人可以采取合法方式取回租赁物。若出租人依法取回租赁物，应当与承租人共同确认、清点所取回的租赁物（含附属物品）并妥善保管；若双方无法共同确认、清点上述被取回的租赁物（含附属物品），则出租人应当采取拍照、录像等方式记录取回租赁物（含附属物品）的过程。

出租人实际取回租赁物的，应与承租人共同协商或按合同约定方式确定取回时的租赁物价值。没有约定且协商不成的，出租人应及时采取委托评估或者通过公开市场拍卖等方式确定租赁物价值。出租人委托评估或拍卖租赁物的，应通知承租人，并选择有合法资质的机构进行。

第七条 【加速到期条款】承租人逾期支付租金达两次或者数额达到全部租金百分之十五以上，且经催告后在合理期限内仍不履行支付义务的，出租人可以宣布融资租赁合同提前到期，要求承租人立即支付本合同项下全部应付未付租金及其他应付款项。

出租人宣布融资租赁合同提前到期的，应向承租人发送通知。上述提前到期通知，应以邮件、短信或电子邮件等方式，向本合同送达条款约定的对方送达地址（含手机号码、电子邮箱等）进行送达。

第八条 【争议解决条款】出租人和承租人双方就本合同发生争议的，应当友好协商处理。协商不成的，任何一方均有权向行业调解组织或人民调解组织申请调解，一方申请调解的，另一方承诺配合并积极参加调解。

本协议引起的或者与本协议有关的任何纠纷和争议，除依法不适宜调解的，各方同意在立案前由有管辖权法院先行委派或直接组织调解。经调解达成协议的，双方可依照法律规定向有管辖权的人民法院申请司法确认。协商、调解不成的，可向有管辖权的人民法院起诉或根据仲裁协议申请仲裁。

相关典型案例

案例 15　有效司法约定送达地址的认定[①]

【基本案情】

2019 年 3 月 6 日，原告与被告张香某签订了《售后回租赁合同》，约定原告为出租人，被告张香某为承租人，原告根据被告张香某的要求向其购买租赁合同记载的租赁物轻型仓栅式货车一辆，并回租给被告张香某使用，被告张香某向原告支付租金。烟台某汽车销售公司及骆某某、刘明某分别与原告签订《保证合同》，约定对案涉售后回租赁合同项下承租人的义务向原告提供连带责任保证。案涉《售后回租赁合同》《保证合同》中送达条款均载有如下内容：1. 双方均确认本合同载明的送达地址、联系人及联系方式是有效的诉讼文书送达地址；2. 双方确认上述送达地址、联系人及联系方式适用于所有诉讼阶段，包括但不限于一审、二审、再审、执行及督促程序等；3. 双方保证送达地址准确、有效，如果提供的地址不确切，或者不及时书面告知变更后的地址，使法律文书无法送达或未及时送达，自行承担由此可能产生的法律后果。原、被告各方均在合同上填写了自己的送达地址和联系方式。在合同履行过程中，被告张香某未按期足额支付租金，各保证人亦未承担连带保证责任。原告向本院起诉，要求被告张香某支付全部未付租金及迟延违约金，并要求烟台某汽车销售公司、骆某某、刘明某承担连带保证责任。本院受理后，按照各被告确认的送达地址、联系方式送达了起诉状副本、传票等应诉材料，送达结果显示被告张香某、骆某某未妥投。

【裁判结果】

案涉合同中诉讼文书送达地址确认条款对送达地址的填写要求、注意事项以及法律后果均作了明确说明，并以加粗字体、添加下划线方式进行了特别提示，本院认定该条款合法有效。各被告填写了自己的送达地址及联系方式，本院据此向其送达，虽无法实际送

[①] 本案入选天津市滨海新区人民法院（天津自由贸易试验区人民法院）2022 年 7 月发布的《十大典型融资租赁案例》，载微信公众号"天津高法"（2022 年 7 月 5 日），https://mp.weixin.qq.com/s/5hDeSa8MClUTyMv1WFFZ6A，最后访问时间：2024 年 7 月 1 日。案号：（2021）津 0319 民初 8772 号民事判决书。

达，但亦应视为诉讼文书已有效送达，文书退回之日视为送达之日。

【典型意义】

为提高司法送达质量和效率，越来越多的市场主体在签订合同时约定司法送达地址，这大大加快了人民法院审理案件进程。但在审判实践中，送达条款约定也存在着各种问题，如未以醒目字体特别提示，未告知填写不准确、不真实的后果，未约定送达地址变更后的告知等，导致被人民法院认定无效，未达到当事人预期的效果。本案合同中，送达条款的各项约定内容完备、明确，且以适当的方式向当事人进行了提示，符合法律、司法解释的规定，为实践中各类市场主体约定送达地址提供了指引。《民事诉讼法》第90条规定，经受送达人同意，人民法院可以采用能够确认其收悉的电子方式送达诉讼文书。该条款从立法上肯定了电子送达的效力，建议融资租赁企业及时更新合同文本，增加电子送达条款，对电子送达方式、适用范围、法律后果、变更告知等事项进一步细化，并进行提示和说明，以提高人民法院的司法送达效率。

案例16　出租人将与合同无任何实际联系的地点约定为管辖法院的，该管辖协议无效[①]

【基本案情】

K公司与刘某签订《融资租赁套系合同》，约定K公司以融资租赁方式购买豪华版车辆一台，车辆总融资额为205543元，同时刘某向K公司租赁该车辆并以该车辆向K公司提供抵押担保。合同签订后，K公司向出卖方支付了融资款项并以占有改定的方式将车辆交付刘某租赁使用。履行中，刘某仅支付部分租金，K公司将上述债权转让，经多次转让后H公司作为债权受让方提起本案诉讼。

【裁判结果】

法院认为，H公司经债权转让取得案涉融资租赁合同债权，其据以提起诉讼的《融资租赁套系合同》载明合同签订地为广州市南沙区，同时约定案涉纠纷由合同签订地法院管辖。然而，该合同双方当事人K公司、刘某住所地均不在广州市南沙区，亦无证据显示该合同与广州市南沙区存在任何实际联系。经查，自2019年以来，南沙区人民法院已受理数十宗由K公司为出租人、不同主体作为承租人的融资租赁合同纠纷案件，所涉《融资租赁套系合同》均载明合同签订于广州市南沙区并由合同签订地法院管辖。K公司住所地位于浙江省杭州市，无证据反映其在广州市南沙区设有办公场所或分支机构，但K公司与不同主体签订的批量融资租赁合同中均将签订地点约定为广州市南沙区，缺乏合理解释。最终认定案涉融租租赁合同的协议管辖条款无效。

---

① 参见广州市南沙区人民法院（广东自由贸易区南沙片区人民法院）2023年12月发布的《融资租赁合同纠纷和商业保理合同纠纷案件审判白皮书》中的《融资租赁合同和商业保理合同纠纷典型案例》，载微信公众号"广州市南沙区人民法院"（2023年12月27日），https：//mp.weixin.qq.com/s/SUZs_KqCWOzM-1Se5Zuy5Q，最后访问时间：2024年8月1日。

【典型意义】

管辖是法院受理案件的基础，是通往司法公正首先需要解决的问题。《民事诉讼法》第 35 条规定协议管辖制度的核心是尊重当事人的意思自治，但也要谨防由此造成的恶意滥用。本案中，K 公司作为融资租赁合同的出租方，同时亦为案涉融资租赁合同格式文本的提供方，与全国范围内不特定的承租方签订融资租赁合同，并通过格式条款约定，将与案涉融资租赁合同无任何实际联系的地点约定为合同签订地，进而约定合同签订地法院管辖，实际上是规避现行法律关于管辖的规定，恶意滥用协议管辖权。案涉融资租赁合同纠纷属于出租人一方主体特定、承租人一方主体不特定的金融案件，存在面大量广的情形，如允许当事人将与合同争议无实际联系的地点任意约定为合同签订地并约定案件由合同签订地法院管辖，则破坏了正常的民事诉讼管辖公法秩序，有违协议管辖制度的立法初衷，故应当认定协议管辖条款无效。

二、融资租赁合同电子签约

相关法律法规

1.《民法典》（2020 年 5 月 28 日）

　　第一百三十五条　【民事法律行为的形式】民事法律行为可以采用书面形式、口头形式或者其他形式；法律、行政法规规定或者当事人约定采用特定形式的，应当采用特定形式。

　　第四百六十九条　【合同形式】当事人订立合同，可以采用书面形式、口头形式或者其他形式。

　　书面形式是合同书、信件、电报、电传、传真等可以有形地表现所载内容的形式。

　　以电子数据交换、电子邮件等方式能够有形地表现所载内容，并可以随时调取查用的数据电文，视为书面形式。

2.《电子签名法》（2019 年 4 月 23 日）

　　第二条　本法所称电子签名，是指数据电文中以电子形式所含、所附用于识别签名人身份并表明签名人认可其中内容的数据。

　　本法所称数据电文，是指以电子、光学、磁或者类似手段生成、发送、接收或者储存的信息。

　　第三条　民事活动中的合同或者其他文件、单证等文书，当事人可以约定使用或者不使用电子签名、数据电文。

　　当事人约定使用电子签名、数据电文的文书，不得仅因为其采用电子签名、数据电文的形式而否定其法律效力。

　　前款规定不适用下列文书：

（一）涉及婚姻、收养、继承等人身关系的；
（二）涉及停止供水、供热、供气等公用事业服务的；
（三）法律、行政法规规定的不适用电子文书的其他情形。

第四条 能够有形地表现所载内容，并可以随时调取查用的数据电文，视为符合法律、法规要求的书面形式。

第五条 符合下列条件的数据电文，视为满足法律、法规规定的原件形式要求：
（一）能够有效地表现所载内容并可供随时调取查用；
（二）能够可靠地保证自最终形成时起，内容保持完整、未被更改。但是，在数据电文上增加背书以及数据交换、储存和显示过程中发生的形式变化不影响数据电文的完整性。

第七条 数据电文不得仅因为其是以电子、光学、磁或者类似手段生成、发送、接收或者储存的而被拒绝作为证据使用。

第八条 审查数据电文作为证据的真实性，应当考虑以下因素：
（一）生成、储存或者传递数据电文方法的可靠性；
（二）保持内容完整性方法的可靠性；
（三）用以鉴别发件人方法的可靠性；
（四）其他相关因素。

第十三条 电子签名同时符合下列条件的，视为可靠的电子签名：
（一）电子签名制作数据用于电子签名时，属于电子签名人专有；
（二）签署时电子签名制作数据仅由电子签名人控制；
（三）签署后对电子签名的任何改动能够被发现；
（四）签署后对数据电文内容和形式的任何改动能够被发现。
当事人也可以选择使用符合其约定的可靠条件的电子签名。

第十四条 可靠的电子签名与手写签名或者盖章具有同等的法律效力。

相关典型案例

案例17 电子签约合同效力的判断与认定[①]

【基本案情】

2018年5月11日，原告某融资租赁公司与被告韦某签订电子版《售后回租赁合同》及相关附件，合同约定被告以售后回租方式向原告某融资租赁公司承租小型轿车一辆，合同还约定了协议价款、租赁期限、每期租金金额、留购价等内容。2018年5月21日，原告支付了租赁物协议价款。被告向原告出具了电子形式的《资金收据》和《租赁物接收确认函》，确认已收到融资款项及租赁物。被告签署了《面签确认函》，确认被告本人与原告

[①] 参见天津市滨海新区人民法院（天津自由贸易试验区人民法院）2022年7月发布的《十大典型融资租赁案例》，载微信公众号"天津高法"（2022年7月5日），https://mp.weixin.qq.com/s/5hDeSa8MClUTyMv1WFFZ6A，最后访问时间：2024年7月1日。

签订了《售后回租赁合同》及相关附件的电子版合同。在合同履行过程中，被告韦某未按期足额支付租金，且经催告后仍不履行给付义务，故原告某融资租赁公司起诉要求解除合同、取回租赁物并要求原告赔偿损失。被告辩称其与原告不存在融资租赁合同关系，未通过电子签约方式签订《售后回租赁合同》，未在案涉《售后回租赁合同》上签字盖章。针对被告的抗辩意见，原告提交某电子认证机构出具的《数字证书签名验证报告》证明"售后回租赁合同－韦某.PDF"文档在电子签名后未被篡改。

【裁判结果】

法院生效判决认为，当事人订立合同，可以采用书面形式、口头形式或者其他形式。以电子数据交换、电子邮件等方式能够有形地表现所载内容，并可以随时调取查用的数据电文，视为书面形式。因此，当事人可以签订数据电文形式的合同。本案中，原告称双方签订电子合同，以数据电文的形式保存在服务器内，并提交《面签确认函》予以佐证。原告另行提交电子认证机构出具的《数字证书签名验证报告》记载经验证的"售后回租赁合同－韦某.PDF"文档在电子签名后未被篡改。该证据系独立第三方出具，法院对该证据予以采信。原告提交的上述证据能够形成证据链条，且相互印证，足以证实原、被告签订了案涉《售后回租赁合同》及相关附件。上述合同系原、被告双方的真实意思表示，且不违反法律、行政法规的强制性规定，应为合法有效，原、被告成立融资租赁合同法律关系。当事人理应恪守合同约定，对原告某融资租赁公司要求解除合同、返还租赁物、赔偿损失的诉讼请求予以支持。

【典型意义】

随着数字化应用场景的不断丰富，与之相匹配的"在线无纸化签约"模式逐渐获得融资租赁企业的青睐，促进了融资租赁电子签约商业模式的蓬勃发展。但司法实践中，电子签名无法通过传统的笔迹鉴定确认其真实性，在当事人对电子签约真实性不予认可的情况下，法院如何认定电子合同的真实性、可靠性、完整性、准确性成为难点。

本案判决明确了应从主体核验、签署过程、认证存证等多方面对电子合同及签名的效力进行审查。针对签订合同的主体而言，应审查其是否为本人操作，是否自愿将个人信息上传认证来判断签署合同时的真实意思表示，电子合同提供者需要提供当事人签约时留存的详细界面，并阐明签署平台如何运行，证明双方在每一步流程中需要作何操作并达成了何种合意，还原合同签署的过程。针对电子合同的真实性，需要第三方认证的电子签名服务机构为电子签名的真实性和可靠性提供证明，并由电子存证服务机构依据哈希值核验对电子合同未篡改提供佐证。本案为司法实践中如何确认电子签约形式合同的效力提供了参考标准，有助于维护高效、便捷的电子化商业模式，激发融资租赁行业创新活力，促进融资租赁数字化业务的规范发展。

第七百三十七条 【融资租赁通谋虚伪表示】当事人以虚构租赁物方式订立的融资租赁合同无效。

✿ 理解与适用

该条是《民法典》总则编第 146 条通谋虚伪行为规定在融资租赁合同中的具体化。正确认定虚构租赁物之"融资租赁合同",应从法律关系定性、法律关系效力、担保效力、当事人权利义务关系四个角度进行分析。①

第一,法律关系定性是指法院通过查明合同主要条款、履行情况、交易背景等案件事实,依法归纳案涉法律关系性质的司法裁判方法。虚构租赁物,不构成融资租赁法律关系,应定性为借款合同,因此融资租赁合同无效。

第二,法律关系定性与法律效力相互独立,定性不会影响效力。"名为融资租赁实为借贷"如无特别情形,不违反法律、行政法规强制性规定,一般属于有效的民事法律关系,涉及借款等问题按照相应的法律法规处理。

第三,法律关系定性不会影响被担保债务的同一性。例如,有人为融资租赁的债权提供保证时,若无特别约定,保证人不能仅以法律关系另行定性为由,要求免除己方之保证责任。保证人缔约时不知道案涉法律关系性质的,除"融资租赁合同"当事人串通骗保、债务人欺诈、胁迫保证人且债权人明知该事实以及债权人欺诈、胁迫保证人外,保证人不能因此免除其责任。

第四,"名为融资租赁实为借贷"不能产生融资租赁法律效果,法院应适用借款合同的相关法律规定,依法认定借款本金与利率。"名为融资租赁实为借贷"中约定收取的保证金、首付款等,如该款项不构成法定金钱质押的,应当在借款本金中扣除。在"名为融资租赁实为借贷"中,当事人对借款总额以及还款总额达成了一致的意思表示的,法院应根据相关合同条款和法律规定,参考租赁利率或内部收益率等标准,结合案件的具体情况,判定借款利率。关于借款期限,应当平衡出借人的可得利益与借款人的期限利益,结合当事人的过错,综合予以认定。

✿ 相关法律法规

《民法典》(2020 年 5 月 28 日)

第一百四十六条 【**虚假表示与隐藏行为效力**】行为人与相对人以虚假的意思表示实施的民事法律行为无效。

以虚假的意思表示隐藏的民事法律行为的效力,依照有关法律规定处理。

✿ 相关部门规章

《金融租赁公司管理办法》(国家金融监督管理总局令 2024 年第 6 号,2024 年 9 月 14 日)

第五十六条 售后回租业务的租赁物必须由承租人真实拥有并有权处分。

---

① 黄薇主编:《中华人民共和国民法典合同编解读(下册)》,中国法制出版社 2020 年版,第 858~859 页。

❖ 相关司法解释

《最高人民法院关于审理融资租赁合同纠纷案件适用法律问题的解释》（法释〔2014〕3号，2020年修正）

第一条 人民法院应当根据民法典第七百三十五条的规定，结合标的物的性质、价值、租金的构成以及当事人的合同权利和义务，对是否构成融资租赁法律关系作出认定。

对名为融资租赁合同，但实际不构成融资租赁法律关系的，人民法院应按照其实际构成的法律关系处理。

❖ 相关行政规范性文件

银保监会《融资租赁公司监督管理暂行办法》（银保监发〔2020〕22号，2020年5月26日）

第七条 适用于融资租赁交易的租赁物为固定资产，另有规定的除外。

融资租赁公司开展融资租赁业务应当以权属清晰、真实存在且能够产生收益的租赁物为载体。融资租赁公司不得接受已设置抵押、权属存在争议、已被司法机关查封、扣押的财产或所有权存在瑕疵的财产作为租赁物。

❖ 相关司法文件

1.《全国法院民商事审判工作会议纪要》（法〔2019〕254号，2019年11月8日）

69.【无真实贸易背景的保兑仓交易】保兑仓交易以买卖双方有真实买卖关系为前提。双方无真实买卖关系的，该交易属于名为保兑仓交易实为借款合同，保兑仓交易因构成虚伪意思表示而无效，被隐藏的借款合同是当事人的真实意思表示，如不存在其他合同无效情形，应当认定有效。保兑仓交易认定为借款合同关系的，不影响卖方和银行之间担保关系的效力，卖方仍应当承担担保责任。

2.《天津法院融资租赁合同纠纷案件审理标准》[①]（津高法发〔2017〕2号，2018年4月修订）

第4.1.3条 售后回租合同的出租人明知租赁物不存在或者租赁物价值严重低值高估的，不认定为融资租赁合同关系。

3.《天津市高级人民法院关于审理融资租赁合同纠纷案件若干问题的审判委员会纪要（一）》（津高法〔2019〕335号，2019年12月30日）

第五条 认定租赁物是否真实存在及权属是否清晰时，应当根据租赁物的性质和来

[①] 高憬宏主编：《人民法院司法标准化理论与实践（二）》，法律出版社2018年版，第81页。

源，综合审查采购合同、支付凭据、发票、租赁物办理保险或者抵押登记的材料、中国人民银行征信中心融资租赁登记公示系统记载的租赁物权属状况等证据，不能仅凭租赁物发票、租赁物交接书或者有关租赁物的说明等予以认定。

第六条第一款 判断融资租赁法律关系是否成立，应当充分考虑出租人受让的租赁物是否真实存在且特定化、租赁物与合同约定是否一致、租赁物的价值与租金构成是否存在较大差异、所有权转移手续是否符合法律规定等因素。对于名为融资租赁合同但实际不构成融资租赁法律关系的，应当对实际构成的法律关系进行审查，依法认定合同效力以及当事人的权利义务。

4. 上海市高级人民法院《融资租赁合同纠纷类案办案要件指南》①（2020 年 5 月 18 日）

融资租赁物真实存在的认定

【审查要点】租赁物客观不存在的，不构成融资租赁法律关系。但若出租人已尽到审核义务的，可根据融资租赁法律关系主张权利。双方当事人就租赁物是否存在发生争议时，由出租人举证证明租赁物真实存在，法院应当综合审查采购合同、支付凭证、发票、租赁物办理保险或者抵押登记的材料、中国人民银行征信中心融资租赁公示系统记载的租赁物权属状况等证据作出认定。

【注意事项】审查出租人是否尽到对租赁物真实存在的审核义务，应当区分具体业务模式是"直租"还是"售后回租"并结合案情以为认定，一般情况下，"售后回租"模式下出租人的证明标准更高。

……

融资租赁合同兼具融资和融物功能，只有融资没有融物的合同不能被认定为融资租赁合同。审查该项抗辩理由是否成立，主要是着眼于融物的事实是否实际发生，如果没有融物，应审查其实质法律关系即借款关系是否合法有效并作出裁判。

相关典型案例

案例 18 不具有融物属性的"融资租赁合同"不构成融资租赁法律关系②

【裁判要旨】

融资租赁交易应具备融资与融物相结合的特征，仅有资金空转的"融资租赁合同"，应当按照实际构成的法律关系处理。

---

① 茆荣华主编：《上海法院类案办案要件指南》（第 1 册），人民法院出版社 2020 年版，第 59-60 页。

② 参见江苏省高级人民法院 2015 年 8 月发布的《江苏法院金融商事审判典型案例（2010 年至 2014 年）》，载微信公众号"江苏高院"（2015 年 8 月 20 日），https://mp.weixin.qq.com/s/3ESXV_cbRQQC90UTTeHZXg，最后访问时间：2024 年 7 月 1 日。

【案例简介】

2010年5月17日，甲金融租赁公司与乙造船公司签订《融资租赁合同》，合同约定金额为3080万元，标的物为400t×120M造船门式起重机。《租赁设备委托购买协议》约定乙造船公司有义务告知甲金融租赁公司买卖合同的履行情况，当买卖合同履行完毕后7日内应将买卖合同项下的发票和提单（如有）等整套交易单据交付甲金融租赁公司；本协议项下所有租赁设备装配完毕后3个工作日内，乙造船公司应向甲金融租赁公司出具《租赁物件验收证明》；等等。2010年5月中旬，乙造船公司向甲金融租赁公司融资3080万元，但是乙造船公司没有购买案涉设备，并未向甲金融租赁公司提供发票原件及复印件、《租赁物件验收证明》等，甲金融租赁公司也没有提出相关主张。

甲金融租赁公司与丙公司等分别签订保证合同，为乙造船公司在融资租赁合同项下的有关债务及其他责任提供担保。后因乙造船公司未能按约付款，甲金融租赁公司遂诉至法院，请求判令：乙造船公司偿付所欠租金15532594元及逾期利息31837元；丙公司等承担连带保证责任。

2011年12月6日，法院裁定受理案外债权人对乙造船公司的破产申请。

【裁判结果】

法院生效判决认为，《合同法》第237条①规定，融资租赁合同是出租人根据承租人对出卖人、租赁物的选择，向出卖人购买租赁物，提供给承租人使用，承租人支付租金的合同。据此，融资租赁涉及出租人、承租人、出卖人三方主体，包含买卖和租赁两个合同关系。在承租人通过融物而实现融资租赁的过程中，租赁物的买卖是不可缺少的环节。而根据查明事实，本案并无租赁物的买卖。案涉《融资租赁合同》的真实意思仅为资金的融通及分期偿还，而非融资租赁。甲金融租赁公司系直接将融资款交付乙造船公司，故《融资租赁合同》实际为企业间借贷合同。故判决：确认甲金融租赁公司对乙造船公司享有11162582元本金及相应利息的债权，丙公司等承担相应连带保证责任。

【案例意义】

融资租赁是与实体经济联系最为密切的金融交易形式。在支持工业企业设备更新、促进农业经济的规模化、推动航运业发展以及解决小微企业融资难等方面均发挥了不可替代的作用。在融资租赁行业获得高速发展的同时，一些融资租赁公司所从事的融资租赁业务也存在不够规范的问题。本案中，虽然名为融资租赁合同，但实际上并无实际的租赁物，从当事人的权利义务约定上看，仅有资金的借贷，而无租赁物的购买、占用和使用。对此《最高人民法院关于审理融资租赁合同纠纷案件适用法律问题的解释》第1条第2款规定，对名为融资租赁合同，但实际不构成融资租赁法律关系的，人民法院应按照其实际构成的法律关系处理。本案系名为融资租赁合同实为借款合同的情况，应按照借款法律关系处理。

---

① 现为《民法典》第735条。

案例19　租赁物部分真实情形下"名为租赁实为借贷"之司法认定[①]

【裁判要旨】

出租人虽然无证据证明租赁物的真实性，但承租人自认部分租赁物真实存在，使合同并非完全缺乏"融物"属性，不应简单以出租人举证不能否定融资租赁性质，而应进一步结合出租人审核行为考察其真实意思表示，同时考察租赁物低值高估的程度，综合做出判断。判决价值在于：一、提示出租人未尽租赁物真实性的审核义务的风险，进一步规范融资租赁公司审核行为，促进合规、审慎；二、通过司法裁量，对于以租赁之身、借金融之名、行贷款之实的行为进行负面评价，引导其回归融资租赁本源，服务实体经济；三、合法合理认定合同性质，保护中小微企业融资路径，免于陷入高成本陷阱。

【基本案情】

原告上海某融资租赁公司诉称：原告（出租人）与被告讷河某医院（承租人）签订《回租购买合同》《回租租赁合同》，约定：出租人应承租人的要求，向承租人出资购买租赁物并租回给其使用，承租人支付租金。被告某投资公司与原告签订《保证合同》，为承租人提供连带责任保证担保。原告依约向承租人支付租赁物购买价款，承租人未完全履行租金支付义务，原告遂起诉要求承租人支付全部未付租金、承担违约责任，并同时要求被告讷河某投资公司承担保证担保责任。

被告讷河某医院、讷河某投资公司辩称：1. 涉案租赁物一部分已经在先融资给案外人某某融资租赁公司，一部分不存在，其余存在的设备的净值只有140余万元，远远低于合同约定的3300万，因此涉案融资租赁合同不具备融物属性，应为借贷关系；2. 原告不具有贷款资质，涉案合同系以合法形式掩盖非法目的，应认定无效，原告仅能获得实际出借款项扣除被告讷河某医院已归还款项之余款，合同约定的利息、违约金、律师费等金额均属无效；3. 主合同无效，被告讷河某投资公司签订的担保合同为从合同，理应无效，无须承担保证责任。

法院经审理查明：2017年3月7日，原告（甲方）与被告讷河某医院（乙方）签订《回租购买合同》《回租租赁合同》，甲方向乙方购买租赁物（详见《租赁物清单》）并租回给乙方使用，乙方同意向甲方承租租赁物并支付租金及其他应付款项，租赁物总价为3300万元；同时约定租赁期限、每期租金金额、租金支付日，违约情形及违约责任。被告讷河某医院向原告出具《固定资产清单》（简称资产明细1）、《设备所有权确认函》《承诺函》，承诺设备真实存在。被告讷河某投资公司与原告签订《保证合同》，承诺为被告讷河某医院在《回租租赁合同》项下债务提供连带责任保证担保。2017年3月8日，原告向被告讷河某医院支付租赁物价款2970万元（租赁物总价3300万元扣除被告讷河某医院应支付的保证金330万元），并就上述融资租赁业务及租赁物信息在中国人民银行征信中心办理了登记。被告讷河某医院支付部分租金后未再支付。

---

① 参见《上海某某融资租赁有限公司诉讷河市某某医院、讷河市某某投资有限公司融资租赁合同纠纷案》（人民法院案例库，入库编号 2023-08-2-112-002）。

关于涉案租赁物：1. 被告讷河某医院与案外人某某融资租赁公司在涉案售后回租之前已就本案部分设备签订融资租赁合同（目前尚在履行中），且已在中国人民银行征信中心办理了动产权属统一登记。2. 被告讷河某医院提供、《2017年讷河某医院万元以上固定资产明细》（资产明细2）《2017年讷河某医院审计报告》，认为：资产明细2系真实的设备情况，资产明细1系当时为配合原告放贷出具，实际其中部分设备不存在，部分设备已经在先与某某融资租赁公司进行融资租赁业务，本案售后回租项下真实存在的租赁物原值1000余万元，但是按照《医院财务制度》规定的折旧方式，实际价值仅140余万元。3. 原告提供部分设备的照片，欲证明其对租赁物情况进行现场核实，二被告对其真实性、关联性不予认可。原告称其就租赁物发票进行过审核，但是未能提供发票原件或者复印件；同时认为，即使资产明细2为真，扣除某某融资租赁公司融资租赁的设备及不存在的设备，本案中无争议的租赁物价值占合同约定价值3300万元的67.63%。

上海市浦东新区人民法院于2020年8月3日作出（2020）沪0115民初4804号民事判决：被告讷河某医院归还原告本金、利息、逾期利息、律师费，被告讷河某投资公司承担连带保证责任，驳回原告其余诉讼请求。被告讷河某医院、讷河某投资公司对一审判决不服，向上海金融法院提起上诉，因其未缴纳诉讼费，上海金融法院于2021年1月14日作出（2021）沪74民终87号民事裁定：本案按上诉人讷河某医院、讷河某投资公司自动撤回上诉处理。

【裁判理由】

法院生效裁判认为，本案争议焦点在于涉案合同的性质如何认定。售后回租模式中，租赁物的出卖人与承租人同一、设备不发生移转，极易与借贷关系混淆，"名为租赁实为借贷"系该模式下承租人经常提及的抗辩。此类案件的审查重点在于租赁物的真实性，本案应从以下三方面综合考量。

1. 举证责任的分配

出租人应对融资租赁合同的融物属性承担举证责任。出租人通常以承租人的主观承诺为证，如本案中承租人加盖公章的《固定资产清单》《设备所有权确认函》《承诺函》等类似文件，在承租人予以否认的情况下，出租人难以尽到举证责任。至于出租人在央行征信平台登记公示，根据平台规定，"登记内容的真实性、合法性和准确性由登记当事人负责"，可见该登记仅系对抗第三人之用，无法自证"清白"。

2. 出租人的真实意思表示

本案特殊之处在于，出租人虽然无证据证明租赁物的真实性，但承租人自认部分租赁物真实存在，使合同并非完全缺乏"融物"属性，故不可简单以前述第一点否定融资租赁性质，而应进一步考察出租人真实意思表示，可通过其签订合同时的审核行为予以推定。出租人的真实意图如系建立融资租赁合同法律关系，则理应对租赁物的真实性及权属尽到审慎注意。

本案中，首先，《回租购买合同》已明确约定，承租人应将租赁物的原始发票原件（及/或其他乙方在将租赁物出售给甲方前对租赁物享有所有权的证明文件的原件）交付原告保管,直至回租赁合同履行完毕。现原告不仅无法提供租赁物发票原件,甚至连复印件亦无法提供。其次,现场勘查照片仅涉及极少部分设备,且难以确认与本案租赁物的关联性,原告亦未提供其他审核证据。最后,本案售后回租合同签订之前,案外人某融资租赁公司已就本案部分设备在央行征信平台进行了登记,原告作为专业的融资租赁公司,理应进行相关查询,进一步对涉案租赁物权属与承租人核实,原告未能举证其尽到此等注意。可见,原告对租赁物本身是否存在、其是否能够取得所有权并不关注,难以认定原告具有进行融资租赁的真实意思表示。

3. 租赁物实际价值与约定价值的偏离程度

如前所述,本案合同并非完全缺乏"融物"属性,此时还应进一步考察租赁物价值实际价值与约定价值的偏离程度。租赁物低值高估与虚构租赁物的实质原理相同,均为无法起到对出租人债权的担保作用,实际没有融物,只有资金空转,将影响合同性质的认定,然而司法实践中,关于低值高估至何种程度才可导致合同性质发生转变,并未形成统一标准。法院认为,该种程度的把握应当区分不同情形。如仅存在该单一因素影响合同性质的认定,则低值高估应当达到足以认定丧失担保作用的显著程度,如《最高人民法院关于融资租赁合同司法解释理解与适用》一书中举例,将价值1000元设备估价为1000万元。如并非该单一因素,则应当结合其他因素,综合考量。本案中,在承租人自认存在部分租赁物的前提下,原告单方核算无争议租赁物的价值占约定价值的2/3以上,即使原告核算金额属实,结合前述1、2中原告存在的问题,应将其认定为严重偏离。

综上,法院认定涉案《回租赁合同》系以融资租赁合同之名行民间借贷之实,双方之间形成借贷法律关系。因无证据证明原告系以发放贷款作为其主营业务或主要利润来源,故双方借贷法律关系有效。借款人逾期还款,原告有权要求其还本付息、支付逾期违约金并依约承担已实际发生的律师费用。法院以实际放款金额作为本金,以合同实际执行利率调整每期还本付息金额,减轻原合同项下的被告讷河某医院对原告所应承担债务,被告讷河某投资公司应依约向原告承担保证责任。

案例20 名为融资租赁实际构成有效民间借贷的认定及处理[①]

【基本案情】

2016年5月16日,原告某融资租赁有限公司与被告某建筑工程有限公司签订《售后回租赁合同》和《所有权转让协议》,载明原告与被告之间为融资租赁法律关系,原告为出租人,被告为承租人。双方约定,被告将其所有设备出让给原告,原告取得该设备所有权,并将设备作为租赁物出租给被告使用。被告向原告支付租金,租金分12期,租金总额为

---

① 本案入选上海市浦东新区人民法院发布的《浦东法院涉自贸试验区融资租赁典型案例(2013年10月—2020年9月)》,载微信公众号"上海浦东法院"(2020年12月4日),https://mp.weixin.qq.com/s/hW8-z-dKycBngrPTeqQe1Q,最后访问时间:2022年12月31日。案号:上海金融法院(2019)沪74民终328号民事判决书。

61434960 元，留购价款为 100 元。被告如在租赁期间未按时、足额支付原告任一期租金或合同项下其他应付款项，原告则有权要求被告立即付清《售后回租赁合同》项下全部到期和未到期应付未付租金及其他应付款项，并按每日万分之五的标准偿付逾期违约金。在被告付清全部租金、税款、利息、违约金及留购价款之后，原告才将租赁物所有权转移给被告。

根据《售后回租赁合同》约定，原告向被告发出了《起租通知书》，起租日为 2016 年 5 月 11 日，截止日为 2019 年 4 月 11 日。起租后，被告仅支付了前 6 期租金，剩余 30717480 元租金尚未支付，原告认为被告的违约行为严重侵害了其合法权益，遂向法院提起诉讼，要求解除合同，被告支付全部未付租金、留购价款、逾期付款违约金和其他应付款项。被告则认为《售后回租赁合同》体现的内容是融资租赁法律关系，但是合同约定的售后回租的租赁物是虚假的，有违融资租赁融资与融物相结合的本质，故原、被告双方合同意思表示不真实，并未形成融资租赁法律关系。

【裁判结果】

上海市浦东新区人民法院认为，根据《最高人民法院关于审理融资租赁合同纠纷案件适用法律问题的解释》第 1 条规定，真实的租赁物系融资租赁法律关系的存在前提及构成要件，虽然原告与被告签订了《售后回租赁合同》和《所有权转让协议》，并列明了租赁物信息，但是仅凭被告单方面出具的《所有权确认函》和《租赁物件接收证明》并不能确认租赁物的真实存在。于此情况下，原告作为主张融资租赁法律关系成立的一方，应对租赁物的真实性承担举证责任，但原告未能提供其他证据证明《售后回租赁合同》所涉租赁物是真实的，故本院认定案涉《售后回租赁合同》不具有融物属性，原告与被告之间不构成融资租赁法律关系。结合本案事实，双方系以融资租赁合同之名行借贷之实，形成的是民间借贷法律关系，该民间借贷法律关系并不具备《民法总则》第 146 条①规定的无效情形，因此，案涉民间借贷法律关系应认定为有效。关于原告主张的利息，案涉《售后回租赁合同》中约定的租金支付方式为等额租金，原告主张按照等额本息还款法计算自原告支付借款本金之日起至合同解除日止的资金占用期间的利息，本院予以支持。

【典型意义】

融资租赁系以"融物"方式实现"融资"目的的新型经济活动。近年来，随着上海自贸试验区金融创新的推广、融资租赁公司设立标准的降低，融资租赁业务呈现迅猛扩张的发展态势。实践中，存在部分当事人形式上订立融资租赁合同，但实际上虚构租赁物骗取融资款、夸大租赁物价值"低值高融"，或者出卖人与承租人串通伪造租赁物等情形，法院需要根据查明的事实，考察双方真实意图，并依据当事人实质构成的法律关系确认当事人的权利义务关系及合同效力。本案明确了名为融资租赁实为借贷以及借贷关系有效性的判断标准，合理界定了相关收费项目的性质，有效平衡了双方当事人的权利义务。在维护金融市场秩序和保护金融创新的价值指引下，本案的依法裁判不仅为名为融资租赁实为

---

① 现为《民法典》第 146 条。《民法典》第 146 条规定：行为人与相对人以虚假的意思表示实施的民事法律行为无效。以虚假的意思表示隐藏的民事法律行为的效力，依照有关法律规定处理。

借贷的类案处理提供了裁判思路，还有效发挥了金融审判价值引领作用，促使上海自贸试验区融资租赁企业审慎合规经营，引导融资租赁行业回归"融资+融物"的本源，积极营造健康、有序的融资租赁市场环境。

第七百三十八条　【特定租赁物经营许可对合同效力影响】 依照法律、行政法规的规定，对于租赁物的经营使用应当取得行政许可的，出租人未取得行政许可不影响融资租赁合同的效力。

理解与适用

本条是关于租赁物经营许可对合同效力影响的规定。在融资租赁中，出租人表面上是租赁物的所有权人，实质上只是为了满足承租人融资的需要，其只享有观念上的所有权，对租赁物的支配色彩已经非常淡化，而承租人是租赁物的实际占有、使用和收益人。可见，出租人只是为承租人购买租赁物提供资金，真正的经营使用者是承租人，故法律法规限制租赁物的经营使用活动的主体应该是承租人，承租人对于租赁物的经营应当依法获得行政许可。对出租人而言，租赁物的经营使用与其没有直接关系，出租人只需具备相应的融资租赁资质即可。只要承租人依法取得行政许可，就可以达到监管租赁物经营使用的目的。因此，出租人未取得行政许可不影响融资租赁合同的效力。[1]

最高人民法院同样认为，租赁物经营使用的行政许可约束的是承租人利用租赁物开展的经营行为，并不涉及出租人与承租人之间的合同效力问题。对于根据法律、行政法规的规定经营使用租赁物应当取得行政许可的融资租赁合同，其合同效力与租赁物的经营使用是否取得行政许可没有必然联系。无论是从法理上解释，还是从促进融资租赁行业发展来看，亦不能仅以承租人对租赁物的经营使用未取得行政许可为由而认定合同无效。租赁物的经营使用需要取得行政许可是对承租人具体经营使用租赁物的监管，属于承租人取得租赁物后是否合法使用的问题，不应当影响融资租赁合同的效力。在一些情况下，承租人取得相应行政许可要以其取得租赁物为前提，为避免承租人事后未取得许可而影响出租人合法权益并因此产生纠纷，将合同效力与行政许可完全脱钩是妥当的。需要指出的是，尽管承租人是否取得行政许可不影响合同效力，但并不意味着承租人完全不用承担其他法律责任。对于未经行政许可而经营使用特定租赁物的，有关行政机关仍可依据法律、法规追究承租人的行政责任，情节恶劣的，甚至可以依法追究刑事责任。

---

[1] 黄薇主编：《中华人民共和国民法典合同编解读》（下册），中国法制出版社2020年版，第860页。

另需说明的是，本条仅适用于经营使用租赁物行为本身需要取得许可的情形，而使用租赁物从事的工程或项目是否需要取得许可，亦不影响融资租赁合同的效力。因此，对于使用融资租赁设备的整体项目需要取得行政许可的情形，不适用本条的规定。①

相关法律法规

《医疗器械监督管理条例》（2021年2月9日中华人民共和国国务院令第739号公布 2024年12月6日修订）

第六条 国家对医疗器械按照风险程度实行分类管理。

第一类是风险程度低，实行常规管理可以保证其安全、有效的医疗器械。

第二类是具有中度风险，需要严格控制管理以保证其安全、有效的医疗器械。

第三类是具有较高风险，需要采取特别措施严格控制管理以保证其安全、有效的医疗器械。

评价医疗器械风险程度，应当考虑医疗器械的预期目的、结构特征、使用方法等因素。

国务院药品监督管理部门负责制定医疗器械的分类规则和分类目录，并根据医疗器械生产、经营、使用情况，及时对医疗器械的风险变化进行分析、评价，对分类规则和分类目录进行调整。制定、调整分类规则和分类目录，应当充分听取医疗器械注册人、备案人、生产经营企业以及使用单位、行业组织的意见，并参考国际医疗器械分类实践。医疗器械分类规则和分类目录应当向社会公布。

第十三条 第一类医疗器械实行产品备案管理，第二类、第三类医疗器械实行产品注册管理。

医疗器械注册人、备案人应当加强医疗器械全生命周期质量管理，对研制、生产、经营、使用全过程中医疗器械的安全性、有效性依法承担责任。

相关行政规范性文件

1.《国务院办公厅关于加快融资租赁业发展的指导意见》（国办发〔2015〕68号，2015年8月31日）

完善相关领域管理制度。简化相关行业资质管理，减少对融资租赁发展的制约。进口租赁物涉及配额、许可证、自动进口许可证等管理的，在承租人已具备相关配额、许可证、自动进口许可证的前提下，不再另行对融资租赁公司提出购买资质要求。根据融资租赁特点，便利融资租赁公司申请医疗器械经营许可或办理备案。除法律法规另有规定外，承租人通过融资租赁方式获得设备与自行购买设备在资质认定时享受同等待遇。

---

① 最高人民法院民事审判第二庭编著：《最高人民法院关于融资租赁合同司法解释理解与适用》，人民法院出版社2016年版，第83~86页。最高人民法院民法典贯彻实施工作领导小组主编：《中华人民共和国民法典合同编理解与适用（三）》，人民法院出版社2020年版，第1629~1632页。

......

2.《国务院办公厅关于促进医药产业健康发展的指导意见》（国办发〔2016〕11号，2016年3月4日）

探索医疗器械生产企业与金融租赁公司、融资租赁公司合作，为各类所有制医疗机构提供分期付款采购大型医疗设备的服务。

3. 国家卫生健康委员会、国家药品监督管理局《大型医用设备配置与使用管理办法（试行）》（国卫规划发〔2018〕12号，2018年5月22日）

第二条 本办法所称大型医用设备，是指使用技术复杂、资金投入量大、运行成本高、对医疗费用影响大且纳入目录管理的大型医疗器械。

第三条 大型医用设备目录由国家卫生健康委员会商国务院有关部门提出，报国务院批准后公布执行。

第四条 国家按照目录对大型医用设备实行分级分类配置规划和配置许可证管理。

第十九条 医疗器械使用单位申请配置大型医用设备，应当符合大型医用设备配置规划，与其功能定位、临床服务需求相适应，具有相应的技术条件、配套设施和具备相应资质、能力的专业技术人员。

申请配置甲类大型医用设备的，向国家卫生健康委员会提出申请；申请配置乙类大型医用设备的，向所在地省级卫生健康行政部门提出申请。

4. 银保监会《融资租赁公司监督管理暂行办法》（银保监发〔2020〕22号，2020年5月26日）

第九条 融资租赁公司进口租赁物涉及配额、许可等管理的，由租赁物购买方或产权所有方按有关规定办理手续，另有约定的除外。

融资租赁公司经营业务过程中涉及外汇管理事项的，应当遵守国家外汇管理有关规定。

第七百三十九条　【融资租赁标的物的交付】 出租人根据承租人对出卖人、租赁物的选择订立的买卖合同，出卖人应当按照约定向承租人交付标的物，承租人享有与受领标的物有关的买受人的权利。

■ 理解与适用

在融资租赁合同中，租赁物即买卖合同的标的物。融资租赁合同最重要的法律特征就是融资与融物相结合，融资为融物服务。买卖合同是出租人根据承租人对出卖人和租赁物的选择订立的，作为买受人的出租人只承担支付货款的义务，而承租人是租赁物的实际占有、使用和收益人，且了解租赁物。可见，出租人只是为承租人购买租赁物提供资金，真正的买卖双方实际上是承租人和出卖人，因此，出卖人应直接向承租人交付租赁物。①

根据本条规定，承租人可以向出卖人主张的权利范围，包括两个方面：第一，出卖人应当按照约定向承租人交付标的物。出卖人应当按照买卖合同规定的数量、规格、技术性能以及履行期限、履行地点和履行方式等，向承租人直接交付标的物，并应当承担标的物的瑕疵担保责任。出租人对租赁物的质量、数量等问题一般不承担责任，对出卖人迟延交付标的物的，也不承担违约责任。第二，承租人享有与受领标的物有关的买受人的权利。即出租人在买卖合同中享有的买受人的权利，只要是与受领标的物有关的，承租人都享有。例如，承租人有权按照约定或者交易习惯要求出卖人交付提取标的物单证以外的有关单证和资料；标的物质量不符合要求，致使不能实现合同目的的，承租人可以拒绝接受标的物；出卖人多交标的物的，承租人可以接收或者拒绝接收多交的部分，但应及时通知出卖人。②

相关法律法规

《民法典》（2020年5月28日）

第五百九十八条 【出卖人基本义务】出卖人应当履行向买受人交付标的物或者交付提取标的物的单证，并转移标的物所有权的义务。

第五百九十九条 【出卖人义务：交付单证、交付资料】出卖人应当按照约定或者交易习惯向买受人交付提取标的物单证以外的有关单证和资料。

第六百零一条 【出卖人义务：交付期间】出卖人应当按照约定的时间交付标的物。约定交付期限的，出卖人可以在该交付期限内的任何时间交付。

第六百零二条 【标的物交付期限不明时的处理】当事人没有约定标的物的交付期限或者约定不明确的，适用本法第五百一十条、第五百一十一条第四项的规定。

第六百零三条 【买卖合同标的物的交付地点】出卖人应当按照约定的地点交付标的物。

当事人没有约定交付地点或者约定不明确，依据本法第五百一十条的规定仍不能确定的，适用下列规定：

（一）标的物需要运输的，出卖人应当将标的物交付给第一承运人以运交给买受人；

（二）标的物不需要运输，出卖人和买受人订立合同时知道标的物在某一地点的，出卖人应当在该地点交付标的物；不知道标的物在某一地点的，应当在出卖人订立合同时的营业地交付标的物。

---

① 黄薇主编：《中华人民共和国民法典合同编解读》（下册），中国法制出版社2020年版，第861页。

② 最高人民法院民法典贯彻实施工作领导小组主编：《中华人民共和国民法典合同编理解与适用（三）》，人民法院出版社2020年版，第1634页。

相关司法解释

《最高人民法院关于审理买卖合同纠纷案件适用法律问题的解释》（法释〔2012〕8号，2020年修正）

第四条 民法典第五百九十九条规定的"提取标的物单证以外的有关单证和资料"，主要应当包括保险单、保修单、普通发票、增值税专用发票、产品合格证、质量保证书、质量鉴定书、品质检验证书、产品进出口检疫书、原产地证明书、使用说明书、装箱单等。

第五条 出卖人仅以增值税专用发票及税款抵扣资料证明其已履行交付标的物义务，买受人不认可的，出卖人应当提供其他证据证明交付标的物的事实。

合同约定或者当事人之间习惯以普通发票作为付款凭证，买受人以普通发票证明已经履行付款义务的，人民法院应予支持，但有相反证据足以推翻的除外。

相关司法文件

上海市高级人民法院《融资租赁合同纠纷类案办案要件指南》①（2020年5月18日）

一般情况下，租赁物由出租人交付承租人，并由承租人向出租人出具交付凭证，故该项举证责任应由出租人承担。同时，出租人也可以通过提交诸如租赁物发票、检验证明等证据来证明其已向承租人交付租赁物。在售后回租中，租赁物始终由承租人占有，出租人与承租人通常以占有改定的方式完成租赁物所有权的转移交付，因此在这类融资租赁合同中，租赁物的交付则自所有权转移时发生。

相关国际公约

《租赁示范法》（2008年11月13日通过）

第七条 融资租赁中的承租人作为供货合同的受益人

1. 融资租赁中，供货人依供货合同的义务亦可向承租人履行，就如同承租人是该供货合同的当事人，该租赁物是直接提供给承租人一样。供货人就同一损害不应同时向出租人和承租人承担责任。

2. 依据承租人的要求，出租人应将强制履行供货合同的权利转让给承租人，否则出租人应承担供货人义务。

3. 在承租人同意的供货合同中，任何条款的修改不影响承租人依本条所享有的权利，除非承租人同意该修改。如果承租人不同意该修改，出租人应在修改的范围内向承租人承担供货人义务。

4. 当事人不得减损或变更本条第1、2、3款规定的效力。

5. 本条中的任何规定均不赋予承租人未经出租人同意即变更、终止或解除供货合同

---

① 茆荣华主编：《上海法院类案办案要件指南》（第1册），人民法院出版社2020年版，第34页。

的权利。

第七百四十条　【承租人的拒绝受领权】 出卖人违反向承租人交付标的物的义务，有下列情形之一的，承租人可以拒绝受领出卖人向其交付的标的物：

（一）标的物严重不符合约定；

（二）未按照约定交付标的物，经承租人或者出租人催告后在合理期限内仍未交付。

承租人拒绝受领标的物的，应当及时通知出租人。

理解与适用

本条规定赋予承租人直接向出卖人行使拒绝受领瑕疵给付或者迟延给付的权利，使出卖人与承租人之间建立法律上的关系，突破了合同相对性的约束，属于《民法典》第465条第2款所述的法律另有规定的情形。

融资租赁是一项以融物为依托的融资行为，具有较强的融资性特征，且一般资金量较大，租期也较长，通常都在几年甚至十几年，涉及的标的物通常也都是用于生产经营的大型机器设备，其中很多都是专门按承租人的要求定制的特种设备，这与一般买卖行为中的普通标的物有很大不同。出租人按照承租人的要求，与承租人选定的出卖人签订了标的物的买卖合同，并支付了购买标的物的价款，应当被视为已经履行了融资租赁合同项下的主要义务。由于租赁物是由承租人指定购买的，出租人对租赁物的性能和生产要求等往往缺乏了解，缺乏对租赁物进行检验和判断的能力与条件。为了保证租赁物符合使用要求，便于解决租赁物使用过程中出现的问题，对因租赁物存在质量瑕疵或交付瑕疵（如租赁物质量不合格或者迟延供货等）需要对租赁物行使拒绝受领权时，由承租人行使更为合适。[①]

考虑到融资租赁交易涉及的资金量大、租赁期间长，标的物通常为大型机器设备，甚至是专门为承租人定制的特种设备等因素，人民法院从尽可能维护交易稳定性的角度出发，应尽量努力促使合同能够继续履行，对承租人拒绝受领标的物的条件不宜放得过宽。同时，也应给予出租人或出卖人合理的补救机会，允许其在合理期限内对不符合约定的标的物进行维修、调试、更换或重新生产等，以达到合同要求，符合承租人的使用标准。从实际出发，在承租人拒绝受领标的物的判定条件上，应以是否能够实现承租人的使用目的

[①] 黄薇主编：《中华人民共和国民法典合同编解读（下册）》，中国法制出版社2020年版，第862~863页。

为标准。①

  需要注意的是，人民法院在审判过程中应着重查明承租人正当拒绝受领标的物，是因出租人还是出卖人的原因引发。区分出租人原因和出卖人原因，对于后续矛盾纠纷的法律处理具有重要意义。如果是因出租人没有履行支付价款购买标的物的义务而造成出卖人没有交付，则由出租人承担责任；如果是出卖人的责任造成标的物严重不符合合同约定或交付方式不符合约定的，则出卖人承担违约责任，出租人不承担责任，承租人可直接向出卖人索赔，且索赔结果不影响承租人履行支付租金的义务。②

  承租人接受标的物，是其履行融资租赁合同中的标的物受领义务的要求。承租人拒绝受领标的物，势必对融资租赁合同及买卖合同的履行产生影响，从而直接影响到出租人的利益。实践中出租人多不参与标的物的实际交付过程，如承租人未及时告知其拒绝受领标的物的事实，可能导致出租人的损失。根据诚信履约和全面履行《合同法》的一般履行原则，承租人应当将拒绝受领标的物的事实及时告知出租人。这是融资租赁合同租赁物交付义务中所包含的附随义务。对通知义务予以明确，并非为承租人设定额外的义务。从义务履行的负担而言，承租人通知出租人其拒绝受领的事实，并不会给承租人带来额外的费用支出或者负担，但从根本上来说，却有利于出租人和承租人的利益。③

❊ 相关法律法规

《民法典》（2020 年 5 月 28 日）

  第四百六十五条 **【依法成立的合同受法律保护及合同相对性原则】**依法成立的合同，受法律保护。

  依法成立的合同，仅对当事人具有法律约束力，但是法律另有规定的除外。

  第五百零九条 **【合同履行的原则】**当事人应当按照约定全面履行自己的义务。

  当事人应当遵循诚信原则，根据合同的性质、目的和交易习惯履行通知、协助、保密等义务。

  当事人在履行合同过程中，应当避免浪费资源、污染环境和破坏生态。

  第五百二十二条 **【向第三人履行的合同】**当事人约定由债务人向第三人履行债务，债务人未向第三人履行债务或者履行债务不符合约定的，应当向债权人承担违约责任。

  法律规定或者当事人约定第三人可以直接请求债务人向其履行债务，第三人未在合理

---

  ① 最高人民法院民事审判第二庭编著：《最高人民法院关于融资租赁合同司法解释理解与适用》，人民法院出版社 2016 年版，第 107 页。最高人民法院民法典贯彻实施工作领导小组主编：《中华人民共和国民法典合同编理解与适用（三）》，人民法院出版社 2020 年版，第 1638~1639 页。

  ② 最高人民法院民事审判第二庭编著：《最高人民法院关于融资租赁合同司法解释理解与适用》，人民法院出版社 2016 年版，第 110 页；最高人民法院民法典贯彻实施工作领导小组主编：《中华人民共和国民法典合同编理解与适用（三）》，人民法院出版社 2020 年版，第 1639~1640 页。

  ③ 最高人民法院民事审判第二庭编著：《最高人民法院关于融资租赁合同司法解释理解与适用》，人民法院出版社 2016 年版，第 107~108 页。

期限内明确拒绝，债务人未向第三人履行债务或者履行债务不符合约定的，第三人可以请求债务人承担违约责任；债务人对债权人的抗辩，可以向第三人主张。

第六百一十条 【根本违约】因标的物不符合质量要求，致使不能实现合同目的的，买受人可以拒绝接受标的物或者解除合同。买受人拒绝接受标的物或解除合同的，标的物毁损、灭失的风险由出卖人承担。

第六百一十二条 【出卖人的权利瑕疵担保义务】出卖人就交付的标的物，负有保证第三人对该标的物不享有任何权利的义务，但是法律另有规定的除外。

第六百一十五条 【买卖标的物的质量瑕疵担保】出卖人应当按照约定的质量要求交付标的物。出卖人提供有关标的物质量说明的，交付的标的物应当符合该说明的质量要求。

第六百一十六条 【标的物法定质量担保义务】当事人对标的物的质量要求没有约定或者约定不明确，依据本法第五百一十条的规定仍不能确定的，适用本法第五百一十一条第一项的规定。

第六百二十条 【买受人的检验义务】买受人收到标的物时应当在约定的检验期限内检验。没有约定检验期限的，应当及时检验。

第六百二十一条 【买受人检验标的物的异议通知】当事人约定检验期限的，买受人应当在检验期限内将标的物的数量或者质量不符合约定的情形通知出卖人。买受人怠于通知的，视为标的物的数量或者质量符合约定。

当事人没有约定检验期限的，买受人应当在发现或者应当发现标的物的数量或者质量不符合约定的合理期限内通知出卖人。买受人在合理期限内未通知或者自收到标的物之日起二年内未通知出卖人的，视为标的物的数量或者质量符合约定；但是，对标的物有质量保证期的，适用质量保证期，不适用该二年的规定。

出卖人知道或者应当知道提供的标的物不符合约定的，买受人不受前两款规定的通知时间的限制。

第六百二十二条 【检验期限或质量保证期过短的处理】当事人约定的检验期限过短，根据标的物的性质和交易习惯，买受人在检验期限内难以完成全面检验的，该期限仅视为买受人对标的物的外观瑕疵提出异议的期限。

约定的检验期限或者质量保证期短于法律、行政法规规定期限的，应当以法律、行政法规规定的期限为准。

第六百二十三条 【标的物数量和外观瑕疵检验】当事人对检验期限未作约定，买受人签收的送货单、确认单等载明标的物数量、型号、规格的，推定买受人已经对数量和外观瑕疵进行检验，但是有相关证据足以推翻的除外。

第六百二十四条 【向第三人履行情形的检验标准】出卖人依照买受人的指示向第三人交付标的物，出卖人和买受人约定的检验标准与买受人和第三人约定的检验标准不一致的，以出卖人和买受人约定的检验标准为准。

❖ 相关司法解释

1.《最高人民法院关于适用〈中华人民共和国民法典〉合同编通则若干问题的解释》（法释〔2023〕13号）

第二十九条　民法典第五百二十二条第二款规定的第三人请求债务人向自己履行债务的，人民法院应予支持；请求行使撤销权、解除权等民事权利的，人民法院不予支持，但是法律另有规定的除外。

合同依法被撤销或者被解除，债务人请求债权人返还财产的，人民法院应予支持。

债务人按照约定向第三人履行债务，第三人拒绝受领，债权人请求债务人向自己履行债务的，人民法院应予支持，但是债务人已经采取提存等方式消灭债务的除外。第三人拒绝受领或者受领迟延，债务人请求债权人赔偿因此造成的损失的，人民法院依法予以支持。

2.《最高人民法院关于审理融资租赁合同纠纷案件适用法律问题的解释》（法释〔2014〕3号，2020年修正）

第三条　承租人拒绝受领租赁物，未及时通知出租人，或者无正当理由拒绝受领租赁物，造成出租人损失，出租人向承租人主张损害赔偿的，人民法院应予支持。

3.《最高人民法院关于审理买卖合同纠纷案件适用法律问题的解释》（法释〔2012〕8号，2020年修正）

第十二条　人民法院具体认定民法典第六百二十一条第二款规定的"合理期限"时，应当综合当事人之间的交易性质、交易目的、交易方式、交易习惯、标的物的种类、数量、性质、安装和使用情况、瑕疵的性质、买受人应尽的合理注意义务、检验方法和难易程度、买受人或者检验人所处的具体环境、自身技能以及其他合理因素，依据诚实信用原则进行判断。

民法典第六百二十一条第二款规定的"二年"是最长的合理期限。该期限为不变期间，不适用诉讼时效中止、中断或者延长的规定。

第十三条　买受人在合理期限内提出异议，出卖人以买受人已经支付价款、确认欠款数额、使用标的物等为由，主张买受人放弃异议的，人民法院不予支持，但当事人另有约定的除外。

第十四条　民法典第六百二十一条规定的检验期限、合理期限、二年期限经过后，买受人主张标的物的数量或者质量不符合约定的，人民法院不予支持。

出卖人自愿承担违约责任后，又以上述期限经过为由翻悔的，人民法院不予支持。

第十七条　标的物质量不符合约定，买受人依照民法典第五百八十二条的规定要求减少价款的，人民法院应予支持。当事人主张以符合约定的标的物和实际交付的标的物按交付时的市场价值计算差价的，人民法院应予支持。

价款已经支付，买受人主张返还减价后多出部分价款的，人民法院应予支持。

相关国际公约

《租赁示范法》（2008年11月13日通过）

第十三条　接受

1. 以下情况下认为是承租人接受了租赁物：承租人向出租人或供货人表示租赁物符合合同的约定；承租人在合理的检验机会之后没有拒收租赁物；承租人使用了租赁物……

第十七条　可接受性和适用性的保证

1. 融资租赁中，供货人保证租赁物至少达到租约所述交易中可以接受的标准，并适于所述租赁物的一般使用目的，依据第7条第2款的规定，该保证义务仅对供货人具有执行性……

第七百四十一条　【承租人的索赔权】 出租人、出卖人、承租人可以约定，出卖人不履行买卖合同义务的，由承租人行使索赔的权利。承租人行使索赔权利的，出租人应当协助。

理解与适用

所谓索赔权，是指当义务人不履行义务而给权利人造成损失时，权利人依法享有向义务人索赔因此而造成的损失的权利。在融资租赁合同中，出租人一般不承担租赁物的瑕疵担保责任，也不承担租赁物迟延交付的责任。出卖人不仅应向承租人直接交付标的物，而且应承担租赁物的瑕疵担保责任。这是因为，租赁物本身即存有质量问题，但根本原因是出卖人没有按照合同的约定履行交付符合合同约定的质量标准的租赁物。[1]

虽然承租人不是买卖合同的当事人，但在出卖人不履行合同义务时，由承租人直接向出卖人索赔既可以简化法律关系，又可以降低索赔成本。但由于承租人毕竟不是买卖合同的当事人，承租人直接向出卖人行使索赔权，需经出租人、承租人、出卖人三方共同约定。理由在于，承租人的索赔权系从出租人处受让而来。[2] 出租人应当将其根据买卖合同享有的租赁物瑕疵索赔等请求权转让给承租人，从而使承租人能够直接向出卖人行使索赔权。从这个角度来讲，出租人负有向承租人转让租赁物瑕疵索赔请求权的义务。[3] 有了三

---

[1] 最高人民法院民法典贯彻实施工作领导小组主编：《中华人民共和国民法典合同编理解与适用（三）》，人民法院出版社2020年版，第1634页。

[2] 最高人民法院民事审判第二庭编著：《最高人民法院关于融资租赁合同司法解释理解与适用》，人民法院出版社2016年版，第113页。

[3] 最高人民法院民法典贯彻实施工作领导小组主编：《中华人民共和国民法典合同编理解与适用（三）》，人民法院出版社2020年版，第1654页。

方一致约定，既可表明出租人与承租人之间达成了索赔权转让的合意，也可以表明索赔权转让的事实已经有效通知了出卖人，对出卖人产生了法律效力。

承租人向出卖人行使索赔权的内容主要有两种：①

第一，出卖人交付的标的物质量不符合约定时，承租人可以要求：

（1）减少价金。如果出卖人交付的标的物虽不符合合同约定，但不影响使用，而承租人也愿意继续使用的，可要求出卖人折价用于抵偿部分租金。

（2）修理、调换。当出卖人交付的标的物不能使用时，根据标的物的具体情况，承租人可以请求出卖人负责修理或者另行交付无瑕疵的租赁物，并承担因修理、调换而支付的实际费用。

（3）支付违约金。在出卖人交付的标的物不符合质量要求时，承租人可以请求出卖人支付约定或者法定的违约金。在违约金不足以弥补损失时，承租人还可以要求出卖人支付损害赔偿金。

（4）解除合同并赔偿损失。当出卖人交付的标的物由于质量问题无法使用时，承租人不仅可以要求解除合同，而且可以要求赔偿损失。

第二，出卖人未交付或者迟延交付标的物的，承租人可以请求出卖人继续履行交付义务，并请求迟延履行导致的损害赔偿，构成《民法典》第563条第1款②的情形之一的，可以解除合同并请求替代履行的损害赔偿。

另外，根据本条规定，出租人对承租人行使索赔权负有法定协助义务。由于承租人并非买卖合同的当事人，对出租人与出卖人订立买卖合同的情况、履行的条件等并不一定完全掌握。为保证承租人能够顺利行使索赔权，保证其因出卖人不履行买卖合同义务而受到的损失能够得到赔偿，法律要求出租人协助承租人行使索赔权。③

❋ 相关法律法规

《民法典》（2020年5月28日）

第五百零九条 【合同履行的原则】当事人应当按照约定全面履行自己的义务。

当事人应当遵循诚信原则，根据合同的性质、目的和交易习惯履行通知、协助、保密等义务。

---

① 最高人民法院民事审判第二庭编著：《最高人民法院关于融资租赁合同司法解释理解与适用》，人民法院出版社2016年版，第113页。黄薇主编：《中华人民共和国民法典合同编释义》，法律出版社2020年版，第577页。

② 《民法典》第563条第1款：有下列情形之一的，当事人可以解除合同：（一）因不可抗力致使不能实现合同目的；（二）在履行期限届满前，当事人一方明确表示或者以自己的行为表明不履行主要债务；（三）当事人一方迟延履行主要债务，经催告后在合理期限内仍未履行；（四）当事人一方迟延履行债务或者有其他违约行为致使不能实现合同目的；（五）法律规定的其他情形。

③ 最高人民法院民法典贯彻实施工作领导小组主编：《中华人民共和国民法典合同编理解与适用（三）》，人民法院出版社2020年版，第1642页。

当事人在履行合同过程中，应当避免浪费资源、污染环境和破坏生态。

第五百四十五条　【债权转让】债权人可以将债权的全部或者部分转让给第三人，但是有下列情形之一的除外：

（一）根据债权性质不得转让；

（二）按照当事人约定不得转让；

（三）依照法律规定不得转让。

当事人约定非金钱债权不得转让的，不得对抗善意第三人。当事人约定金钱债权不得转让的，不得对抗第三人。

第五百四十六条　【债权转让的通知义务】债权人转让债权，未通知债务人的，该转让对债务人不发生效力。

债权转让的通知不得撤销，但是经受让人同意的除外。

第六百一十一条　【买受人承担风险与出卖人违约责任关系】标的物毁损、灭失的风险由买受人承担的，不影响因出卖人履行义务不符合约定，买受人请求其承担违约责任的权利。

第六百一十七条　【质量瑕疵担保责任】出卖人交付的标的物不符合质量要求的，买受人可以依据本法第五百八十二条至第五百八十四条的规定请求承担违约责任。

第六百一十八条　【标的物瑕疵担保责任减免的特约效力】当事人约定减轻或者免除出卖人对标的物瑕疵承担的责任，因出卖人故意或者重大过失不告知买受人标的物瑕疵的，出卖人无权主张减轻或者免除责任。

相关司法解释

1.《最高人民法院关于审理买卖合同纠纷案件适用法律问题的解释》（法释〔2012〕8号，2020年修正）

第十六条　买受人在检验期限、质量保证期、合理期限内提出质量异议，出卖人未按要求予以修理或者因情况紧急，买受人自行或者通过第三人修理标的物后，主张出卖人负担因此发生的合理费用的，人民法院应予支持。

2.《最高人民法院关于适用〈中华人民共和国民法典〉合同编通则若干问题的解释》（法释〔2023〕13号）

第四十七条　债权转让后，债务人向受让人主张其对让与人的抗辩的，人民法院可以追加让与人为第三人。

债务转移后，新债务人主张原债务人对债权人的抗辩的，人民法院可以追加原债务人为第三人。

当事人一方将合同权利义务一并转让后，对方就合同权利义务向受让人主张抗辩或者受让人就合同权利义务向对方主张抗辩的，人民法院可以追加让与人为第三人。

第四十八条 债务人在接到债权转让通知前已经向让与人履行，受让人请求债务人履行的，人民法院不予支持；债务人接到债权转让通知后仍然向让与人履行，受让人请求债务人履行的，人民法院应予支持。

让与人未通知债务人，受让人直接起诉债务人请求履行债务，人民法院经审理确认债权转让事实的，应当认定债权转让自起诉状副本送达时对债务人发生效力。债务人主张因未通知而给其增加的费用或者造成的损失从认定的债权数额中扣除的，人民法院依法予以支持。

第四十九条 债务人接到债权转让通知后，让与人以债权转让合同不成立、无效、被撤销或者确定不发生效力为由请求债务人向其履行的，人民法院不予支持。但是，该债权转让通知被依法撤销的除外。

受让人基于债务人对债权真实存在的确认受让债权后，债务人又以该债权不存在为由拒绝向受让人履行的，人民法院不予支持。但是，受让人知道或者应当知道该债权不存在的除外。

相关司法文件

上海市高级人民法院《融资租赁合同纠纷类案办案要件指南》[①]（2020年5月18日）

出卖人未交付或迟延交付租赁物的，承租人可以向出卖人直接行使索赔权，请求出卖人继续履行交付义务，并支付违约金，或者同时要求赔偿损失。

相关国际公约

1.《国际融资租赁公约》（1988年5月28日通过）

第十条

1. 供货人在供货协议项下的义务也应及于承租人，如同承租人是该协议的一方以及如同设备是直接供给承租人的一样。但是，供货人不应就同一损害同时对出租人和承租人负责。

2. 本条丝毫不应使承租人有权不经出租人同意而终止或撤销供货协议。

第十一条

承租人根据本公约的来自供货协议的权利，不得因原先经承租人认可的供货协议的任何条款发生变更而受到影响，除非承租人同意此变更。

[①] 茆荣华主编：《上海法院类案办案要件指南》（第1册），人民法院出版社2020年版，第75页。

2.《租赁示范法》（2008 年 11 月 13 日通过）

第十三条 接受

……

2. 承租人接受租赁物之后，（1）融资租赁中，如果租赁物不符合供货合同的约定，承租人有权就其损害向供货人主张赔偿……

第十四条 救济措施

1. 融资租赁中，在租赁物尚未交付、部分交付、迟延交付，或不符合租赁的约定时，承租人可以要求供货人交付符合要求的租赁物，并且可以寻求法律所规定的其他救济措施……

第二十三条 终止

1.（2）除非下述第 3 项另有规定，融资租赁中，租赁物被交付且承租人接受之后，承租人不得因出租人或供货人的根本违约而终止租赁，但是有权采取当事人约定的和法律规定的其他救济措施。

（3）若出租人对第 16 条所述平静占有权的保证存在根本违约，融资租赁中承租人可以终止租赁。

第七百四十二条 【承租人行使索赔权的租金支付义务】 承租人对出卖人行使索赔权利，不影响其履行支付租金的义务。但是，承租人依赖出租人的技能确定租赁物或者出租人干预选择租赁物的，承租人可以请求减免相应租金。

● 理解与适用

融资租赁合同项下的主要义务具有独立性。目前，这一观点也得到了司法机关和立法机关的认可。由于出租人不负租赁物的瑕疵担保义务，因此在租赁物存在瑕疵时，承租人可以依照约定向出卖人请求其承担瑕疵担保责任。即使租赁物有瑕疵致使承租人不能使用、收益，也不影响承租人向出租人承担支付租金的义务，承租人仍应按照约定支付租金。[1] 只要出租人履行了支付价款购买租赁物的义务并且不存在其他严重违约行为（如违反平静占有保证义务），承租人就应当履行融资租赁合同项下的各项义务。对于非因出租人的因素造成租赁物本身存在质量问题或交付方式不符合合同约定等，承租人可以向出卖人直接行使索赔权，但索赔的结果不应影响承租人继续履行融资租赁合同项下包括支付租金在内的主要义务，由此造成承租人的损失应由出卖人负责赔偿。这样规定，更符合融资

---

[1] 黄薇主编：《中华人民共和国民法典合同编解读（下册）》，中国法制出版社 2020 年版，第 866~867 页。

租赁的本质特征。①

人民法院在审理此类案件时,要注意区分出租人的行为是否对承租人的选择造成了实质性影响。所谓构成实质性影响,通常可包括以下情形:(1)出租人指定租赁物或出卖人;(2)出租人给出一定的选择范围,指定几家制造商或几种产品供承租人选择;(3)出租人将承租人的选择与租金等合同条款挂钩,如承租人只有在出租人推荐的范围内选择才可获得相应的优惠条件。若承租人能够举证证明出租人存在这些行为,则可以认为出租人对承租人选择出卖人构成了实质性影响。②但是,出租人根据承租人的要求,提供与供应商、租赁物有关的信息,但未对相关信息进行筛选或未给承租人选定供应商、租赁物提供意见的,承租人无权要求减免相应租金。③

相关司法解释

1.《最高人民法院关于审理融资租赁合同纠纷案件适用法律问题的解释》(法释〔2014〕3号,2020年修正)

第八条 租赁物不符合融资租赁合同的约定且出租人实施了下列行为之一,承租人依照民法典第七百四十四条、第七百四十七条的规定,要求出租人承担相应责任的,人民法院应予支持:

(一)出租人在承租人选择出卖人、租赁物时,对租赁物的选定起决定作用的;

(二)出租人干预或者要求承租人按照出租人意愿选择出卖人或者租赁物的;

(三)出租人擅自变更承租人已经选定的出卖人或者租赁物的。

承租人主张其系依赖出租人的技能确定租赁物或者出租人干预选择租赁物的,对上述事实承担举证责任。

2.《最高人民法院关于审理买卖合同纠纷案件适用法律问题的解释》(法释〔2012〕8号,2020年修正)

第十七条 标的物质量不符合约定,买受人依照民法典第五百八十二条的规定要求减少价款的,人民法院应予支持。当事人主张以符合约定的标的物和实际交付的标的物按交付时的市场价值计算差价的,人民法院应予支持。

---

① 最高人民法院民事审判第二庭编著:《最高人民法院关于融资租赁合同司法解释理解与适用》,人民法院出版社2016年版,第118页。最高人民法院民法典贯彻实施工作领导小组主编:《中华人民共和国民法典合同编理解与适用(三)》,人民法院出版社2020年版,第1649~1650页。

② 最高人民法院民事审判第二庭编著:《最高人民法院关于融资租赁合同司法解释理解与适用》,人民法院出版社2016年版,第127~128页。最高人民法院民法典贯彻实施工作领导小组主编:《中华人民共和国民法典合同编理解与适用(三)》,人民法院出版社2020年版,第1649~1650页。

③ 黄薇主编:《中华人民共和国民法典合同编解读》(下册),中国法制出版社2020年版,第866页。

价款已经支付，买受人主张返还减价后多出部分价款的，人民法院应予支持。

相关司法文件

上海市高级人民法院《融资租赁合同纠纷类案办案要件指南》[1]（2020年5月18日）

承租人以出租人违约为由主张赔偿责任案件的认定和裁判规则

（一）租赁物未交付及其赔偿责任的认定和裁判规则

【审查要点】

承租人选定出卖人、租赁物的前提下，履行买卖合同的风险应由承租人承担。在出租人已按约支付租赁物买卖价款的情况下，承租人无权以未收到租赁物为由拒付租金，更无权向出租人主张损失赔偿责任。

（二）租赁物瑕疵担保及其赔偿责任的认定和裁判规则

【审查要点】

租赁物不符合合同约定或不符合使用目的的，不影响承租人履行支付租金的义务，但存在承租人依赖出租人的技能确定租赁物或者出租人干预选择租赁物等法定情形的除外。承租人对除外情形的存在负举证责任。若承租人无法举证证明出租人存在上述除外情形的，则在其已经受领租赁物的情况下，涉及租赁物的质量问题应由承租人与出卖人另行解决，不影响承租人向出租人履行租金支付义务。

第七百四十三条 【承租人索赔不能的违约责任承担】

出租人有下列情形之一，致使承租人对出卖人行使索赔权利失败的，承租人有权请求出租人承担相应的责任：

（一）明知租赁物有质量瑕疵而不告知承租人；

（二）承租人行使索赔权利时，未及时提供必要协助。

出租人怠于行使只能由其对出卖人行使的索赔权利，造成承租人损失的，承租人有权请求出租人承担赔偿责任。

理解与适用

虽然租赁物的索赔问题由承租人与出卖人自行解决，但基于诚实信用原则，出租人还负有通知和协助的义务。出租人违反上述义务，导致承租人索赔失败的，承租人有权请求出租人承担相应的责任。

就通知义务而言，应将其界定为出租人将其所知悉的对合同履行以及承租人利益可能

---

[1] 茆荣华主编：《上海法院类案办案要件指南》（第1册），人民法院出版社2020年版，第75页。

产生重大影响的情况及时、恰当地告知承租人。出租人在明知租赁物有质量瑕疵的情况下而不及时通知承租人，明显违背了出租人依据诚信原则所应负担的通知义务。此处出租人所负担的通知义务并不考虑租赁物是由承租人直接受领还是由出租人受领后又转移给承租人。只要出租人明知租赁物存在质量瑕疵，那么即使其未受领租赁物，也应当将其知悉的情况及时通知承租人。需要说明的是，本条使用的"明知"并不包含应当知道，否则会增加出租人的默示担保义务，而融资租赁中出租人在不明知的情况下并不负担此项义务。①

为了保证承租人能够顺利行使索赔权，出租人还应当提供必要的协助。协助义务的内容应根据案件所涉融资租赁的特点依诚信原则和交易习惯予以确定。该条中的"协助"主要包括以下三个方面内容：一是帮助寻找出卖人。二是帮助寻找证据。在买卖合同的签约过程中，主要是出租人和出卖人之间磋商谈判，故出租人应当提供合同文本、订约资料等证据材料。三是诉讼过程中的协助义务，比如出租人要出庭作证等。②

✦ 相关法律法规

《民法典》（2020 年 5 月 28 日）

　　第五百零九条　【合同履行的原则】当事人应当按照约定全面履行自己的义务。

　　当事人应当遵循诚信原则，根据合同的性质、目的和交易习惯履行通知、协助、保密等义务。

　　当事人在履行合同过程中，应当避免浪费资源、污染环境和破坏生态。

　　第六百一十八条　【标的物瑕疵担保责任减免的特约效力】当事人约定减轻或者免除出卖人对标的物瑕疵承担的责任，因出卖人故意或者重大过失不告知买受人标的物瑕疵的，出卖人无权主张减轻或者免除责任。

✦ 相关司法解释

《最高人民法院关于审理买卖合同纠纷案件适用法律问题的解释》（法释〔2012〕8 号，2020 年修正）

　　第二十四条　买受人在缔约时知道或者应当知道标的物质量存在瑕疵，主张出卖人承担瑕疵担保责任的，人民法院不予支持，但买受人在缔约时不知道该瑕疵会导致标的物的基本效用显著降低的除外。

---

　　① 最高人民法院民法典贯彻实施工作领导小组主编：《中华人民共和国民法典合同编理解与适用（三）》，人民法院出版社 2020 年版，第 1652 页。

　　② 黄薇主编：《中华人民共和国民法典合同编解读（下册）》，中国法制出版社 2020 年版，第 868~869 页。

相关典型案例

案例21　承租人应就出租人怠于行使索赔权导致其索赔失败的事实承担举证责任[①]

【案情摘要】

N公司与案外第三人于2011年1月8日签订了船舶建造和销售合同，购买一条47500DWT散货船。N公司、租赁公司与第三人签订了有关船舶建造和销售合同的三方协议。协议约定，由N公司将建造合同转让给租赁公司，由租赁公司向第三人支付建造合同下尚未支付部分的船舶价款，租赁公司取得完整的船舶所有权，再以融资租赁的形式将该船舶出租给N公司使用，第三人确认同意N公司将建造合同转让给租赁公司。N公司向第三人支付了涉案船舶建造的第一期预付款人民币875万元。第三人于2013年7月30日向N公司发出合同解除通知函。N公司于2014年8月5日向上海海事法院对第三人提起诉讼，诉请第三人返还造船款人民币875万元及其利息损失。N公司于同年12月2日向租赁公司以特快专递的方式寄送函告，要求租赁公司及时向第三人主张权利，同年12月4日，N公司以另案起诉为由申请撤回起诉。N公司请求法院依法判令：1. 解除融资租赁合同；2. 赔偿船舶建造预付款损失人民币875万元及利息损失（自2011年4月13日起算至判决给付之日按年利率8%计算）。

【裁判要旨】

船舶建造和销售合同第二期款项的付款条件并未成就，租赁公司未支付第二期款项的行为不构成违约，没有证据证明被告怠于行使索赔权，N公司诉请损失与其怠于行使保函权利具有关联性。融资租赁合同解除后，各方当事人的权利义务关系恢复至签订融资租赁合同之前，原告恢复船舶建造和销售合同的买方地位。判令融资租赁合同于本判决生效之日解除，驳回N公司的其他诉讼请求。

第七百四十四条　【出租人不得擅自变更买卖合同内容】 出租人根据承租人对出卖人、租赁物的选择订立的买卖合同，未经承租人同意，出租人不得变更与承租人有关的合同内容。

理解与适用

在融资租赁交易中，先签订的买卖合同是租赁物的依据，后签订的融资租赁合同是买卖合同成立的前提。两者缺一不可，构成联立联动关系。由于买卖合同与融资租赁合同关系密切，出租人订立买卖合同是为了承租人，而且买卖合同的条款往往是经承租人确认的，因此，出租人和出卖人在变更买卖合同时，不得损害承租人的利益，未经承租人同意，出租人不得擅自变更与承租人有关的买卖合同的内容。出租人未经承租人同意擅自变

[①] 本案例为作者根据工作、研究经验，为具体说明相关法律问题，编辑加工而得。

更与承租人有关的合同内容的，即构成对承租人的违约。首先，承租人可以要求出租人支付违约金。其次，承租人可以拒收租赁物并通知出租人解除合同。如果因此给承租人造成损失的，承租人还有权要求出租人赔偿损失。

与承租人有关的买卖合同的内容变更主要涉及以下三个方面：

第一，主体的变更。买卖合同的主体是出租人和出卖人。由于出卖人是由承租人选定的，故未经承租人同意，出租人不得擅自变更买卖合同的另一方当事人。

第二，标的物的变更。买卖合同的标的物是融资租赁合同的租赁物系同一物。租赁物亦由承租人指定，故未经承租人同意，出租人不得擅自变更买卖合同的标的物。

第三，标的物的交付。由于买卖合同的标的物是由出卖人直接交付于承租人，如果出租人与出卖人协商变更标的物的交付时间、地点和方式的，应当征得承租人的同意。如果因此增加承租人的费用的，应由出租人和出卖人协商分担。①

需要明确的是，出租人变更买卖合同内容需经承租人同意的内容是与承租人有关的内容。买卖合同的内容，有的与承租人有关，有的则与承租人无关，如购买价款的支付时间、支付方式等。只有与承租人有关的买卖合同的内容，如标的、数量、质量、标的物交付期限、标的物交付地点、包装方式等变更时，才会对承租人使用租赁物产生影响，应当经承租人同意。与承租人无关的买卖合同的内容变更时，因其并不会对承租人产生影响，故无须承租人同意。②

相关法律法规

《民法典》（2020年5月28日）

第一百三十一条 【权利人的义务履行】民事主体行使权利时，应当履行法律规定的和当事人约定的义务。

第一百三十二条 【禁止权利滥用】民事主体不得滥用民事权利损害国家利益、社会公共利益或者他人合法权益。

第一百五十四条 【恶意串通】行为人与相对人恶意串通，损害他人合法权益的民事法律行为无效。

第五百四十三条 【协议变更合同】当事人协商一致，可以变更合同。

第五百四十四条 【合同变更不明确推定为未变更】当事人对合同变更的内容约定不明确的，推定为未变更。

---

① 黄薇主编：《中华人民共和国民法典合同编解读（下册）》，中国法制出版社2020年版，第871页。

② 最高人民法院民法典贯彻实施工作领导小组主编：《中华人民共和国民法典合同编理解与适用（三）》，人民法院出版社2020年版，第1656页。

相关部门规章

《金融租赁公司管理办法》（国家金融监督管理总局令 2024 年第 6 号，2024 年 9 月 14 日）

第五十四条　金融租赁公司应当在签订融资租赁合同或明确融资租赁业务意向的前提下，按照承租人要求购置租赁物。特殊情况下需提前购置租赁物的，应当与自身现有业务领域或业务规划保持一致，且具有相应的专业技能和风险管理能力。

相关司法解释

1.《最高人民法院关于适用〈中华人民共和国民事诉讼法〉的解释》（2022 年 4 月 1 日）

第一百零九条　当事人对欺诈、胁迫、恶意串通事实的证明，以及对口头遗嘱或者赠与事实的证明，人民法院确信该待证事实存在的可能性能够排除合理怀疑的，应当认定该事实存在。

2.《最高人民法院关于适用〈中华人民共和国民法典〉合同编通则若干问题的解释》（法释〔2023〕13 号）

第二十三条第二款　根据法人、非法人组织的举证，综合考虑当事人之间的交易习惯、合同在订立时是否显失公平、相关人员是否获取了不正当利益、合同的履行情况等因素，人民法院能够认定法定代表人、负责人或者代理人与相对人存在恶意串通的高度可能性的，可以要求前述人员就合同订立、履行的过程等相关事实作出陈述或者提供相应的证据。其无正当理由拒绝作出陈述，或者所作陈述不具合理性又不能提供相应证据的，人民法院可以认定恶意串通的事实成立。

相关行政规范性文件

银保监会《融资租赁公司监督管理暂行办法》（银保监发〔2020〕22 号，2020 年 5 月 26 日）

第十六条　融资租赁公司应当在签订融资租赁合同或明确融资租赁业务意向的前提下，按照承租人要求购置租赁物。特殊情况下需要提前购置租赁物的，应当与自身现有业务领域或业务规划保持一致，且与自身风险管理能力和专业化经营水平相符。

第七百四十五条　【租赁物的登记对抗效力】出租人对租赁物享有的所有权，未经登记，不得对抗善意第三人。

理解与适用

由于出租人的所有权本质上是起担保作用，事实上是担保的具体形式之一，故本条确立了融资租赁的登记对抗主义。所谓登记对抗主义，是指出租人所有权依当事人间的合意即设定，但未经登记，不得对抗善意第三人。对抗主义模式下的融资租赁登记，其功能如动产担保交易登记制度，不在于设定权利，而在于公示标的物上的权利状况及确定竞存权利之间的优先顺位。①《民法典》第414条规定："同一财产向两个以上债权人抵押的，拍卖、变卖抵押财产所得的价款依照下列规定清偿：（一）抵押权已经登记的，按照登记的时间先后确定清偿顺序；（二）抵押权已经登记的先于未登记的受偿；（三）抵押权未登记的，按照债权比例清偿。其他可以登记的担保物权，清偿顺序参照适用前款规定。"融资租赁同样也要适用该条规定。对融资租赁而言，无论是同一标的物上存在多个融资租赁，还是出现融资租赁与抵押权的竞存，都要适用《民法典》第414条规定处理清偿顺序问题。②

一、所有权取得

相关法律法规

《民法典》（2020年5月28日）

第二百零九条　【不动产物权的登记生效原则及其例外】不动产物权的设立、变更、转让和消灭，经依法登记，发生效力；未经登记，不发生效力，但是法律另有规定的除外。

依法属于国家所有的自然资源，所有权可以不登记。

第二百一十四条　【不动产物权变动的生效时间】不动产物权的设立、变更、转让和消灭，依照法律规定应当登记的，自记载于不动产登记簿时发生效力。

第二百一十六条　【不动产登记簿效力及管理机构】不动产登记簿是物权归属和内容的根据。

不动产登记簿由登记机构管理。

第二百一十七条　【不动产登记簿与不动产权属证书的关系】不动产权属证书是权利人享有该不动产物权的证明。不动产权属证书记载的事项，应当与不动产登记簿一致；记载不一致的，除有证据证明不动产登记簿确有错误外，以不动产登记簿为准。

第二百二十四条　【动产物权变动生效时间】动产物权的设立和转让，自交付时发生效力，但是法律另有规定的除外。

第二百二十七条　【指示交付】动产物权设立和转让前，第三人占有该动产的，负有交付义务的人可以通过转让请求第三人返还原物的权利代替交付。

第二百二十八条　【占有改定】动产物权转让时，当事人又约定由出让人继续占有该动产的，物权自该约定生效时发生效力。

---

① 最高人民法院民法典贯彻实施工作领导小组主编：《中华人民共和国民法典合同编理解与适用（三）》，人民法院出版社2020年版，第1661页。

② 黄薇主编：《中华人民共和国民法典合同编解读（下册）》，中国法制出版社2020年版，第874页。

相关司法文件

上海市高级人民法院《融资租赁合同纠纷类案办案要件指南》①（2020 年 5 月 18 日）

二、租赁物权属确认诉请的审查

【审查要点】

1. 融资租赁合同成立并合法有效；

2. 合同条款中明确约定在租赁期限内租赁物所有权归出租人所有；

3. 出租人已经按约向原租赁物所有人支付租赁物的价款，租赁物所有权移转条件成就。

【注意事项】

对于融资租赁合同履行过程中诉请确认租赁物所有权的纠纷，要注意审查出租人是否已经取得租赁物的所有权。融资租赁合同通常约定，出租人向租赁物出售方支付对价后，租赁物所有权即发生转移，在租赁期限内，租赁物的所有权归出租人所有。但由于承租人在租赁期限内占有、使用租赁物，故往往会产生租赁物权属纠纷。尤其在车辆融资租赁纠纷中，由于车辆登记在承租人名下，在承租人发生违约情形时，出租人为获得租赁物的支配、处分权利，会提起确权纠纷。在售后回租中，由于租赁物原为承租人所有，并且由承租人占有，发生售后回租后，租赁物仍由承租人占有、使用，但所有权转移至出租人，此时需审查租赁物所有权是否已经发生转移。

二、租赁物登记与查询

相关法律法规

《优化营商环境条例》（2020 年 1 月 1 日施行）

第四十七条第二款 国家推动建立统一的动产和权利担保登记公示系统，逐步实现市场主体在一个平台上办理动产和权利担保登记。纳入统一登记公示系统的动产和权利范围另行规定。

相关部门规章

1.《金融租赁公司管理办法》（国家金融监督管理总局令 2024 年第 6 号，2024 年 9 月 14 日）

第五十三条 金融租赁公司应当合法取得租赁物的所有权。

租赁物属于未经登记不得对抗善意第三人的财产类别，金融租赁公司应当依法办理相关登记。

---

① 茆荣华主编：《上海法院类案办案要件指南》（第 1 册），人民法院出版社 2020 年版，第 11-12 页。

除前款规定情形外，金融租赁公司应当在国务院指定的动产和权利担保统一登记机构办理融资租赁登记，采取有效措施保障对租赁物的合法权益。

2.《动产和权利担保统一登记办法》（中国人民银行令〔2021〕第 7 号，2021 年 12 月 28 日）

第二条　纳入动产和权利担保统一登记范围的担保类型包括：

（一）生产设备、原材料、半成品、产品抵押；

（二）应收账款质押；

（三）存款单、仓单、提单质押；

（四）融资租赁；

（五）保理；

（六）所有权保留；

（七）其他可以登记的动产和权利担保，但机动车抵押、船舶抵押、航空器抵押、债券质押、基金份额质押、股权质押、知识产权中的财产权质押除外。

第四条　中国人民银行征信中心（以下简称征信中心）是动产和权利担保的登记机构，具体承担服务性登记工作，不开展事前审批性登记，不对登记内容进行实质审查。

征信中心建立基于互联网的动产融资统一登记公示系统（以下简称统一登记系统）为社会公众提供动产和权利担保登记和查询服务。

第二十三条　担保权人开展动产和权利担保融资业务时，应当严格审核确认担保财产的真实性，并在统一登记系统中查询担保财产的权利负担状况。

第二十四条　担保权人、担保人和其他利害关系人应当按照统一登记系统提示项目如实登记，并对登记内容的真实性、完整性和合法性负责。因担保权人或担保人名称填写错误，担保财产描述不能够合理识别担保财产等情形导致不能正确公示担保权利的，其法律后果由当事人自行承担。办理登记时，存在提供虚假材料等行为给他人造成损害的，应当承担相应的法律责任。

✦ 相关行政规范性文件

1.《国务院关于实施动产和权利担保统一登记的决定》（国发〔2020〕18 号，2020 年 12 月 22 日）

一、自 2021 年 1 月 1 日起，在全国范围内实施动产和权利担保统一登记。

二、纳入动产和权利担保统一登记范围的担保类型包括：

（一）生产设备、原材料、半成品、产品抵押；

（二）应收账款质押；

（三）存款单、仓单、提单质押；

（四）融资租赁；

（五）保理；

（六）所有权保留；

（七）其他可以登记的动产和权利担保，但机动车抵押、船舶抵押、航空器抵押、债券质押、基金份额质押、股权质押、知识产权中的财产权质押除外。

三、纳入统一登记范围的动产和权利担保，由当事人通过中国人民银行征信中心（以下简称征信中心）动产融资统一登记公示系统自主办理登记，并对登记内容的真实性、完整性和合法性负责。登记机构不对登记内容进行实质审查。

2. 商务部《关于利用全国融资租赁企业管理信息系统进行租赁物登记查询等有关问题的公告》（商务部公告 2014 年第 84 号，2014 年 12 月 4 日）

一、全国融资租赁企业管理信息系统（http://leasing.mofcom.gov.cn）是商务部建立的综合性融资租赁服务平台，可为内资融资租赁试点企业、外商投资融资租赁企业及相关企业、组织和个人提供公共信息、租赁物登记公示查询、交流合作等服务。按照司法解释第 9 条有关规定，为避免租赁物权属冲突，商务部将全国融资租赁企业管理信息系统作为租赁物登记公示和查询平台。

二、各融资租赁企业在开展融资租赁业务时，可及时通过商务部统一配发的账号和密钥，在全国融资租赁企业管理信息系统进行租赁物登记，公示租赁物权利状况，规避租赁物被非法出售、抵押等风险。

融资租赁企业在进行租赁物登记时，可以按照要求在合同登记表中完整、准确地将融资租赁合同中载明的租赁物权属状况进行登记，并对登记内容的真实性、完整性、准确性和合法性负责。租赁物名称、型号、唯一识别码等信息应当明确、易于识别。

为保护融资租赁企业商业秘密，系统仅对与租赁物权属关系有关的信息提供公开查询服务，其他涉及企业商业秘密的信息予以保密，不提供公开查询服务。

三、各融资租赁企业在受让物权，办理抵押、质押等业务，特别是开展售后回租业务时，可以登陆全国融资租赁企业管理信息系统对标的物权属状态进行查询，避免产生权属冲突，防止"一物多融"，维护交易安全。

四、其他企业、经济组织和社会公众在受让物权，办理抵押、质押或进行其他物权变动交易时，可以登陆全国融资租赁企业管理信息系统查询已经登记的融资租赁企业名录和租赁物权属状态，防止租赁物恶意转卖，规避交易风险。

五、各省级商务主管部门应高度重视租赁物登记公示工作，及时通知、督促本地区融资租赁企业利用全国融资租赁企业管理信息系统进行租赁物登记公示，依法保护自身合法权益，防范交易风险，维护交易安全。

3.《中国人民银行关于使用融资租赁登记公示系统进行融资租赁交易查询的通知》（银发〔2014〕93号，2014年3月20日）

中国人民银行上海总部，各分行、营业管理部，省会（首府）城市中心支行，副省级城市中心支行；国家开发银行，各政策性银行，国有商业银行，股份制商业银行，中国邮政储蓄银行：

为保障融资租赁交易当事人和第三人的合法权益，促进资产支持融资行业的健康发展，维护金融资产安全，降低信贷交易风险，根据《中华人民共和国物权法》《中华人民共和国合同法》和《中华人民共和国商业银行法》等法律法规，现就使用融资租赁登记公示系统进行融资租赁交易查询的有关事项通知如下：

一、中国人民银行征信中心建立的融资租赁登记公示系（http://www.zhongdengwang.com），通过互联网为全国范围内的机构提供租赁物权利登记公示与查询服务。各单位要充分认识利用融资租赁登记公示系统进行融资租赁交易登记与查询在明确金融资产权属状况、预防交易风险、保护交易安全方面的积极意义。

二、融资租赁公司等租赁物权利人开展融资租赁业务时，可以在融资租赁登记公示系统办理融资租赁登记，公示融资租赁物权利状况，避免因融资租赁物占有与所有分离导致的租赁物权属冲突。

融资租赁公司等租赁物权利人，在融资租赁登记公示系统办理租赁物登记时，应按照中国人民银行征信中心发布的登记规则如实填写登记事项，公示融资租赁合同中载明的租赁物权属状况，并对登记内容的真实性、完整性和合法性负责。

三、银行等机构作为资金融出方在办理资产抵押、质押和受让等业务时，应当对抵押物、质物的权属和价值以及实现抵押权、质权的可行性进行严格审查，并登录融资租赁登记公示系统查询相关标的物的权属状况，以避免抵押物、质物为承租人不具有所有权的租赁物而影响金融债权的实现。

请中国人民银行分支机构将本通知转发至辖区内地方性金融机构，并加强组织协调，做好贯彻落实工作。执行过程中若发现问题，请及时报告中国人民银行。

4. 银保监会《融资租赁公司监督管理暂行办法》（银保监发〔2020〕22号，2020年5月26日）

第十四条 融资租赁公司应当合法取得租赁物的所有权。

第十五条 按照国家法律法规规定租赁物的权属应当登记的，融资租赁公司须依法办理相关登记手续。若租赁物不属于需要登记的财产类别，融资租赁公司应当采取有效措施保障对租赁物的合法权益。

第二十条 融资租赁公司应当加强对租赁期限届满返还或因承租人违约而取回的租赁物的风险管理，建立完善的租赁物处置制度和程序，降低租赁物持有期风险。

第二十四条 融资租赁公司按照有关规定可以向征信机构提供和查询融资租赁相关信息。

5. 天津市金融办、人民银行天津分行、天津市商务委、天津银监局《关于做好融资租赁登记和查询工作的通知》（2011 年 11 月 2 日）

各银行、金融资产管理公司、信托公司、财务公司、汽车金融公司、消费金融公司、金融租赁公司、外商投资融资租赁公司、内资融资租赁试点企业、典当行、小额贷款公司、融资性担保公司：

　　为进一步促进我市融资租赁业持续快速健康发展，维护融资租赁交易安全，有效防范金融业务风险，根据《国家发展改革委员会关于天津滨海新区综合配套改革试验金融创新专项方案的复函》（发改经体〔2009〕2680 号）和市政府《关于促进我市租赁业发展的意见》（津政发〔2010〕39 号），现就做好融资租赁登记和查询工作通知如下，请认真贯彻执行。

　　一、各金融租赁公司、外商投资融资租赁公司、内资融资租赁试点企业（以下简称各融资租赁公司）在办理融资租赁业务时，应在中国人民银行征信中心（以下简称征信中心）的融资租赁登记公示系统办理融资租赁权属状况登记，并按照《中国人民银行征信中心融资租赁登记规则》（以下简称《融资租赁登记规则》）的规定，如实填写登记事项，公示融资租赁合同中载明的融资租赁物权属状况。融资租赁公司应对登记内容的真实性、完整性和合法性负责。

　　二、各融资租赁公司在办理融资租赁登记和查询业务时，应按照《融资租赁登记规则》的规定，通过征信中心互联网填写机构注册信息，再到征信中心天津分中心进行用户身份资料的现场审核后，即可登录融资租赁登记公示系统进行登记操作。

　　三、各银行、金融资产管理公司、信托公司、财务公司、汽车金融公司、消费金融公司、金融租赁公司、外商投资融资租赁公司、内资融资租赁试点企业、典当行、小额贷款公司、融资性担保公司（以下简称各机构）在办理资产抵押、质押、受让等业务时，应登录征信中心的融资租赁登记公示系统，查询相关标的物的权属状况。该查询是办理资产抵押、质押、受让业务的必要程序。对已在征信中心融资租赁登记公示系统办理登记公示的租赁物，未经出租人同意，不得办理抵押、质押业务，不得接受其作为受让物。

　　四、在办理融资租赁登记、查询时，各机构应根据自身情况申请取得融资租赁登记公示系统的常用户或普通用户。注册取得常用户资格的机构可以在融资租赁登记公示系统办理登记，也可以进行查询；注册取得普通用户资格的机构可以登录融资租赁登记公示系统查询融资租赁登记信息。各机构根据业务申请人的法定注册名称、身份证件号码或标的物唯一标识码进行查询。

　　五、各机构应高度重视融资租赁登记和查询工作，及时将本通知转发至各级分支机构，并制定完善业务审批流程和风险控制制度措施，做好人员培训工作，确保相关人员熟练掌握融资租赁登记和查询业务。

6. 天津市地方金融监督管理局《关于加强我市融资租赁公司监督管理工作的指导意见》（津金监规范〔2019〕2号，2019年7月25日）

（四）业务规范

1. 融资租赁公司开展融资租赁业务应当以权属清晰、真实存在且能够产生收益权的租赁物为载体。按照法律规定租赁物权属应当登记的，融资租赁公司须办理相关登记手续，并及时在中国人民银行征信中心动产融资统一登记公示系统予以登记公示。

7. 上海市地方金融监督管理局、中国人民银行上海分行、上海银保监局《关于做好本市融资租赁行业登记和查询工作的意见》（沪金监〔2018〕14号，2018年12月28日）

各有关单位：

为进一步促进本市融资租赁业健康发展，维护融资租赁交易安全，保护融资租赁交易当事人和第三人的合法权益，根据《国务院关于推进上海加快发展现代服务业和先进制造业建设国际金融中心和国际航运中心的意见》（国发〔2009〕19号）、《国务院办公厅关于加快融资租赁业发展的指导意见》（国办发〔2015〕68号）、《国务院办公厅关于促进金融租赁行业健康发展的指导意见》（国办发〔2015〕69号）和《中共上海市委 上海市人民政府关于做好新时代上海金融工作 加快建设国际金融中心的实施意见》（沪委发〔2017〕36号）、《上海市人民政府办公厅关于加快本市融资租赁业发展的实施意见》（沪府办发〔2016〕32号）等有关文件精神，现就做好本市融资租赁行业登记和查询工作提出以下意见。

一、中国人民银行征信中心（以下简称征信中心）建立的动产融资统一登记公示系统（以下简称登记公示系统，网址为：https://www.zhongdengwang.org.cn），通过互联网为全国范围内的机构提供租赁物权利登记公示与查询服务。各相关机构要充分认识利用登记公示系统进行融资租赁交易登记与查询在明确金融资产权属状况、预防交易风险、保护交易安全方面的积极意义。

二、本市金融租赁公司、外商投资融资租赁公司、内资融资租赁试点企业（以下简称各融资租赁公司）在开展融资租赁业务时，应当在征信中心的登记公示系统办理融资租赁权属状况登记，并按照征信中心印发的《动产融资统一登记公示系统操作规则》（以下简称《操作规则》）的规定，如实填写登记事项，公示融资租赁合同中载明的租赁物权属状况，并对登记内容的真实性、完整性、合法性负责。

三、各融资租赁公司在办理融资租赁登记和查询业务时，应按照《操作规则》的规定，通过征信中心登记公示系统填写机构注册信息，并到征信中心上海市分中心进行用户身份资料的现场审核，通过后即可登录登记公示系统进行登记操作。

四、本市各银行、金融资产管理公司、信托公司、财务公司、汽车金融公司、消费金融公司、金融租赁公司、外商投资融资租赁公司、内资融资租赁试点企业、典当行、小额贷款公司、融资性担保公司、商业保理公司等（以下简称各相关机构）在办理资产抵押、质押、受让等业务时,应登录征信中心的登记公示系统,查询相关标的物的权属状况。该查询是办理资产抵押、质押、受让业务的必要程序。

各相关机构应当履行审慎义务,对已在征信中心登记公示系统办理登记公示的租赁物,未经出租人同意不得办理抵押、质押业务,不得接受其作为受让物。

五、各相关机构在办理融资租赁登记、查询时,应根据自身情况申请取得登记公示系统的常用户或普通用户。注册取得常用户资格的机构,可以在登记公示系统办理登记,也可以进行查询;注册取得普通用户资格的机构,可以登录登记公示系统查询融资租赁登记信息。各相关机构根据业务申请人的法定注册名称、身份证件号码或标的物唯一标识码进行查询。

六、各相关机构应高度重视融资租赁登记和查询工作,及时将本意见转发至各级分支机构,并制定完善业务审批流程和风险控制制度措施,做好人员培训工作,确保相关人员熟练掌握融资租赁登记和查询业务。

七、本意见自2019年1月1日起施行,有效期至2021年12月31日。

8.《上海市融资租赁公司监督管理暂行办法》(沪金规〔2021〕3号,2021年7月26日)

第二十六条 融资租赁公司一般应当在中国人民银行征信中心动产融资统一登记公示系统办理租赁物权属登记,及时将相关权属状态予以公示。法律法规对有关租赁物的权属登记另有规定的,应当依法办理相关登记手续。

9.《中国人民银行征信中心动产融资统一登记公示系统操作规则》(2014年6月发布,2022年1月第五次修订)

第一章 总 则

第一条 【制定依据】为规范在动产融资统一登记公示系统(以下简称"统一登记系统")进行的动产和权利担保登记与查询行为,根据《中华人民共和国民法典》《优化营商环境条例》《国务院关于实施动产和权利担保统一登记的决定》(国发〔2020〕18号)和中国人民银行《动产和权利担保统一登记办法》(中国人民银行令〔2021〕第7号发布)等规定,制定本规则。

第二条 【适用范围】本规则适用于中国人民银行征信中心(以下简称"征信中心"),以及在统一登记系统办理动产和权利担保登记与查询业务的当事人。统一登记系统网址为https://www.zhongdengwang.org.cn,简称"中登网"。

第三条 【定义】本规则所指动产和权利担保包括当事人通过约定在动产和权利上设定的、为偿付债务或以其他方式履行债务提供的、具有担保性质的各类交易形式,包括生产设备、原材料、半成品、产品抵押,应收账款质押,存款单、仓单、提单质押,融资租赁,保理,所有权保留,其他可以登记的动产和权利担保。但机动车抵押、船舶抵押、航空器抵押、债券质押、基金份额质押、股权质押、知识产权中的财产权质押除外。

本规则所指登记，是指权利人根据法律法规规定或出于保护自身权利的需要，在统一登记系统将有关动产和权利担保信息予以记载，并通过统一登记系统进行公示的行为。

本规则所指查询，是指相关动产和权利担保的权利人或利害关系人在统一登记系统通过输入"担保人名称"检索获得担保人名下所有正在公示的登记信息的行为。正在公示的登记信息包括登记期限未届满的登记信息，以及登记注销后展示期未届满的登记信息。

第四条　【登记真实性要求】当事人应通过统一登记系统自主办理登记，如实填写动产和权利担保信息，并对登记内容的真实性、完整性和合法性负责。征信中心不对登记内容进行实质审查。

如因登记内容填写错误，担保财产描述不能够合理识别担保财产等情形导致不能正确公示担保权利，或因虚假或不实登记给他人造成损害的，由办理登记的当事人承担全部责任。

第五条　【违规操作报送】当事人在办理登记的过程中违反相关法律法规、规章、本规则等相关规定和要求，故意提供虚假材料等办理登记，且经生效的人民法院判决、裁定或仲裁机构裁决依法认定的，征信中心可以将当事人的相关违规操作信息报送有关征信系统，并在统一登记系统中公开有关法律文书。

第二章　用　　户

第六条　【用户注册】当事人在统一登记系统办理动产和权利担保登记与查询业务，应当注册为统一登记系统的用户。

第七条　【用户类型】统一登记系统的用户分为常用户和普通用户。

常用户是具有登记和查询权限的用户。法人、非法人组织和自然人均可以注册为常用户。

普通用户是仅具有查询权限的用户。自然人可以注册为普通用户。

第八条　【注册信息要求】用户应当如实填写注册信息，注册信息发生变化的，用户应及时更新。

第九条　【普通用户注册流程】申请普通用户的自然人可直接登录统一登记系统进行注册。申请人申请注册为统一登记系统普通用户的，视为接受《动产融资统一登记公示系统用户服务协议》（以下简称《用户协议》）。

第十条　【常用户注册流程】申请常用户的法人、非法人组织和自然人应首先登录统一登记系统填写注册信息，在统一登记系统申请注册为常用户的，视为接受《用户协议》。申请人完成在线注册后，应按照征信中心在统一登记系统发布的用户注册流程及时进行用户身份验证。

第十一条　【机构常用户管理员与操作员管理】机构常用户在统一登记系统内设置用户管理员，用户管理员创建和管理本机构的操作员。操作员以用户管理员为其设定的权限进行登记或查询操作。

管理员、操作员在统一登记系统的用户管理、登记、查询等操作行为由其所在的机构负责。

第十二条　【个人常用户管理】个人常用户可以办理本人为担保人或担保权人任意一方的登记业务，但不可代理他人办理登记业务。

第十三条　【用户信息自主变更流程】用户可凭已绑定手机号码自主修改密码、手机号码等信息。

第十四条　【用户信息申请变更流程】机构常用户申请名称变更、管理员密码重置的，应按照征信中心在统一登记系统发布的业务办理流程提出申请。对于符合条件的申请，征信中心自收到申请之日起1个工作日内办理完毕。

第十五条　【用户注销流程】当事人申请注销用户的，应按照征信中心在统一登记系统发布的业务办理流程提交申请。对于符合条件的申请，征信中心自收到申请之日起1个工作日内办理完毕。普通用户通过统一登记系统自行注销。

第三章　登　记

第十六条　【登记办理人】担保权人办理登记。担保权人办理登记前，应当与担保人就登记内容达成一致。

担保权人可以自行办理，也可以委托他人办理。委托他人办理登记的，适用本规则关于担保权人办理登记的规定。委托他人办理登记的，受托人在完成登记后，应将相关登记信息告知委托人。

登记办理人在统一登记系统和本规则中称为"填表人"。

第十七条　【登记业务范围】统一登记系统支持生产设备、原材料、半成品、产品抵押登记，应收账款质押登记，存款单、仓单、提单质押登记，融资租赁登记，应收账款转让（保理）登记，所有权保留登记，以及其他动产和权利担保登记。机动车抵押登记、船舶抵押登记、航空器抵押登记、债券质押登记、基金份额质押登记、股权质押登记、知识产权中的财产权质押登记除外。

填表人应按照交易相关的动产和权利担保的性质选择相应的业务类型进行登记。

第十八条　【担保业务真实性】担保权人开展动产和权利担保融资业务时，应当严格审核确认担保财产的真实性，并在统一登记系统中查询担保财产的权利负担状况。

第十九条　【登记内容】填表人就动产和权利担保初次进行登记的，应选择初始登记，登记内容包括担保权人和担保人的基本信息、担保财产信息、登记期限等。填表人可根据担保合同约定，同时填写多个担保合同当事人信息。

担保权人可以与担保人约定将主债权金额、担保范围、禁止或限制转让的担保财产等项目作为登记内容。填表人可以按照担保合同内容对担保财产信息进行具体描述或概括描述，但应达到能够合理识别担保财产的程度。

最高额担保应登记最高债权额。

填表人可以根据权利公示需要自行选择登记期限。

第二十条　【变更登记】登记内容存在遗漏、错误等情形或登记内容发生变化的，填表人应当办理变更登记。

担保人或担保权人法定注册名称变更的，填表人应当自变更之日起 4 个月内办理变更登记。

对初始登记进行变更的，应当输入该初始登记证明编号与修改码。

变更登记后，变更登记证明载明的登记信息是该次变更登记后相关动产和权利担保的最新状况。

登记已经被注销、登记期限届满或登记已经被撤销的，不能进行变更。

第二十一条 【展期登记】在登记期限届满前，可以申请展期登记。登记期限届满未展期的，登记不再对外提供查询。

对初始登记进行展期的，应当输入该初始登记证明编号与修改码。

用户可进行多次展期，每次展期期限最短 1 个月，最长不超过 30 年。

第二十二条 【异议登记】担保人或其他利害关系人对登记有异议的，可以和填表人协商，要求变更或注销有关登记。协商不成的，可以申请异议登记。

担保人或其他利害关系人进行异议登记，应当注册为统一登记系统常用户，并应在异议登记办理完毕之日起 7 日内通知担保权人。

办理异议登记的当事人应在办理异议的同时上传人民法院或者仲裁机构的案件受理通知，或者于异议登记完成后 30 日内将上述证明材料一次性上传完整。上传过附件的异议登记不能再次补充附件。发表异议登记的用户可自行注销异议登记。

当事人在异议登记完成后 30 日内不提供上述证明材料，征信中心将撤销该笔异议登记。

第二十三条 【注销登记】登记期限未届满，但登记记载的主债权消灭、担保权利实现、担保权人放弃登记载明的担保财产之上的全部担保权或其他导致所登记权利消灭情形的，填表人应自上述情形产生之日起 10 个工作日内办理注销登记。

办理注销登记的，应当输入该初始登记证明编号与修改码。

填表人迟延办理注销登记，给他人造成损害的，应当承担相应的法律责任。

登记期限届满前注销，且剩余登记期限长于 180 日的，该登记将继续对外提供查询 180 日；剩余登记期限不足 180 日的，该登记在剩余登记期限内继续对外提供查询。

第二十四条 【登记授权人】对有多个权利人的登记进行变更、展期和注销时，可输入授权该次登记的权利人名称。

授权该次登记的权利人是统一登记系统中所指的授权人。

第二十五条 【登记证明】登记证明是统一登记系统出具的如实记录填表人登记时间、登记内容，并载有唯一登记证明编号的法律文件。

第二十六条 【撤销登记】应担保人或其他利害关系人、担保权人提出申请，征信中心将根据对担保人或其他利害关系人、担保权人生效的有关撤销登记的人民法院判决、裁定或仲裁机构裁决等法律文书，撤销相关登记。

申请撤销登记，当事人应将以下材料寄送至征信中心：

（一）填写完整的撤销登记申请表；

（二）申请人身份证明材料复印件；

（三）生效的有关撤销登记的人民法院判决、裁定或仲裁机构裁决的复印件。

申请人是自然人的，上述材料（一）应由申请人签字；申请人是法人、非法人组织的，上述材料应加盖公章。

对符合条件的撤销登记申请，征信中心在收到申请的3个工作日内撤销相关登记。

征信中心可以根据人民法院发来协助执行通知撤销相关登记。

征信中心可以根据填表人申请，撤销填表人已注销的相关登记。

第二十七条　【离线保存】登记注销、登记期限届满、登记撤销或基于法定职责，征信中心将对登记记录进行电子化离线保存，保存期限为15年。

第四章　查　询

第二十八条　【查询范围】任何法人、非法人组织和自然人均可以在注册为统一登记系统的用户后，查询动产和权利担保登记信息。

登记期限届满、登记被注销且注销后展示期届满、登记被撤销的，统一登记系统不再对外提供在线查询。当事人可以向征信中心申请相关登记信息的离线查询。

第二十九条　【查询条件】查询人可以担保人名称为检索标准在统一登记系统查询有关登记信息。

担保人为个人或个体工商户的，以担保人身份证件号码为检索标准进行查询。

第三十条　【查询结果】为保证查询结果的准确性，查询人在使用统一登记系统进行查询时，应输入准确、完整的检索条件。

查询人在统一登记系统输入查询条件后，统一登记系统输出查询结果，展示所有符合查询条件且正在公示的登记信息。

第三十一条　【查询证明】查询证明是指经常用户申请、由统一登记系统给出的，载有查询时间、查询条件、唯一查询证明编号，以及所有符合查询条件且正在公示的登记概要信息的法律文件。

第三十二条　【证明验证】本规则所指证明验证，是指任何法人、非法人组织和自然人通过登记证明编号或查询证明编号在统一登记系统对登记证明和查询证明进行验证的行为。

第三十三条　【证明验证的使用】任何法人、非法人组织和自然人均可在统一登记系统首页使用证明验证功能，无需登录统一登记系统或注册成为统一登记系统用户。登记证明已撤销的，统一登记系统不再对外提供该项登记证明的证明验证。

第五章　附　则

第三十四条　在统一登记系统输入字母、数字和括号，均应在半角状态下进行。

第三十五条　统一登记系统提供7×24小时服务，维护时间除外。因系统维护和升级等原因暂停服务时，征信中心将在统一登记系统网页进行公告。

第三十六条　用户应按照征信中心发布的经国务院价格主管部门确定的登记收费标准缴纳相关费用，原则上缴费完成后登记成功，后付费用户除外。

第三十七条　征信中心根据用户需求提供的短信、邮件提醒等服务为友好性提示，供用户登记、查询操作时参考使用。征信中心提供的接口功能为便利性服务，接口功能申请流程、开通标准由征信中心另行制定，通过接口开展的各项操作适用本规则的规定。

第三十八条 征信中心根据本规则制定与发布的有关登记指引、业务流程、操作规程等是本规则的细化与补充，用户应遵守相关规定。

第三十九条 本规则由中国人民银行征信中心负责解释。

第四十条 本规则自 2022 年 2 月 1 日起实施。

10. 中国人民银行征信中心《融资租赁登记标准化描述示例》

根据最高人民法院《关于适用〈中华人民共和国民法典〉有关担保制度的解释》和《动产和权利担保统一登记办法》（中国人民银行令〔2021〕第 7 号发布）的规定，融资租赁登记对租赁物可进行概括性描述，也可进行具体性描述，登记主体进行概括性描述的，应当能够合理识别租赁物。以下为部分融资租赁登记的具体性描述示例，仅供参考。

描述示例将租赁物分为设备和车辆两大类，每类展示要素化描述信息，登记主体可参照描述示例办理登记，也可根据租赁物的实际情况选择对应的要素信息进行登记。

设备类

【名称：　　，型号：　　，数量：　　，出厂编号：　　，设备所在地：　　，发票号码：　　，其他：　　。】

车辆类

【名称：　　，型号：　　，数量：　　，车架号：　　，发动机号：　　，发票号码：　　，其他：　　。】

11. 中国人民银行征信中心《动产融资统一登记公示系统操作指引》（2024 年 3 月 18 日）

用户在动产融资统一登记公示系统（以下简称"登记系统"）办理登记和查询业务时，应遵照《中国人民银行征信中心动产融资统一登记公示系统操作规则》（2014 年 6 月发布，2022 年 1 月第五次修订）相关规定。本指引是对登记系统的基本操作流程进行说明。

一、用户创建

登记系统设两类用户，一类是常用户，可以办理登记和查询业务；另一类是普通用户，仅可以办理查询业务。法人、非法人组织和自然人均可以注册为常用户，仅自然人可以注册为普通用户。机构常用户又设有管理员和操作员两种角色，管理员负责维护机构常用户的注册信息、创建和维护操作员以及查看账单、缴费等；操作员由管理员创建，负责办理具体的登记和查询操作。

（一）创建机构常用户

1. 网上注册

通过互联网电脑，输入网址 www.pbccrc.org.cn，进入中国人民银行征信中心网站首页，点击链接"动产融资统一登记公示系统"，或者直接输入网址 https：//www.zhongdengwang.org.cn，进入中登网首页，点击登录框左下角"注册"，进入用户注册页面，在"常用户注册"栏目中选择"机构用户"，按照页面提示填写申请机构有关信息，填写完毕，提交系统，记录相应的登录名和登录密码，完成机构常用户注册信息填写。

2. 身份验证

机构常用户有两种验证方式，一种是使用电子营业执照进行在线身份验证，另一种是到征信分中心现场服务点进行身份验证。

（1）在线验证

持有电子营业执照的机构常用户可在用户开通申请页面，选择使用"电子营业执照"微信或支付宝小程序在线扫码验证身份，验证成功后用户自动审核通过。

（2）现场验证

网上注册完成后，在用户开通申请页面提交材料后，携带原件，到机构住所地所在省份征信分中心现场服务点进行身份验证，可以在登记系统首页"新手上路"–"征信分中心现场服务点"栏目中查找本机构住所地所在省份征信分中心各现场服务点办理。

身份验证需携带的材料参照登记系统首页"新手上路"–"机构常用户注册流程"。

身份验证通过后，申请机构即取得常用户资格。

3. 创建操作员

机构常用户注册时创建的登录名和密码属于用户管理员。要开展登记和查询的操作，需要由管理员创建操作员，由操作员具体进行登记与查询的操作。操作员按权限可以分为三类，即登记操作员、查询操作员、登记及查询操作员。管理员可按照实际需要创建相应权限的操作员。

创建本机构常用户下的操作员时，登录登记系统首页，点击"用户登录"，使用管理员的登录名和密码登录系统，点击"用户管理"，打开"操作员管理"页面，点击"创建操作员"，按照提示正确填写相关信息，然后提交系统，完成操作员的创建。

操作员设置的数量不受限制，各机构可以随时为需要办理登记和查询业务的部门或分支机构创设操作员。

（二）创建个人常用户

1. 网上注册

通过互联网电脑，输入网址 www.pbccrc.org.cn，进入中国人民银行征信中心网站首页，点击链接"动产融资统一登记公示系统"，或者直接输入网址 https：//www.zhongdengwang.org.cn，进入中登网首页，点击登录框左下角"注册"，进入用户注册页面，在"常用户注册"栏目中选择"个人用户"，按照页面提示填写申请人有关信息，填写完毕，提交系统，记录相应的登录名和登录密码，完成个人常用户注册信息填写。

2. 身份验证

个人常用户有两种验证方式，一种是使用银行卡进行在线身份验证，另一种是到征信分中心现场服务点进行身份验证。

(1) 在线验证

选择在线验证方式的个人常用户，需要提前准备一张本人名下带银联标识且开通了银联在线支付功能的银行卡，在用户注册资料填写完毕并提交成功后，按照登记系统页面提示，通过银联系统进行在线身份验证。

(2) 现场验证

网上注册完成后，在用户开通申请页面提交资料后，本人携带原件，到全国任一征信分中心现场服务点进行身份验证，可以在登记系统首页"新手上路"－"征信分中心现场服务点"栏目中查找最方便前往的服务点地址。

个人常用户现场验证时，必须本人到场，不可由他人代为办理。

个人常用户现场验证需携带的材料参照登记系统首页"新手上路"－"个人常用户注册流程"。

身份验证通过后，个人即取得常用户资格，即可随时使用登记系统开展登记和查询操作。

(三) 创建普通用户

通过互联网电脑，输入网址 www.pbccrc.org.cn，进入中国人民银行征信中心网站首页，点击链接"动产融资统一登记公示系统"，或者直接输入网址 https：//www.zhongdengwang.org.cn，进入中登网首页，点击登录框左下角"注册"，进入用户注册页面，选择"普通用户注册"，按照页面提示填写申请人有关信息，填写完毕，提交系统，记录相应的登录名和登录密码，完成普通用户注册。普通用户注册成功后，即可使用登记系统进行查询操作。

二、登记操作

目前，登记系统提供11类动产和权利担保业务的登记服务，根据业务进展需要，用户在登记系统中进行不同种类的登记操作。变更、展期、注销、异议登记必然对应一个初始登记。

(一) 初始登记

1. 选择登记类型

个人常用户或机构常用户的登记操作员登录系统后，在页面左侧点击"登记入口"，选择"初始登记"，再点击需要办理登记的11类登记业务类型中的其中1类。

2. 确认承诺书

填写登记信息前，登记系统将展示登记承诺书，用户需知悉登记提示并同意承诺书后，方可进入登记信息填写页面。此步骤在变更、展期、注销登记中同样存在。

3. 填写登记信息

根据页面数据项要求，填写各项登记内容。注意以下几点：

(1) 凡带＊号标识的数据项为必填项。

(2) 数据项内容填写完成后，若填写内容符合校验规则，则该数据项文本框由灰色变为绿色；若填写内容不符合校验规则，则该数据项文本框由灰色变为红色。

4. 付费

此步骤仅为个人常用户进行"应收账款质押登记"和"应收账款转让（保理）登记"时的必经步骤。个人常用户提前准备一张开通了网银功能的银行卡、微信、支付宝，按照登记系统页面提示，完成在线付费即可。

注意：若当次付费未成功，个人常用户可以在"首页"–"管理区"–"费用管理"–"未完成登记"中，找到"待付款订单"，再次进行付款操作。此处仅显示60分钟内未付款成功的登记。

5. 生成登记证明文件

登记信息提交成功后，登记系统立即生成具有唯一编号的登记证明文件，该文件为PDF格式，同时每笔初始登记证明会分配一个修改码，该修改码相当于是初始登记的密码，在对初始登记进行变更、展期、注销登记时，需要输入修改码才可进行相应操作，因此用户应妥善保管此修改码。

（二）变更登记

如发现登记内容存在遗漏、错误等情形或登记内容发生变化的，应当办理变更登记。例如，发生调换、补充、退回担保品等情形的，应在原登记的基础上办理变更登记，将担保品的变更情形在抵押财产描述中体现。

1. 定位初始登记

个人常用户或机构常用户的登记操作员登录系统后，在页面左侧点击"登记入口"，选择"变更登记"，输入"初始登记编号"。

2. 输入修改码

用户若是对自己开展的初始登记进行变更操作，则无需输入修改码。

3. 填写变更内容

填写变更内容前，需首先选择变更项，即选择是对担保人信息、担保权人信息还是担保财产信息的变更，只有选定的变更项，才可进行变更操作。

4. 付费

付费流程与初始登记付费要求一致。

5. 生成登记证明文件

变更登记完成后，会生成具有唯一编号的变更登记证明文件。

（三）展期登记

在登记期限届满前，若担保合同尚未履行完毕或担保合同存在延期情形时，可以申请展期。

个人常用户或机构常用户的登记操作员登录系统后，在页面左侧点击"登记入口"，选择"展期登记"，输入"初始登记编号"。用户若是对自己开展的初始登记进行展期操作，则无需输入修改码，直接填写展期期限。展期期限与初始登记期限一致，按月计算，最短1个月，最长360个月。提交成功后，生成具有唯一编号的展期登记证明文件。

(四) 注销登记

动产和权利担保登记公示过程中，如发生主债权消灭、担保权利实现、担保权人放弃登记载明的担保财产之上的全部担保权或存在其他导致所登记权利消灭的情形时，登记当事人应当自上述情形产生之日起10个工作日内办理注销登记。

个人常用户或机构常用户的登记操作员登录系统后，在页面左侧点击"登记入口"，选择"注销登记"，输入"初始登记编号"。用户若是对自己开展的初始登记进行注销操作，则无需输入修改码，直接选择注销原因，提交后生成具有唯一编号的注销登记证明文件。

(五) 异议登记

当用户对登记系统中的登记信息存在异议，且与发起登记的当事人协商要求其对有关登记进行变更或注销失败时，可以在登记系统中进行异议登记。

1. 定位初始登记

个人常用户或机构常用户的登记操作员登录系统后，在页面左侧点击"登记入口"，选择"异议登记"，再点击"新增异议登记"，输入"初始登记编号"。

2. 填写异议内容

用户通过文字描述，在"异议陈述"框中描述异议内容。

3. 上传证明材料

此处上传的异议登记证明材料是指人民法院或者仲裁机构受理诉讼或仲裁的证明材料。办理异议登记的当事人自办理异议登记之日起30日内，应当将争议起诉或提请仲裁并在登记系统提交案件受理通知，逾期征信中心将撤销异议登记。

(1) 办理异议登记的同时上传材料

办理异议登记时，在"异议陈述"文本框下方，直接点击"上传"，将材料上传至登记系统，作为异议登记的附件。

(2) 在异议登记完成后的30日内补充上传

登录系统后，先在页面左侧点击"登记入口"，选择"异议登记"，再点击"补充上传异议登记证明材料"，输入"异议登记编号"，上传相关证明材料。

注意：登记系统仅提供一次上传异议登记证明材料的机会，请一次性将全部材料上传完整，凡是已经存在证明材料的异议登记视为登记已完成，不允许再补充上传。可上传JPG、PDF格式文件，合计大小不超过20M。

4. 付费

针对应收账款质押和应收账款转让（保理）登记的异议登记，需要支付登记费用，付费流程与初始登记付费要求一致。

5. 生成登记证明文件

异议登记完成后，会生成具有唯一编号的异议登记证明文件。每笔异议登记也将产生一个修改码，对异议登记进行注销时，需要输入修改码。

6. 注销异议登记

发表异议登记的用户可自行注销异议登记。个人常用户或机构常用户的登记操作员登录系统后,在页面左侧点击"登记入口",选择"异议登记",再点击"注销异议登记",输入"异议登记编号",输入"修改码",点击注销,即可对异议登记进行注销。

三、查询操作

担保权人在开展动产和权利担保登记业务前,应登录登记系统,通过系统统一的查询入口对担保人的动产和权利担保登记情况进行查询。登记系统的查询结果将在页面进行展示,用户可选择同时生成PDF格式的查询证明。用户在查询时应根据业务开展需要,即时选择生成查询证明,以便及时留存查询结果。查询证明是指经用户申请、由登记系统给出的载有查询时间、查询条件、查询结果的证明文件。每个查询证明均有一个唯一不变的编号,即查询证明编号。

(一)按担保人查询

个人常用户、机构常用户的查询操作员或者普通用户登录系统,在页面左方的查询入口,选择"按担保人查询"。

若担保人为机构,则输入被查询机构的法定注册名称进行查询,不要使用简称;若担保人为个人,则输入被查询人的身份证件号码进行查询。

登记系统支持的个人身份证件号码包括个人的身份证号码、护照号码、港澳居民来往内地通行证号码、台湾居民来往大陆通行证号码,因此,要完整查询个人的登记情况,应当以个人上述的证件号码一一作为查询条件进行查询,才能获得完整、可靠的查询结果。

如果需要查询证明,则必须在点击"查询"按钮前,在"查询证明"数据项后选择"是",则系统将查询结果保存为PDF格式的文件,即具有唯一编号的查询证明文件。注意,普通用户进行查询时,无法生成查询证明。

(二)按登记证明编号查询

个人常用户、机构常用户的查询操作员或者普通用户登录系统,在页面左方的查询入口,选择"按登记证明编号查询",输入登记编号即可查询登记证明。

四、查看登记信息

用户可以查看本用户已完成的所有登记信息,包括有效期内的登记和登记期限届满不超过5年的登记。

(一)查看全部登记信息

机构常用户管理员登录登记系统后,在"工作区"中点击"用户登记信息"–"全部登记信息",可以查询其下设操作员开展的登记信息,包括登记证明编号、登记时间、修改码等。

机构常用户的登记操作员和个人常用户登录系统后,在"工作区"中点击"我的登记信息"–"全部登记信息",可以查询到自己开展的登记信息。

注意:此处登记信息中,不仅展示用户自行开展的登记,与用户自行登记相关联的登记信息也一并展示。例如,A用户做了1笔初始登记,B用户对这笔初始登记进行了变更登记,则在A用户和B用户的"用户登记信息"中,初始登记和变更登记信息都将展示。

（二）查看登记期限将届满登记（30日）信息

如要快速查找登记期限将届满的登记，可以登录系统，在"工作区"中点击"用户登记信息"－"登记期限将届满登记（30日）"，可以快速查找到30日内登记期限将届满的登记信息，并进行展期登记操作。

五、查看查询信息

对于已生成查询证明的历史查询信息，查询操作员和个人常用户可在"工作区"中点击"我的查询信息"，检索、下载其已生成查询证明的历史查询信息；用户管理员可在"工作区"中点击"用户查询信息"，检索、下载其下设操作员已生成查询证明的历史查询信息。

六、用户信息维护

登记系统用户日常需要开展的机构名称变更、密码重置、用户注销等业务，请参照登记系统"首页"－"用户园地"－"流程与下载"栏目中的相关业务流程。

三、特殊动产登记

（一）一般规定

❀ 相关法律法规

1.《民法典》（2020年5月28日）

第二百二十五条　【船舶、航空器和机动车物权变动采取登记对抗主义】船舶、航空器和机动车等的物权的设立、变更、转让和消灭，未经登记，不得对抗善意第三人。

2.《上海市促进浦东新区融资租赁发展若干规定》（上海市人民代表大会常务委员会公告〔十六届〕第八号，2023年10月1日）

第九条　融资租赁公司开展机动车融资租赁业务的，可以就其享有所有权的本市号牌机动车向浦东新区公安机关交通管理部门申请抵押登记。首次办理机动车抵押登记的，应当提交公司营业执照原件和公章样章申请备案；之后办理机动车抵押登记或者解除抵押登记时，提交的主体资格证明可以是加盖公章的营业执照复印件。

❀ 相关司法解释

《最高人民法院关于适用〈中华人民共和国民法典〉物权编的解释（一）》（法释〔2020〕24号）

第六条　转让人转让船舶、航空器和机动车等所有权，受让人已经支付合理价款并取得占有，虽未经登记，但转让人的债权人主张其为民法典第二百二十五条所称的"善意第三人"的,不予支持,法律另有规定的除外。

第十九条 转让人将民法典第二百二十五条规定的船舶、航空器和机动车等交付给受让人的,应当认定符合民法典第三百一十一条第一款第三项规定的善意取得的条件。

❖ 相关行政规范性文件

《国务院办公厅关于加快融资租赁业发展的指导意见》(国办发〔2015〕68号,2015年8月31日)

支持融资租赁公司依法办理融资租赁交易相关担保物抵(质)押登记。完善和创新管理措施,支持融资租赁业务开展。规范机动车交易和登记管理,简化交易登记流程,便利融资租赁双方当事人办理业务。完善船舶登记制度,进一步简化船舶出入境备案手续,便利融资租赁公司开展船舶租赁业务。对注册在中国(广东)自由贸易试验区、中国(天津)自由贸易试验区海关特殊监管区域内的融资租赁企业进出口飞机、船舶和海洋工程结构物等大型设备涉及跨关区的,在确保有效监管和执行现行相关税收政策的前提下,按物流实际需要,实行海关异地委托监管。按照相关规定,将有接入意愿且具备接入条件的融资租赁公司纳入金融信用信息基础数据库,实现融资租赁业务的信用信息报送及查询。

(二) 机动车

❖ 相关司法文件

1.《天津法院融资租赁合同纠纷案件审理标准》[1] (津高法发〔2017〕2号,2018年4月修订)

第4.10条 出租人、承租人以及第三人通过合同约定将租赁车辆登记于第三人名下或者抵押给出租人,并办理相关登记手续的,在合同当事人之间,出租人的抵押权、第三人的所有权不发生物权效力。

2. 上海市高级人民法院《融资租赁合同纠纷类案办案要件指南》[2] (2020年5月18日)

租赁物抵押权性质的认定和裁判规则

【审查要点】

融资租赁法律关系中,"所有人抵押权"是指出租人为避免租赁物被他人善意取得而授权承租人将租赁物作为抵押物办理登记为其设立"抵押权"。鉴于出租人本身即租赁物的所有权人,且所有人抵押权的目的是保护出租人所有权,并非为债权提供担保,因此出

---

[1] 高憬宏主编:《人民法院司法标准化理论与实践(二)》,法律出版社2018年版,第83页。

[2] 茆荣华主编:《上海法院类案办案要件指南》(第1册),人民法院出版社2020年版,第91页。

租人要求行使抵押权的主张，不应得到支持。

【注意事项】

当承租人发生违约时，所有权与抵押权发生混同，这意味着出租人原有的所有权得以恢复。因此，所有人抵押权仅是所有人暂时让渡处分权而为所有权设置了安全锁，是对其享有完整所有权的一种保护措施。

相关建议答复

《最高人民法院对十三届全国人大四次会议第9022号建议的答复》（2021年7月5日）

关于实践中的机动车租赁市场中出现的机动车所有权属于出租人但租赁物登记在承租人名下的问题。《民法典》第七百四十五条所指"未经登记，不得对抗善意第三人"，是指出租人对租赁物享有的所有权必须登记才能取得对抗善意第三人的效力。第三人在交易时，负有审查出卖人是否享有处分租赁物权利的义务，租赁物已在法定的登记平台进行登记的前提下，第三人未对租赁物的权属状况进行查询，不应认定为善意。但是在机动车融资租赁业务中，出租人对租赁物的权利主张可能发生在两种情形下：

一是承租人与第三人发生机动车买卖的真实交易，由于机动车登记在承租人名下，第三人的权益应当予以保护。融资租赁公司明知机动车的登记管理制度与出租人所有权冲突可能产生的风险，仍然开展相关的租赁业务，对此，法律并不能例外作出保护。二是承租人的债权人对承租人名下的租赁物申请强制执行，出租人以其系真实所有权人或者抵押权人为由向人民法院提出执行异议。实践中，出租人通常会通过办理抵押登记方式对租赁物设定抵押权。如果对租赁物办理了融资租赁（抵押）登记，是能够对抗保全、执行措施的；如果对租赁物未办理融资租赁（抵押）登记，人民法院基于承租人的债权人的申请对租赁物采取保全或者执行措施，出租人主张对抵押财产优先受偿的，根据《最高人民法院关于适用〈中华人民共和国民法典〉有关担保制度的解释》第五十四条第三项规定，不应予以支持。

相关典型案例

案例22　车辆登记在承租人名下，不发生物权变动效力[①]

【要旨】

出租人在租赁物出租期间享有所有权，即使出租人和承租人约定将租赁车辆登记于承租人名下，并完成相关登记，亦不发生物权变动效力。

【案情】

甲租赁公司与乙公司签订《融资租赁合同》，约定由甲租赁公司向乙公司指定的供应商支付货款购买乙公司选定的两辆轿车租赁给乙公司使用，并约定在租赁期内租赁物的所有

[①] 本案例为作者根据工作、研究经验，为具体说明相关法律问题，编辑加工而得。

权属于甲租赁公司，乙公司对租赁物只有使用权，没有所有权。乙公司不得于租赁期内对租赁物进行销售、抵债、转让、转租、分租、抵押、投资或采取其他任何侵犯租赁物所有权的行为。甲租赁公司按约委托乙公司与供应商签订《车辆订购合同》，购买A品牌和B品牌轿车各一辆，为便于车辆的日常使用、维修、保养及验车等事项，同时考虑到租赁车辆在租赁期满后，乙公司将认购租赁车辆的所有权，故双方约定将租赁车辆的名义车主登记为乙公司。后乙公司经营发生重大问题，导致上述租赁车辆被冻结，无法办理过户手续。甲租赁公司为保障其所有权，提起诉讼，请求确认A和B轿车所有权在租赁期内归其所有。

乙公司辩称，甲租赁公司诉称属实，认可其诉请，认为公安机关对车辆的登记并非民法意义上的物权登记，不影响甲租赁公司作为车辆所有权人的事实。

【审判】

法院经审理认为，甲租赁公司根据乙公司对出卖人、租赁物的选择，向出卖人购买租赁物，提供给承租人乙公司使用，并由乙公司支付租金。甲租赁公司与乙公司之间建立了融资租赁关系。依照《融资租赁合同》的约定，作为出租人的甲租赁公司享有租赁物的所有权。当事人对租赁物所有权的约定符合融资租赁相关法律的规定。在融资租赁交易中，租赁物所有权的占有、使用、收益和处分等四项权能存在着分离。本案租赁物两辆租赁轿车虽然登记在乙公司名下，但出租人作为《车辆订购合同》的买受人，在支付合同规定的价款后，即取得了两辆租赁车辆的所有权。甲租赁公司对租赁物享有的物权可以对抗包括承租人在内的所有人。《融资租赁合同》存续期间，在乙公司认购租赁物之前，两辆租赁车辆的所有权始终属于出租人。据此，法院判决确认登记在乙公司名下的A和B轿车所有权在融资租赁期内属甲租赁公司所有。

【提示】

当租赁物为根据法律规定需登记物权的情况下，《融资租赁合同》约定租赁物为出租人所有，但登记于承租人名下，该登记行为不能对抗双方约定的物权归属效力。因车辆登记本身并不具有设权效力，仅发生对抗第三人的公示公信效力，即车辆登记其本质是私法自治意义上的公示方法，而并非确定物权归属的依据。本案中车辆的权属争议发生于出租人和承租人之间，并不涉及第三人，双方对于租赁期内车辆的归属以及对于车辆登记的归属都是达成合意的，故车辆属于出租人甲租赁公司合法所有。

案例23　出租人可以自物抵押享有租赁物的抵押权[①]

【基本案情】

Y公司与李某签订《融资租赁合同》，约定Y公司根据李某要求及自主选定，为李某购

[①] 参见广州市南沙区人民法院（广东自由贸易区南沙片区人民法院）2023年12月发布的《融资租赁合同纠纷和商业保理合同纠纷案件审判白皮书》中的《融资租赁合同和商业保理合同纠纷典型案例》，载微信公众号"广州市南沙区人民法院"（2023年12月27日），https：//mp.weixin.qq.com/s/SUZs_KqCWOzM-1Se5Zuy5Q，最后访问时间：2023年12月28日。

买租赁物租予李某，李某向Y公司承租并使用租赁物。同日，Y公司与李某签订《买卖合同》购买半挂牵引车一台，约定自合同生效之日起标的物所有权转移予Y公司，但仍由李某占有使用，视为Y公司已依《融资租赁合同》规定履行了租赁物交付义务。同日，Y公司与李某签订《机动车辆抵押合同》约定：为确保主合同《融资租赁合同》得到履行，李某以其合法拥有的半挂牵引车辆为其履行主合同项下债务向Y公司提供抵押担保；担保范围为主合同约定的本金、利息、违约金、因主合同所生的损害赔偿金、Y公司实现债权的费用及主合同约定应由承租人支付的费用（包括但不限于律师费、诉讼费）；若李某未依约定履行主合同项下任何债务，Y公司有权处分抵押物以实现抵押权。后李某依约办理抵押登记，载明机动车所有人为H公司，抵押权人为Y公司。后因李某未按时支付租金，Y公司提起诉讼，要求李某支付迟延利息及全部租金，并要求对抵押物的处置价款享有优先受偿权。

【裁判结果】

关于Y公司是否有权基于抵押权而获得优先受偿问题，法院认为，虽然根据案涉《融资租赁合同》及《买卖合同》约定，Y公司实际为案涉租赁物（半挂牵引车辆）的所有权人及出租人，但根据案涉租赁物机动车登记证记载，案涉租赁物的机动车所有人为H公司，抵押权人为Y公司。上述登记具有对外公示的效力，亦无证据证实各方曾对上述登记事项提出异议。H公司成为登记的机动车所有人，Y公司已经完成抵押登记，该抵押权已依法设立并生效，其有权对抵押物优先受偿。Y公司系上述《融资租赁合同》约定的租赁物实质所有权人，但其所有权并不消灭或排斥其抵押权。

【典型意义】

大量通过占有改定实现租赁物交付的融租租赁合同纠纷中，虽然根据合同约定，出租人方为租赁物的实质所有权人，但出于使用、管理及运营便利，出租人、承租人均同意将租赁物实际登记在承租人或第三人名下。此时，经各方协商同意，出租人会通过与承租人签订抵押合同并办理抵押登记方式，来保障其租金债权的实现。对于上述做法，现行物权登记制度并未作出禁止性规定，而从融资租赁合同"融物"功能的实现而言，将租赁物登记在承租人或第三人名下亦确实更方便满足承租人的使用需求。此时，出租人从保护自身权利出发，经各方协商同意另行在租赁物上为其融资租赁债权办理抵押登记符合各方的意思自治，亦与物权公示公信原则不冲突，不会损害不特定第三人利益，故在司法实践中应当予以尊重，不宜轻易否定。

（三）航空器

相关法律法规

《民用航空法》（2021年4月29日）

第三十三条 民用航空器的融资租赁和租赁期限为六个月以上的其他租赁，承租人应当就其对民用航空器的占有权向国务院民用航空主管部门办理登记；未经登记的，不得对抗第三人。

（四）船舶

相关法律法规

1.《海商法》（1992年11月7日）

第九条　船舶所有权的取得、转让和消灭，应当向船舶登记机关登记；未经登记的，不得对抗第三人。

船舶所有权的转让，应当签订书面合同。

2.《船舶登记条例》（2014年7月29日）

第五条　船舶所有权的取得、转让和消灭，应当向船舶登记机关登记；未经登记的，不得对抗第三人。

船舶由二个以上的法人或者个人共有的，应当向船舶登记机关登记；未经登记的，不得对抗第三人。

第六条　船舶抵押权、光船租赁权的设定、转移和消灭，应当向船舶登记机关登记；未经登记的，不得对抗第三人。

第二十五条　有下列情形之一的，出租人、承租人应当办理光船租赁登记：

（一）中国籍船舶以光船条件出租给本国企业的；

（二）中国企业以光船条件租进外国籍船舶的；

（三）中国籍船舶以光船条件出租境外的。

第二十六条　船舶在境内出租时，出租人和承租人应当在船舶起租前，持船舶所有权登记证书、船舶国籍证书和光船租赁合同正本、副本，到船籍港船舶登记机关申请办理光船租赁登记。

对经审查符合本条例规定的，船籍港船舶登记机关应当将船舶租赁情况分别载入船舶所有权登记证书和船舶登记簿，并向出租人、承租人核发光船租赁登记证明书各1份。

第二十七条　船舶以光船条件出租境外时，出租人应当持本条例第二十六条规定的文件到船籍港船舶登记机关申请办理光船租赁登记。

对经审查符合本条例规定的，船籍港船舶登记机关应当依照本条例第四十二条规定中止或者注销其船舶国籍，并发给光船租赁登记证明书一式2份。

第二十八条　以光船条件从境外租进船舶，承租人应当比照本条例第九条规定确定船籍港，并在船舶起租前持下列文件，到船舶登记机关申请办理光船租赁登记：

（一）光船租赁合同正本、副本；

（二）法定的船舶检验机构签发的有效船舶技术证书；

（三）原船籍港船舶登记机关出具的中止或者注销船舶国籍证明书，或者将于重新登记时立即中止或者注销船舶国籍的证明书。

对经审查符合本条例规定的，船舶登记机关应当发给光船租赁登记证明书，并应当依照本条例第十七条的规定发给临时船舶国籍证书，在船舶登记簿上载明原登记国。

第二十九条 需要延长光船租赁期限的，出租人、承租人应当在光船租赁合同期满前15日，持光船租赁登记证明书和续租合同正本、副本，到船舶登记机关申请办理续租登记。

第三十条 在光船租赁期间，未经出租人书面同意，承租人不得申请光船转租登记。

❋ 相关建议答复

《关于进一步完善融资租赁船舶登记的建议的答复》（2016年11月）

您提出的关于进一步完善融资租赁船舶登记的建议收悉，经研究，现答复如下：

首先感谢您对我国融资租赁船舶登记相关事宜的极大关注和支持。建议中分析了目前船舶融资租赁登记中存在的问题和原因，并提出了强化融资租赁船舶性质的可识别性、参照船舶抵押权登记收费标准收取融资租赁登记费用的建议。

一、**关于强化融资租赁船舶性质可识别性事宜**。按照《关于加快融资租赁业发展的指导意见》（国办发〔2015〕68号）和《关于促进金融租赁行业健康发展的指导意见》（国办发〔2015〕69号）关于"完善船舶登记制度，促进船舶金融租赁业务健康发展"的精神，我局于2015年1月印发实施了《船舶登记工作规程》，规定了在光船租赁登记证书上附注"融资租赁"字样以明示融资租赁关系的方式，与您提出的在光船租赁登记证书上备注"融资租赁"的方式一致。

二、**关于参照船舶抵押权登记收费标准收取船舶融资租赁登记费用事宜**。我部十分重视您提出的关于参照船舶抵押权登记收费标准收取船舶融资租赁登记费用的建议。我部已向相关职能部门反馈意见，建议将融资租赁登记收费标准确定为按次收费。

我部将结合贵代表意见，对船舶融资租赁登记进一步深入研究。今后将以贯彻《关于加快融资租赁业发展的指导意见》和《关于促进金融租赁行业健康发展的指导意见》要求为契机，积极与相关职能部门沟通，完善船舶融资租赁登记制度。

感谢您对我国船舶融资租赁登记的关心和支持！

❋ 相关典型案例

案例24　出租人可请求确认对租赁物享有所有权[①]

【案情摘要】

2007年7月5日，租赁公司与海运公司签订《融资租赁合同》，约定：租赁公司根据海运公司的要求，订造一艘2500立方米绞吸式挖泥船并出租给海运公司使用，租赁物暂定名称为A轮一号；租赁公司对租赁物享有所有权，海运公司在租赁期间对租赁物享有

[①] 本案例为作者根据工作、研究经验，为具体说明相关法律问题，编辑加工而得。

使用权，海运公司不得擅自对租赁物进行销售、转让、转租、抵押、质押、投资入股等处分行为或其他任何方式侵害租赁物的所有权；为便于管理，租赁公司同意将租赁物登记为租赁公司和海运公司按份共有，其中租赁公司登记的共有份额为49%，海运公司登记的共有份额为51%。

同日，租赁公司作为订造方、海运公司作为最终用户与船舶公司作为承揽方，签订《船舶建造合同》及《船舶建造合同补充协议》，约定：租赁公司根据海运公司的指定，向船舶公司订造一艘2500立方米绞吸式挖泥船租赁给海运公司使用；船舶建造完毕后，由船舶公司直接交付海运公司，船舶所有权由租赁公司和海运公司共有，由海运公司办理所有权登记事宜并承担全部费用。

2008年2月15日，A轮建造完成后由船舶公司交付海运公司。海运公司向天津海事局提交了船舶建造合同、A轮交接协议书以申请船舶所有权证书。同年4月17日，天津海事局颁发该轮所有权登记证书，证书载明：船舶所有人名称为海运公司，所有人法定代表人为于某某；所有权取得日期为2008年2月15日，取得方式为造船。

2009年初，海运公司、工程公司向天津海事局提交了A轮所有权注销登记申请及海运公司与工程公司签订的船舶买卖合同、交接船协议书。2009年2月9日，天津海事局将A轮所有权登记注销，4月17日就该轮颁发了新的所有权登记证书，证书载明：船舶所有人名称为工程公司。

2009年3月13日，工程公司以A轮为海运公司对G租赁公司的债务设立船舶抵押权，其向天津海事局提交了海运公司作为承租人和G租赁公司作为出租人之间的《船舶融资租赁合同》及G租赁公司作为抵押权人与工程公司作为抵押人之间的《抵押合同》。天津海事局签发了船舶抵押权登记证书，证书载明：船舶抵押人为工程公司；船舶抵押权人为G租赁公司；担保债权数额为人民币1.6亿元。

海运公司依约向租赁公司支付了融资租赁合同项下的部分租金后，自2009年9月起欠付租金。租赁公司请求：判决确认A轮船舶所有权全部份额由租赁公司享有，并判令海运公司、工程公司协助办理过户手续；海运公司、工程公司承担本案全部诉讼费及保全费。

【裁判要旨】

1. 关于A轮的所有权归属问题。涉案《融资租赁合同》系海运公司与租赁公司的真实意思表示，内容不违反法律规定，依法具有法律效力，双方均应依合同约定的内容行使权利、履行义务。在合同约定的船舶所有权发生转移的条件尚未成就，即海运公司尚未依约履行完毕合同约定义务的情况下，海运公司不能依据合同约定取得A轮的所有权。

2. A轮虽已经登记在工程公司名下，但工程公司并未支付合同约定的对价，且并未提交证据证明其系基于主观善意而取得A轮的所有权。海运公司将A轮变更登记至工程公司名下的行为，依法应认定无效。

3. 鉴于租赁公司作为中外合资企业，其中方股份所占比例不足50%，租赁公司申请对A轮进行所有权登记，违反了《船舶登记条例》的规定，租赁公司请求海运公司、工程公司协助其办理A轮过户手续的主张，依法不能成立，不应予以支持。《船舶登记条例》第 2 条第 1 款规定，下列船舶应当依照本条例规定进行登记……（二）依据中华人民共和国法律设立的主要营业所在中华人民共和国境内的企业法人的船舶。但是，在该法人的注册资本中有外商出资的，中方投资人的出资额不得低于 50%。确认 A 轮所有权为租赁公司享有，但该判项只约束租赁公司与工程公司，不能对抗善意第三人。

四、不动产登记

相关法律法规

1.《森林法》（2019 年 12 月 28 日）

第十四条 森林资源属于国家所有，由法律规定属于集体所有的除外。

国家所有的森林资源的所有权由国务院代表国家行使。国务院可以授权国务院自然资源主管部门统一履行国有森林资源所有者职责。

第十五条 林地和林地上的森林、林木的所有权、使用权，由不动产登记机构统一登记造册，核发证书。国务院确定的国家重点林区（以下简称重点林区）的森林、林木和林地，由国务院自然资源主管部门负责登记。

森林、林木、林地的所有者和使用者的合法权益受法律保护，任何组织和个人不得侵犯。

森林、林木、林地的所有者和使用者应当依法保护和合理利用森林、林木、林地，不得非法改变林地用途和毁坏森林、林木、林地。

第十六条 国家所有的林地和林地上的森林、林木可以依法确定给林业经营者使用。林业经营者依法取得的国有林地和林地上的森林、林木的使用权，经批准可以转让、出租、作价出资等。具体办法由国务院制定。

林业经营者应当履行保护、培育森林资源的义务，保证国有森林资源稳定增长，提高森林生态功能。

第十七条 集体所有和国家所有依法由农民集体使用的林地（以下简称集体林地）实行承包经营的，承包方享有林地承包经营权和承包林地上的林木所有权，合同另有约定的从其约定。承包方可以依法采取出租（转包）、入股、转让等方式流转林地经营权、林木所有权和使用权。

第十八条 未实行承包经营的集体林地以及林地上的林木，由农村集体经济组织统一经营。经本集体经济组织成员的村民会议三分之二以上成员或者三分之二以上村民代表同意并公示，可以通过招标、拍卖、公开协商等方式依法流转林地经营权、林木所有权和使用权。

第十九条 集体林地经营权流转应当签订书面合同。林地经营权流转合同一般包括流转双方的权利义务、流转期限、流转价款及支付方式、流转期限届满林地上的林木和固定生产设施的处置、违约责任等内容。

受让方违反法律规定或者合同约定造成森林、林木、林地严重毁坏的，发包方或者承包方有权收回林地经营权。

第二十条 国有企业事业单位、机关、团体、部队营造的林木，由营造单位管护并按照国家规定支配林木收益。

农村居民在房前屋后、自留地、自留山种植的林木，归个人所有。城镇居民在自有房屋的庭院内种植的林木，归个人所有。

集体或者个人承包国家所有和集体所有的宜林荒山荒地荒滩营造的林木，归承包的集体或者个人所有；合同另有约定的从其约定。

其他组织或者个人营造的林木，依法由营造者所有并享有林木收益；合同另有约定的从其约定。

2. 《不动产登记暂行条例》（2024年3月10日）

第二条 本条例所称不动产登记，是指不动产登记机构依法将不动产权利归属和其他法定事项记载于不动产登记簿的行为。

本条例所称不动产，是指土地、海域以及房屋、林木等定着物。

第五条 下列不动产权利，依照本条例的规定办理登记：

（一）集体土地所有权；

（二）房屋等建筑物、构筑物所有权；

（三）森林、林木所有权；

（四）耕地、林地、草地等土地承包经营权；

（五）建设用地使用权；

（六）宅基地使用权；

（七）海域使用权；

（八）地役权；

（九）抵押权；

（十）法律规定需要登记的其他不动产权利。

相关部门规章

《不动产登记暂行条例实施细则》（中华人民共和国自然资源部令第14号，2024年5月9日）

第二条 不动产登记应当依照当事人的申请进行，但法律、行政法规以及本实施细则另有规定的除外。

房屋等建筑物、构筑物和森林、林木等定着物应当与其所依附的土地、海域一并登记，保持权利主体一致。

五、登记对抗效力

✿ 理解与适用

在融资租赁合同下,承租人无权处分租赁物的,应当依照《民法典》第414条关于担保领域权利竞合的清偿顺序的规定依次实现权利:首先,租赁物上已登记的所有权及其他担保物权,按照登记的时间先后确定清偿顺序;其次,租赁物上已登记的所有权及其他担保物权优先于未登记的受偿;最后,租赁物上的所有权及其他担保物权未登记的,按照债权比例清偿。[①]

✿ 相关法律法规

《民法典》(2020年5月28日)

第四百零三条 【动产抵押的效力】以动产抵押的,抵押权自抵押合同生效时设立;未经登记,不得对抗善意第三人。

第六百四十一条 【标的物所有权保留条款】当事人可以在买卖合同中约定买受人未履行支付价款或者其他义务的,标的物的所有权属于出卖人。

出卖人对标的物保留的所有权,未经登记,不得对抗善意第三人。

✿ 相关司法解释

《最高人民法院关于适用〈中华人民共和国民法典〉有关担保制度的解释》(法释〔2020〕28号)

第五十四条 动产抵押合同订立后未办理抵押登记,动产抵押权的效力按照下列情形分别处理:

(一)抵押人转让抵押财产,受让人占有抵押财产后,抵押权人向受让人请求行使抵押权的,人民法院不予支持,但是抵押权人能够举证证明受让人知道或者应当知道已经订立抵押合同的除外;

(二)抵押人将抵押财产出租给他人并移转占有,抵押权人行使抵押权的,租赁关系不受影响,但是抵押权人能够举证证明承租人知道或者应当知道已经订立抵押合同的除外;

(三)抵押人的其他债权人向人民法院申请保全或者执行抵押财产,人民法院已经作出财产保全裁定或者采取执行措施,抵押权人主张对抵押财产优先受偿的,人民法院不予支持;

[①] 黄薇主编:《中华人民共和国民法典合同编解读(下册)》,中国法制出版社2020年版,第887页。

（四）抵押人破产，抵押权人主张对抵押财产优先受偿的，人民法院不予支持。

第六十七条 在所有权保留买卖、融资租赁等合同中，出卖人、出租人的所有权未经登记不得对抗的"善意第三人"的范围及其效力，参照本解释第五十四条的规定处理。

相关司法文件

《上海市高级人民法院关于审理融资租赁物权属争议案件的指导意见（试行）》（2019年8月21日）

为更好地维护融资租赁交易安全，平等保护融资租赁交易当事人和第三人的合法权益，统一融资租赁物权属争议案件的法律适用，根据《中华人民共和国合同法》《中华人民共和国物权法》、《最高人民法院关于审理融资租赁合同纠纷案件适用法律问题的解释》，参照上海市地方金融监督管理局、中国人民银行上海分行、中国银保监会上海监管局联合下发的《关于做好本市融资租赁行业登记和查询工作的意见》的相关规定，结合本市审判实践，制定本指导意见。

一、本市金融租赁公司、外商投资融资租赁公司、内资融资租赁试点企业作为出租人（以下简称出租人），应当在中国人民银行征信中心（以下简称征信中心）的动产融资统一登记公示系统中对融资租赁合同中载明的租赁物权属状况予以登记。

未依照规定办理登记公示，且不存在《最高人民法院关于审理融资租赁合同纠纷案件适用法律问题的解释》第九条规定的其余例外情形的，出租人对租赁物的所有权不得对抗善意第三人。

二、本市各银行、金融资产管理公司、信托公司、财务公司、汽车金融公司、消费金融公司、金融租赁公司、外商投资融资租赁公司、内资融资租赁试点企业、典当行、小额贷款公司、融资性担保公司、商业保理公司等作为第三人（以下简称第三人）在办理资产抵押、质押或受让等业务时，应当登录征信中心的动产融资统一登记公示系统查询相关标的物的权属状况。

未依照规定进行查询的，出租人对租赁物主张权利时，上述第三人以不知标的物是租赁物为由进行抗辩的，应推定该第三人在办理租赁物抵押、质押或受让租赁物时，未尽到审慎注意义务，不构成善意。

三、本意见在本市辖区范围内试行。

第七百四十六条 【租金的确定规则】融资租赁合同的租金，除当事人另有约定外，应当根据购买租赁物的大部分或者全部成本以及出租人的合理利润确定。

理解与适用

融资租赁合同中租金标准与普通租赁合同中租金标准的确定是不同的，融资租赁合同中的租金高于普通租赁合同中的租金。承租人支付的租金并非使用租赁物的代价，而是融资的对价。① 租金只有覆盖购买租赁物的成本及合理利润时，出租人才会有利可图。购买租赁物的成本是构成租金的主要部分，因为出租人购买租赁物所花费的成本，将从租金中得到补偿。购买租赁物的成本，可以全部计入租金，也可以大部分计入租金。出租人购买租赁物的成本主要包括租赁物的成本、为购买租赁物向银行贷款而支付的利息、为租赁业务而支付的营业费用。融资租赁交易并非仅有购买这一个环节，整个交易环节产生的必要费用都应当计入，包括资金成本、租赁物的运输、检验、税费、人工成本等必要费用，也应当计入。具体而言，购买租赁物的成本包括出租人在买卖合同中支付给出卖人的价款、为运输租赁物支付的运输费、为租赁物投保支付的保险费、支付的租赁物的调试安装费、为购买租赁物向银行贷款而支付的利息，以及为经营融资租赁所支付的业务人员工资、办公费、差旅费等。②

据测算，融资租赁公司的利润来源主要包括：（1）利差，约为2个百分点，通常来说，向用户收取的租金利率高于银行贷款利率2个百分点左右；（2）手续费，为合同金额的1%~1.5%；（3）租前息，对在正式计算租金前占用出租人的资金（如开信用证所占资金）而计收的利息；（4）供应商的回扣，约6%，假设一个项目为三年，则平摊到每年为2%，由供应商实现了设备销售而向租赁公司支付。根据以上计算，融资租赁公司的表面利润率（总资产收益率）一般为3%~4%，等等。③

相关行政规范性文件

1. 银保监会《融资租赁公司监督管理暂行办法》（银保监发〔2020〕22号，2020年5月26日）

第十七条第一款 融资租赁公司应当建立健全租赁物价值评估和定价体系，根据租赁物的价值、其他成本和合理利润等确定租金水平。

2.《上海市融资租赁公司监督管理暂行办法》（沪金规〔2021〕3号，2021年7月26日）

第二十七条第一款 融资租赁公司应当建立健全租赁物价值评估和定价体系，根据租赁物的价值、其他成本和合理利润等确定租金水平。

---

① 黄薇主编：《中华人民共和国民法典合同编解读（下册）》，中国法制出版社2020年版，第874页。

② 最高人民法院民法典贯彻实施工作领导小组主编：《中华人民共和国民法典合同编理解与适用（三）》，人民法院出版社2020年版，第1668页。

③ 最高人民法院民事审判第二庭编著：《最高人民法院关于融资租赁合同司法解释理解与适用》，人民法院出版社2016年版，第54页。

相关司法文件

上海市高级人民法院《融资租赁合同纠纷类案办案要件指南》[①]（2020年5月18日）

（二）首付租金较高的认定和裁判规则

【审查要点】

融资租赁合同明确约定了首付租金金额和付款时间，虽首付租金金额较高且仅对应一个租期，但该约定未违反禁止性规定，应为有效，且扣除后承租人从未提出异议，并支付其余租金，应视为同意。对于首付租金占融资总额的比例是否过高，应结合首付租金、租期、总融资金额等进行综合判断；如确属过高的情形，则法院有权进行调整，以防当事人借融资为名行借贷之实。

【注意事项】

融资租赁合同非单纯的租赁关系，应充分考虑其融资和融物结合的双重特殊属性，不能割裂。

（四）承租人已支付租赁物价款抵扣首期租金及保证金的认定和裁判规则

【审查要点】

当事人有权约定首期租金在订约之初的若干时间内即为支付，在此情况下，出租人全额向承租人返还租赁物购买价款，同时由承租人向出租人支付首期租金的交易方式，与出租人在返还价款时将首期租金直接抵销的交易方式，实际效果并无二致，并未加重承租人支付租金的义务，不存在借款合同中预先扣息所产生的剥夺借款人对资金使用期限利益的后果，故当事人有权约定相关抵销事宜，至于保证金等其他承租人应付的费用，同样并非租赁物购买价款的孳息，出租人亦有权主张互负到期债务之抵销。若抵销之首期租金或保证金的数额在融资金额中占比较大，导致承租人实际融资成本过高的，可酌情适当予以调整。

第七百四十七条 【租赁物瑕疵担保责任】

租赁物不符合约定或者不符合使用目的的，出租人不承担责任。但是，承租人依赖出租人的技能确定租赁物或者出租人干预选择租赁物的除外。

理解与适用

租赁物瑕疵分为物的瑕疵（也称质量瑕疵）和权利瑕疵两种。在传统租赁中，出租人与买卖合同中的出卖人一样负有质量瑕疵担保责任，须使租赁物合于合同约定的使用收益的状态。而在融资租赁合同中，一般都明确约定，出卖人迟延交付租赁物或者租赁物的规格、式样、性能等不符合合同约定或者不符合使用目的的，出租人不承担责任，

[①] 茆荣华主编：《上海法院类案办案要件指南》（第1册），人民法院出版社2020年版，第78页。

由承租人直接向出卖人索赔,并承担索赔不成时的损害后果。此即所谓出租人瑕疵担保的免责特约。这种约定既符合融资租赁交易的理论和实践,同时也不违反现行法律规定。①

应当指出的是,《民法典》第 747 条规定的出租人瑕疵担保免责规则仅针对物的瑕疵担保,不包括租赁物的权利瑕疵担保,在租赁物存在权利瑕疵发生纠纷时,应依据《民法典》第 748 条进行处理。②

基于融资租赁合同独有的特性,租赁物不符合约定或不符合使用目的时,出租人免责是通常情形,而承担瑕疵担保责任是例外情形。《最高人民法院关于审理融资租赁合同纠纷案件适用法律问题的解释》(法释〔2014〕3 号,2020 年修正)第 8 条对出租人承担瑕疵担保责任的例外情形予以进一步明晰,具体列举了三种情形,值得参考:(1)出租人在承租人选择出卖人、租赁物时,对租赁物的选定起决定作用的;(2)出租人干预或者要求承租人按照出租人意愿选择出卖人或者租赁物的;(3)出租人擅自变更承租人已经选定的出卖人或者租赁物的。③

相关国际公约

《国际融资租赁公约》(1988 年 5 月 28 日通过)

第八条

1. a 除非本公约另有约定或租赁协议中另有说明,出租人不应对承租人承担设备方面的任何责任,只要承租人不是由于依赖出租人的技能和判断以及由于出租人干预对供货人的选择或对设备的指定而受到损失。……

第十二条

……

5. 承租人不得因不交付、交付迟延或不合格设备的交付而对出租人有任何别的主张,除非这些是由于出租人的作为或不作为所致。

相关典型案例

案例 25 租赁物存在质量问题的,不影响承租人的租金支付义务④

【案例】

A 公司与甲租赁公司签订融资租赁合同,甲租赁公司向乙公司购买了 A 公司选定的打

---

① 黄薇主编:《中华人民共和国民法典合同编解读(下册)》,中国法制出版社 2020 年版,第 876 页。
② 最高人民法院民法典贯彻实施工作领导小组主编:《中华人民共和国民法典合同编理解与适用(三)》,人民法院出版社 2020 年版,第 1676 页。
③ 最高人民法院民法典贯彻实施工作领导小组主编:《中华人民共和国民法典合同编理解与适用(三)》,人民法院出版社 2020 年版,第 1676~1678 页。
④ 本案例为作者根据工作、研究经验,为具体说明相关法律问题,编辑加工而得。

印器材并交付 A 公司，A 公司签收了《租赁物件接受确认书》。后 A 公司未按期支付到期租金，甲租赁公司遂诉至法院。A 公司辩称租赁物有质量问题，故未付租金，要求扣除其损失后再承担相应责任。

【审判】

法院经审理认为，根据系争融资租赁合同的相关约定，由承租人自主选择租赁物件及租赁物件的制造和供应商。承租人对租赁物件的名称、规格、型号等享有全部的决定权，并直接与供应商商定。承租人对上述自主选择和决定负全部责任。出租人对上述自主选择和决定的事项无须承担责任。因此，A 公司作为承租人就系争打印设备的质量问题应当向供应商即乙公司索赔，其无权以此对抗甲租赁公司给付租金的请求权。

【解析】

租赁物不符合合同约定或不符合使用目的的，出租人不承担责任，不影响承租人履行支付租金的义务，但存在承租人依赖出租人的技能确定租赁物或者出租人干预选择租赁物等法定情形的除外。承租人对此应负举证责任。若承租人无法举证证明出租人存在上述过错行为，则在其已经受领租赁物的情况下，涉及租赁物的质量问题应由承租人与出卖人另行解决，不影响承租人向出租人履行租金支付义务。

案例 26　承租人以租赁物存在质量问题为由不支付租金的主张不能成立①

【案情摘要】

Z 公司具备开展融资租赁及相关业务的资质。2021 年 10 月 20 日，Z 公司与白某某签订《融资租赁合同》，约定：白某某以融资租赁方式承租汽车起重机一台，租赁物系承租人自主选择，并直接与出卖人商定租赁物的名称、规格、型号、配置和数量、价格、交货、安装、验收时间等内容，出租人根据承租人的指示和要求与出卖人签订《产品买卖合同》，向出卖人购买租赁物。合同签订后，Z 公司根据承租人的指示购买了租赁物。2021 年 11 月 16 日，白某某签收了 Z 公司交付的汽车起重机。2021 年 10 月 26 日，白某某向 Z 公司支付了 1080907.32 元首期款。后经双方确认，截至 2023 年 10 月 10 日，白某某共计欠付租金 1866873.53 元。2023 年 10 月 23 日，Z 公司向白某某寄送解除合同通知书。白某某主张租赁物存在质量问题，其已向出卖人提出，但未得到实际解决，故拒绝继续支付租金。Z 公司认为，白某某的违约行为损害了其合法权益，要求解除合同、白某某向其支付未付租金及违约金、返还租赁物。Z 公司向法院提起诉讼。

【法院裁判】

一审法院认为，本案中签订的《融资租赁合同》和《买卖合同》均合法有效，Z 公司已经履行合同义务，白某某应按照合同约定支付租金等费用，其提出的租赁物质量责任不应由 Z 公司承担。一审判决解除《融资租赁合同》，白某某向 Z 公司支付租金及违约

---

① 本案例为作者根据工作、研究经验，为具体说明相关法律问题，编辑加工而得。

金等。

二审法院认为，Z公司与白某某之间构成融资租赁合同法律关系，白某某不能按约支付租金，导致双方约定解除合同的条件成就，合同应予解除。关于租金问题，融资租赁合同的特征之一就是出租人对于租赁物的质量不承担维修责任，故白某某以租赁物存在质量问题拒付租金的理由不能成立。二审判决驳回上诉，维持原判。

【典型意义】

融资租赁往往涉及多重法律关系并存，既有出租人与承租人的租赁关系，又有出租人与出卖人的买卖合同关系。关于出租人购买租赁物并交付承租人使用，一旦租赁物出现质量问题，承租人是否能够以质量问题对抗支付租金问题。依据《民法典》第747条的规定，一般情况下，租赁物的质量瑕疵担保责任不应由出租人承担，承租人不能以此对抗租金的支付。但同时法律和司法解释也规定了出租人承担相应责任的一些例外情形，即出租人根据租赁合同的约定完全是利用自己的技能和判断为承租人选择供货人或租赁物的；出租人为承租人指定供货人或租赁物的；出租人擅自变更承租人已选定的供货人或租赁物的。本案中，Z公司根据白某某的指示完成租赁物的选择和购买，故白某某以租赁物质量瑕疵担保责任对抗支付租金不应支持。

第七百四十八条 【出租人保证承租人占有和使用租赁物】 出租人应当保证承租人对租赁物的占有和使用。

出租人有下列情形之一的，承租人有权请求其赔偿损失：

（一）无正当理由收回租赁物；

（二）无正当理由妨碍、干扰承租人对租赁物的占有和使用；

（三）因出租人的原因致使第三人对租赁物主张权利；

（四）不当影响承租人对租赁物占有和使用的其他情形。

理解与适用

该条第2款分4项规定了出租人不当影响承租人对租赁物占有和使用的情形，其中第1项和第2项从出租人行为的角度进行规范，第3项从权利的角度进行规范，第4项是兜底条款。

第1项"无正当理由收回租赁物"。出租人对租赁物收回权的行使并非持积极态度，较之收回租赁物，出租人更希望在合同正常履行的状态下收取租金。但在承租人严重违约等情形发生时，收回租赁物是对出租人合法权益的有力保障措施。因此，出租人依法定或约定收回租赁物时，属于"有正当理由"，承租人不得以妨碍租赁物的占有、使用为由，拒绝承租人正当行使收回权。

第2项"无正当理由妨碍、干扰承租人对租赁物的占有和使用"。"无正当理由"系排除出租人对租赁物的正常检查、维护等有正当理由的情形。在融资租赁关系中，承租人占有使用租赁物，出租人为了维护自身物权和交易安全，一般要求保有随时查验租赁物的权利，而承租人为减少干扰，对出租人的查验要求持消极态度。本项以正当性为标准支持出租人的正常查验权利，如定期检查租赁物状况、存放地点、租赁物标识等权利，以保护交易安全，同时减少出租人对租赁物的不必要干扰，以维护承租人的合法权益。

第3项"因出租人的原因致使第三人对租赁物主张权利"。出租人对租赁物负有权利瑕疵担保责任，出租人在将租赁物出租给承租人之前，必须保证对租赁物享有完整、合法的所有权，不存在权利上的瑕疵，有义务排除第三人对于租赁物的权利主张。出租人转让租赁物所有权的，融资租赁合同对新的所有权人继续有效，新所有权人不得解除合同，收回租赁物，此即"买卖不破租赁原则"。出租人将租赁物设定抵押时，出租人的抵押行为不得影响承租人对租赁物的占有、使用和收益。在租赁期间，承租人如果受到对租赁物享有合法权利的人的侵扰，出租人应承担违约责任。

第4项"不当影响承租人对租赁物占有和使用的其他情形"。前3项对出租人可能不当影响承租人对租赁物占有和使用的情形进行了列举式规定。除此之外，实践中出租人可能还会有其他不当干扰承租人对租赁物占有使用的情形，为更好地保护承租人的利益免受不当侵害，本项作出了兜底性规定。[①]

相关法律法规

1. 《民法典》（2020年5月28日）

第六百一十二条　【出卖人的权利瑕疵担保义务】出卖人就交付的标的物，负有保证第三人对该标的物不享有任何权利的义务，但是法律另有规定的除外。

第六百一十三条　【权利瑕疵担保责任之免除】买受人订立合同时知道或者应当知道第三人对买卖的标的物享有权利的，出卖人不承担前条规定的义务。

第六百一十四条　【买受人的中止支付价款权】买受人有确切证据证明第三人对标的物享有权利的，可以中止支付相应的价款，但是出卖人提供适当担保的除外。

2. 《民用航空法》（2021年4月29日）

第二十八条　融资租赁期间，出租人依法享有民用航空器所有权，承租人依法享有民用航空器的占有、使用、收益权。

第二十九条　融资租赁期间，出租人不得干扰承租人依法占有、使用民用航空器；承租人应当适当地保管民用航空器，使之处于原交付时的状态，但是合理损耗和经出租人同意的对民用航空器的改变除外。

[①] 最高人民法院民法典贯彻实施工作领导小组主编：《中华人民共和国民法典合同编理解与适用（三）》，人民法院出版社2020年版，第1683~1684页。

✿ 相关司法文件

上海市高级人民法院《融资租赁合同纠纷类案办案要件指南》①（2020 年 5 月 18 日）

出租人收回租赁物及其赔偿责任的认定和裁判规则

【审查要点】

承租人违约事实成立的，由于现有法律并无明文禁止出租人因承租人违约而收回租赁物，故承租人违约在先，出租人的行为不属于无正当理由妨碍、干扰承租人对租赁物的使用，承租人要求出租人赔偿损失的请求，不应支持。出租人虽系租赁物的所有权人，但其已将设备出租，承租人在租赁期间对设备享有占有及使用的权利，出租人无权就收回期间的租金予以主张。承租人的违约事实不成立的，出租人限制承租人使用租赁物的行为则属于《最高人民法院关于审理融资租赁合同纠纷案件适用法律问题的解释》第十七条②无正当理由收回租赁物，无正当理由妨碍、干扰承租人对租赁物的占有和使用，不当影响承租人对租赁物占有、使用的情形，承租人要求出租人赔偿相应损失的，应予支持。

✿ 相关国际公约

1.《国际融资租赁公约》（1988 年 5 月 28 日通过）

第八条

2. 出租人担保承租人的平静占有将不受享有优先所有权或权利，或者主张享有优先所有权或权利并受法院授权行动的人的侵扰，只要这种所有权、权利或主张不是由于承租人的作为或不作为所致。

3. 只要这种所有权、权利或主张是由于出租人的故意或严重过失的作为或不作为所致，各方就不得减损或变更前款中的规定的效力。

2.《租赁示范法》（2008 年 11 月 13 日通过）

第十六条 平静占有的担保义务

1. 融资租赁中：

（1）出租人担保承租人对租赁物的平静占有不受享有优先地位或权利，或主张优先

---

① 茆荣华主编：《上海法院类案办案要件指南》（第1册），人民法院出版社2020年版，第76-77页。

② 《最高人民法院关于审理融资租赁合同纠纷案件适用法律问题的解释》（2014年）第十七条规定：出租人有下列情形之一，影响承租人对租赁物的占有和使用，承租人依照合同法第二百四十五条的规定，要求出租人赔偿相应损失的，人民法院应予支持：（一）无正当理由收回租赁物；（二）无正当理由妨碍、干扰承租人对租赁物的占有和使用；（三）因出租人的原因导致第三人对租赁物主张权利；（四）不当影响承租人对租赁物占有、使用的其他情形。因该条司法解释内容已被《民法典》第七百四十八条吸收，故2020年修正后的《最高人民法院关于审理融资租赁合同纠纷案件适用法律问题的解释》删去了该条内容。

地位或权利且依法院授权行动的人的侵扰,无论这种地位、权利或主张是出自出租人的疏忽、故意行为还是遗漏;

(2)向出租人或供货人提供租赁物规格要求的承租人,应该保证出租人和供货人不致因遵循该要求引起的侵权主张而遭受损害。

2. 非融资租赁的其他租赁中,出租人保证承租人对租赁物的平静占有不致受到享有优先地位或权利的人,或主张优先地位或权利且依法院授权行动的人,或主张侵权损害赔偿请求权的人的侵扰。

3. 除非本法第23条第1款第3项另有规定,对本条第1款第1项和第2款中承租人平静占有权干扰的唯一救济措施是向出租人主张损害赔偿。

相关典型案例

案例 27 出租人锁机后未及时采取救济措施导致损失扩大的,应自行承担扩大的损失[①]

【基本案情】

2020年4月,原告某融资租赁公司与被告张某签订《融资租赁合同》及相关附件,约定原告通过售后回租方式为承租人提供融资支持。租赁物为牵引车一台、挂车一台。合同约定若承租人未能按期支付首期款、租金和其他应付款项,经催告后在合理期限内仍未履行的,出租人有权收回或直接取回车辆,暂时中止承租人对租赁车辆的使用;或者要求承租人一次性支付所有本合同项下全部已到期租金和未到期租金、逾期罚息、违约金。被告张某出现逾期支付租金情形后,原告于2022年6月20日采取锁机措施,于2023年1月10日解锁。原告诉请要求被告支付全部未付租金、逾期利息等,被告认为原告锁机行为给其造成损失,双方协商无果。

【裁判结果】

法院生效裁判认为,原告已履行其合同义务,被告未依约履行支付租金的义务,构成违约。原告有权主张租金加速到期,要求被告支付全部未付租金、留购价,并承担违约责任。针对原告的锁机行为,在被告存在多期租金逾期后,按照合同约定原告有权通过锁机限制被告对车辆的使用,达到催收的目的。但原告在锁机之后,应及时与被告进行协商,协商不成应及时诉讼,从而防止损失扩大。本案中,原告既未及时协商也未及时提起诉讼,进而造成锁机状态持续、损失扩大。考虑到锁车持续时间,故对于锁车后2个月内已到期的租金产生的违约金酌情支持,其余部分,均不予支持。该判决作出后,双方均未上诉,现已发生法律效力。

【典型意义】

在以机动车和特定机器设备作为租赁物的融资租赁合同中,有的当事人会约定出租人

[①] 参见天津自由贸易试验区人民法院2024年3月发布的《汽车金融风险防控及企业合规治理典型案例》,载微信公众号"天津滨海新区法院"(2024年3月15日),https://mp.weixin.qq.com/s/-7wc0h42Z4gOgPriTOGYAw,最后访问时间:2024年6月20日。

可在租赁物上加装远程锁机装置,在承租人出现严重违约行为时,出租人有权采取锁机的方式督促承租人履约或防止承租人不当处置租赁物。此种交易安排于法无悖,对于融资租赁公司加强租赁物的风险管理具有积极意义。但是,实践中也存在出租人滥用锁机权,损害承租人利益的情况。为遏制此种现象,本案裁判结果提示出租人在行使锁机权利时需要遵循正当程序,不能超出权利行使的合理限度,建议出租人在锁机前告知承租人,锁机后及时与承租人协商,协商不成后及时寻求司法救济。出租人持续锁机造成损失扩大的,应由出租人自行承担扩大的损失。本案确立的锁机权利行使规则,为融资租赁公司正当行使锁机权利提供了有益的借鉴。

案例 28　租赁物并非出租人提前收回的,承租人拒付租金的主张不能成立[①]

【基本案情】

某融资租赁公司与钱某某签订了《融资租赁合同-售后回租》,约定某融资租赁公司按照被告的要求向其购买案涉车辆后再将案涉车辆出租给被告使用,双方成立售后回租合同关系,租赁物为小型普通客车一辆,租赁期限为 36 个月。某融资租赁公司依约履行了合同放款义务,但在合同履行过程中,被告钱某某仅支付第 1-3 期的全部租金及第 4 期部分租金后就不再支付,原告多次催告要求被告钱某某按期履行支付租金的义务,但被告钱某某均未能如期支付租金,原告提出诉讼请求:判令钱某某支付全部未付租金及违约金并以拍卖、变卖租赁物所得价款受偿。钱某辩称,认可签订融资租赁合同的事实。但因被告逾期支付租金,认为原告某融资租赁公司于 2022 年 3 月 1 日已经将案涉融资租赁车辆收回并于 2022 年 6 月 1 日发函给被告,宣布融资租赁合同解除。原告向被告主张加速到期的本金、逾期租金、违约金等费用构成重复救济,请法院依法驳回原告的诉讼请求。

【裁判结果】

法院生效判决认为,本案争议焦点为案涉车辆被提前收回是否系原告某融资租赁公司实施或授权。经法院调查,本案中收车行为并非原告某融资租赁公司实施,系案外人某汽车销售公司收车。案外人某汽车销售公司出具情况说明一份,认可涉案车辆系被某汽车销售公司收回,未经原告某融资租赁公司授权。《民法典》第 752 条规定,承租人应当按照约定支付租金。承租人经催告后在合理期限内仍不支付租金的,出租人可以请求支付全部租金;也可以解除合同,收回租赁物。本案中,被告钱某某未按约支付原告相应租金,已构成违约,原告某融资租赁公司未收回租赁物,而是主张租赁合同加速到期并主张违约金的行为并不构成重复救济。法院最终支持了原告某融资租赁公司的诉讼请求。被告钱某某应另行主张汽车销售公司收车行为的责任。本案判决后被告钱某某认可其与某销售公司之间存在纠纷,同意另行主张权利,并未提出上诉。

[①] 参见天津自由贸易试验区人民法院 2024 年 3 月发布的《汽车金融风险防控及企业合规治理典型案例》,载微信公众号"天津滨海新区法院"(2024 年 3 月 15 日),https://mp.weixin.qq.com/s/-7wc0h42Z4gOgPriTOGYAw,最后访问时间:2024 年 6 月 20 日。

【典型意义】

"提前收车"现象在车辆融资租赁实践中较为常见。本案裁判结果具有以下两方面启示：一方面，出租人应规范取回行为，不得采取胁迫或暴力等非法手段取回租赁物；另一方面，承租人在收车时应辨别收车人员的身份信息并留存相关证据，避免出现不知被何人收车的情况。若车辆并非出租人取回，承租人不能以收车为由拒付租金，应另行向收车人主张权利。

案例 29　融资租赁出租人应审慎行使租赁物自行取回权[①]

【裁判要旨】

融资租赁出租人按照合同约定行使租赁物取回权时应遵循事前告知、当事人在场等程序规范，并根据诚实信用及鼓励交易原则审慎行使租赁物自行取回权。出租人无正当理由收回租赁物的，构成对承租人占有和使用租赁物的侵扰，应赔偿相应损失。

【基本事实】

2018 年 2 月 13 日，程某（承租人）为购买新车，与甲租赁公司（出租人）签订《融资租赁合同》，约定：双方采用售后回租模式；甲租赁公司将租项付至渠道商（视为出租人已向承租人支付车价款），再由渠道商将购车款支付至车辆出售方；车辆出售方交付车辆给程某（视为出租人向承租人交付车辆，且车辆出售方向承租人转让车辆所有权，同时承租人向出租人转让车辆所有权）；租期 36 个月；租金月付，程某逾期支付任一期租金，甲租赁公司有权解除合同，收回租赁车辆，自行决定对车辆处理方式和处理价格；融资总额/车辆购置价款为 7 万余元，另约定购置税、保险费、首期租金及每月租金数额等。签约后，程某向渠道商支付首付款 19410 元，甲租赁公司向渠道商支付剩余购车款 5.1 万余元（含剩余购车款及配件价款），程某取得车辆并使用。程某自 2018 年 4 月 17 日至 2019 年 3 月 5 日，共计支付 11 期租金，其中因逾期四期，已支付相应滞纳金。2019 年 3 月 24 日，甲租赁公司以程某逾期支付租金为由单方收回租赁车辆。同年 3 月 26 日，程某支付第 12 期租金及当期滞纳金；4 月，甲租赁公司系统自动扣款两期租金；6 月，租赁车辆经甲租赁公司转让处分。

程某认为，其于每月月底之前支付租金符合约定，甲租赁公司收回租赁物没有正当理由，拖车行为亦违法，故要求判令甲租赁公司赔偿程某损失合计 3 万余元，包括车辆首付款、购置税、上牌费、多收取的两期租金。甲租赁公司认为，程某未按合同约定于每月 12 日支付租金，公司有权取回车辆，造成的损失由程某自行承担。

【审判结果】

上海市静安区人民法院于 2020 年 10 月 16 日作出（2020）沪 0106 民初 10176 号民事判决，被告甲租赁公司支付程某赔偿款 25382.14 元。

一审判决后，被告甲租赁公司提出上诉。上海金融法院于 2021 年 4 月 16 日作出

[①] 参见上海市高级人民法院 2022 年 8 月发布的《2021 年度上海法院金融商事审判十大案例》，载微信公众号"上海高院"（2022 年 8 月 4 日），https://mp.weixin.qq.com/s/da5HvzpoAd6vfTS1HVj6Ow，最后访问时间：2024 年 8 月 1 日。

(2021) 沪 74 民终 320 号民事判决：驳回上诉，维持原判。

【裁判理由】

法院认为，融资租赁法律关系中，出租人解除合同并取回租赁物的救济行为将直接导致合同无法继续履行，应审慎适用。本案中，甲租赁公司收回租赁车辆不具有正当理由。对于合同约定"承租人逾期支付任一期租金，出租人有权解除本合同，径行收回租赁车辆"的条款，法院应依《融资租赁合同》"中途解约禁止"原则对出租人行使取回权进行正当性标准衡量，根据诚实信用原则及鼓励交易原则对合同进行解释，还应审查违约方的违约程度是否影响守约方合同目的的实现。程某虽有迟延履行合同的在先违约行为，但于合理期限内付清欠款，并以实际付款行为表示其继续履行合同的意愿，违约程度并不足以导致合同目的无法实现；甲租赁公司亦具备通过其他救济途径保障自身合法权益的可能性。此外，甲租赁公司收车程序不具正当性，其拖回和处分车辆均未提前协商告知；租赁车辆取回后，程某继续支付租金，甲租赁公司仍收回并处分租赁车辆，其单方自行收回租赁物的方式构成对程某占有和使用租赁物的侵扰，属于滥用取回权。

关于甲租赁公司无正当理由收回租赁物造成的损失问题。融资租赁承租人在租赁期间对租赁车辆享有合法占有及使用的权利，并在租赁期满后享有可以取得车辆所有权的期待利益。综合考虑程某在租赁过程中投入的首付款、租赁车辆实际使用情况、租赁期限、留购价款等因素，法院酌定程某首付款损失数额。关于购置税、上牌费，系程某为履行合同并取得车辆所有权所支付的一次性行政性费用，应认定为其损失。基于此计算，法院认定程某损失共计 2.5 万余元。

【裁判意义】

"以租代购"已成为机动车交易市场的新常态。融资租赁合同法律关系中，出租人有保证承租人平静占有和使用租赁物的义务，并有权收取租金及费用；承租人有支付租金的义务，并有权在租赁期间占有使用租赁物。实践中，出租人在承租人轻微违约时即收回车辆，或采取暴力、不正当手段取回车辆，造成取回权的滥用，此类纠纷多发。融资租赁交易具有融资性、周期性、主体多样性等特点，任何一方交易的不确定性都将影响合同的履行，出租人取回租赁物应当针对合同目的无法实现等根本违约审慎适用。本案从鼓励交易和诚信原则出发，综合法律规定、合同目的、鼓励交易、规范业态发展的利益平衡角度作出判决。对规范车辆融资租赁市场，促进融资租赁交易安全和稳定，督促各方主体诚信履约具有积极的推动作用。

案例 30　出租人向征信机构不当报送承租人"不良信息"的，应承担删除责任①

【基本案情】

原告陈某（承租人）与被告某融资租赁公司（出租人）签订《融资租赁合同（回租）》，合同约定出租人通过售后回租方式为承租人提供融资支持，起租后任何情况下承租人都应按期足额支付租金及其他应付款项。承租人未能按照本合同的约定按期足额支付租金，出租人可以不经司法程序自行收取租赁物件。承租人同意并授权出租人将承租人信用信息，包括但不限于履行《融资租赁合同》过程中违约、逾期相关信息及对信息主体信用状况构成负面影响的信息，报送中国人民银行征信中心金融信用信息基础数据库。在原告未逾期支付租金的情况下，被告自行将案涉租赁车辆收回。此后，原告未再支付租金。被告将原告逾期支付租金的违约、逾期信息报送中国人民银行征信中心。原告个人信用报告显示账户状态为逾期。

【裁判结果】

法院生效判决认为，《民法典》第1024条规定，民事主体享有名誉权。任何组织或者个人不得以侮辱、诽谤等方式侵害他人的名誉权。名誉是对民事主体的品德、声望、才能、信用等的社会评价。被告无正当理由将租赁物车辆收回，妨碍了原告继续占有、使用租赁物，原告有理由中止支付租金，且中止支付租金并不构成合同项下的违约，被告继续将逾期还款等对原告信用状况构成负面影响的信息报送中国人民银行征信中心，造成征信机构对原告信用评价的不当。《民法典》第1029条规定，民事主体发现信用评价不当的，有权提出异议并请求采取更正、删除等必要措施。该规定赋予信用主体对信用评价的异议权、更正权和删除权。《征信业管理条例》第25条第1款规定，信息主体认为征信机构采集、保存、提供的信息存在错误、遗漏的，有权向征信机构或者信息提供者提出异议，要求更正。根据以上规定，原告在不存在违约的情况下，有权对被告报送的不良信息提出异议，并有权请求更正、删除。原告请求被告消除其在中国人民银行征信中心与被告相关的逾期还款记录具有事实和法律依据，故予以支持。原、被告均不服一审判决并提起上诉，二审法院判决驳回上诉，维持原判。

【典型意义】

信用是民事主体一般经济能力的社会评价，包括民事主体客观经济能力和主观偿债意愿两个方面。侵害他人信用权益，往往造成对权利人经济能力信赖的降低，从而给权利人带来各种资格上的限制，如不能获得银行贷款、无法预订飞机票、高铁票等。《民法典》首次明确将信用纳入名誉权保护范围，并通过第1029条、第1030条、第1037条赋予信用主体异议权、更正权、删除权，从而加强对民事主体信用权益的保护。本案被告某融资

---

① 本案例入选天津市滨海新区人民法院（天津自由贸易试验区人民法院）2022年7月发布的《十大典型融资租赁案例》，载微信公众号"天津高法"（2022年7月5日），https://mp.weixin.qq.com/s/5hDeSa8MClUTyMv1WFFZ6A，最后访问时间：2024年8月1日。案号：天津市滨海新区人民法院（2020）津0116民初20897号民事判决书。

租赁公司无正当理由取回租赁物,承租人基于同时履行抗辩权有权中止给付租金,其中止给付租金并不属于"不良信息",被告继续将原告逾期未付租金的"不良信息"报送中国人民银行征信中心,造成中国人民银行征信中心对原告信用评价不当。原告有权要求被告对其报送的错误信用信息进行删除。融资租赁公司在向中国人民银行征信中心报送逾期还款信用信息时应尽到合理的审查义务,不得报送不实信息,否则将侵犯承租人以信用为内容的名誉权。承租人对融资租赁公司报送的不实信息享有异议权、删除权。融资租赁公司因此造成承租人损失的,还应当承担赔偿责任。

第七百四十九条 【租赁物致人损害的责任承担】承租人占有租赁物期间,租赁物造成第三人人身损害或者财产损失的,出租人不承担责任。

理解与适用

依据本条规定,承租人应当承担租赁物造成第三人损害的赔偿责任。其构成要件包括以下两个方面:[1]

第一,租赁物造成了第三人损害。这种损害包括人身损害和财产损害。严格地说,租赁物造成的损害包括两种情况:其一是租赁物在正常使用过程中对第三人造成了损害。例如,承租人租赁汽车,因为交通事故造成他人损害,在此种情况下应当由承租人承担责任。如果租赁物是因为他人原因对第三人造成的损害,如有人擅自将承租人的汽车开走撞伤路人,则应由他人负责。其二是租赁物自身固有的缺陷对第三人造成损害。在此情况下,如果租赁物的缺陷是制造者造成的,那么承租人在承担责任后还可以向制造者追偿。对租赁物属于高度危险作业设备而导致第三人损害的情形,出租人不负损害赔偿责任。无论是何种情形,都属于本条中所说的租赁物造成第三人损害。

第二,租赁物造成损害发生于承租人占有租赁物期间。通常来说,它是指租赁物自交付承租人之日起至租赁期限届满租赁物被返还给出租人之日止。承租人的占有既包括直接占有,也包括间接占有。

相关法律法规

《民法典》(2020年5月28日)

第一千二百零二条 【产品生产者责任】因产品存在缺陷造成他人损害的,生产者应当承担侵权责任。

第一千二百零三条第一款 【被侵权人请求损害赔偿的途径和先行赔偿人追偿权】因产品存在缺陷造成他人损害的,被侵权人可以向产品的生产者请求赔偿,也可以向产品

---

[1] 黄薇主编:《中华人民共和国民法典合同编解读(下册)》,中国法制出版社2020年版,第880页。

的销售者请求赔偿。

第一千二百零八条 【机动车交通事故责任的法律适用】机动车发生交通事故造成损害的，依照道路交通安全法律和本法的有关规定承担赔偿责任。

第一千二百零九条 【机动车所有人、管理人与使用人不一致时的侵权责任】因租赁、借用等情形机动车所有人、管理人与使用人不是同一人时，发生交通事故造成损害，属于该机动车一方责任的，由机动车使用人承担赔偿责任；机动车所有人、管理人对损害的发生有过错的，承担相应的赔偿责任。

第一千二百一十一条 【挂靠机动车侵权责任】以挂靠形式从事道路运输经营活动的机动车，发生交通事故造成损害，属于该机动车一方责任的，由挂靠人和被挂靠人承担连带责任。

第一千二百一十四条 【拼装车或报废车侵权责任】以买卖或者其他方式转让拼装或者已经达到报废标准的机动车，发生交通事故造成损害的，由转让人和受让人承担连带责任。

第一千二百二十三条 【药品、消毒产品、医疗器械的缺陷，或者输入不合格血液的侵权责任】因药品、消毒产品、医疗器械的缺陷，或者输入不合格的血液造成患者损害的，患者可以向药品上市许可持有人、生产者、血液提供机构请求赔偿，也可以向医疗机构请求赔偿。患者向医疗机构请求赔偿的，医疗机构赔偿后，有权向负有责任的药品上市许可持有人、生产者、血液提供机构追偿。

第一千二百三十八条 【民用航空器致害责任】民用航空器造成他人损害的，民用航空器的经营者应当承担侵权责任；但是，能够证明损害是因受害人故意造成的，不承担责任。

第一千二百四十条 【从事高空、高压、地下挖掘活动或者使用高速轨道运输工具致害责任】从事高空、高压、地下挖掘活动或者使用高速轨道运输工具造成他人损害的，经营者应当承担侵权责任；但是，能够证明损害是因受害人故意或者不可抗力造成的，不承担责任。被侵权人对损害的发生有重大过失的，可以减轻经营者的责任。

第一千二百四十五条 【饲养动物致害责任的一般规定】饲养的动物造成他人损害的，动物饲养人或者管理人应当承担侵权责任；但是，能够证明损害是因被侵权人故意或者重大过失造成的，可以不承担或者减轻责任。

第一千二百五十八条第一款 【公共场所或者道路上施工致害责任和窨井等地下设施致害责任】在公共场所或者道路上挖掘、修缮安装地下设施等造成他人损害，施工人不能证明已经设置明显标志和采取安全措施的，应当承担侵权责任。

相关国际公约

1.《国际融资租赁公约》（1988年5月28日通过）

第八条

1.b 出租人不应以其出租人身份而对第三人承担因设备所造成的死亡，人身伤害和财产损失的责任。

2.《租赁示范法》（2008年11月13日通过）

  第九条　出租人的免责

  在融资租赁中，出租人依供货合同和租赁合同规定在交易范围内作为出租人和所有人，对因租赁物或租赁物的使用所造成的死亡、人身伤害或财产损害，不向承租人或第三人承担责任。

第七百五十条　**【租赁物的保管、使用、维修】** 承租人应当妥善保管、使用租赁物。

  承租人应当履行占有租赁物期间的维修义务。

理解与适用

  所谓"妥善"保管，是指应当根据善良管理人的标准进行保管。它要求承租人比处理自己的事务更为谨慎。例如，承租人没有按照惯例将其租赁的船舶停靠在港口进行必要的维护，就是没有尽到妥善保管义务。所谓合理使用，是指承租人应当按照租赁物的性质和通常方法进行使用。例如，租赁他人的载人小轿车，不能用于货物运输。

  依据本条第2款规定，承租人的维修义务限于占有租赁物期间。这就意味着，只有在占有租赁物期间承租人才负有此种义务，而在租赁物交付之前或租赁物返还出租人之后，承租人就不再负有此种义务。而且，如果在租赁期限内，租赁物被出租人取回或因其他原因而丧失占有，承租人也不再负有维修义务。[1]

  需要注意的是，应区分合同期满后租赁物归出租人所有还是承租人所有。融资租赁合同约定合同期满后租赁物归出租人所有的，其实质法律关系更类似于租赁合同，保管、使用及维修义务等可参照租赁合同的规定，"承租人未按照约定的方法或者根据租赁物的性质使用租赁物，致使租赁物受到损失的，出租人可以解除合同并请求赔偿损失"。约定合同期满后租赁物归承租人所有的，其实质法律关系更类似融资合同或者所有权保留买卖，承租人所负担的妥善保管使用及维修义务比较宽松，除非因合同解除等原因需要计算折旧价值，一般无须就租赁物损耗对出租人承担赔偿责任。[2]

---

  [1] 黄薇主编：《中华人民共和国民法典合同编解读（下册）》，中国法制出版社2020年版，第881页。

  [2] 最高人民法院民法典贯彻实施工作领导小组主编：《中华人民共和国民法典合同编理解与适用（三）》，人民法院出版社2020年版，第1692~1693页。

相关国际公约

1.《国际融资租赁公约》（1988 年 5 月 28 日通过）

第九条

1. 承租人应适当地保管设备，以合理的方式使用设备并且使之处于其交付的状态。但是合理的损耗及当事人所同意的对设备的改变除外。……

2.《租赁示范法》（2008 年 11 月 13 日通过）

第十八条　承租人维护和返还租赁物的义务

1.（1）承租人应当妥善维护租赁物，依该类租赁物的通常使用方式合理使用租赁物，并且将租赁物维持在其被交付时的状态，合理的损耗除外。

（2）如租约中规定了维护租赁物的义务，或租赁物的制造商或供货人提供了使用租赁物的技术指导，承租人遵守这些规定或指导即为满足了上述所规定的要求。……

第七百五十一条　【承租人占有租赁物毁损、灭失的租金承担】 承租人占有租赁物期间，租赁物毁损、灭失的，出租人有权请求承租人继续支付租金，但是法律另有规定或者当事人另有约定的除外。

理解与适用

本条是关于融资租赁中风险负担规则的规定。所谓融资租赁中的风险负担，是指租赁物意外毁损、灭失的风险应由何人承担的问题。对这一问题，首先应当考虑当事人是否通过合同作出约定，如果作出了约定，就应当尊重当事人的约定。在当事人没有约定，而在租赁期限内发生租赁物毁损、灭失的情况下，此风险应由承租人承担。[1] 理由在于，与普通租赁不同，融资租赁中租金并非融物的对价而是融资的对价。出租人对于出卖人和租赁物一般没有选择权，而是依赖于承租人自行选择，出租人主要承担提供资金的功能，因此不负租赁物的瑕疵担保义务，在承租人占有租赁物期限内，租赁物的毁损或者灭失的风险由承租人负担。既然风险应当由承租人负担，那么出租人有权要求承租人继续履行支付租金的合同义务。[2]

关于本条的理解，应当注意以下三点：第一，在租赁物风险承担的时间点确定上，以承租人占有租赁物作为风险负担的起算点。从《合同法》的角度来看，风险负担原则上应

---

[1] 黄薇主编：《中华人民共和国民法典合同编解读（下册）》，中国法制出版社 2020 年版，第 882 页。

[2] 黄薇主编：《中华人民共和国民法典合同编解读（下册）》，中国法制出版社 2020 年版，第 883 页。

当考虑融资租赁合同与买卖合同的衔接，按照买卖合同的规则，通常以交付作为风险转移的时点，故租赁物交付前的物的风险由出卖人负担，租赁物交付后则由承租人负担。第二，在法律后果方面，出租人有权请求承租人继续支付租金。即承租人占有租赁物期间租赁物毁损、灭失的，承租人应继续履行合同义务，出租人有权获得履行利益（即租金），但不得超过承租人订立合同时预见或者应当预见的因违反合同可能造成的损失。第三，对于租赁物损毁、灭失的发生，无须区分承租人是否存在主观过错。因承租人原因导致租赁物毁损灭失时，承租人承担继续履行合同的责任，赔偿出租人的履行利益；非因承租人原因导致租赁物毁损灭失的，在当事人未选择解除合同的前提下，承租人仍然负有继续给付租金的义务。

根据《民法典》第754条的规定，租赁物因不可归责于当事人的原因毁损、灭失，且不能修复或者确定替代物，出租人或者承租人可以请求解除融资租赁合同。从法条结构上看，第751条规定的是合同履行过程中的风险负担规则，第754条规定的则是合同解除的事由。从内容上来说，第751条适用的条件是融资租赁合同尚未解除，出租人仍可以融资租赁合同为据，诉请承租人按期支付租金。若无过错承租人选择解除合同，则应另行选择适用规范。

《民法典》第646条规定，法律对其他有偿合同有规定的，依照其规定；没有规定的，参照适用买卖合同的有关规定。依据此条，融资租赁合同对于风险负担的特殊情形没有规定时，能否适用买卖合同的相关规定呢？《民法典》第605条至第610条分别规定了因买受人的原因迟延交付、出卖在途标的物、货交承运人、买受人违约未收取标的物、出卖人未按照约定交付有关单证和资料的、因标的物不符合质量要求致使不能实现合同目的，买受人拒绝接受标的物或者解除合同时特殊的风险负担规则。融资租赁交易中的买卖合同本质上系出租人受承租人的委托所订立，承租人是买卖合同中买受人权利的实际承受主体，故承租人应享有买卖合同中有关买受人的权利。因此，上述风险负担规则均可适用于融资租赁合同中出卖人与承租人之间。①

相关法律法规

《民法典》（2020年5月28日）

第六百零四条　【标的物的风险承担】标的物毁损、灭失的风险，在标的物交付之前由出卖人承担，交付之后由买受人承担，但是法律另有规定或者当事人另有约定的除外。

第六百零五条　【迟延交付标的物的风险负担】因买受人的原因致使标的物未按照约定的期限交付的，买受人应当自违反约定时起承担标的物毁损、灭失的风险。

第六百零六条　【路货买卖中的标的物风险转移】出卖人出卖交由承运人运输的在途标的物，除当事人另有约定外，毁损、灭失的风险自合同成立时起由买受人承担。

---

① 最高人民法院民法典贯彻实施工作领导小组主编：《中华人民共和国民法典合同编理解与适用（三）》，人民法院出版社2020年版，第1695~1696页。

第六百零七条 【需要运输的标的物风险负担】出卖人按照约定将标的物运送至买受人指定地点并交付给承运人后,标的物毁损、灭失的风险由买受人承担。

当事人没有约定交付地点或者约定不明确,依据本法第六百零三条第二款第一项的规定标的物需要运输的,出卖人将标的物交付给第一承运人后,标的物毁损、灭失的风险由买受人承担。

第六百零八条 【买受人不履行接受标的物义务的风险负担】出卖人按照约定或者依据本法第六百零三条第二款第二项的规定将标的物置于交付地点,买受人违反约定没有收取的,标的物毁损、灭失的风险自违反约定时起由买受人承担。

第六百零九条 【未交付单证、资料的风险负担】出卖人按照约定未交付有关标的物的单证和资料的,不影响标的物毁损、灭失风险的转移。

相关司法解释

《最高人民法院关于审理买卖合同纠纷案件适用法律问题的解释》(法释〔2012〕8号,2020年修正)

第八条 民法典第六百零三条第二款第一项规定的"标的物需要运输的",是指标的物由出卖人负责办理托运,承运人系独立于买卖合同当事人之外的运输业者的情形。标的物毁损、灭失的风险负担,按照民法典第六百零七条第二款的规定处理。

第九条 出卖人根据合同约定将标的物运送至买受人指定地点并交付给承运人后,标的物毁损、灭失的风险由买受人负担,但当事人另有约定的除外。

第十条 出卖人出卖交由承运人运输的在途标的物,在合同成立时知道或者应当知道标的物已经毁损、灭失却未告知买受人,买受人主张出卖人负担标的物毁损、灭失的风险的,人民法院应予支持。

第十一条 当事人对风险负担没有约定,标的物为种类物,出卖人未以装运单据、加盖标记、通知买受人等可识别的方式清楚地将标的物特定于买卖合同,买受人主张不负担标的物毁损、灭失的风险的,人民法院应予支持。

相关司法文件

《天津法院融资租赁合同纠纷案件审理标准》[①](津高法发〔2017〕2号,2018年4月修订)

第4.9.1条 承租人占有租赁物期间,租赁物毁损、灭失的风险由承租人承担。支持出租人要求承租人继续支付租金的主张。

---

① 高憬宏主编:《人民法院司法标准化理论与实践(二)》,法律出版社2018年版,第83页。

相关国际公约

《租赁示范法》（2008年11月13日通过）

第十一条　灭失风险

1. 融资租赁中：（1）租赁开始，租赁物的灭失风险由承租人承担；（2）若租赁物尚未交付、部分交付、迟延交付或交付不符合租赁约定，当承租人依本法第十四条规定主张其救济的情况下，承租人可依第十八条第一款的规定，视租赁物灭失风险仍由供货人承担。

第十二条　对租赁物的损害

1. 融资租赁中，租赁物交付给承租人之前非因出租人或承租人的过错而遭受损害，承租人可以要求检验，并接受租赁物且要求供货人就损害的价值给予适当补偿，或者，依法律规定采取其他救济措施。

第七百五十二条　【承租人支付租金的义务】 承租人应当按照约定支付租金。承租人经催告后在合理期限内仍不支付租金的，出租人可以请求支付全部租金；也可以解除合同，收回租赁物。

理解与适用

在融资租赁合同履行过程中，承租人未按约定支付租金时（如迟付、少付或拒付租金），出租人可以进行催告，要求承租人支付已到期欠付租金。承租人在合理期限内仍不支付租金的，出租人可以采取以下两种救济措施：第一，要求承租人支付全部租金。此种情形属于租金加速到期，合同并未解除，承租人在租赁期限届满前仍享有占有、使用租赁物的权利；第二，解除合同，收回租赁物。因为出租人通常对租赁物享有所有权，这一所有权具有担保其租金债权的功能，所以当出租人解除合同时，可以收回租赁物。

上述第一种救济措施中的"全部租金"包括已到期未付租金和未到期租金。出租人要求承租人支付已到期租金应无疑义，而要求支付未到期租金则涉及剥夺承租人期限利益的问题。融资租赁合同中约定的承租人不支付租金或者有其他违约行为时，出租人有权要求承租人付清全部租金的条款常被称为期限利益丧失约款。……在承租人违约不支付租金时，出租人要求承租人支付全部租金是及时救济守约出租人利益的需要。当然，如果计算出租人的实际损失，则应当考虑到未到期租金的贴现值，即根据一定的利率标准，予以折算。但根据本条规定，出租人可以要求承租人支付合同约定的全部租金，即使该数额必然超过全部租金的贴现值，其实质就是使承租人因其违约行为而丧失其未到期租金的期限利益，从而体现对承租人违约行为的惩罚性，以引导承租人依约履行合同义务。

需要注意的是，出租人请求解除合同时，需要履行催告程序。从《民法典》第563条第3项的用语"经催告后在合理期限内仍未履行"和本条的用语"经催告后在合理期限内仍不支付租金"来看，并未要求出租人在催告之时必须规定"合理期限"，该合理期限在具体诉讼中可以由法官根据客观情况加以判定。此外，催告的形式为不要式，除非当事人之间有特别约定，书面通知或者口头通知均可，只要出租人能在纠纷中举证证明其履行了催告义务即可。出租人未经催告即起诉请求解除合同的，人民法院不宜仅以解除权未成就为由直接驳回其诉讼请求，而是可将起诉状送达承租人的时间作为出租人的催告时间，并为承租人确定合理的履行期限。①

一、一般规定

相关司法文件

《天津法院融资租赁合同纠纷案件审理标准》②（津高法发〔2017〕2号，2018年4月修订）

第4.4.1条 催告为口头、书面或者其他形式，且有证据予以证明。出租人未经催告即起诉的，起诉状送达视为催告。

第4.4.2条 判定合理期限综合考虑合同履行情况、违约程度、承租人主观意愿等因素。

相关国际公约

1. 《国际融资租赁公约》（1988年5月28日通过）

第十三条

1. 若承租人违约，出租人可以收取到期未付租金，连同利息及损失赔偿。

2. 若承租人根本违约，则若租赁协议如此规定，则出租人还可以在第5款的条件下要求加速支付未到期租金的金额，或可以终止协议，并在终止后：

a. 收回对设备的占有；以及

b. 收取将使出租人处于如同承租人按租赁协议的条款履行租赁协议时本应取得的地位的损失赔偿。

3. a. 租赁协议可以规定按第2（b）款收取损失赔偿时的计算方法。

b. 此种规定在各方间应是强制性的，除非它会使损失赔偿大大超过第2（b）款规定的损失赔偿。各方不得减损或变更本款的规定的效力。

---

① 最高人民法院民法典贯彻实施工作领导小组主编：《中华人民共和国民法典合同编理解与适用（三）》，人民法院出版社2020年版，第1700~1705页。

② 高憬宏主编：《人民法院司法标准化理论与实践（二）》，法律出版社2018年版，第82页。

4. 凡出租人已终止租赁协议者，它不应有权强制执行租赁协议中规定的加速支付未到期租金的条款，但在按照第 2（b）款和第 3 款计算损失赔偿时，可以把这种租金的金额考虑在内。各方不得减损或变更本款的规定的效力。

5. 在违约可以补救的情况下，除非出租人已经给了承租人以补救违约的合理机会，否则出租人不得行使第 2 款所规定的加速支付权或终止权。

6. 就出租人未采取一切合理的步骤以减轻其损失的部分而言，出租人不得收取损失赔偿。

2.《租赁示范法》（2008 年 11 月 13 日通过）

第十条 不可撤销性和独立性

1. （1）融资租赁中，一旦租赁物已经交付承租人并被其接受，承租人和出租人的义务即不可撤销，并且具有独立性。

2. 除本法第 23 条第 1 款第 3 项［《租赁示范法》第 23 条第 1 款第 3 项规定，若出租人对第 16 条所述平静占有权的保证存在根本违约，融资租赁中承租人可以终止租赁。］另有规定外，不管任何其他方是否履行其义务，不可撤销的和独立的义务必须得到履行，除非接受义务履行的一方终止租赁。

相关典型案例

案例 31　第三人代付租金约定的法律性质认定[①]

【要旨】

区分第三人代为履行与债务承担的关键在于是否有明确的债务承担的意思表示。

【案情】

2012 年 9 月 13 日，甲租赁公司与乙公司签订《融资回租合同》，约定：甲租赁公司根据乙公司的要求，购买乙公司所有的一系列设备并回租给乙公司，转让价款为 231 万余元，乙公司则须按期向甲租赁公司支付首付款和 36 期租金共计 267 万余元。丙公司向甲租赁公司出具《款项代付说明》，表示其代乙公司向甲租赁公司支付系争《融资回租合同》项下的应付款项。嗣后，甲租赁公司按约向乙公司支付了租赁设备的货款，并由其签收了《租赁物件接收证书》。后因乙公司欠付租金，甲租赁公司诉至法院，要求判令解除《融资回租合同》，乙公司返还租赁设备、支付到期未付租金及逾期利息，并要求丙公司承担连带保证责任。丙公司辩称，对甲租赁公司要求其承担连带保证责任的诉请不予认可，因其向甲租赁公司出具的《款项代付说明》仅表示委托付款关系，并不代表其愿意承担连带清偿责任，故请求驳回甲租赁公司的该项诉请。

---

① 本案例为作者根据工作、研究经验，为具体说明相关法律问题，编辑加工而得。

【审判】

上海市黄浦区人民法院经审理认为,本案争议的主要焦点在于丙公司向甲租赁公司出具的《款项代付说明》的法律性质应当如何认定。甲租赁公司依据丙公司向其出具的《款项代付说明》,要求丙公司对乙公司的债务承担连带清偿责任,而丙公司认为该《款项代付说明》的文字表述"代乙公司向原告支付系争《融资回租合同》项下的应付款项",仅表明其与乙公司存在委托付款关系,不能证明其有承担连带清偿责任的意思表示。从丙公司向甲租赁公司出具的《款项代付说明》的性质和内容来看,丙公司作为系争《融资回租合同》的第三人,有代为履行的意思表示,但并无加入系争债务关系、与乙公司共同承担责任的意思表示,且没有证据证明该意思表示已经转化为债务转移。故债务承担的主体仍是乙公司,而丙公司仅仅是履行人,不是合同的当事人,无须向甲租赁公司承担连带清偿责任。据此判决丙公司无须承担连带清偿责任,驳回了甲租赁公司的该项诉请。

【提示】

在金融类案件中经常出现合同关系外第三人向债权人出具愿意就债务人的款项代为支付的承诺书,但对于第三人此类表述的法律性质如何认定,理论界和实务界均有不同看法。本案在处理该问题上树立了一个较好的审判思路。首先,在法院主动释明基础上,甲租赁公司明确要求第三人承担责任的请求权基础,是第三人代为履行、债务转让、并存的债务承担,抑或是保证。其次,待请求权基础明确之后再对该主张是否成立进行判定,法院应从当事人书面文件的文义分析出发,结合合同履行具体情况准确界定第三人的意思表示,结合债务承担相应的法律特征,对每个案件中第三人的表述作出准确厘清和界定:债务转移中第三人作为新债务人在法律地位上具有替代性,若原债务人依然处在合同关系中履行合同义务,则不宜认定为债务转移;保证的意思应当明确而不应推定;并存的债务承担与保证高度类似,也应当有当事人明确意思表示。本案中,甲租赁公司主张第三人丙公司承担责任的请求权基础是保证,而丙公司出具的《款项代付说明》中并无保证的明确意思表示,故无须向甲租赁公司承担连带清偿责任。

二、加速到期

相关司法文件

1.《天津法院融资租赁合同纠纷案件审理标准》[①](津高法发〔2017〕2号,2018年4月修订)

第4.2.1条 承租人逾期支付租金,符合下列情形之一且经催告后在合理期限内仍不支付的,支持出租人要求承租人支付所有到期租金并加速支付未到期租金的主张:(1)租金加速到期符合合同约定的情形;(2)对租金加速到期没有约定或者约定不明的,欠付

---

① 高憬宏主编:《人民法院司法标准化理论与实践(二)》,法律出版社2018年版,第81页。

租金达到两期以上或者欠付租金数额达到全部租金百分之十五以上。

2.《天津市高级人民法院关于审理融资租赁合同纠纷案件若干问题的审判委员会纪要（一）》（津高法〔2019〕335号，2019年12月30日）

  九、出租人宣布租金提前到期的条件

  融资租赁合同中未明确约定租金提前到期的条件，且当事人无法达成一致意见，承租人欠付租金达到两期以上或者数额达到全部租金百分之十五以上，且经催告后在合理期限内仍不履行支付义务的，出租人主张承租人支付全部租金的，予以支持。

  融资租赁合同中约定承租人逾期支付一期租金或者承租人存在逾期支付保证金、租前息等非租金给付义务违约行为时，出租人有权宣布租金提前到期的，出租人据此主张承租人支付全部租金，不予支持。

  十、租金提前到期日的确定

  因承租人逾期支付租金，出租人宣布租金提前到期的，应当综合考虑合同履行期限、实际履行情况以及当事人过错程度等因素，根据公平原则和诚实信用原则，合理确定履行期限及租金提前到期日。

  出租人向承租人发出催告函，并在催告函中明确了合理履行期限，承租人未在该期限内支付租金，可以确定履行期限届满日为租金提前到期日；出租人未向承租人发出催告函，或者催告函中未明确合理履行期限，可以确定首次开庭日为租金提前到期日。

3. 上海市高级人民法院《融资租赁合同纠纷类案办案要件指南》[①]（2020年5月18日）

  三、以加速到期为请求权基础案件的认定和裁判规则

  （1）加速到期条件是否成就的认定和裁判规则

  【审查要点】

  1. 符合法定或合同约定的租金加速到期条件；

  2. 出租人有主张租金加速到期的明确意思表示；

  3. 对承租人进行催告且给予合理期限；

  4. 宣布租金加速到期的意思表示到达承租人。

  【注意事项】

  融资租赁合同对于租金加速到期条件有约定的一般从约定，但融资租赁合同中约定承租人逾期支付一期租金或者承租人存在非租金给付义务违约行为时，出租人有权宣布提前到期的，出租人据此主张承租人支付全部租金的，不应支持。

  （二）加速到期日的认定和裁判规则

[①] 茆荣华主编：《上海法院类案办案要件指南》（第1册），人民法院出版社2020年版，第65-66页。

【审查要点】

根据出租人主张权利方式不同，加速到期日的认定有以下两种方式：

1. 当事人对加速到期日有约定的，以双方当事人认可的日期为加速到期日；

2. 当事人对加速到期日没有约定的：

（1）出租人以向承租人发函等形式主张租金加速到期的，若出租人符合主张加速到期条件的，以承租人收到相关函件的日期作为加速到期日，但出租人在函件中确定的加速到期日晚于前述日期的，以出租人指定的日期为加速到期日。

（2）出租人以直接提起诉讼的方式主张租金加速到期的，若出租人符合主张加速到期条件的，以承租人收到起诉状副本之日为加速到期日。

【注意事项】

法律并未明确将催告程序作为租金加速到期的前置程序，一般需要催告发生于融资租赁合同中对于加速到期没有明确约定时。对于催告的形式法律也没有明确规定，出租人以书面信函的形式进行催告，以当事人实际收到书面信函通知之日为准；出租人以起诉提出诉请的方式进行催告，以当事人实际收到诉状副本之日为准。

……

根据《中华人民共和国合同法》第二百四十八条①规定，出租人主张租金加速到期需经催告承租人的前置程序。若出租人未对承租人进行催告并给予合理期限即直接提起诉讼，则起诉状副本送达承租人视为催告，结合案件具体情况，以答辩期届满日、庭审日、判决日或经过合理期限后的其他日期作为加速到期日。

（三）出租人可主张的费用范围

【审查要点】

1. 出租人主张合同加速到期，要求承租人支付全部未付租金，包括已到期未付租金和未到期租金的，应予支持。若合同约定租赁物在租赁期满后归出租人所有，出租人主张租赁物期满后残值的，应予支持。若合同约定承租人需支付名义购买价款方可取得租赁物所有权的，出租人主张名义购买价款的，应予支持。

2. 如承租人未依约支付已到期租金，出租人根据合同约定主张承租人支付到期未付租金自逾期之日起至实际清偿之日止的逾期利息或违约金的，应予支持。

3. 如承租人未依约支付提前到期租金，出租人根据合同约定主张承租人支付提前到期租金自提前到期日至实际清偿之日的逾期利息或违约金的，应予支持。

4. 如融资租赁合同中约定的逾期利息、违约金或两者之和过分高于出租人实际损失，承租人请求予以适当减少的，法院可依据违约金调整规则进行调整。

【注意事项】

对于提前到期部分租金，出租人可否自加速到期日起主张逾期利息或违约金有争议。我们倾向性认为：对于融资租赁合同中违约金的计算基数，有约定的从约定。约定的违约

---

① 现为《民法典》第752条。

金如过分高于实际损失的,法院可依当事人的请求,根据违约金调整规则进行调整。

(四) 加速到期后租赁物归属的认定和裁判规则

【审查要点】

出租人主张合同加速到期的,应根据合同约定确定租赁物的归属。若合同约定融资租赁合同到期后,租赁物归承租人或承租人支付名义购买价款后租赁物归承租人,出租人要求确认承租人支付全部应付未付款项前其享有租赁物所有权的,可予支持。

相关典型案例

案例 32 出租人主张租金加速到期的法律要件[①]

【要旨】

融资租赁合同项下承租人如未按约支付租金,则构成违约,出租人可要求其支付全部到期租金和未到期租金。

【案情】

2022 年 1 月 12 日,甲租赁公司与乙公司签订《融资租赁合同》,约定乙公司租赁甲租赁公司 DC1255+X15 机器设备一台,首付款为 8 万元,租期分为 12 个月,每月支付租金 6000 余元,乙公司如有任何延迟支付的租金,就任何到期未付租金及延迟付款利息,乙公司须每月支付该到期应付金额的百分之二作为延迟利息;如果乙公司未按期向甲租赁公司支付租金及其他应付款项,甲租赁公司可以向乙公司收取合同项下的所有到期和未到期租金及其他应收款项。同年 6 月 28 日,供应商交付了设备,乙公司验收后向甲租赁公司出具设备接收确认书,但乙公司除支付 8 万元首付款和三个月租金 2 万元之外,并未按照合同约定向甲租赁公司支付其他到期租金,故甲租赁公司诉至法院请求判令乙公司支付到期及未到期租金 5 万余元,支付暂计至 2023 年 10 月 31 日延迟付款利息 8000 余元,以及自 2023 年 11 月 1 日起至实际付清日止的延迟付款利息(以未支付的到期租金为基数,按每月百分之二计付)。

【审判】

法院经审理认为,甲租赁公司与乙公司签订的《融资租赁合同》系双方当事人真实意思表示,依法有效,双方应恪守约定,乙公司承租设备后,未按约支付租金,违反了合同约定的租金支付义务,甲租赁公司主张按照合同约定要求乙公司支付合同到期及未到期租金和延迟付款利息,符合法律规定,予以支持。据此判决乙公司支付甲租赁公司租金 5 万余元、支付至 2023 年 10 月 31 日延迟付款利息 8000 余元、支付逾期付款利息(自 2023 年 11 月 1 日起至实际付清日止以未支付的到期租金为基数,按照每月的百分之二计算)。

【提示】

融资租赁集贸易和金融两个领域的功能于一身。承租人以分期归还租金的形式换取大

[①] 本案例为作者根据工作、研究经验,为具体说明相关法律问题,编辑加工而得。

额资金的期限利益，因此租金成为出租人的利益关注点。当承租人出现未按期支付租金的违约形态时，对以租金作为收益和合同目的的出租人方来说，未按期收到承租方支付的租金即意味着合同目的的落空，要求提前支付全部剩余租金通常成为出租人最乐意采用的救济方式。与一般合同违约救济一样，出租人要采取提前收取未到期租金这一救济方式应具备一定的条件：承租人构成实质违约，并且该违约对出租人造成重大损害；承租人未支付到期租金的行为呈一种连续状态，或者承租人声明将不会支付今后所有的租金；法律有相关规定或者当事人双方在合同中对此有约定。

本案中，首先，乙公司除支付合同约定的首付款以及前三个月的租金外，并未按合同约定支付每月的利息，构成违约事实；其次，乙公司的违约处于持续状态；最后，《融资租赁合同》对于收取全部到期和未到期的全部租金有明确约定，且《民法典》第 572 条也有明确规定，故提前支付租金有法律和合同基础。综上，法院判决甲租赁公司有权要求乙公司加速支付到期和未到期的所有租金。

案例 33 承租人经营状况明显恶化的，出租人可宣布租金加速到期[①]

【基本案情】

2020 年 10 月 31 日，天津某融资租赁有限公司（出租人）与吴某（承租人）、长沙某汽车租赁服务有限公司（保证人）签订了《汽车融资租赁合同》，约定租赁物为小型轿车 45 辆。涉案租赁物登记在长沙某汽车租赁服务有限公司名下，但该公司被申请破产。吴某陈述因其他执行案件其被限制高消费。天津某融资租赁有限公司认为吴某的偿还能力明显恶化，按照上述融资租赁合同的约定，有权宣布租金加速到期，主张吴某支付全部未付租金及违约金、律师费。吴某认为，按照融资租赁合同，并未到支付租金的时间，不认可存在履行风险及加速到期。

【裁判结果】

法院生效判决认为，天津某融资租赁有限公司作为出租人已依约履行了融资租赁合同义务，支付了租赁物转让价款。吴某作为承租人，其实控公司长沙某汽车租赁服务有限公司已经进入破产程序，且吴某亦被限制高消费，出现经营状况明显恶化的情形，如仍按照融资租赁合同中约定的付款时间来确定承租人是否违约，将会给出租人造成极大损失。为充分保护出租人的合法权益，减少租赁物损失，故法院认为符合融资租赁合同加速到期的约定情形，判决支持天津某融资租赁有限公司主张的加速到期，吴某应支付全部未付租金及违约金等。判决后，双方当事人并未上诉，该判决已经生效。

【典型意义】

融资租赁合同中因出租人已经支付融资款但并不掌控租赁物，系弱势地位，一旦出现

---

① 参见天津自由贸易试验区人民法院 2023 年 2 月发布的《天津自由贸易试验区人民法院成立三周年典型案例》，载北方网，http：//news.enorth.com.cn/system/2023/02/09/053634957.shtml，最后访问时间：2024 年 8 月 8 日。

承租人经营状况恶化，无力支付租金，甚至租赁物灭失、转移等情形，出租人将面临财物两失的风险。本案积极探索在融资租赁合同有明确约定、承租人经营状况明显恶化时，对出租人权利充分保护的审判路径，对审理同类案件起到了良好的规范和指引作用。

案例34 承租人付款义务虽未届至，但已构成预期违约的，出租人有权主张租金加速到期①

【基本案情】

2020年10月31日，原告天津某融资租赁有限公司（出租人）与被告吴某（承租人）、保证人长沙某汽车租赁服务有限公司签订《汽车融资租赁合同》，约定租赁物为小型轿车45辆，融资总额为每辆车26000元，合计1170000元，租赁期限为36个月，租金总额为3847500元，其中首付租金2677500元，尾付租金585000元（尾付租金与最后一期租金一并支付），剩余租金585000元，分36期付清。案涉租赁物登记在长沙某汽车租赁服务有限公司名下，但该公司被申请破产。被告吴某系公司的法定代表人，吴某陈述因其他执行案件被限制高消费。原告认为被告的偿还能力明显恶化，具有违约行为，故提起诉讼，主张加速到期，由被告支付全部未付租金及违约金等款项。被告吴某在法院询问中辩称，应当按照合同履行，并未到合同约定的付租时间，不同意原告要求加速到期的诉讼请求。

【裁判结果】

法院生效判决认为，原、被告签订的《汽车融资租赁合同》尾部有双方的盖章、签字确认，系当事人的真实意思表示，上述合同不违反法律、行政法规的强制性规定，应认定为合法有效，双方应当按照合同约定履行义务。融资租赁合同中明确约定：在承租人完全履行本合同项下的义务时，享有租赁车辆使用权，未经出租人书面同意，承租人不得对租赁车辆进行任何处分（包括但不限于出售、出租、转交他人经营使用或在租赁车辆上设立担保等）。承租人的经济、经营状况恶化，包括但不限于被列为失信被执行人、被申请破产、遭遇重大损失等，构成承租人违约，出租人有权行使租金加速到期，且承租人应承担违约责任。

本案审理中，被告吴某虽然保证能够按期还款，但经本院向长沙市中级人民法院致函查实，吴某的实控公司长沙某汽车租赁服务有限公司已经进入破产程序，吴某亦被限制高消费，无法继续履行合同。且承租人出现擅自处分租赁车辆或在车辆上设立担保、经营状况明显恶化，被法院限制高消费、相关公司被列为失信被执行人并被申请破产等情形，符合《民法典》第578条规定：当事人一方明确表示或者以自己的行为表明不履行合同义务的，对方可以在履行期限届满前请求其承担违约责任。因此原告有权按照合同约定要求加

---

① 本案入选天津自由贸易试验区人民法院2024年3月发布的《汽车金融风险防控及企业合规治理典型案例》，载微信公众号"天津滨海新区法院"（2024年3月15）, https://mp.weixin.qq.com/s/-7wc0h42Z4gOgPriTOGYAw 日，最后访问时间：2024年7月1日。案号：天津自由贸易试验区人民法院（2022）津0319民初64号民事判决书。

速到期，承租人应立即结清到期、未到期租金、逾期违约金等应付款项。

【典型意义】

本案的典型之处在于，融资租赁合同约定的租金支付时点虽未届至，但承租人经营状况明显恶化，并擅自处分租赁物或在租赁物上设立担保，法院据此认定承租人构成预期违约，并支持出租人主张租金加速到期的诉讼请求。本案裁判结果避免了出租人损失的进一步扩大，保护了出租人的合法权益，并督促承租人恪守诚信原则，妥善保管使用租赁物。

三、解除合同

（一）一般规定

相关法律法规

《民法典》（2020年5月28日）

第五百六十二条　【合同的约定解除】 当事人协商一致，可以解除合同。

当事人可以约定一方解除合同的事由。解除合同的事由发生时，解除权人可以解除合同。

第五百六十三条　【合同的法定解除】 有下列情形之一的，当事人可以解除合同：

（一）因不可抗力致使不能实现合同目的；

（二）在履行期限届满前，当事人一方明确表示或者以自己的行为表明不履行主要债务；

（三）当事人一方迟延履行主要债务，经催告后在合理期限内仍未履行；

（四）当事人一方迟延履行债务或者有其他违约行为致使不能实现合同目的；

（五）法律规定的其他情形。

以持续履行的债务为内容的不定期合同，当事人可以随时解除合同，但是应当在合理期限之前通知对方。

第五百六十五条　【合同解除权的行使规则】 当事人一方依法主张解除合同的，应当通知对方。合同自通知到达对方时解除；通知载明债务人在一定期限内不履行债务则合同自动解除，债务人在该期限内未履行债务的，合同自通知载明的期限届满时解除。对方对解除合同有异议的，任何一方当事人均可以请求人民法院或者仲裁机构确认解除行为的效力。

当事人一方未通知对方，直接以提起诉讼或者申请仲裁的方式依法主张解除合同，人民法院或者仲裁机构确认该主张的，合同自起诉状副本或者仲裁申请书副本送达对方时解除。

相关司法解释

1.《最高人民法院关于审理融资租赁合同纠纷案件适用法律问题的解释》（法释〔2014〕3号，2020年修正）

第五条 有下列情形之一，出租人请求解除融资租赁合同的，人民法院应予支持：

（一）承租人未按照合同约定的期限和数额支付租金，符合合同约定的解除条件，经出租人催告后在合理期限内仍不支付的；

（二）合同对于欠付租金解除合同的情形没有明确约定，但承租人欠付租金达到两期以上，或者数额达到全部租金百分之十五以上，经出租人催告后在合理期限内仍不支付的；

（三）承租人违反合同约定，致使合同目的不能实现的其他情形。

2.《最高人民法院关于适用〈中华人民共和国民法典〉合同编通则若干问题的解释》（法释〔2023〕13号）

第二十六条 当事人一方未根据法律规定或者合同约定履行开具发票、提供证明文件等非主要债务，对方请求继续履行该债务并赔偿因怠于履行该债务造成的损失的，人民法院依法予以支持；对方请求解除合同的，人民法院不予支持，但是不履行该债务致使不能实现合同目的或者当事人另有约定的除外。

第五十二条 当事人就解除合同协商一致时未对合同解除后的违约责任、结算和清理等问题作出处理，一方主张合同已经解除的，人民法院应予支持。但是，当事人另有约定的除外。

有下列情形之一的，除当事人一方另有意思表示外，人民法院可以认定合同解除：

（一）当事人一方主张行使法律规定或者合同约定的解除权，经审理认为不符合解除权行使条件但是对方同意解除；

（二）双方当事人均不符合解除权行使的条件但是均主张解除合同。

前两款情形下的违约责任、结算和清理等问题，人民法院应当依据民法典第五百六十六条、第五百六十七条和有关违约责任的规定处理。

第五十三条 当事人一方以通知方式解除合同，并以对方未在约定的异议期限或者其他合理期限内提出异议为由主张合同已经解除的，人民法院应当对其是否享有法律规定或者合同约定的解除权进行审查。经审查，享有解除权的，合同自通知到达对方时解除；不享有解除权的，不发生合同解除的效力。

第五十四条 当事人一方未通知对方，直接以提起诉讼的方式主张解除合同，撤诉后再次起诉主张解除合同，人民法院经审理支持该主张的，合同自再次起诉的起诉状副本送达对方时解除。但是，当事人一方撤诉后又通知对方解除合同且该通知已经到达对方的除外。

3. 《最高人民法院关于适用〈中华人民共和国民法典〉总则编若干问题的解释》（法释〔2022〕6号）

第二十四条　民事法律行为所附条件不可能发生，当事人约定为生效条件的，人民法院应当认定民事法律行为不发生效力；当事人约定为解除条件的，应当认定未附条件，民事法律行为是否失效，依照民法典和相关法律、行政法规的规定认定。

✦ 相关司法文件

1. 《全国法院民商事审判工作会议纪要》（法〔2019〕254号，2019年11月8日）

46.【通知解除的条件】审判实践中，部分人民法院对合同法司法解释（二）第24条的理解存在偏差，认为不论发出解除通知的一方有无解除权，只要另一方未在异议期限内以起诉方式提出异议，就判令解除合同，这不符合合同法关于合同解除权行使的有关规定。对该条的准确理解是，只有享有法定或者约定解除权的当事人才能以通知方式解除合同。不享有解除权的一方向另一方发出解除通知，另一方即便未在异议期限内提起诉讼，也不发生合同解除的效果。人民法院在审理案件时，应当审查发出解除通知的一方是否享有约定或者法定的解除权来决定合同应否解除，不能仅以受通知一方在约定或者法定的异议期限届满内未起诉这一事实就认定合同已经解除。

47.【约定解除条件】合同约定的解除条件成就时，守约方以此为由请求解除合同的，人民法院应当审查违约方的违约程度是否显著轻微，是否影响守约方合同目的的实现，根据诚实信用原则，确定合同应否解除。违约方的违约程度显著轻微，不影响守约方合同目的的实现，守约方请求解除合同的，人民法院不予支持；反之，则依法予以支持。

49.【合同解除的法律后果】合同解除时，一方依据合同中有关违约金、约定损害赔偿的计算方法、定金责任等违约责任条款的约定，请求另一方承担违约责任的，人民法院依法予以支持。

双务合同解除时人民法院的释明问题，参照本纪要第36条的相关规定处理。

2. 《天津法院融资租赁合同纠纷案件审理标准》①（津高法发〔2017〕2号，2018年4月修订）

第4.3.1条　承租人逾期支付租金，符合下列情形之一且经催告后在合理期限内仍不支付的，支持出租人要求解除合同的主张。（1）解除合同符合约定的条件；（2）对合同解除条件没有约定或者约定不明的，欠付租金达到两期以上或者欠付租金数额达到全部租金百分之十五以上。

---

① 高憬宏主编：《人民法院司法标准化理论与实践（二）》，法律出版社2018年版，第81页。

3. 上海市高级人民法院《融资租赁合同纠纷类案办案要件指南》[①]（2020年5月18日）

四、以解除权为请求权基础案件的认定和裁判规则

（一）解除条件是否成就的认定和裁判规则

【审查要点】

合同解除权分为约定解除权和法定解除权。约定解除权的解除条件是否成就，包括解除权的发生情形、行使方式等，原则上按当事人的约定进行审查认定。出租人以承租人未按照合同约定支付租金行使解除权的，对于承租人欠付租金期数、数额，出租人可解除合同的把握，没约定的承租人欠付租金要达到两期以上，或者数额达到全部租金百分之十五以上。

【注意事项】

1. 无论合同对于欠付租金解除合同的情形有无明确约定，出租人均应依法履行催告程序。即出租人经催告后在合理期限内仍不支付租金的，方可要求解除合同。至于催告的形式、承租人下落不明时的催告到达、合理期限的长短等问题，应当根据个案情况进行界定。

2. 合同约定"如承租人有一期租金未按时支付，出租人即有权解除合同"，承租人抗辩出租人在其履行稍有瑕疵的情况下未经催告和合理期限的，应当予以支持。

（二）合同解除日的认定和裁判规则

【审查要点】

合同就解除日的确定没有约定的，应当采取意思到达主义，即以当事人解除合同的意思表示到达对方的日期作为解除日。当事人在提起诉讼之前没有做出解除合同的意思表示，直接起诉请求解除合同的，如出租人起诉前已对承租人进行催告并给予合理期限的，一般以诉状副本送达日作为解除日；如出租人起诉前未对承租人进行催告并给予合理期限的，则起诉状副本送达承租人视为催告，结合案件具体情况，以答辩期届满日、庭审日、判决日或经过合理期限后的其他日期作为解除日。在承租人违约出租人已经收回或扣押租赁物的情况下，出租人收回租赁物即发生解除合同的效果。

【注意事项】

合同解除权属于形成权，当事人解除合同须以通知对方为合同解除的要件，但融资租赁合同的解除必须以先行催告为前提条件。

……

一般而言，出租人行使租赁物取回权需要以融资租赁合同解除作为前提。出租人可以行使的取回权包括自力取回权和公力取回权。出租人自力取回租赁物必须不能损害善意第三人的合法权益，不能采取暴力或威胁的方式。出租人以承租人违约为由行使取回权的，承租人的违约行为必须达到严重程度且导致合同解除。在合同未解除的情形下出租人行使取回权，承租人可以对出租人的取回行为行使抗辩权利。

[①] 茆荣华主编：《上海法院类案办案要件指南》（第1册），人民法院出版社2020年版，第68-70页。

相关典型案例

案例 35　承租人违约未支付租金，出租人有权解除合同并要求赔偿损失[①]

【案情摘要】

2021 年 8 月 19 日，租赁公司与 H 公司签订《融资租赁合同》，约定：交易类型为融资租赁售后回租方式，租赁公司应向 H 公司支付 A 号疏浚船购买价人民币 1.03 亿元，并将该船光船租赁给 H 公司；H 公司依约向租赁公司支付租金；租赁期末按人民币 1 元的价格由 H 公司留购；若 H 公司未按合同约定按期足额支付到期应付租前利息，租金及其他应付款项，或未能按期偿付租赁公司代被告 H 公司支付的任何费用，H 公司应就逾期未付款项按日万分之五向租赁公司支付违约金，直至全部付清之日止；H 公司连续 2 期或 3 期未按照本合同约定向出租人支付租金，视为根本违约；若 H 公司发生预期违约或根本违约，租赁公司有权提前终止本合同，要求 H 公司立即支付本合同项下承租人应付的所有到期未付租金、违约金、损害赔偿金、全部未到期租金和其他应付款。同日，租赁公司与 H 公司签订《业务合作合同》，约定：租赁公司为 H 公司提供行业分析、优化融资方案和融资服务、税收筹划和理财等服务；手续费为人民币 380 万元。2021 年 8 月 19 日，租赁公司与 H 公司签署《保证金合同》，约定：为保障《融资租赁合同》项下 H 公司义务得以顺利、完全履行，H 公司同意向租赁公司交纳保证金；保证金数额为人民币 1030 万元。

2023 年 2 月 13 日，租赁公司与 H 公司签订《预付租金合同》，约定：作为《融资租赁合同》项下 H 公司义务履行之担保，H 公司已向租赁公司交纳了金额为人民币 1030 万元的保证金，在合同履行过程中，双方同意，H 公司之前交付的保证金作为 H 公司预付的最后 2 期租金（简称"预付租金"）。

因 H 公司支付《融资租赁合同》项下 8 期租金后，履行合同发生困难，2023 年 3 月 12 日租赁公司与 H 公司签订《主合同补充协议一》，重新约定租赁期限、每期租金、资产管理费的金额及支付方式。租赁公司以 H 公司连续 3 期以上未按照合同约定支付租金存在根本违约为由，请求法院判令解除《融资租赁合同》并赔偿损失。

【法院裁判】

法院判决认为，租赁公司依照约定的解除合同条件，可以行使合同解除权，三被告对于合同是否解除未作明确表示，故租赁公司主张解除《融资租赁合同》的请求，予以支持。鉴于 2023 年 3 月 12 日双方签订的《主合同补充协议一》、13 日签订的《主合同补充协议二》是《融资租赁合同》的补充协议，也应一并解除。

关于合同解除时间的认定。虽然租赁公司曾主张 H 公司根本违约，但直至 2024 年 7 月 21 日开庭时，租赁公司才正式通知 H 公司解除《融资租赁合同》；且截至 2024 年 6 月 22 日，租赁公司一直书面向 H 公司催缴欠付的租金、资产管理费等，租赁公司诉请的租金也是截止到 2024 年 7 月 15 日，故合同解除时间以 2024 年 7 月 21 日为宜。合同解除前，

[①] 本案例为作者根据工作、研究经验，为具体说明相关法律问题，编辑加工而得。

H公司应依约支付租金、资产管理费及违约金。鉴于租赁公司仅主张截至2024年7月15日H公司的欠付租金，对于2024年7月16日至21日的欠付租金，本院不予审理。

关于合同解除后船舶使用费及利息的认定。依据《民法典》第752条之规定，承租人应当按照约定支付租金。承租人经催告后在合理期限内仍不支付租金的，出租人可以要求支付全部租金；也可以解除合同，收回租赁物。因H公司多期未支付租金的重大违约情形导致合同解除，租赁公司可以收回涉案船舶。依据《民法典》第566条第1款之规定，合同解除后，尚未履行的终止履行；已经履行的，根据履行情况和合同性质，当事人可以要求恢复原状，采取补救措施，并有权要求赔偿损失。如果H公司在合同解除后未及时返还涉案船舶，则租赁公司产生的相应损失，应由H公司赔偿。为了促使H公司尽快交还涉案船舶减少租赁公司的损失，并本着公平原则和诚实信用原则，损失数额可以参照合同解除前每期租金的标准计算。租赁公司还主张按日万分之五分期计算利息至船舶实际交还之日，本院认为，合同已经解除，租赁公司主张收回涉案船舶，H公司已经失去留购船舶的权利，如果再依照合同解除前的标准要求H公司支付日万分之五的利息，有悖公平原则，对于租赁公司此项请求，不予支持。但是，对于租赁公司主张H公司交还租赁船舶及H公司按照租金标准赔偿因合同解除后继续占有使用租赁船舶造成的损失，予以支持。

案例36 租赁物可分的，出租人可主张部分合同加速到期、部分合同解除[①]

【基本案情】

2019年3月1日，原告某融资租赁（天津）有限公司与被告张某某签订《融资租赁合同-售后回租》，原告为出租人，与被告张某某为承租人，及被告刘某、被告济南某汽车销售服务有限公司签署保证合同。合同项下租赁物包括牵引车5辆，挂车5辆，合并支付租金，并收取了保证金。后原告依约支付了融资价款。合同履行过程中，被告张某某支付了第1-5期租金及第6期部分租金后，逾期未付款，被告刘某、被告济南某汽车销售服务有限公司等亦未承担连带保证责任。后原告收回了案涉租赁物中的2辆牵引车及2辆挂车，并起诉到法院，要求解除该4辆车的相应合同条款，同时要求其余未收回6辆车的租金加速到期，被告刘某、被告济南某汽车销售服务有限公司等承担连带保证责任。

【裁判结果】

法院生效判决认为，本案中原被告双方签订的《融资租赁合同》合法有效，原、被告双方系融资租赁法律关系。原、告依约履行了合同义务，支付了案涉租赁物的融资款并完成交付，被告未按约定支付租金，显属违约。对于原告主张已收回4辆车对应的合同部分条款解除，并要求配合办理机动车转移登记手续的，同时主张未收回6辆车的租金加速到期，符合合同和法律规定，依法予以支持，相应的已付租金及保证金也应当合理分配。

[①] 参见天津市滨海新区人民法院（天津自由贸易试验区人民法院）2022年7月发布的《十大典型融资租赁案例》，载微信公众号"天津高法"（2022年7月5日），https://mp.weixin.qq.com/s/5hDeSa8MClUTyMv1WFFZ6A，最后访问时间：2024年8月3日。

【典型意义】

当前对于融资租赁合同中出租人的权利保护，法律规定出租人可以请求租金加速到期，也可以解除合同，收回租赁物，但两种诉讼请求只能择一主张，此种规定在一定程度上限制了出租人权利的保护。本案中，案涉租赁车辆系独立运营单元，彼此之间不具有使用上的依赖性和配套性，即使分割开来，承租人的租赁目的依然得以实现，且型号规格、租赁物价值、新旧程度等均相同，可以分开计算租金，因此对原告同时主张租金加速到期和解除合同予以支持。但并非所有的汽车融资租赁案件均可同时主张部分租赁物租金加速到期、部分租赁物解除，应当具体情况具体分析：若单一融资租赁合同项下有多个租赁物，彼此之间相互独立发生作用，针对部分租赁物解除相应合同条款并不影响合同订立目的和使用效果的，不能机械地适用《民法典》第752条，应当予以支持。若存在数个融资租赁合同，对应不同的租赁物，彼此之间无合同上的关联性；或者诉请部分租赁物解除合同并收回影响到整体使用性能的；或者承租人能够举证证明部分租赁物解除合同并收回将影响到合同订立原意的，此时不应支持同时主张部分租赁物租金加速到期、部分租赁物解除。

本案的判决结果在兼顾承租人对租赁物平静占有权利下，最大限度地保障了出租人的合法权益。本案对案涉租赁物的处置、已付租金的分配符合公平原则，同时能加速租赁物的流转，实现既定使用价值，盘活市场资源。

案例37　在承租人轻微违约时，出租人不得滥用合同解除权①

【案情简介】

2021年6月8日，原告上海某融资租赁有限公司与被告陈某某签订《汽车融资租赁合同》；同日原告与陈某某、兰州某物流有限公司签订《车辆挂靠协议》《抵押合同》；当日原告向陈某某指定的账户支付融资款52000元；同年7月7、8日涉案重型集装箱半挂车、重型半挂牵引车所有权登记于鑫某达公司名下，7月21日双方将上述半挂车、牵引车抵押权登记在原告名下；7月14日陈某某向原告还款16273.12元，8月31日陈某某向原告还款16273.12元，9月18日陈某某向原告还款16273.12元，扣除陈某某已付租金48819.36元、已交纳保证金25275元后陈某某尚欠原告租金511737.82元；因被告陈某某未按时支付融资租赁费用，同年11月24日陈某某签署《自愿放弃及交付车辆确认函》并向原告上海某融资租赁有限公司交付涉案车辆。原告遂起诉要求解除双方《汽车融资租赁合同》，行使对租赁物的取回权并要求被告赔偿损失。

【法院裁判】

一审法院认为，融资租赁合同兼有融资和融物的双重属性，融资租赁制度设计使租赁物的所有权与占有使用权分离，承租人因违约导致对租赁物的占有从合法变为非法，出租

---

① 参见西安市中级人民法院2023年5月发布的《西安法院金融审判十大典型案例》，载微信公众号"西安中院"（2023年5月30日），https://mp.weixin.qq.com/s/X8rYkRfSabeRbf62sqxn5g，最后访问时间：2024年8月8日。

人即可通过物上请求权主张取回租赁物，但为保证交易稳定，融资租赁关系中，应依据融资租赁合同"中途解约禁止"原则对出租人行使取回权进行全面妥善的考量。根据诚实信用原则及鼓励交易原则，向双方当事人释明合同违约之法律后果，全面审查出租人是否滥用取回权及承租人在合同中的违约情节和过错程度。出租人不能仅依据合同中约定"承租人逾期不支付租金或不足额支付租金，则可收回车辆"滥用解除权利，而应审查承租人的违约行为是否导致合同根本目的不能实现及给出租方造成的损失程度。原告上海某融资租赁有限公司作为出租人，首先应当保证融资租赁承租人对车辆的合法使用及占有的权利，如出现违约情形，应进行充分释明，及时通过多种合理的自力救济方式保障自身合法权益，保证承租人在租赁期满后享有可以取得车辆的期待利益。同时，如合同目的不能实现，也应及时向承租人以明示的方式提前告知，而非在出现轻微违约的情形下径行行使解除权。被告作为融资租赁承租人，应当具备契约精神，遵从约定，及时履行租金支付义务，如不能按时支付租金应及时与出租方沟通协商给予合理履行期限，避免单方违约行为导致财物两亏。

【典型意义】

随着融资租赁业务的发展和市场规模的扩大，融资租赁产业模式不断创新，其中产生的法律问题也日渐新颖和突出，妥善处理纠纷对于促进产业升级和防范金融风险意义重大。实践中，出租人在承租人轻微违约即行使取回权，不利于保证交易且容易滋生不当手段取回车辆的情形，不利于构建良好的经济秩序。本案结合法律规定和违约情形，从鼓励交易、规范业态健康发展的原则出发，对促进融资租赁交易的安全性和稳定性，保障以租代购的汽车交易模式健康发展，督促市场主体合法履约具有积极的意义。

案例38　承租人已支付大部分租金，仅有轻微违约且有还款意愿的，法院可引导出租人变更诉讼请求，尽量避免合同解除之结果①

【基本案情】

某租赁公司与崔某签订《融资租赁合同（回租）》，约定以重型普通半挂车开展售后回租业务，车辆登记在挂靠公司某物流公司名下。租金支付期限24期，崔某已支付14期租金，冲抵保证金等款项后，欠付第17期剩余租金8002.85元及18-24期全部租金，合计88732.87元。某融资租赁公司认为，崔某并未按月足额支付租金构成违约，其有权解除融资租赁合同，遂起诉要求解除《融资租赁合同（回租）》，确认车辆所有权归其所有，要求返还案涉租赁物、配合办理车辆过户手续并赔偿损失。

【处理结果】

法院生效判决认为，冲抵崔某交纳的保证金等款项后，崔某支付了第1-16期全部租金及

---

① 本案入选天津自由贸易试验区人民法院2024年3月发布的《汽车金融风险防控及企业合规治理典型案例》，载微信公众号"天津滨海新区法院"（2024年3月15日），https://mp.weixin.qq.com/s/-7wc0h42Z4gOgPriTOGYAw。案号：天津自由贸易试验区人民法院（2023）津0319民初16546号民事判决书。

第 17 期部分租金 3530.01 元，已履行超过 80% 的付款义务。虽然形式上也符合解除合同的条件，但综合合同整体履行过程分析，崔某虽欠付部分租金，但其违约行为较为轻微，也一直有明确还款意愿，立案时合同履行期限已届满，案涉车辆一直由崔某经营并作为其主要生活来源。在现有条件下，如判决解除合同，会导致崔某失去生活来源，也会造成车辆价值贬损，变现过程中可能还会出现收回租赁物价值远超欠付租金的情况，解除合同可能会造成两败俱伤的局面，社会效果和法律效果双缺失。在此背景下，法官在综合考虑把握案情的基础上，认为本案原告要求支付租金同时依托于租赁物的担保功能更有利于债权的实现和案件的妥善解决。经法官向原告充分沟通释明，原告变更诉讼诉请，选择向被告主张剩余未付租金和实现担保功能，生效判决予以支持。双方均未上诉，判决已经发生法律效力。

【典型意义】

本案的典型之处在于承租人已支付超过 80% 的租金，出租人诉请解除合同的请求能否得到支持。法院审理后初步认为，从合同履行的整体情况出发，结合承租人的违约程度、还款意愿以及现实需求，解除案涉合同并不妥当。为此，法官主动释明，出租人变更了诉讼请求，放弃解除合同之主张，避免租赁物被出租人取回。本案在保护出租人租金债权的同时还兼顾到承租人的生存权益，实现了法律效果和社会效果的统一。

（二）破产程序中的合同解除

相关法律法规

《企业破产法》（2006 年 8 月 27 日）

第十八条 【破产申请受理前成立的合同的继续履行与解除】人民法院受理破产申请后，管理人对破产申请受理前成立而债务人和对方当事人均未履行完毕的合同有权决定解除或者继续履行，并通知对方当事人。管理人自破产申请受理之日起二个月内未通知对方当事人，或者自收到对方当事人催告之日起三十日内未答复的，视为解除合同。

管理人决定继续履行合同的，对方当事人应当履行；但是，对方当事人有权要求管理人提供担保。管理人不提供担保的，视为解除合同。

第三十条 【债务人财产】破产申请受理时属于债务人的全部财产，以及破产申请受理后至破产程序终结前债务人取得的财产，为债务人财产。

第三十八条 【权利人财产的取回】人民法院受理破产申请后，债务人占有的不属于债务人的财产，该财产的权利人可以通过管理人取回。但是，本法另有规定的除外。

第四十六条 【未到期的债权与附利息的债权的算定】未到期的债权，在破产申请受理时视为到期。

附利息的债权自破产申请受理时起停止计息。

相关司法解释

1.《最高人民法院关于适用〈中华人民共和国企业破产法〉若干问题的规定（二）》（2020 年修正）

第二条　下列财产不应认定为债务人财产：

（一）债务人基于仓储、保管、承揽、代销、借用、寄存、租赁等合同或者其他法律关系占有、使用的他人财产；

（二）债务人在所有权保留买卖中尚未取得所有权的财产；

（三）所有权专属于国家且不得转让的财产；

（四）其他依照法律、行政法规不属于债务人的财产。

第三十四条　买卖合同双方当事人在合同中约定标的物所有权保留，在标的物所有权未依法转移给买受人前，一方当事人破产的，该买卖合同属于双方均未履行完毕的合同，管理人有权依据企业破产法第十八条的规定决定解除或者继续履行合同。

第三十五条　出卖人破产，其管理人决定继续履行所有权保留买卖合同的，买受人应当按照原买卖合同的约定支付价款或者履行其他义务。

买受人未依约支付价款或者履行完毕其他义务，或者将标的物出卖、出质或者作出其他不当处分，给出卖人造成损害，出卖人管理人依法主张取回标的物的，人民法院应予支持。但是，买受人已经支付标的物总价款百分之七十五以上或者第三人善意取得标的物所有权或者其他物权的除外。

因本条第二款规定未能取回标的物，出卖人管理人依法主张买受人继续支付价款、履行完毕其他义务，以及承担相应赔偿责任的，人民法院应予支持。

第三十六条　出卖人破产，其管理人决定解除所有权保留买卖合同，并依据企业破产法第十七条的规定要求买受人向其交付买卖标的物的，人民法院应予支持。

买受人以其不存在未依约支付价款或者履行完毕其他义务，或者将标的物出卖、出质或者作出其他不当处分情形抗辩的，人民法院不予支持。

买受人依法履行合同义务并依据本条第一款将买卖标的物交付出卖人管理人后，买受人已支付价款损失形成的债权作为共益债务清偿。但是，买受人违反合同约定，出卖人管理人主张上述债权作为普通破产债权清偿的，人民法院应予支持。

第三十七条　买受人破产，其管理人决定继续履行所有权保留买卖合同的，原买卖合同中约定的买受人支付价款或者履行其他义务的期限在破产申请受理时视为到期，买受人管理人应当及时向出卖人支付价款或者履行其他义务。

买受人管理人无正当理由未及时支付价款或者履行完毕其他义务，或者将标的物出卖、出质或者作出其他不当处分，给出卖人造成损害，出卖人依据民法典第六百四十一条等规定主张取回标的物的，人民法院应予支持。但是，买受人已支付标的物总价款百分之七十五以上或者第三人善意取得标的物所有权或者其他物权的除外。

因本条第二款规定未能取回标的物，出卖人依法主张买受人继续支付价款、履行完毕其他义务,以及承担相应赔偿责任的,人民法院应予支持。对因买受人未支付价款或者未履行完毕其他义务,以及买受人管理人将标的物出卖、出质或者作出其他不当处分导致出卖人损害产生的债务,出卖人主张作为共益债务清偿的,人民法院应予支持。

第三十八条　买受人破产,其管理人决定解除所有权保留买卖合同,出卖人依据企业破产法第三十八条的规定主张取回买卖标的物的,人民法院应予支持。

出卖人取回买卖标的物,买受人管理人主张出卖人返还已支付价款的,人民法院应予支持。取回的标的物价值明显减少给出卖人造成损失的,出卖人可从买受人已支付价款中优先予以抵扣后,将剩余部分返还给买受人;对买受人已支付价款不足以弥补出卖人标的物价值减损损失形成的债权,出卖人主张作为共益债务清偿的,人民法院应予支持。

第三十九条　出卖人依据企业破产法第三十九条的规定,通过通知承运人或者实际占有人中止运输、返还货物、变更到达地,或者将货物交给其他收货人等方式,对在运途中标的物主张了取回权但未能实现,或者在货物未达管理人前已向管理人主张取回在运途中标的物,在买卖标的物到达管理人后,出卖人向管理人主张取回的,管理人应予准许。

出卖人对在运途中标的物未及时行使取回权,在买卖标的物到达管理人后向管理人行使在运途中标的物取回权的,管理人不应准许。

第四十条　债务人重整期间,权利人要求取回债务人合法占有的权利人的财产,不符合双方事先约定条件的,人民法院不予支持。但是,因管理人或者自行管理的债务人违反约定,可能导致取回物被转让、毁损、灭失或者价值明显减少的除外。

2. 《最高人民法院关于适用〈中华人民共和国民法典〉有关担保制度的解释》（法释〔2020〕28号）

第二十二条　人民法院受理债务人破产案件后,债权人请求担保人承担担保责任,担保人主张担保债务自人民法院受理破产申请之日起停止计息的,人民法院对担保人的主张应予支持。

相关典型案例

案例39　承租人破产的,合同解除不适用《企业破产法》第18条规定[①]

【案情摘要】

F公司与L公司、Z公司签订《融资租赁合同》,约定L公司、Z公司以筹措资金为目的,以回租方式向F公司转让租赁物,F公司将受让租赁物出租给L公司、Z公司使用。后F公司如约支付了租赁物本金,但L公司、Z公司在按《租金支付表》如约给付了共五期租金后,未能按约支付剩余租金。故F公司提起诉讼,请求判令L公司、Z公司向其支付全部未付融资租赁租金、滞纳金、名义货价、律师费;判令保证人对上述诉讼请求承担

---

① 案号:天津市高级人民法院(2015)津高民二终字第0070号民事判决书。

连带责任。2014 年 9 月 15 日法院作出民事裁定，裁定受理 Z 公司因不能清偿到期债务，且资不抵债而向法院提出的重整申请。Z 公司答辩称：1.Z 公司已进入了破产重整程序，诉争合同属于双方均未履行完毕的合同，管理人未选择继续履行时，应予解除，F 公司应收回租赁物。2.F 公司仅能主张合同解除后的损害赔偿。

【裁判结果】

一审判决认为，相关法院裁定受理了 Z 公司有关破产的重整申请，并指定了 Z 公司的破产重整管理人，依照《企业破产法》第 18 条规定，现 Z 公司主张解除诉争《融资租赁合同》，法律依据充分，予以确认。L 公司同意继续履行的，双方可另行约定。故一审判决解除 F 公司与 L 公司、Z 公司的《融资租赁合同》；L 公司、Z 公司共同给付 F 公司融资租赁租金。

Z 公司不服一审判决，提起上诉，请求判令解除合同，由 F 公司收回租赁物。二审判决认为，L 公司、Z 公司未按期支付租金，已符合合同约定的给付全部未付租金及名义货价的条件。根据本案融资租赁合同的性质及履行情况，Z 公司依据《企业破产法》第 18 条就融资租赁合同行使解除权缺乏依据。因此，二审判决撤销了一审判决中关于解除融资租赁合同的判项，维持了共同给付 F 公司融资租赁租金的判项。

【典型意义】

F 公司提起本案诉讼后，Z 公司进入破产重整程序，管理人在本案诉讼中主张依据《企业破产法》第 18 条行使合同解除权，即 F 公司取回租赁物，Z 公司仅向 F 公司给付到期未付租金。而 F 公司的诉请是承租人支付全部租金，不主张取回租赁物。对此，二审法院认为本案不适用《企业破产法》第 18 条情形。依据《企业破产法》第 18 条规定，受理破产申请后，管理人对破产申请受理前成立而债务人和对方当事人均未履行完毕的合同有权决定解除。本案系融资租赁合同纠纷。在融资租赁合同中，出租人的主要义务是支付租赁物购买价款、将租赁物交付承租人使用，该义务为积极义务。虽然出租人还承担保证承租人在租赁期间对租赁物占有、使用的义务，但该义务为消极义务。出租人就积极义务履行完毕，即实现了承租人签订融资租赁合同的实质性目的，在出租人不存在违反消极义务的情况下，如果出租人不愿选择解除合同，认定出租人就融资租赁合同的义务已经履行完毕更符合融资租赁合同的本质特征及公平原则。另外，融资租赁合同还具有其自身的特殊性，一般是出租人按照承租人的意愿选购租赁物，在我国二手设备市场发育程度较低的背景下，租赁公司多愿意选择要求承租人支付全部租金，而不愿意收回租赁物。本案融资租赁物原本就归另一承租人 L 公司所有且现在仍由其实际使用，从平衡各方利益的角度考虑，判决支付全部租金更有利于依法保护出租人 F 公司的利益，也有利于对租赁物的充分利用，而对 Z 公司管理人行使解除权的主张不予支持，也不会导致破产财产绝对价值的减少。

案例 40　承租人破产的，可适用《企业破产法》的相关规定①

【裁判要旨】

遇承租人进入破产程序的案件，应根据《企业破产法》之规定解决合同解除相关法律后果问题。

【基本案情】

2021年5月15日，甲租赁公司与乙公司签订《融资租赁合同》，约定乙公司以融资租赁形式租赁甲租赁公司所有的钻孔机五台，乙公司须每月向甲租赁公司支付租金。后因乙公司多次拖欠租金，甲租赁公司遂于2023年9月14日诉至法院，主张依据合同约定的违约条款，要求判令乙公司支付全部未付租金及逾期利息。2023年9月19日，乙公司向浙江省某市中级人民法院申请破产并获受理。甲租赁公司遂变更诉讼请求，要求判令合同于2023年11月19日（破产申请受理后两个月）解除，要求乙公司返还系争租赁物，并确认甲租赁公司对乙公司享有截至合同解除之日止逾期未付租金及逾期利息的债权。

乙公司辩称，依据《企业破产法》第46条的规定，系争《融资租赁合同》应于2023年9月19日（即破产申请受理之日）解除，因此甲租赁公司主张的逾期未付租金和逾期利息都应当计算至该日。

【裁判结果】

法院经审理认为，关于《融资租赁合同》的解除日期，虽然乙公司在甲租赁公司起诉之前已欠付租金，符合合同约定解除权的行使条件，但根据《企业破产法》第18条第1款之规定，管理人对破产申请受理前成立且双方当事人均未履行完毕的合同有权决定解除或者继续履行，管理人自破产申请受理之日起二个月内未通知对方当事人，视为解除合同。而乙公司破产申请受理后，其与甲租赁公司均未通知对方解除或履行合同，因此系争《融资租赁合同》的解除日期应为破产申请受理日后的二个月，即2023年11月19日，相应地，法院确认甲租赁公司对乙公司享有计算至该日的逾期未付租金和逾期利息的债权。但在计算逾期利息具体数额的问题上，依据《企业破产法》第46条第2款"附利息的债权自破产申请受理时起停止计息"的规定，法院确定逾期利息应计算至破产申请受理之时（2023年9月19日）。

【提示】

在融资租赁合同纠纷案件中，承租人逾期未付租金导致出租人依据法律规定要求承租人支付剩余全部租金时，若在案件审理过程中承租人的破产申请被法院受理，则融资租赁合同在何时解除、出租人是否享有合同解除权、租金及相关利息应如何计算成为此类案件的审理难点。又因为案件牵涉破产受理法院和融资租赁合同纠纷案件受理法院之间适用法律的统一性与协调性，对于此类问题的研究就显得尤为重要。本案判决认为，在出租人未选择解除融资租赁合同的情形下，依据《企业破产法》第46条规定，承租人的破产管理

---

① 本案例为作者根据工作、研究经验，为具体说明相关法律问题，编辑加工而得。

人被法律赋予了对所有未履行完毕的双务合同选择是否继续履行的权利，同时规定了两个月的除斥期间。当承租人的破产管理人未通知出租人是否继续履行合同时，则法律视作承租人解除合同。对于出租人是否享有解除权问题，理论争议较大，法院认为若承租人存在违约事由，出租人依然可以依据合同约定解除合同。相应地，融资租赁的租金应计算至推定的合同解除之日，但租金的利息计算，依据《企业破产法》第46条的规定，利息应自破产申请受理之日起停止计算。

案例41　出租人应与承租人破产管理人就租赁物协议作价，或拍卖变卖进行受偿，并可就未获偿部分申报债权[①]

【基本案情】

2015年2月4日，J公司与S公司签订《买卖合同（回租）》，约定S公司购买J公司的两台机器设备。2015年2月4日，J公司与S公司签订《融资租赁合同》，约定S公司将两台设备出租给J公司，每月固定租金以及咨询服务费等。2015年2月4日，S公司与J公司签订《买卖预约合同》，约定融资租赁合同租期届满后，S公司同意将租赁物转让于J公司，J公司同意购买租赁物，总购买价款为0元。2015年2月4日，田某某、王某某、某公司向S公司出具《保证书》，愿意承担连带责任保证。

后S公司将《融资租赁合同》项下的权利义务转让给李某某。J公司于2017年7月13日宣告破产。2017年12月12日，S公司向J公司破产管理人申报债权并主张取回涉案设备，J公司破产管理人认为《融资租赁合同》实质为民间借贷合同，未认可S公司的申请。李某某以J公司欠付租金为由起诉要求返还租赁设备并支付违约金。

【裁判结果】

洛阳市中级人民法院于2019年12月27日作出（2018）豫03民初198号民事判决：1. 解除S公司与J公司于2015年2月4日所签订的《融资租赁合同》及其补充协议；2. 李某某于判决生效后十日内向J公司申报返还款项债权2919850元；3. 李某某于判决生效后十日内向J公司申报违约金债权1057848元；4. 待J公司破产程序终结后，原告李某某未实现部分债权，由田某某、王某某、某公司对李某某未实现部分债权承担连带清偿责任；5. 驳回李某某的其他诉讼请求。

李某某、J公司不服一审判决，提出上诉。河南省高级人民法院于2021年3月25日作出（2020）豫民终437号民事判决：1. 撤销一审民事判决；2. 李某某与J公司应于判决生效之日起三十日内以协议作价或委托评估拍卖、变卖案涉租赁物（2015年2月4日《买卖合同（回租）》附表所列两台机器设备）所得价款抵偿2365850元债务，若所得价款不足清偿债务，可就未获偿部分申报债权，或就未获偿的债权由田某某、王某某、某公

[①] 参见河南省高级人民法院2022年4月发布的《河南省法院十大商事暨涉企典型案例（2021年度）》，载微信公众号"豫法阳光"（2022年4月19日），https://mp.weixin.qq.com/s/Zcg6BUHuKixeAkLIS9tTDw，最后访问时间：2024年8月8日。

司承担连带清偿责任，田某某、王某某、某公司在承担保证责任后，就其实际清偿部分有权向J公司追偿；若所得价款超过2365850元，则超过部分归J公司所有；3.驳回李某某的其他上诉请求；4.驳回J公司的上诉请求。

【裁判理由】

生效判决认为：一、双方系售后回租的融资租赁合同关系，而非借贷关系。租赁物的真实确定性及价值是认定融资租赁合同的主要因素。本案租赁设备真实存在，租赁物转让价值低于实际价值并不影响租赁物担保租金债权功能的实现。本案合同中约定的租金中包含本金及利息，并约定有服务费、手续费等费用，符合融资租赁合同租金计算方式的特征。双方《买卖预约合同》约定的0元回购价格表明双方的合同目的是用租赁物所有权担保债权的实现，符合融资租赁合同系非典型性担保的特征。融资租赁合同标的物没有实际转移交付是售后回租方式下的交易惯例，不能以租赁标的物没有实际转移交付而否定融资租赁合同的性质。综上，双方系融资租赁合同关系，原审判决按照民间借贷关系认定的债权数额不当，二审予以纠正。

二、关于李某某请求判令J公司返还案涉两台设备的问题。J公司存在欠付租金的违约行为，应承担违约责任。但本案两台设备实际购买价格与设备当时的实际价值差距较大，且诉讼中双方对设备目前的价值仍争议较大，实际价值不明，J公司目前已经进入破产重整阶段，两台机器设备属于主要的生产设备，李某某要求取回设备可能会造成不公平的结果。二审认为，李某某公司应先就案涉租赁物与J公司协议作价或将租赁设备委托评估拍卖、变卖所得价款抵偿所欠租金债务；若所得价款不足以清偿，可就未获偿部分申报债权，或就未获偿的债权由担保人继续清偿；若所得价款超过所欠租金，超过部分价款归J公司所有。

【典型意义】

融资租赁因其独特的融资和融物的双重属性，成为与实体经济联系最为密切的融资担保交易形式，在支持工业企业设备更新及解决中小企业融资难方面，发挥了独特的作用。融资租赁涉及买卖、租赁、借贷、担保等多重法律关系，尤其是售后回租型的融资租赁，其权利义务关系与借款担保具有一定的相似性，本案例通过正确区分融资租赁与借贷法律关系，对中小企业售后回租融资方式的效力依法予以确认，保护了这种新型担保模式。对于出租人主张对案涉设备的取回权，考虑到承租企业已进入破产重整及租赁物为其主要生产设备的现实情况，未支持出租人的取回权，而是灵活采取了要求出租人与承租企业双方对租赁物协议作价的责任承担方式，保障了企业在破产重整阶段利用案涉设备进行正常生产，促进了社会资源的合理利用，助力企业改革重整脱困。

案例 42　融资租赁合同中的出租人享有权利的性质[①]

【案情摘要】

2016年6月12日，A公司与B公司签订《融资租赁合同》，约定：A公司根据B公司的选择，向C公司购买一套生产设备，提供给B公司使用，租赁期限自2016年6月13日至2026年6月13日，每月租金120万元。合同签订后，A公司依约向C公司采购了该生产设备并指定C公司交付B公司使用。2021年10月8日，人民法院裁定受理了某债权人对B公司的破产清算申请。2021年12月20日，A公司向B公司破产管理人主张取回租赁设备，B公司管理人回函称，A公司仅可就租赁设备拍卖、变卖所得的价款受偿，并不享有取回权。A公司遂提起诉讼，请求人民法院判令解除融资租赁合同，租赁设备由A公司取回。

【法律问题】

A公司就案涉租赁设备享有取回权还是别除权？

【不同观点】

甲说：取回权说

融资租赁合同履行期间，A公司享有对租赁物的所有权，其于破产程序中取回租赁物系所有权效力和行使的体现。承租人虽获得了对租赁物占有、使用、收益的权能，甚至以获取所有权为目的的期待权，但根据《民法典》有关规定，出租人依旧保有租赁物的法定所有权，故在承租人破产之时，出租人可依其所有权取回租赁物。

乙说：别除权说

融资租赁中的所有权，不是归属意义上的所有权，是担保法意义上的所有权。租赁物所有权对出租人而言主要承担担保租金债权实现的功能。在承租人破产之时，比起取回租赁物，出租人对继续收取租金更感兴趣，更希望自己是享有担保利益的债权人，并得到充分清偿。随着《民法典》将融资租赁物所有权功能化为担保，出租人所享有"所有权"的实质性质为担保权，构成别除权。

【法官会议意见】

采甲说

《民法典》虽删除了租赁物不属破产财产的规定，并将融资租赁纳入非典型担保制度，但并未改变出租人在融资租赁法律关系存续期间对租赁物享有所有权的立场。因此，案涉融资租赁合同履行期间，A公司享有租赁设备的所有权。根据《企业破产法》的相关规定，A公司基于其对租赁物的所有权，在B公司破产清算时，享有取回权。该取回权以融资租赁合同解除、租赁物存在为行使要件，在租赁物意外毁损、灭失或被不当处分的情况下，A公司无法行使取回权，应当按照《企业破产法》及其司法解释的规定，行使代偿

[①] 案例来源：《最高人民法院第二巡回法庭法官会议纪要（第三辑）》（最高人民法院第二巡回法庭2021年第17次法官会议纪要）。参见贺小荣主编：《最高人民法院第二巡回法庭法官会议纪要（第三辑）》，人民法院出版社2022年版，第362~372页。

性取回权或者申报普通债权。

【意见阐释】

近年来,随着融资租赁行业的蓬勃发展,融资租赁业务已扩展至各个行业。受现行经济环境、行业发展周期、企业经营模式等因素影响,企业出现破产的情况日益增多,融资租赁承租人破产的情况也多有发生。承租人破产时,融资租赁的出租人权益如何维护,出租人能否对租赁设备行使取回权,这在《民法典》施行之前没有争议,答案也是肯定的。原《合同法》第242条规定:"出租人享有租赁物的所有权。承租人破产的,租赁物不属于破产财产。"基于该规定,出租人在承租人破产之时,依法享有对租赁物的取回权。《民法典》出台后,强化了融资租赁交易中出租人所有权的担保功能,并相应删除了原《合同法》关于租赁物不属于破产财产的规定,由此给理论界和实务界带来了一些争议。因此,承租人破产后,融资租赁出租人是享有取回权,还是享有别除权,有必要对此进一步澄清。

1. 破产程序中的取回权和别除权

根据《企业破产法》第38条的规定,破产取回权,是指在破产程序中,对于不属于债务人的财产,其所有权人或者其他权利人(一般为物权性权利)不依照破产程序,通过管理人将该财产予以取回的权利。取回权并不是破产法中新创设的权利,而是民法上物的返还请求权在破产程序中的体现与延伸。在民法理论中,物的返还请求权,是指权利人基于其所有或者占有物的事实以及法律上的原因,请求无权占有人返还其所有物或者占有物,以恢复权利人所有或者占有状态的权利。因此,在破产程序中,权利人行使破产取回权的基础,为民法上的所有权和其他财产权利。

根据《企业破产法》第109条的规定,别除权,是指在破产程序中,对于破产人的特定财产享有担保物权的权利人,可以不依照破产程序对该特定财产优先受偿的权利。在人民法院裁定宣告债务人破产以后,债务人的所有财产都成为破产财产,由破产管理人依照破产程序进行清理和分配。但是,对破产财产中的特定财产享有担保物权的权利人,可以不受破产程序的约束,在破产程序开始以后,直接向破产管理人请求就该特定财产拍卖、变卖所得价款优先受偿。因此,在破产程序中,权利人行使别除权的基础,为担保物权。

综上,取回权为权利人对自己之物所享有的权利,别除权乃权利人对他人之物所享有的权利。由此,在融资租赁法律关系项下,承租人破产时,出租人享有的是取回权还是别除权,取决于出租人对租赁物享有的是所有权还是担保物权。

2. 在融资租赁法律关系项下,出租人对租赁物享有所有权

无论是融资租赁的功能化,还是《民法典》删除了租赁物不属于破产财产的规定,在当前融资租赁立法以及司法解释的体系之下,出租人在融资租赁法律关系存续期间对租赁物仍享有所有权。该所有权具有担保功能并不意味着出租人的所有权变更为担保物权。

(1) 从融资租赁交易的基本法律关系来看,出租人系基于买卖合同取得标的物所有权

《民法典》第735条规定:"融资租赁合同是出租人根据承租人对出卖人、租赁物的选择,向出卖人购买租赁物,提供给承租人使用,承租人支付租金的合同。"一般来说,

融资租赁涉及三方当事人和两个基础合同，即出租人和出卖人之间关于标的物的买卖合同、出租人与承租人之间关于标的物的融资租赁合同。因融资租赁交易的特殊性，出租人在支付价款后，一般会与出卖人约定，由出卖人直接将标的物交付承租人，即完成买卖合同项下的交付。该交付完成，出租人取得合同项下标的物即租赁物的所有权。换言之，出租人系履行买卖合同，获得了合同标的物的所有权。之后，出租人再将该标的物出租给承租人使用，实质系将所有权的占有、使用权能让渡，以换取租金收益，这也是完整所有权的应有之义。

（2）从现有法律规定来看，出租人明确享有租赁物的所有权

《民法典》第745条虽然删除了原《合同法》关于租赁物不属于承租人破产财产的规定，但保留了关于出租人享有租赁物所有权的规定，再结合《民法典》第752条关于出租人解除融资租赁合同时，有取回租赁物的权利，第757条关于租赁期满租赁物归属无约定或约定不明时，租赁物所有权仍归出租人，第760条关于融资租赁合同无效，租赁物归属无约定或约定不明时，租赁物应当返还出租人等规定，可见，即使法律允许当事人之间约定融资租赁期满租赁物的归属，但在整个租赁期间，根据《民法典》规定，租赁物的所有权都归属于出租人。

（3）从权利性质来看，租赁物所有权的担保功能，并不能否认其法律上的所有权属性

融资租赁合同兼具融资与融物的双重属性，且以融资为主要目的，以融物为手段。出租人保有租赁物的所有权，在根本意义上，是为了担保其租金债权的实现。一旦承租人严重违约，出租人可基于其对租赁物的所有权，取回租赁物，用租赁物的残值折抵承租人应支付的租金。因此，租赁物的所有权对出租人来说，具有担保其租金债权实现的功能。我国《民法典》第388条的规定以及立法起草说明中明确，担保合同包括融资租赁等具有担保功能的合同，即证明。

综上，在融资租赁法律关系存续期间，承租人进行破产清算的，出租人可基于其对租赁物的所有权，享有取回租赁物的权利。

3. 出租人取回权的行使

"处理破产法与民法关系的基本规则应当是，除非有特别理由，程序法应贯彻实体法的规定。"即破产法旨在提供一个处理权利冲突、保障债权人公平受偿的程序，一般情况下，实体法规范在破产程序中是适用的。根据《民法典》第752条的规定，出租人若要行使破产取回权，必须具备以下三个条件。

（1）解除融资租赁合同

在融资租赁合同履行期间，承租人负有按约支付租金的义务，出租人负有保证承租人在租赁期间和平占有和使用租赁物的义务。在没有其他因素，只有破产因素导入的情形下，该融资租赁合同为双方均未履行完毕的合同，其解除涉及《企业破产法》第18条规定的适用。《企业破产法》第18条规定："人民法院受理破产申请后，管理人对破产申请受理前成立而债务人和对方当事人均未履行完毕的合同有权决定解除或者继续履行，并通

知对方当事人。管理人自破产申请受理之日起两个月内未通知对方当事人，或者自收到对方当事人催告之日起三十日内未答复的，视为解除合同。管理人决定继续履行合同的，对方当事人应当履行；但是，对方当事人有权要求管理人提供担保。管理人不提供担保的，视为解除合同。"此即管理人对待履行合同的挑拣履行权。

管理人基于确保债务人（即承租人）财产价值最大化的考虑，可以作出不同的选择：一是继续履行合同，此时出租人应当履行，不得拒绝履行或以存在破产约定条款为由而主张解除合同。但是，承租人在进入破产清算的情况下，其经营状况和财产状况往往已经恶化，存在履行不能的风险。为平衡对出租人与承租人合法权益的保护，根据《企业破产法》的规定，出租人可以要求管理人提供担保。管理人不提供担保的，视为解除合同。当然，即使管理人决定继续履行合同，但后续未按约支付租金时，亦不妨碍出租人依据《民法典》第752条之规定，行使法定解除权，解除融资租赁合同。二是解除合同，此时融资租赁合同解除。根据《民法典》第566条第1款的规定，合同解除后，尚未履行的，终止履行；已经履行的，根据履行情况和合同性质，当事人可以请求恢复原状或者采取其他补救措施，并有权请求赔偿损失。基于融资租赁合同性质，已经履行部分已无法恢复原状，尚未履行部分，终止履行。出租人可取回租赁物，仍有损失的，可依法申报债权。

（2）租赁物仍存在

取回权作为民法上物的返还请求权在破产程序中的表现形式，其行使以原物尚在债务人处为前提。在融资租赁合同项下，出租人享有租赁物的所有权，承租人在租赁期间对租赁物进行占有和使用，造成了租赁物所有者和占有者分离的现象。根据《民法典》关于动产物权变动的规定，动产物权的公示要件均为占有，登记只是作为对抗要件，加之《民法典》施行之前，我国并无统一的动产登记机关，对于普通的动产租赁物，在承租人占有租赁物的情形下，客观上形成其享有物权的假象。对出租人来说，极易发生承租人对租赁物进行处分，而第三人构成善意取得的风险。此时，出租人对租赁物的所有权被阻断，基于所有权而生的取回权无从行使。当然，租赁物也存在由于他人侵权或者自然灾害而毁损、灭失的风险。

（3）租赁物办理了登记

《民法典》第745条明确规定，出租人对租赁物享有的所有权，未经登记，不得对抗善意第三人。据此，如果出租人对租赁物未经登记程序，善意第三人则可抗辩出租人不能行使取回权。至于登记的机关和方式，中国人民银行制定的《动产和权利担保统一登记办法》第2条明确将融资租赁纳入统一登记范畴，同时明确中国人民银行征信中心为统一登记机构，由出租人办理登记手续。因此，只有出租人在征信中心办理了登记，出租人才能顺利行使取回权。

此外，如前所述，出租人在承租人进入破产清算程序时，基于其对租赁物的所有权，可以主张行使取回权，不受约定条件的限制，但如果承租人仅是进入重整程序，出租人的取回权是受限的。《企业破产法》第76条规定，债务人合法占有的他人财产，该财产的权利人在重整期间要求取回的，应当符合事先约定的条件。按照这一规定，财产权利人在重整期间行使取回权的,应当按照其与债务人事先约定的条件办理。

4. 出租人不能行使取回权时的救济

实践中,出租人不能行使取回权的情形主要为租赁物已不存在。租赁物不存在的情形,前已述及,主要包括租赁物被承租人无权处分、租赁物因不可归责于双方当事人的原因而毁损灭失两种。对此,《最高人民法院关于适用〈中华人民共和国企业破产法〉若干问题的规定(二)》第30条和第32条分别作出了规定。

对于租赁物被承租人无权处分,第三人已善意取得的情形,出租人不能行使取回权,仅能就财产损失,依据无权处分的时间不同分别按照普通债权受偿或共益债务处理。《最高人民法院关于适用〈中华人民共和国企业破产法〉若干问题的规定(二)》第30条规定:"债务人占有的他人财产被违法转让给第三人,依据民法典第三百一十一条的规定第三人已善意取得财产所有权,原权利人无法取回该财产的,人民法院应当按照以下规定处理:(一)转让行为发生在破产申请受理前的,原权利人因财产损失形成的债权,作为普通破产债权清偿;(二)转让行为发生在破产申请受理后的,因管理人或者相关人员执行职务导致原权利人损害产生的债务,作为共益债务清偿。"

对于租赁物因他人侵权或者自然灾害而毁损、灭失的,出租人可行使代偿性取回权,即主张取回就此获得的保险金、赔偿金、代偿物。《最高人民法院关于适用〈中华人民共和国企业破产法〉若干问题的规定(二)》第32条规定:"债务人占有的他人财产毁损、灭失,因此获得的保险金、赔偿金、代偿物尚未交付给债务人,或者代偿物虽已交付给债务人但能与债务人财产予以区分的,权利人主张取回就此获得的保险金、赔偿金、代偿物的,人民法院应予支持。保险金、赔偿金已经交付给债务人,或者代偿物已经交付给债务人且不能与债务人财产予以区分的,人民法院应当按照以下规定处理:(一)财产毁损、灭失发生在破产申请受理前的,权利人因财产损失形成的债权,作为普通破产债权清偿;(二)财产毁损、灭失发生在破产申请受理后的,因管理人或者相关人员执行职务导致权利人损害产生的债务,作为共益债务清偿。债务人占有的他人财产毁损、灭失,没有获得相应的保险金、赔偿金、代偿物,或者保险金、赔偿金、代偿物不足以弥补其损失的部分,人民法院应当按照本条第二款的规定处理。"该规定中代偿性资产能否与债务人财产相区分的标准,实践中常以"是否开设专门账户"特定化为判断标准。

综上,题述案例中出租人基于其对租赁物的所有权,享有取回权,但能否行使取回权还需满足文中所述条件,若满足,则其取回租赁物的请求应予支持;若不满足,则按照不能行使取回权的法律规定进行权利救济。

第七百五十三条 【承租人擅自处分租赁物时出租人的解除权】承租人未经出租人同意,将租赁物转让、抵押、质押、投资入股或者以其他方式处分的,出租人可以解除融资租赁合同。

理解与适用

本条是关于承租人无权处分租赁物，出租人可以解除融资租赁合同的规定。在融资租赁交易中，租赁物的所有权在租赁期限归属于出租人。承租人未经出租人同意，将租赁物转让、抵押、质押、投资入股或者以其他方式处分的行为显然构成无权处分，侵犯了出租人对租赁物的所有权，符合《民法典》第 563 条第 1 款第 4 项 "有其他违约行为致使不能实现合同目的" 当事人可以解除合同的规定，出租人有权解除合同。① 因此，针对承租人擅自处分租赁物的严重违约行为，立法赋予出租人的合同解除权。

需要注意的是，擅自处分租赁物的主体不限于承租人，还包括租赁物的实际使用人。原因在于：尽管融资租赁合同的签订者是出租人和承租人，但由于存在承租人将租赁物交与其他人使用的情形，所以，除存在承租人对租赁物的无权处分外，也存在着租赁物的实际使用人对租赁物的无权处分。无论何种情况，出租人都可以主张解除合同。

另外，还要注意本条规定与相关条文的衔接。出租人依据本条主张解除融资租赁合同，可能同时提出承租人与相对人的合同无效或取回租赁物等主张。此时，可能需要追加相对人为诉讼第三人，并结合《民法典》第 311 条、第 745 条等相关规定，对第三人是否构成善意取得进行判断，综合运用相关法条做出裁判。

需要说明的是，本条在吸收 2014 年出台的《最高人民法院关于审理融资租赁合同纠纷案件适用法律问题的解释》（法释〔2014〕3 号）第 12 条第 1 项的规定时，删除了 "转租" 这一处分方式，这是否意味着承租人擅自转租的行为不是出租人法定解除合同的理由？最高人民法院认为，这表现出立法者对承租人转租行为的违约严重性持谨慎态度。在现有法律规定的情况下，如果当事人没有明确约定，不宜仅因承租人擅自转租就支持出租人解除合同的请求。②

相关法律法规

1.《民法典》（2020 年 5 月 28 日）

第二百三十四条 【物权确认请求权】因物权的归属、内容发生争议的，利害关系人可以请求确认权利。

第二百三十五条 【返还原物请求权】无权占有不动产或者动产的，权利人可以请求返还原物。

---

① 黄薇主编：《中华人民共和国民法典合同编解读（下册）》，中国法制出版社 2020 年版，第 886~887 页。

② 最高人民法院民法典贯彻实施工作领导小组主编：《中华人民共和国民法典合同编理解与适用（三）》，人民法院出版社 2020 年版，第 1711~1712 页。

第二百三十八条 【物权损害赔偿请求权】侵害物权，造成权利人损害的，权利人可以依法请求损害赔偿，也可以依法请求承担其他民事责任。

第三百一十一条 【善意取得】无处分权人将不动产或者动产转让给受让人的，所有权人有权追回；除法律另有规定外，符合下列情形的，受让人取得该不动产或者动产的所有权：

（一）受让人受让该不动产或者动产时是善意；

（二）以合理的价格转让；

（三）转让的不动产或者动产依照法律规定应当登记的已经登记，不需要登记的已经交付给受让人。

受让人依据前款规定取得不动产或者动产的所有权的，原所有权人有权向无处分权人请求损害赔偿。

当事人善意取得其他物权的，参照适用前两款规定。

第五百六十三条 【合同的法定解除】有下列情形之一的，当事人可以解除合同：

（一）因不可抗力致使不能实现合同目的；

（二）在履行期限届满前，当事人一方明确表示或者以自己的行为表明不履行主要债务；

（三）当事人一方迟延履行主要债务，经催告后在合理期限内仍未履行；

（四）当事人一方迟延履行债务或者有其他违约行为致使不能实现合同目的；

（五）法律规定的其他情形。

以持续履行的债务为内容的不定期合同，当事人可以随时解除合同，但是应当在合理期限之前通知对方。

第五百九十七条 【无权处分效力】因出卖人未取得处分权致使标的物所有权不能转移的，买受人可以解除合同并请求出卖人承担违约责任。

法律、行政法规禁止或者限制转让的标的物，依照其规定。

2.《民用航空法》（2021年4月29日）

第三十二条 融资租赁期间，经出租人同意，在不损害第三人利益的情况下，承租人可以转让其对民用航空器的占有权或者租赁合同约定的其他权利。

❖ 相关司法解释

1.《最高人民法院关于适用〈中华人民共和国民法典〉合同编通则若干问题的解释》（法释〔2023〕13号）

第十九条 以转让或者设定财产权利为目的订立的合同，当事人或者真正权利人仅以让与人在订立合同时对标的物没有所有权或者处分权为由主张合同无效的，人民法院不予支持；因未取得真正权利人事后同意或者让与人事后未取得处分权导致合同不能履行，受让人主张解除合同并请求让与人承担违反合同的赔偿责任的，人民法院依法予以支持。

前款规定的合同被认定有效，且让与人已经将财产交付或者移转登记至受让人，真正权利人请求认定财产权利未发生变动或者请求返还财产的，人民法院应予支持。但是，受让人依据民法典第三百一十一条等规定善意取得财产权利的除外。

2.《最高人民法院关于适用〈中华人民共和国民法典〉物权编的解释（一）》（法释〔2020〕24号）

第十四条　受让人受让不动产或者动产时，不知道转让人无处分权，且无重大过失的，应当认定受让人为善意。

真实权利人主张受让人不构成善意的，应当承担举证证明责任。

第十五条　具有下列情形之一的，应当认定不动产受让人知道转让人无处分权：

（一）登记簿上存在有效的异议登记；

（二）预告登记有效期内，未经预告登记的权利人同意；

（三）登记簿上已经记载司法机关或者行政机关依法裁定、决定查封或者以其他形式限制不动产权利的有关事项；

（四）受让人知道登记簿上记载的权利主体错误；

（五）受让人知道他人已经依法享有不动产物权。

真实权利人有证据证明不动产受让人应当知道转让人无处分权的，应当认定受让人具有重大过失。

第十六条　受让人受让动产时，交易的对象、场所或者时机等不符合交易习惯的，应当认定受让人具有重大过失。

第十七条　民法典第三百一十一条第一款第一项所称的"受让人受让该不动产或者动产时"，是指依法完成不动产物权转移登记或者动产交付之时。

当事人以民法典第二百二十六条规定的方式交付动产的，转让动产民事法律行为生效时为动产交付之时；当事人以民法典第二百二十七条规定的方式交付动产的，转让人与受让人之间有关转让返还原物请求权的协议生效时为动产交付之时。

法律对不动产、动产物权的设立另有规定的，应当按照法律规定的时间认定权利人是否为善意。

第十八条　民法典第三百一十一条第一款第二项所称"合理的价格"，应当根据转让标的物的性质、数量以及付款方式等具体情况，参考转让时交易地市场价格以及交易习惯等因素综合认定。

第十九条　转让人将民法典第二百二十五条规定的船舶、航空器和机动车等交付给受让人的，应当认定符合民法典第三百一十一条第一款第三项规定的善意取得的条件。

第二十条　具有下列情形之一，受让人主张依据民法典第三百一十一条规定取得所有权的，不予支持：

（一）转让合同被认定无效；

(二) 转让合同被撤销。

相关典型案例

案例 43 承租人擅自将租赁物转让给第三人的，出租人有权按照合同约定宣布租金加速到期[1]

【基本案情】

2022年1月25日，原告某融资租赁（中国）公司与被告黄某签订《汽车融资租赁合同》，约定被告黄某以售后回租方式向原告融资租赁某新能源汽车一辆，并约定了租赁期限、每期租金、逾期违约金以及出租人的救济途径等内容。《汽车融资租赁合同》第五条"所有权及租赁期满后的处理"第1款约定，租赁期间，租赁车辆无论登记在出租人（原告）或承租人（被告黄某）或承租人指定的第三方名下，租赁车辆的所有权，包括（现在或以后附属于租赁车辆的）所有零部件、替换件、更新件、附件和辅助件的所有权均归属于出租人。在租赁期间内，承租人不得有任何对租赁车辆及其零部件进行销售、抵债、转让、承包、抵押、投资或使其被留置等侵害出租人所有权的行为。第九条"违约和救济"第1款约定，出现以下情形的，视为承租人违约：……（5）承租人未经出租人允许发生任何对租赁车辆及其零部件进行销售、抵债、转让、承包、抵押、投资或使其被留置或被有权机构查封、扣押等侵害出租人所有权的行为的；……合同签署后，原告某融资租赁（中国）公司依约放款，并将租赁车辆实际交付给被告使用。被告黄某在履约过程中，未经原告同意将案涉租赁物转让给第三方，租赁车辆已办理转移登记，现该车辆登记机动车所有人变更为案外人胡某。

【裁判结果】

浦东新区人民法院经审理认为，原告与被告黄某签订的《汽车融资租赁合同》系双方当事人的真实意思表示，且与法无悖，依法成立有效，各方当事人均应恪守。原告依约支付了车辆转让价款，取得了租赁物的所有权，被告也已接收了租赁物并将租赁车辆登记在其名下，应认定原告已履行了其合同义务。该合同第五条第1款、第九条第1款约定，在租赁期间内，承租人不得有任何对租赁车辆及其零部件进行销售、抵债、转让、承包、抵押、投资或使其被留置等侵害出租人所有权的行为，否则视为承租人违约。

在融资租赁交易中，租赁物的所有权在租赁期限归属于出租人。但是，在租赁期限内租赁物由承租人实际占有和使用，一旦承租人将租赁物转让、抵押、质押、投资入股或者以其他方式处分，将会对出租人的租赁物所有权和租金债权的实现构成严重威胁，甚至可能发生受让人根据善意取得制度取得租赁物所有权的情况。如此，出租人租金债权的物权保障也消失殆尽。被告黄某违反合同约定，未经原告允许即转让案涉租赁车辆，构成违

---

[1] 参见上海市浦东新区人民法院2024年10月发布的《涉绿色金融商事案件审判工作白皮书及典型案例》，载微信公众号"上海高院"（2024年10月11日），https://mp.weixin.qq.com/s/jdFmtef4_BuGJtxxPdMW_Q，最后访问时间：2024年10月11日。

约，应承担相应的违约责任。原告有权依照合同约定宣布租金加速到期，并要求被告支付全部到期租金、未到期租金、逾期违约金、留购价款及其他应付款项，故人民法院判决被告黄某支付原告全部未付租金、留购价款及相应的逾期违约金。

一审判决后，双方当事人均未提起上诉，一审判决已经生效。

【典型意义】

近年来，新能源汽车产业快速发展，有助于推动经济社会向绿色、低碳的方向转型。融资租赁企业在支持个人及中小微企业获得融资、提升新能源汽车普及率等方面发挥了重要作用，但在以新能源汽车为租赁物的业务开展过程中，租赁物的转移风险亦不可忽视。融资租赁合同履行过程中承租人实际占有使用租赁物，一旦承租人未经出租人同意将租赁物转让给他人，则不仅违反了承租人不得擅自处分租赁物的约定，也会对租赁物的担保功能产生严重损害。相较于逾期支付租金等常见违约情况，该行为属于融资租赁合同项下的非典型违约情形。对此，人民法院应综合承租人违约行为的性质、严重程度，以及出租人权利受损的情况，依法保障金融机构依约行使合同权利。在相应条款不存在无效事由的情形下，应尊重各方约定，出租人可根据合同约定主张租金加速到期或解除合同。

案例 44　融资回租中出租人善意取得租赁物的司法认定[①]

【裁判要旨】

融资租赁合同中，对于售后回租的，出租人能否通过善意取得的方式获得租赁设备的所有权，须对融资回租合同签订时承租人是否已取得租赁设备的所有权进行先行判定，方能再对出租人是否适用善意取得进行判定。

由于售后回租方式的特点，在承租人将租赁物所有权让渡给出租人的过程中，租赁物的占有使用状态并未因此而发生改变，此种占有改定情形下由于公示作用严重不足，不应将之视为善意取得成立的"交付"要件。在承租人未完全取得设备所有权时，即使出租人主观上是善意的，但由于租赁物并未实际"交付"出租人，故出租人无法通过善意取得的方式获得租赁物的所有权。

【基本案情】

2011 年 10 月 24 日，苏州某机械公司与江阴某纺织公司签订《订货合同》，将系争设备以 213.6 万元出售给江阴某纺织公司，但约定设备所有权自江阴某纺织公司货款付清时起转移，未履行支付价款义务的，设备属于苏州某机械公司所有。

2012 年 6 月 20 日，江阴某纺织公司作为承租人与某金融租赁公司签订《融资回租合同》，约定将系争设备以 213.6 万元出售给某金融租赁公司，但系争设备继续由江阴某纺织公司占有、租赁。江阴某纺织公司按照约定应按月支付租金及首付款、手续费等费用共

[①]　参见《某某金融租赁有限公司诉江阴市某某纺织有限公司等、第三人苏州某某机械有限公司融资租赁合同纠纷案》（人民法院案例库，2024-08-2-112-002）。

计 251.3 万元。陈某某和陈林某分别向某金融租赁公司出具个人担保书，承诺对《融资回租合同》项下江阴某纺织公司的债务承担连带清偿责任。

由于承租人江阴某纺织公司拖欠租金未付，2013 年 5 月 16 日，出租人某金融租赁公司诉至法院要求解除合同、返还系争设备并承担违约责任。在案件审理过程中，苏州某机械公司以有独立请求权第三人的身份参加诉讼，以江阴某纺织公司未付清货款为由主张《融资回租合同》无效，要求确认部分系争设备的所有权人为苏州某机械公司并返还。

上海市黄浦区人民法院于 2014 年 10 月 17 日作出（2013）黄浦民五（商）初字第 6265 号民事判决：一、某金融租赁公司与江阴某纺织公司签订的《融资回租合同》XX 部分于 2013 年 5 月 31 日解除；二、某金融租赁公司与江阴某纺织公司签订的《融资回租合同》XX 部分无效；三、江阴某纺织公司应于本判决生效之日起十日内返还某金融租赁公司上述《融资回租合同》项下的 XX 部分租赁设备；四、江阴某纺织公司应于本判决生效之日起十日内返还苏州某机械公司上述《融资回租合同》项下的 XX 部分租赁设备；五、确认某金融租赁公司对江阴某纺织公司享有 1148222.71 元的债权；六、陈某某和陈林某对上述判决主文第五项中确定的江阴某纺织公司所欠某金融租赁公司债务中的 132739.56 元债务承担连带保证责任，应于江阴某纺织公司破产程序终结后十日内支付，扣除某金融租赁公司在江阴某纺织公司破产程序中已受清偿的债权；七、对某金融租赁公司和苏州某机械公司的其他诉讼请求不予支持。

宣判后，原、被告及第三人均未提出上诉，判决已发生法律效力。

【裁判理由】

法院生效裁判认为，苏州某机械公司与江阴某纺织公司签订的《订货合同》系双方当事人真实意思表示，已成立并生效。根据该合同所有权保留条款的约定，在江阴某纺织公司付清货款前，苏州某机械公司保留对全部设备的所有权。现苏州某机械公司按约向江阴某纺织公司交付了设备，但江阴某纺织公司并未付清货款，故系争设备的所有权仍属于苏州某机械公司。鉴于承租人江阴某纺织公司从未取得系争设备的所有权，出租人某金融租赁公司也无法单纯基于《融资回租合同》中的买卖行为而自然获得系争设备的所有权，但对于某金融租赁公司是否可基于善意取得的方式获得所有权需要进一步判定：

1. 关于某金融租赁公司的购买价格是否合理。某金融租赁公司在《融资回租合同》项下，以与原购买总价相同的价格购买了系争设备，原权利人苏州某机械公司虽提出考虑到设备使用过一段时间的折旧问题，设备实际价格应当有所下降，但某金融租赁公司仍按原购买价格购买并无明显不合理之处。

2. 关于某金融租赁公司是否善意。在签订《融资回租合同》时，某金融租赁公司依据自身业务操作流程要求承租人江阴某纺织公司提供了加盖第三人苏州某机械公司公章的协议书、货款付清确认函、作为支付凭证的银行承兑汇票签收记录、购买设备的增值税发票等。虽然协议书、确认函上加盖的苏州某机械公司公章经鉴定均系伪造，但该公章与江阴某纺织公司同苏州某机械公司《订货合同》中所盖的合同专用章并不存在明显矛盾，且有承兑汇票的签收记录证明货款支付情况。第三人苏州某机械公司无证据证明出租人某金融租赁公司在签订《融资回租合同》时知晓系争设备款项尚未付清,亦无证据证明某金融租赁公司在签订《融资回租合同》时存有恶意,因此应认定某金融租赁公司在签订《融资回租合同》时是善意的。

3. 关于系争设备是否已由承租人江阴某纺织公司交付出租人某金融租赁公司。本案中,江阴某纺织公司与某金融租赁公司签订《融资回租合同》,约定将系争设备所有权转让给出租人某金融租赁公司,但由承租人江阴某纺织公司继续占有、使用系争设备。此种情形属于占有改定。鉴于占有改定方式公示作用不足,在承租人依然占有、使用租赁物的情形下,并不发生动产所有权转移的效果。否定占有改定情形下善意取得的适用,更有利于保护当事人的合法权益及维护交易安全。因此,本案中承租人江阴某纺织公司仅仅约定系争设备所有权归于出租人某金融租赁公司,但依然由江阴某纺织公司占有、使用的情形并不属于法律规定的交付。

综上,虽然出租人某金融租赁公司取得系争设备所支付的价款没有明显不合理之处,第三人苏州某机械公司亦无证据证明某金融租赁公司在签订《融资回租合同》时存有恶意,但由于本案中系争设备一直由承租人江阴某纺织公司占有、使用,江阴某纺织公司并未实际将系争设备交付出租人某金融租赁公司,某金融租赁公司的购买行为不构成善意取得。系争设备的所有权依然归于第三人苏州某机械公司。故判决承租人江阴某纺织公司与出租人某金融租赁公司签订的《融资回租合同》无效,系争设备应返还苏州某机械公司。

案例 45 在不同机关登记的抵押权与融资租赁所有权发生冲突的处理[1]

【基本案情】

2012 年,乙公司与丙公司签订《融资租赁合同》,约定丙公司以售后回租的方式向乙公司转让诉争生产设备,乙公司向丙公司支付转让价款即取得租赁设备的所有权。乙公司按约支付转让款,并将诉争设备在中国人民银行征信中心进行了融资租赁登记。2013 年,借款人丙公司与甲银行签订贷款合同,以诉争设备为上述贷款提供动产抵押担保,并在市场监管机关办理了抵押登记。2016 年,乙公司提起诉讼,要求丙公司返还融资租赁物。上海一中院判决支持了该项诉讼请求。该判决已经生效。

又因丙公司未按期偿付利息,甲银行宣布贷款提前到期并提起本案诉讼,请求法院判令丙公司偿还借款本金及利息、罚息、复利,支付违约金,同时请求判令甲银行对诉争设备享有优先受偿权。乙公司作为本案的第三人,主张甲银行因未尽到查询义务并且非善意取得抵押权,根据《最高人民法院关于审理融资租赁合同纠纷案件适用法律问题的解释》

---

[1] 案例来源:《最高人民法院第五巡回法庭法官会议纪要》(最高人民法院第五巡回法庭 2019 年第 36 次法官会议纪要)。参见李少平主编:《最高人民法院第五巡回法庭法官会议纪要》,人民法院出版社 2021 年版,第 87~91 页。

第9条①规定的除外情形，不应取得诉争设备的抵押权。一审法院支持了乙公司的主张。甲银行不服，提起上诉，经开庭审理，各方当事人当庭自愿达成调解协议。

【法律问题】

乙公司对诉争设备的取回权能否对抗甲银行的抵押权，在不同主管机关登记的抵押权与融资租赁所有权发生冲突应如何处理？

【不同观点】

甲认为：乙公司在中国人民银行征信中心进行了融资租赁登记，甲银行的抵押权存在重大瑕疵，不享有优先受偿权。

乙认为：动产抵押具有移动性和不明确性，甲银行作为善意第三人应获得租赁物抵押权。

【意见阐释】

近年来，我国融资租赁行业得到了迅速的发展，在实际租赁物抵押交易过程中，各当事人主体必须严格按照国家相应的法律法规要求，合理进行交易业务以及履行所必须承担的权利义务，这样才能保证利益的最大化。但因缺乏统一的动产登记制度，使融资租赁物抵押过程中，常常发生当事人权利冲突问题，不仅影响到各主体的切身利益，而且给融资租赁行业的可持续发展带来很大的阻碍。一方面，生产设备等动产融资不畅，实体企业不能充分利用生产设备等动产进行融资，企业融资难题未能有效破解，在一定程度上影响了装备制造业等实体经济的发展；另一方面，部分实体企业利用生产设备等动产重复融资，融资租赁物的所有权和占有使用权相分离，中国人民银行、商务部与国家市场监督管理总局对融资租赁权利登记和抵押权登记分别作出规定并各自建立了信息登记系统，不同登记主管机关开展登记工作导致多个权利发生冲突的现象时有发生，影响融资安全，增加了诉讼纠纷。

在融资租赁期间，承租人只享有占有、使用租赁物的权利，但是所有权标识缺乏有效公示，外界可能普遍认为承租人还对租赁物享有一定的所有权。在善意取得制度和动产抵押权制度的保护下，承租人有可能成功地为善意第三人设立抵押权。当然，出租人若是在融资租赁期间发现承租人擅自处分租赁物，则可直接判定承租人行为属于根本违约，并及

---

① 此处指的是 2014 年出台的《最高人民法院关于审理融资租赁合同纠纷案件适用法律问题的解释》（法释〔2014〕3 号）第 9 条。该条规定：承租人或者租赁物的实际使用人，未经出租人同意转让租赁物或者在租赁物上设立其他物权，第三人依据物权法第一百零六条的规定取得租赁物的所有权或者其他物权，出租人主张第三人物权权利不成立的，人民法院不予支持，但有下列情形之一的除外：（一）出租人已在租赁物的显著位置作出标识，第三人在与承租人交易时知道或者应当知道该物为租赁物的；（二）出租人授权承租人将租赁物抵押给出租人并在登记机关依法办理抵押权登记的；（三）第三人与承租人交易时，未按照法律、行政法规、行业或者地区主管部门的规定在相应机构进行融资租赁交易查询的；（四）出租人有证据证明第三人知道或者应当知道交易标的物为租赁物的其他情形。需要注意的是，2020 年修正后的《最高人民法院关于审理融资租赁合同纠纷案件适用法律问题的解释》已删去此条内容。

时与其解除合同关系。但是这不足以对出租人的利益进行根本的维护。当承租人无法履行合同约定的租金支付义务时，出租人要想降低自身风险，就要通过收回租赁物的方法来实现，但若是租赁物上存在抵押权，其权利实现就可能与预期目标出现一定的偏差。

实践中，经常出现以下两种情形：一种是设立抵押权在先融资租赁在后的情况。如果承租人先将设备抵押给第三方，再将设备出售给出租人后回租，那么在这种情况下一般优先保护抵押权。理由在于：按照《物权法》第191条第2款的规定，抵押期间，抵押人未经抵押权人同意，不得转让抵押财产（《民法典》第406条规定，抵押人可以转让抵押财产，抵押财产转让的，抵押权不受影响，立法本意亦为优先保护抵押权）；若融资租赁的出租人在购买设备时没有查清设备的权利负担，则不属于善意且无过失，应自行承担不利法律后果。另一种是融资租赁在先设立抵押权在后的情况。如果融资租赁在先，原则上优先保护出租人的所有权，但若抵押权人同时满足以下两个条件，则优先保护抵押权：（1）抵押权已经登记；（2）抵押权系善意取得。

至于如何认定善意取得，要从《物权法》第106条①规定的构成要件上分析，在证明方法上要注意从内外有别的尺度上把握。从抵押权人主观方面看，抵押权人取得抵押权时应当是善意且不知情的，即不知道抵押人是融资租赁中的承租人，不享有租赁物的所有权，无权设定抵押权。这种主观心理状态需客观证据予以证实。

（1）观察抵押权人与承租人之间的关系。如果双方之间存在关联关系、亲属关系、同一控制人，或者有证据证明双方存在串通侵害出租人所有权等事实的，则不视为善意。

（2）判断看抵押物的价值与贷款金额是否常规。通常情况下，抵押担保金额会略低于抵押物本身价值。如果抵押担保金额明显高于抵押物本身价值，则可能被认定为非善意。

（3）如果抵押权人是专业的金融机构，那么在签订抵押合同之前应对抵押物的现状、买卖合同及发票等作尽职调查。融资租赁物一般为价值较大的机器设备，买卖时必然有销售发票。出租人作为租赁物的所有权人，应当持有该发票原件。而抵押权人在审核抵押物时，通常应要求抵押人提供原始发票、购买合同等，以证明抵押人对抵押物享有所有权。

（4）根据《最高人民法院关于审理融资租赁合同纠纷案件适用法律问题的解释》第9条第1项②规定，"标识"可作为排除第三人主张善意取得的条件之一。虽然该规定对出

---

① 现为《民法典》第311条。《民法典》第311条规定：无处分权人将不动产或者动产转让给受让人的，所有权人有权追回；除法律另有规定外，符合下列情形的，受让人取得该不动产或者动产的所有权：（一）受让人受让该不动产或者动产时是善意；（二）以合理的价格转让；（三）转让的不动产或者动产依照法律规定应当登记的已经登记，不需要登记的已经交付给受让人。受让人依据前款规定取得不动产或者动产的所有权的，原所有权人有权向无处分权人请求损害赔偿。当事人善意取得其他物权的，参照适用前两款规定。

② 2014年出台的《最高人民法院关于审理融资租赁合同纠纷案件适用法律问题的解释》第9条第1项规定的例外情形：出租人已在租赁物的显著位置作出标识，第三人在与承租人交易时知道或者应当知道该物为租赁物的。

租人有利，但在现实中操作性不强。由于租赁物存放在承租人厂房内，出于"面子"或经营所需，承租人一般不会同意在租赁物的显著位置作出标识，或者在特定时间将标识遮盖或清除，而出租人通常会让步，同意不作标识或者即使作了标识也无法实时监控。抵押权人即使进行认真审查，也可能无法发现。

（5）登记和查询。《最高人民法院关于审理融资租赁合同纠纷案件适用法律问题的解释》第9条第3项①将第三人未按规定向相关部门进行交易查询作为善意取得的例外情况。2014年3月20日，中国人民银行下发《关于使用融资租赁登记公示系统进行融资租赁交易查询的通知》（银发〔2014〕93号），对此有明确规定，银行等机构在办理资产抵押、质押和受让等业务时，应当登录融资租赁登记公示系统查询相关标的物的权属状况，以避免抵押物、质物为承租人不具有所有权的租赁物而影响金融债权的实现。据此，商业银行在办理抵押质押等业务时，应当登录融资租赁登记公示系统进行查询，否则将属于上述司法解释第9条规定的例外情况，否定其善意取得。

当前，抵押权与租赁物所有权的冲突成为困扰司法裁判的普遍性问题。为共同推进国家治理体系和治理能力现代化，促进生产设备等动产的融资秩序和经济发展，最高人民法院在审结本案后向有关机关提出以下建议：

（1）在制度层面，建议通过修改法律、制定行政法规等推动建立动产统一登记制度。统一登记机关、统一登记效力、统一登记程序、统一权属证书、统一登记信息系统等，从根本上解决动产融资难、动产融资纠纷多的难题。

（2）在信息层面，建议尽快完善生产设备等动产的融资租赁权利、抵押权登记系统建设，确保占有主体、安放场地、生产厂商、设备型号、唯一标识码、设备照片、买卖合同、买卖发票等登记信息真实、准确、全面，查询方式便利、查询结果指向精准、查询过程留痕备查。建议尽快实现中国人民银行征信中心动产融资统一登记公示系统、商务部全国融资租赁企业管理信息系统、国家市场监督管理总局全国市场监管动产抵押登记业务系统的互联互通、信息共享，避免当事人因信息错位而发生权利冲突。

（3）在操作层面，建议督促指导行业协会立即完善行业操作规则和操作流程。在未建立统一登记制度和信息共享机制前，贷款行尽调时要查询其他登记系统并留痕留证、实地查看标的物现状并载明具体信息；要严格审查原始买卖合同原件、付款凭据和发票并在其上载明实际权利人信息等；要加强融资后动态监管，定期对标的物现状及是否有新的权利负担情况等进行巡查，及时更新登记信息，切实预防法律风险。

司法建议归纳的三个层面问题，也是现有法律规则下进一步研究此类争议如何裁判的具体思路。本案按照这些分析路径，结合具体案情就争议问题作出法律评判后，根据实际情况提出的综合解决问题的调解建议，让各方当事人乐于接受，使得案件最终完美收官。

---

① 2014年出台的《最高人民法院关于审理融资租赁合同纠纷案件适用法律问题的解释》第9条第3项规定的例外情形：第三人与承租人交易时，未按照法律、行政法规、行业或者地区主管部门的规定在相应机构进行融资租赁交易查询的。

第七百五十四条 【出租人或承租人均可解除融资租赁合同情形】 有下列情形之一的,出租人或者承租人可以解除融资租赁合同:

(一)出租人与出卖人订立的买卖合同解除、被确认无效或者被撤销,且未能重新订立买卖合同;

(二)租赁物因不可归责于当事人的原因毁损、灭失,且不能修复或者确定替代物;

(三)因出卖人的原因致使融资租赁合同的目的不能实现。

理解与适用

本条是基于《民法典》第563条法定解除的情形针对融资租赁合同作出的特别规定。作为合同双方均可解约的情形,本条规定并未考虑出租人或承租人是否存在违约行为或主观上的过错,而是以融资租赁合同客观上的履行不能作为解除的前提。第1、2项两种情形均以承租人无法继续占有、使用租赁物为合同解除的条件,至于合同解除后的返还及赔偿责任,则可以依照双方的过错由人民法院作出裁决。第3项情形将出卖人的原因纳入了出租人和承租人双方均可解约的情形,理由有二:一是这将导致融资租赁的合同目的无法实现,客观履行不能;二是在因出卖人的原因导致融资租赁合同无法继续履行时,如果出租人不解除买卖合同,而承租人又没有以解除融资租赁合同的方式进行救济的权利,则可能导致承租人非因自身过错仍要持续负担融资租赁合同义务的情形,如此对承租人而言显然是不公平的。[①]

人民法院在适用本条认定出租人和承租人的解约权时,需要正确把握融资租赁合同的"不可解约性"。第一,本条对出租人和承租人均可解约的情形进行了明确限定,如对出租人与出卖人订立的买卖合同解除、被确认无效或者被撤销附加了"未能重新订立买卖合同"这一条件;对租赁物意外毁损、灭失附加了"不能修复或者确定替代物"这一条件,"未能""不能"强调的是未重新订立买卖合同、未修复或者确定替代物的客观事实,不强调形成这一客观事实的主客观原因。第二,如果当事人在融资租赁合同中约定了买卖合同解除、被确认无效或者被撤销后重新订立买卖合同的期限,以及租赁物意外毁损、灭失后修复或者确定替代物的期限,那么,在该约定期限届满前不产生解除权;融资租赁合同对前述期限未作约定的,应参照适用《民法典》第563条第3项关于"当事人一方迟延履行主要债务,经催告后在合理期限内仍未履行"的规定,确定解除权产生的时间。第三,如果在诉讼期间,出租人与出卖人重新订立了买卖合同,租赁物得以修复或者确定了替代

[①] 黄薇主编:《中华人民共和国民法典合同编解读(下册)》,中国法制出版社2020年版,第888~890页。最高人民法院民法典贯彻实施工作领导小组主编:《中华人民共和国民法典合同编理解与适用(三)》,人民法院出版社2020年版,第1713~1714页。

物，且融资租赁合同的履行不存在其他障碍的，则不应判令解除融资租赁合同。①

🏵 相关法律法规

《民法典》（2020 年 5 月 28 日）

　　第五百六十三条　【合同的法定解除】有下列情形之一的，当事人可以解除合同：
　　（一）因不可抗力致使不能实现合同目的；
　　（二）在履行期限届满前，当事人一方明确表示或者以自己的行为表明不履行主要债务；
　　（三）当事人一方迟延履行主要债务，经催告后在合理期限内仍未履行；
　　（四）当事人一方迟延履行债务或者有其他违约行为致使不能实现合同目的；
　　（五）法律规定的其他情形。
　　以持续履行的债务为内容的不定期合同，当事人可以随时解除合同，但是应当在合理期限之前通知对方。

🏵 相关司法解释

1.《最高人民法院关于审理买卖合同纠纷案件适用法律问题的解释》（法释〔2012〕8 号，2020 年修正）

　　第十九条　出卖人没有履行或者不当履行从给付义务，致使买受人不能实现合同目的，买受人主张解除合同的，人民法院应当根据民法典第五百六十三条第一款第四项的规定，予以支持。

2.《最高人民法院关于适用〈中华人民共和国民法典〉合同编通则若干问题的解释》（法释〔2023〕13 号）

　　第二十六条　当事人一方未根据法律规定或者合同约定履行开具发票、提供证明文件等非主要债务，对方请求继续履行该债务并赔偿因怠于履行该债务造成的损失的，人民法院依法予以支持；对方请求解除合同的，人民法院不予支持，但是不履行该债务致使不能实现合同目的或者当事人另有约定的除外。

---

　　① 最高人民法院民法典贯彻实施工作领导小组主编：《中华人民共和国民法典合同编理解与适用（三）》，人民法院出版社 2020 年版，第 1717~1718 页。

相关典型案例

案例46　出租人以融资租赁合同解除为由请求解除三方挂靠协议的，应予支持[1]

【基本案情】

被告魏某某为购买商用车，与原告协商签订《融资租赁合同》并选择售后回租业务模式，购买一组重型半挂牵引车和重型仓栅式半挂车，约定在该业务模式下，原告为实际所有权人，承租人未按合同约定支付租金和其他应付款项的，出租人有权解除合同并收回租赁物。为便于被告经营和使用车辆，双方协商由魏某某寻找并指定挂靠公司，由原告、被告、挂靠公司三方签署《挂靠协议》，共同确认挂靠关系，原告为实际所有权人。后因被告逾期未付租金，原告依据合同约定要求解除融资租赁合同及附件，并要求确认租赁物归原告所有，被告和挂靠公司配合原告办理上述租赁物的所有权转移登记手续。

【裁判结果】

法院生效判决认为，原告与被告魏某某签订的《融资租赁合同》和原告、被告魏某某及挂靠公司三方签订的《挂靠协议》均系当事人真实意思表示，不违反法律、行政法规的强制性规定，均属合法有效。因承租人逾期支付租金，出租人要求解除融资租赁合同。原告将挂靠公司列为共同被告，要求确认所有权归其所有并要求挂靠公司协助办理过户手续，实际属于原告同时要求解除《挂靠协议》。《挂靠协议》的缔约背景是，被告基于经营使用需要由被告选定经原告认可而与挂靠公司三方订立《挂靠协议》，该协议以被告与挂靠公司之间的合作关系为存续基础。现《融资租赁合同》解除，被告不再是案涉车辆的实际使用人，原告行使解除合同权利的后果是租赁物所有权归其所有，此时《挂靠协议》赖以存续的合作基础不再存在。原告要求解除挂靠关系、确认车辆所有权并协助办理过户手续均符合法律规定。

【典型意义】

在商用车融资租赁业务中，基于行政机关对车辆落籍、运营等事项的要求，商用车通常会登记在物流公司名下经营，由此形成包括出租人、承租人和挂靠公司三方在内的挂靠协议。本案裁判结果明确融资租赁合同与挂靠协议虽有紧密关联，但合同主体不完全一致，并非主从合同关系，具有相对的独立性，但是融资租赁合同解除会导致挂靠协议存在的基础不复存在，如出租人要求解除挂靠协议的，应予支持。本案处理结果对界定融资租赁合同与挂靠协议的关系及处理相关纠纷提供了解决思路，值得参考。

---

[1] 本案入选天津自由贸易试验区人民法院2024年3月发布的《汽车金融风险防控及企业合规治理典型案例》，载微信公众号"天津滨海新区法院"，（2024年3月15日），https://mp.weixin.qq.com/s/-7wc0h42Z4gOgPriTOGYAw。案号：天津自由贸易试验区人民法院（2021）津0319民初9039号民事判决书。

第七百五十五条　【承租人承担出租人损失赔偿责任情形】 融资租赁合同因买卖合同解除、被确认无效或者被撤销而解除，出卖人、租赁物系由承租人选择的，出租人有权请求承租人赔偿相应损失；但是，因出租人原因致使买卖合同解除、被确认无效或者被撤销的除外。

出租人的损失已经在买卖合同解除、被确认无效或者被撤销时获得赔偿的，承租人不再承担相应的赔偿责任。

理解与适用

买卖合同解除、被确认无效或者被撤销导致融资租赁合同陷入履行障碍而解除的，属于因融资租赁合同当事人以外的原因导致合同解除，承租人虽在融资租赁合同关系中无违约行为，但由于买卖合同的出卖人、租赁物系由承租人选择，承租人需对其选择的后果负责，即对由此给出租人造成的损失承担赔偿责任。需要注意的是，如果承租人是依赖出租人的技能来确定租赁物或者出租人干预选择租赁物的，或者买卖合同是因为出租人的原因而解除、被确认无效或者被撤销的，那么承租人此时对融资租赁合同因买卖合同解除、被确认无效或者被撤销而解除使出租人遭受的损失不再承担赔偿责任，出租人应自行承担相应的后果。

融资租赁交易中买卖合同与融资租赁合同联系紧密，融资租赁合同解除对出租人造成的损失与买卖合同解除、被确认无效或者被撤销对买受人（出租人）造成的损失往往存在交叉重合，为了避免出租人（买卖合同的买受人）在不同法律关系中重复受偿，本条规定如果出租人在买卖合同关系中已经获得赔偿，承租人不再承担相应的赔偿责任，即需在融资租赁合同的索赔中扣减出租人在买卖合同关系中已经获得赔偿的部分。①

本条在适用过程中应当注意以下问题：②

第一，出租人求偿权的适用条件。出租人主张损失赔偿的前提是其对买卖合同的无效、被撤销或被解除均不具有可归责事由，否则，其不享有求偿权。实践中，出租人存在可归责事由的情形包括：出租人不履行价款支付义务，导致买卖合同被解除的；出租人单独或与出卖人的共同过错导致买卖合同无效或被撤销的；出租人干预选择出卖人、租赁物，或承租人依赖出租人的技能确定租赁物的；等等。上述情形下，出租人或者对买卖合同的缔结施加了影响，或者对买卖合同的无效、被撤销、被解除存在过错，自然应承担由此产生的不利后果，而不应再转嫁风险，向承租人主张赔偿。

第二，赔偿损失的抵扣。出租人作为买卖合同的买受人，如其产生的损失已经通过买

---

① 黄薇主编：《中华人民共和国民法典合同编解读（下册）》，中国法制出版社 2020 年版，第 892 页；最高人民法院民法典贯彻实施工作领导小组主编：《中华人民共和国民法典合同编理解与适用（三）》，人民法院出版社 2020 年版，第 1720~1721 页。

② 黄薇主编：《中华人民共和国民法典合同编解读（下册）》，中国法制出版社 2020 年版，第 891 页。

卖合同的救济得到补偿，则此部分受偿金额应在融资租赁合同损害赔偿责任中予以抵减，以免造成出租人因同一损失获得双重赔偿。

相关法律法规

1. 《民法典》（2020年5月28日）

第五百九十三条 【因第三人原因造成违约情况下的责任承担】当事人一方因第三人的原因造成违约的，应当依法向对方承担违约责任。当事人一方和第三人之间的纠纷，依照法律规定或者按照约定处理。

2. 《民用航空法》（2021年4月29日）

第三十一条 民用航空器融资租赁中的供货方，不就同一损害同时对出租人和承租人承担责任。

相关司法解释

《最高人民法院关于适用〈中华人民共和国民法典〉合同编通则若干问题的解释》（法释〔2023〕13号）

第六十三条 在认定民法典第五百八十四条规定的"违约一方订立合同时预见到或者应当预见到的因违约可能造成的损失"时，人民法院应当根据当事人订立合同的目的，综合考虑合同主体、合同内容、交易类型、交易习惯、磋商过程等因素，按照与违约方处于相同或者类似情况的民事主体在订立合同时预见到或者应当预见到的损失予以确定。

除合同履行后可以获得的利益外，非违约方主张还有其向第三人承担违约责任应当支出的额外费用等其他因违约所造成的损失，并请求违约方赔偿，经审理认为该损失系违约一方订立合同时预见到或者应当预见到的，人民法院应予支持。

在确定违约损失赔偿额时，违约方主张扣除非违约方未采取适当措施导致的扩大损失、非违约方也有过错造成的相应损失、非违约方因违约获得的额外利益或者减少的必要支出的，人民法院依法予以支持。

第七百五十六条 【租赁物意外毁损灭失】融资租赁合同因租赁物交付承租人后意外毁损、灭失等不可归责于当事人的原因解除的，出租人可以请求承租人按照租赁物折旧情况给予补偿。

理解与适用

《民法典》第751条规定了租赁物意外毁损、灭失时的风险负担规则，但同时又在第754条规定了租赁物意外毁损、灭失时的合同解除权。从体例上看，这延续了我国《合同法》关于风险负担和合同解除的二元立法体例,会产生风险负担与合同解除竞合的问题。当二者竞合时,是依据风险负担规则处理,由承租人继续向出租人支付租金,还是根据合同解除制度对合同关系进行处理?

租赁物意外损毁、灭失,当事人均不具有可归责性,不存在违约损失赔偿问题,故风险负担规则与合同解除相竞合时,需要平衡和协调的关键问题是租赁物的所有者——出租人可以获得多大范围的利益补偿:按风险负担的一般原则,融资租赁合同中的风险由承租人负担,出租人可以主张全部租金利益(包括租赁物自身价值和利润);若解除合同,则只能根据《民法典》第 566 条规定,对合同解除的后果进行清理。因融资租赁合同为持续性合同,合同解除不具有溯及力,故当事人已经履行的不再返还和恢复原状,但尚未履行的可以终止履行。对出租人而言,尚未支付的租金可以不再支付,相应地,承租人对租赁物也无权继续占有,应返还给出租人。因租赁物已经损毁、灭失,造成了客观上的返还不能,故承租人应承担代物返还义务,将租赁物折价后的价值金额返还给出租人,即此时出租人能够获得的仅为租赁物自身的价值。由此可见,适用风险负担规则还是合同解除制度,主要差异在于对出租人的利润损失是否予以补偿。

对于出租人利益补偿标准的这种差异,在过去融资租赁司法解释制定过程中就存在两种意见。第一种观点认为就,融资租赁合同中的风险即租金风险,既然风险由承租人负担,承租人就应对出租人的全部损失予以补偿,包括租金在内的可得利益损失均属补偿范围,这是风险负担原则的应有之义。此种见解实质是主张二者竞合时应适用风险负担制度。第二种观点认为,承租人对租赁物意外损毁、灭失并无过错,让承租人承担出租人的全部租金损失,相当于使其负担了与严重违约而解除合同时相同的法律后果,这样既不利于公平分配双方损失,也不利于引导当事人诚信守约。因此,两者竞合时应按合同解除的后果进行处理,承租人仅需补偿出租人的实际损失即可。

实务中倾向第二种意见,根据利益平衡原则,对规范竞合时的法律适用和出租人利益如何补偿问题作出了规定,以此统一司法尺度。作出此种选择,主要考虑了以下两点:(1)风险负担和合同解除竞合时,如何选择和适用规则,涉及价值衡量问题,需要考量在融资租赁这种特殊的交易形式下,适用哪一项制度更有利于保障和实现公平。从规则设立的初衷考察,风险负担规则和合同解除制度无疑都体现了公平价值,都具有制度上的合理性,但在具体适用于融资租赁交易时,二者确实存在程度上的差异。风险负担规则体现的是风险与利益相一致原则,但在出租人和承租人双方均无归责事由的情况下,如无特殊约定的情形下让承租人承担全部租金风险,则其不但要承受租赁物自身的损失,而且要负担出租人的利润损失,而出租人却不承担租赁物意外损毁、灭失的任何不利后果,这对承租人不免过于严苛,负担过重。如适用解除制度,承租人承担的是返还原物的义务,因返还不能而代之以折价补偿,利润损失则由出租人合理分担,兼顾平衡了双方的利益,避免了风险负担规则下,对出租人完全保护、承租人完全负担损失的极端处理方式。因此,二者相比较下,适用解除制度更能体现公平原则。(2)租赁物意外毁损、灭失而导致合同目的落空时,如采用风险负担规则,由承租人承担租金损失,实际上是支持了出租人的全部可得利益，这与承租人违约而解除合同时承租人应承担的可得利益损失赔偿范围完全一致，亦即无论承租人是否违约、是否具有可归责事由，其承担的损失后果却是完全相同的，这显然不利于引导人们诚实守信，故不合理、不公平。因而，对融资租赁合同而言，两者竞合时，按合同解除制度进行处理更具有合理性。

综上所述，当租赁物意外损毁灭失，融资租赁合同可以解除时，立法赋予了当事人可以自由选择的两种处理方式：如当事人不行使解除权，则按风险负担规则处理，承租人应继续支付租金，实际上是承担了租金的风险，但却可以避免合同解除后一次性补偿出租人的资金压力，从而获得分期支付的期限利益；如当事人行使解除权，则风险负担规则不再适用，而代之以合同解除制度的登场，承租人应承担返还租赁物的义务，并承担返还不能时的代物清偿义务，即按租赁物的价值对出租人给予补偿。①

该条规定中的"解除"应当区分两种情形：如果构成不可抗力，当事人可以行使法定解除权；如果未达到不可抗力的标准，当事人可依据《民法典》第754条请求解除合同。合同解除后承租人负担的不再是全部租金的支付义务，而是结合租赁物的折旧情况给予出租人以相应的补偿款。由此确定的规则既不同于承租人承担租赁物的风险（支付全部租金），也不同于出租人承担租赁物的风险（免除承租人的剩余租金支付义务），而是参照有关不可抗力导致的合同责任相应减免，对承租人应付租金总额给予一定的减免，由出租人和承租人分摊损失。此种情形下，承租人并无过错，其承担的法律责任应有别于承租人违约致使租赁物毁损、灭失的情形，因此是给予"补偿"而非"赔偿"。补偿以出租人对合同未履行部分的实际损失为限，对合同未履行部分所包含的出租人的经营利润不再予以保护。

由于合同解除时承租人补偿出租人的租赁物价值中包含了剩余租赁期间租赁物的价值和租赁期满后租赁物的残值两部分，故在确定合理补偿时应当注意当事人约定租赁期限届满租赁物归承租人所有与归出租人所有的情形有所不同。

如果融资租赁合同约定租赁期满后租赁物的残值属于承租人所有，此时租金的计算考虑到了租赁物的购置成本以及预期利润，实质法律关系类似保留所有权的分期买卖。承租人可以在支付的补偿金额中扣除应属于自己的残值部分。②

如果融资租赁合同约定租赁期限届满租赁物归出租人所有，此种融资租赁模式更类似普通租赁合同。此时租金的计算并未充分考虑购买租赁物的全部成本，合同解除后依本条规定按照租赁物折旧情况确定补偿额可能有失公平，出租人可诉请承租人给予更为合理的补偿。具体而言，应当适用《民法典》第758条第2款之规定："当事人约定租赁期限届

---

① 黄薇主编：《中华人民共和国民法典合同编解读（下册）》，中国法制出版社2020年版，第894页；最高人民法院民事审判第二庭编著：《最高人民法院关于融资租赁合同司法解释理解与适用》，人民法院出版社2016年版，第233~235页。

② 黄薇主编：《中华人民共和国民法典合同编解读（下册）》，中国法制出版社2020年版，第895页；最高人民法院民事审判第二庭编著：《最高人民法院关于融资租赁合同司法解释理解与适用》，人民法院出版社2016年版，第233~235页。

满租赁物归出租人所有,因租赁物毁损、灭失或者附和、混合于他物致使承租人不能返还的,出租人有权请求承租人给予合理补偿。"①

在法律适用时,需要注意以下三方面问题:②

一、注意本条与《民法典》第 751 条、第 754 条的协调适用

本条与《民法典》第 751 条、第 754 条均涉及承租人占有、使用租赁物期间租赁物毁损、灭失的问题,审判实践中应当注意这些条款的协调适用。当租赁物因不可归责于当事人的事由而毁损、灭失时,如果出租人主张承租人支付全部租金,而承租人主张解除合同、免除租金支付义务,人民法院应当首先审查融资租赁合同是否具备解除条件,如果具备,则应优先适用合同解除制度,判令合同解除;合同解除后出租人的补偿问题则根据本条规定进行处理。

当然,如果此时承租人权衡利弊,决定放弃行使合同解除权,而出租人亦愿意依据《民法典》第 751 条规定请求承租人继续支付租金,除非法律另有规定或者当事人另有约定,人民法院应当支持出租人的诉请,由承租人继续享受按期支付租金的期限利益,而非一次性向出租人支付折价补偿款。

二、注意折价补偿所依据的租赁物价值的计算时点

如果当事人在租赁物已经毁损、灭失一段时间以后,且在解除权行使期间内主张解除融资租赁合同的,由于租赁物损毁、灭失与合同实际解除存在着时间差,租赁物的价值可能存在不同时间点的波动问题,需要确定以租赁物在哪个时点的价值作为计算依据。因为租赁物的折价补偿是因融资租赁合同解除而租赁物返还不能才产生的,当事人不行使解除权就不存在折价补偿的前提,所以应该按合同解除时租赁物的折旧率、市场价格等因素来计算租赁物的价值。

三、注意折价补偿时扣除租赁物在租赁期限届满时的残值

审判实践中需要注意的是,租赁期限届满后租赁物残值损失的负担问题,应依当事人约定期届满租赁物归属的不同而作出不同的清算。如果融资租赁合同事先约定租赁期限届满后租赁物的残值属于承租人所有,则承租人有权在向出租人支付的补偿金额中扣除应属于自己的租赁物的残值;反之,则不予扣除。

相关司法文件

《天津法院融资租赁合同纠纷案件审理标准》③(津高法发〔2017〕2 号,2018 年 4 月修订)

第 4.9.2 条 因租赁物交付承租人后意外毁损、灭失等不可归责于当事人的原因而解

---

① 最高人民法院民法典贯彻实施工作领导小组主编:《中华人民共和国民法典合同编理解与适用(三)》,人民法院出版社 2020 年版,第 1696~1699 页。
② 最高人民法院民法典贯彻实施工作领导小组主编:《中华人民共和国民法典合同编理解与适用(三)》,人民法院出版社 2020 年版,第 1731~1732 页;最高人民法院民事审判第二庭编著:《最高人民法院关于融资租赁合同司法解释理解与适用》,人民法院出版社 2016 年版,第 239~240 页。
③ 高憬宏主编:《人民法院司法标准化理论与实践(二)》,法律出版社 2018 年版,第 83 页。

除融资租赁合同的,支持出租人要求承租人按照租赁物折旧情况给予补偿的主张。

第七百五十七条　【租赁期满租赁物的归属】 出租人和承租人可以约定租赁期限届满租赁物的归属;对租赁物的归属没有约定或者约定不明确,依据本法第五百一十条的规定仍不能确定的,租赁物的所有权归出租人。

理解与适用

在融资租赁中,出租人保留租赁物所有权的主要功能是担保租金债权的实现。当租赁期限届满时,出租人购买租赁物的成本、利润大多已收回,此时租赁物的归属问题,首先应尊重当事人的意思自治。但如果当事人对租赁期限届满时租赁物的归属没有约定或者约定不明时,就产生了合同漏洞填补的问题,需要运用合同漏洞填补规则处理,即按照《民法典》第510条规定,可先由双方当事人协议补充明确租赁物归属;不能达成补充协议的,按照融资租赁合同相关条款或者交易习惯确定租赁物归属。如果合同双方当事人既不能就租赁物的归属达成补充协议,又不能根据合同有关条款或者交易习惯确定租赁物归属时,则租赁物的所有权归出租人享有。这是因为,在租赁期间,出租人是租赁物的所有权人,当融资租赁期限届满时,租赁物本身仍然具有残值,如果承租人未支付名义货价(租赁物残值),那么即使名义货价数额很小,承租人也不能取得租赁物的所有权,租赁物所有权仍归出租人享有。①

相关法律法规

1.《民法典》(2020年5月28日)

第五百一十条　【约定不明时合同内容的确定】 合同生效后,当事人就质量、价款或者报酬、履行地点等内容没有约定或者约定不明确的,可以协议补充;不能达成补充协议的,按照合同相关条款或者交易习惯确定。

2.《民用航空法》(2021年4月29日)

第三十条 融资租赁期满,承租人应当将符合本法第二十九条规定状态的民用航空器退还出租人;但是,承租人依照合同行使购买民用航空器的权利或者为继续租赁而占有民用航空器的除外。

---

① 最高人民法院民法典贯彻实施工作领导小组主编:《中华人民共和国民法典合同编理解与适用(三)》,人民法院出版社2020年版,第1733页。

⚙ 相关部门规章

1.《金融租赁公司管理办法》（国家金融监督管理总局令 2024 年第 6 号，2024 年 9 月 14 日）

第六十二条 金融租赁公司应当加强对租赁期限届满返还或因承租人违约而取回的租赁物的风险管理，建立完善的租赁物变卖及处理的制度和程序。

2. 银保监会《融资租赁公司监督管理暂行办法》（银保监发〔2020〕22 号，2020 年 5 月 26 日）

第二十条 融资租赁公司应当加强对租赁期限届满返还或因承租人违约而取回的租赁物的风险管理，建立完善的租赁物处置制度和程序，降低租赁物持有期风险。

⚙ 相关国际公约

1.《国际融资租赁公约》（1988 年 5 月 28 日通过）

第九条

2. 当租赁协议终止时，承租人除非行使购买权或行使凭另一租期的租赁协议而持有设备的权利，否则应以前款规定状态把设备退还给出租人。

2.《租赁示范法》（2008 年 11 月 13 日通过）

第十八条 承租人维护和返还租赁物的义务

2. 租赁到期或终止时，承租人应当按上述规定的状态将租赁物返还给出租人，但承租人行使其购买权或因租期续展而继续占有租赁物的除外。

第二十四条 租赁到期或终止后，出租人有权取回租赁物，并且有权处分租赁物。

第七百五十八条 【承租人请求部分返还租赁物价值】 当事人约定租赁期限届满租赁物归承租人所有，承租人已经支付大部分租金，但是无力支付剩余租金，出租人因此解除合同收回租赁物，收回的租赁物的价值超过承租人欠付的租金以及其他费用的，承租人可以请求相应返还。

当事人约定租赁期限届满租赁物归出租人所有，因租赁物毁损、灭失或者附合、混合于他物致使承租人不能返还的，出租人有权请求承租人给予合理补偿。

一、清算规则

理解与适用

出租人所有权是一项受其租金债权严格制约的权利。在融资租赁交易中，与租赁物所有权有关的风险与收益实质上都转移给了承租人，出租人所有权仅具有担保意义。因此，当承租人违约时，出租人有权解除合同，收回租赁物，并要求承租人赔偿损失。融资租赁中租金的本质为还本付息，进而赎回租赁物实现担保物权，因此禁止流质流押情形的发生。但鉴于出租人对租赁物享有的权利实质为担保物权，仅在形式上表现为所有权，出租人于承租人不能支付租金的情形下，解除融资租赁合同、收回租赁物无须经过人民法院同意，但应当进行强制清算。如果不进行强制清算，那么出租人中途解约取得的利益，比合同全部履行本应得到的利益还要多。这不仅不公平，而且由于利益驱动，会使出租人尽量使用解除合同的方法，不利于融资租赁合同关系的稳定。①

出租人收回租赁物后，无论是按所评估的公允价值，还是按公开拍卖的实际所得，都不直接归出租人所有。这一所得必须与出租人的租金债权，即承租人尚未付清的租金及其他费用作比较。只有出租人收回租赁物的所得等于其租金债权的部分时，才归出租人所有，超出租金债权部分，是出租人多得的利益，应返还承租人，或者充作承租人支付的损害赔偿金，不足部分仍应由承租人清偿。②

相关法律法规

《民法典》（2020年5月28日）

第四百一十三条 【抵押财产变价款的归属原则】抵押财产折价或者拍卖、变卖后，其价款超过债权数额的部分归抵押人所有，不足部分由债务人清偿。

第四百三十八条 【质押财产变价款归属原则】质押财产折价或者拍卖、变卖后，其价款超过债权数额的部分归出质人所有，不足部分由债务人清偿。

第四百五十五条 【留置权实现方式】留置财产折价或者拍卖、变卖后，其价款超过债权数额的部分归债务人所有，不足部分由债务人清偿。

第六百四十三条 【买受人回赎权及出卖人再出卖权】出卖人依据前条第一款的规定取回标的物后，买受人在双方约定或者出卖人指定的合理回赎期限内，消除出卖人取回

---

① 黄薇主编：《中华人民共和国民法典合同编解读（下册）》，中国法制出版社2020年版，第898页。

② 黄薇主编：《中华人民共和国民法典合同编解读（下册）》，中国法制出版社2020年版，第898页。最高人民法院民法典贯彻实施工作领导小组主编：《中华人民共和国民法典合同编理解与适用（三）》，人民法院出版社2020年版，第1743页。

标的物的事由的，可以请求回赎标的物。

买受人在回赎期限内没有回赎标的物，出卖人可以以合理价格将标的物出卖给第三人，出卖所得价款扣除买受人未支付的价款以及必要费用后仍有剩余的，应当返还买受人；不足部分由买受人清偿。

第七百六十六条　【有追索权保理】 当事人约定有追索权保理的，保理人可以向应收账款债权人主张返还保理融资款本息或者回购应收账款债权，也可以向应收账款债务人主张应收账款债权。保理人向应收账款债务人主张应收账款债权，在扣除保理融资款本息和相关费用后有剩余的，剩余部分应当返还给应收账款债权人。

❋ 相关建议答复

《最高人民法院对十三届全国人大四次会议第 9022 号建议的答复》（2021 年 7 月 5 日）

一、关于出租人取回租赁物与主张赔偿损失是分别基于物权和债权而提出的不同主张，不存在抵偿关系的问题。从立法的体系角度看，根据《民法典》融资租赁合同章的规定，当事人可以在承租人逾期支付租金（第七百五十二条）、承租人擅自处分租赁物（第七百五十三条）、租赁合同无法继续履行（第七百五十四条）等情形下，行使合同解除权。根据您在建议中关注的问题，我们主要分析承租人逾期支付租金构成根本违约，出租人依据《民法典》第七百五十二条请求支付全部剩余未付租金，也可以解除合同，收回租赁物时，因租赁物的归属不同，可能产生的不同法律后果。如果出租人选择请求承租人支付全部剩余未付租金、其他费用和损失（未付租金占有的利息损失等）的，并不适用《民法典》第七百五十八条的清算规则。根据《最高人民法院关于适用〈中华人民共和国民法典〉有关担保制度的解释》第六十五条的规定，出租人可以在诉讼中主张以拍卖、变卖租赁物所得的价款受偿，也可以请求参照"实现担保物权案件"程序拍卖、变卖租赁物所得的价款受偿。拍卖、变卖租赁物发挥的是担保功能。租赁物已经登记的，出租人享有优先权，租赁物未登记的，不能对抗善意第三人。

如果出租人选择请求解除合同，收回租赁物的，出租人收回租赁物的法律后果会因为租赁物归属不同而有所区别。《民法典》融资租赁合同章分别规定了租赁物归属出租人或者承租人的不同情形。一是《民法典》第七百五十七条规定，当事人可以约定租赁物归承租人所有；《民法典》第七百五十九条规定，当事人约定支付象征性价款时视为约定的租金义务履行完毕后租赁物归承租人。二是根据《民法典》第七百五十七条规定，当事人可以约定租赁物归出租人所有，在当事人没有约定或者约定不明的情形下认定租赁物归出租人。

进一步而言，当事人约定租赁物归承租人的情况下，应依据《民法典》第七百五十八条规定适用清算规则，我们需要判断的是合同约定应付租金、其他费用包括有证据证明的实际损失与承租人已支付租金、租赁物残值之间是否存在差额。如果出租人收回的租赁物残值大于承租人欠付租金、其他费用包括有证据证明的实际损失，承租人有权向出租人主张返还剩余部分价值；如果出租人收回的租赁物残值等于承租人欠付租金、其他费用包括有证据证明的实际损失，出租人不再予以返还；如果出租人收回的租赁物残值小于承租人欠付租金、其他费用包括有证据证明的实际损失，承租人还需要向出租人继续承担差额补足的责任。

在合同约定承租人享有留购选择权的情况下，虽然当事人没有明确约定租赁物的归属，但《民法典》第七百五十九条对当事人的意思表示作出了解释和补充，承租人享有留购选择权视为约定的租金义务履行完毕后租赁物归承租人。然而承租人逾期不支付租金，承租人行使留购选择权的条件不具备，则应依据《民法典》第七百五十七条的规定，当事人对租赁物归约定不明确的，租赁物的所有权归出租人。此时，因承租人逾期不支付租金，出租人有权解除合同收回租赁物。承租人返还租赁物是出租人行使物上返还请求权的结果，租赁物并不具有担保功能，并不适用《民法典》第七百五十八条规定的清算规则。

二、关于承租人已支付大部分租金，但无力支付剩余租金的判断标准难以认定和操作的问题。如上所述，在合同约定租赁物归承租人的情况下，承租人逾期不支付租金只要符合《民法典》第七百五十二条规定，出租人就有权主张解除合同收回租赁物，进而依据《民法典》第七百五十八条规定适用清算规则。"承租人已经支付大部分租金但无力支付剩余租金"的规定并非限制出租人行使合同解除权的条件，出租人行使合同解除权的法律依据是《民法典》第七百五十二条。在适用《民法典》第七百五十八条时，如果出租人收回的租赁物残值大于承租人欠付租金、其他费用包括有证据证明的实际损失的，承租人有权向出租人主张返还抵扣的剩余部分价值。

三、关于收回租赁物的价值应考虑到可变现价值，而非简单机械地进行租赁物价值评估，否则极易造成不公平的问题。如建议中所说，出租人的本意并非取得租赁物的所有权，而是要回收融资款并取得相应的利息，但由于承租人已不能继续支付租金及相关费用了，为了保障出租人的利益，出租人不仅有权主张承租人承担剩余未支付租金及相关费用部分的损失，还有权通过解除合同收回租赁物残值来弥补自身的损失。出租人一旦选择收回租赁物，则要适用《民法典》第七百五十八条租赁物担保功能的清算规则。《最高人民法院关于适用〈中华人民共和国民法典〉有关担保制度的解释》第六十五条第二款规定了租赁物价值确定的机制：融资租赁合同有约定的按照其约定；融资租赁合同未约定或者约定不明的，可以根据约定的租赁物折旧以及合同到期后租赁物的残值来确定；如果根据前述方法仍难以确定，或者当事人认为依照前述方法确定的价值严重偏离租赁物实际价值的，根据当事人的申请可以委托有资质的机构评估确定，而并非直接引入评估机构对租赁物进行价值评估。

至于能否以租赁物实际市场变现价值作为租赁物价值的确定依据，即能否采取建议中所说的参照所有权保留买卖合同中以"出卖的合理价格"为准确定标的物价值的做法。这涉及出租人能否自力取回租赁物并向第三人转卖的问题，根据《民法典》第六百四十二条、第六百四十三条规定，所有权保留买卖交易中，当事人可以协商取回标的物。从实践情况看，出卖人不能通过协商一致取回标的物，往往是因为买受人已经支付了大部分价款，且标的物的价值又超过了买受人欠付的价款及其他费用，买受人担心出卖人取回标的物后自己无力依据《民法典》第六百四十三条进行回赎，而出卖人又不能以合理价格转卖标的物并将超出欠付价款及其他费用的部分返还买受人，将导致买受人的利益受损。因此，《民法典》一方面允许当事人通过非诉程序实现担保物权，另一方面允许出卖人通过诉讼程序取回标的物。而《民法典》第七百五十八条明确了收回租赁物的前提是解除合同，这一规定的法理基础是只有在承租人严重违约导致合同解除的前提下，出租人才能行使取回权，并且是充分考虑到融资租赁交易中承租人的正常生产经营和租赁物使用价值的发挥。在当事人无法就合同解除和租赁物收回达成一致意见时，出租人可起诉到人民法院，请求解除合同、收回租赁物并在执行程序中通过拍卖、变卖等方式确定租赁物价值，或者依据《最高人民法院关于适用〈中华人民共和国民法典〉有关担保制度的解释》第六十五条第一款规定请求参照《中华人民共和国民事诉讼法》"实现担保物权案件"的有关规定处理，而不提倡出租人在合同尚未解除的情形下，采取自力取回的方式……

❂ 相关司法文件

《天津法院融资租赁合同纠纷案件审理标准》[①]（津高法发〔2017〕2号，2018年4月修订）

第2.5条 合同履行期届满，出租人请求支付合同约定的全部已到期租金，又请求解除合同、收回租赁物，予以受理。

收回租赁物的价值超过承租人欠付的租金以及其他费用的，承租人通过反诉或者另诉方式主张。

❂ 相关典型案例

案例47 融资租赁合同解除后的违约责任认定[②]

【基本案情】

2017年9月，庞某运与某租赁公司签订《车辆租赁合同》，约定由出租人购买小型轿车出租给承租人，车辆总价28万元，租赁期自2017年9月起至2020年10月止，每月租金10725元；如承租人不按期给付租金，出租人可以解除合同收回车辆，但承租人仍应支付车辆收回前的租金和违约金；合同履行期满，车辆所有权归承租人；承租人向出租人支付2.8万元作为保证金，如承租人违约，则出租人有权予以没收。因庞某运逾期未支付租金，某租赁公司于2020年6月取回车辆并处理出售车辆获9.8万元，并诉至法院，请求判令解除《车辆租赁合同》，庞某运支付租金，没收保证金等。

【裁判结果】

广州市中级人民法院生效判决认为，庞某运没有依约支付租金，不履行主要合同义

[①] 高憬宏主编：《人民法院司法标准化理论与实践（二）》，法律出版社2018年版，第80页。
[②] 参见广东省高级人民法院2022年1月发布的《广东法院贯彻实施民法典典型案例（第二批）》，载微信公众号"广东省高级人民法院"（2022年1月12日），https://mp.weixin.qq.com/s/3pBJJ9u4-hTzZrIH3H_vFA，最后访问时间：2024年8月1日。

务，已构成重大违约，某租赁公司可以行使法定解除权并要求庞某运赔偿解除合同造成的租金损失。根据公平原则及损失填补原则，9.8 万元车辆处理款应当用于抵扣庞某运应付租金。同时，根据《最高人民法院关于适用〈中华人民共和国民法典〉时间效力的若干规定》第 3 条及《民法典》第 566 条第 2 款规定，本案对某租赁公司诉讼请求包含的违约责任款项可以一并处理。2021 年 9 月 16 日，判决解除涉案《车辆租赁合同》，庞某运向某租赁公司支付租金 57155 元；某租赁公司依约没收保证金 2.8 万元。

【典型意义】

对于合同解除权人是否可以一并主张违约责任，原《合同法》并无规定，《民法典》新增规定明确了合同因违约解除的，解除权人可以请求违约方承担违约责任。本案适用《民法典》新规定对违约责任款项进行一并处理，依法支持合同解除权人同时主张违约金条款，有力地维护了守约方的合法权益，保障了诚信公平的市场交易秩序。

二、本条涉及的"其他费用"

（一）服务费、手续费、咨询费等费用

相关法律法规

《上海市促进浦东新区融资租赁发展若干规定》（上海市人民代表大会常务委员会公告〔十六届〕第八号，2023 年 10 月 1 日）

第十四条 融资租赁公司应当规范服务收费。融资租赁公司与承租人就收取服务费用作出约定的，应当按照约定提供质价相符的服务，不得违反约定将应由出租人承担的义务转化为有偿服务。融资租赁公司应当依法向承租人明示服务费、手续费、咨询费等各类费用收费情况。

相关部门规章

《金融租赁公司管理办法》（国家金融监督管理总局令 2024 年第 6 号，2024 年 9 月 14 日）

第二十九条 符合条件的金融租赁公司可以向国家金融监督管理总局及其派出机构申请经营下列本外币业务：

（一）在境内设立项目公司开展融资租赁业务；

（二）在境外设立项目公司开展融资租赁业务；

（三）向专业子公司、项目公司发放股东借款，为专业子公司、项目公司提供融资担保、履约担保；

（四）固定收益类投资业务；

（五）资产证券化业务；

（六）从事套期保值类衍生产品交易；

（七）提供融资租赁相关咨询服务；

（八）经国家金融监督管理总局批准的其他业务。

金融租赁公司开办前款所列业务的具体条件和程序，按照国家金融监督管理总局有关规定执行。

第六十九条 金融租赁公司提供融资租赁相关咨询服务，应当遵守国家价格主管部门和国家金融监督管理总局关于金融服务收费的相关规定。坚持质价相符等原则，不得要求承租人接受不合理的咨询服务，未提供实质性服务不得向承租人收费，不得以租收费。

第七十二条 金融租赁公司应当充分尊重承租人的公平交易权，对与融资租赁业务有关的担保、保险等事项进行明确约定，并如实向承租人披露所提供的各类金融服务内容和实质。

金融租赁公司不得接受无担保资质、不符合信用保险和保证保险经营资质的合作机构提供的直接或变相增信服务，不得因引入担保增信放松资产质量管控。

第七十三条 金融租赁公司以自然人作为承租人的，应当充分履行告知义务，保障承租人知情权等各项基本权利，遵循真实性、准确性、完整性和及时性原则，向承租人充分披露年化综合成本等可能影响其重大决策的关键信息，严禁强制捆绑销售、不当催收、滥用承租人信息等行为。

金融租赁公司应当使用通俗易懂的语言和有利于承租人接收、理解的方式进行产品和服务信息披露，经承租人确认后，对销售过程进行录音录像等可回溯管理，完整客观记录关键信息提示、承租人确认和反馈等环节。

❀❀ 相关行政规范性文件

1. 银保监会《融资租赁公司监督管理暂行办法》（银保监发〔2020〕22号，2020年5月26日）

第五条 融资租赁公司可以经营下列部分或全部业务：

（一）融资租赁业务；

（二）租赁业务；

（三）与融资租赁和租赁业务相关的租赁物购买、残值处理与维修、租赁交易咨询、接受租赁保证金；

（四）转让与受让融资租赁或租赁资产；

（五）固定收益类证券投资业务。

第二十五条 融资租赁公司和承租人应对与融资租赁业务有关的担保、保险等事项进行充分约定，维护交易安全。

2.《中国银监会关于整治银行业金融机构不规范经营的通知》（银监发〔2012〕3号，2012年1月20日）

以质定价。服务收费应合乎质价相符原则，不得对未给客户提供实质性服务、未给客户带来实质性收益、未给客户提升实质性效率的产品和服务收取费用。

3.《中国银保监会关于规范银行服务市场调节价管理的指导意见》（银保监规〔2022〕2号，2022年5月1日）

（十二）银行不得利用价格手段开展不正当竞争；对于融资类业务，不得未提供实质性服务而收取费用；在设置价格区间时，不得过度扩大上下限间隔、规避价格管理要求；在基于外部成本定价时，不得收取显著高于外部服务价格标准的费用；不得对服务项目重复收取费用，或以降价为由降低服务质量或数量。

（三十）经银保监会及其派出机构依法批准设立的政策性银行、商业银行、农村中小银行机构、消费金融公司、汽车金融公司、金融租赁公司和货币经纪公司适用本指导意见，外国银行分行参照执行。

4.《国家金融监督管理总局关于促进金融租赁公司规范经营和合规管理的通知》（金规〔2023〕8号，2023年10月27日）

加强行刑衔接，认真落实案件线索移送机制，在监管工作中发现大股东恶意掏空、工作人员利用职务之便索取、收受贿赂或者违反规定收受各种名义的回扣、手续费。贪污、挪用，侵占金融机构或者客户资金等涉嫌违反犯罪的问题线索，要及时移送纪检监察机关或司法机关。

5.《天津市金融局关于引导我市融资租赁公司合规发展汽车融资租赁业务的意见》（津金监局〔2020〕8号，2020年8月27日）

7. 应以合理方式确保承租人知悉并明确同意融资租赁合同中约定的各项费用收费水平、收取时点和收取方式，利息不得从租金本金中先行扣除。

6.《上海市融资租赁公司监督管理暂行办法》（沪金规〔2021〕3号，2021年7月26日）

第二十八条 融资租赁公司向客户收取的租金、费用、违约金等，应当事先告知并明确约定具体金额或收取标准；有关法律法规、行业监管制度或司法解释有明确标准的，不得超出规定标准。

7. 上海市地方金融监督管理局《上海市融资租赁公司、商业保理公司涉个人客户相关业务规范指引》（沪金规〔2021〕1号，2021年5月1日）

第二十二条【费用收取】 本市融资租赁公司、商业保理公司向个人客户收取的租金、费用、违约金等，应当事先充分告知并明确约定具体金额或收取标准；有关法律法规、行业监管制度或司法解释有明确标准的，不得超出规定的标准。

8. 上海市地方金融监督管理局《关于进一步促进本市融资租赁公司、商业保理公司、典当行等三类机构规范健康发展强化事中事后监管的若干意见》（沪金规〔2019〕1号，2019年5月28日）

　　第十三条第七项　不得超过有关行业监管制度规定的标准向客户收取费用、利息；相关行业监管制度没有具体规定的，向客户收取费用、利息不得违反最高人民法院关于民间借贷利率的相关规定。

9.《江苏省融资租赁公司监督管理实施细则（试行）》（苏金监规〔2021〕1号，2021年5月6日）

　　第十二条　融资租赁公司不得开展下列业务或者活动：

　　……

　　（三）实际收取的租金、赔偿金、违约金等费用违反国家有关规定；

　　……

　　第十三条　融资租赁公司开展汽车融资租赁业务的，应当遵守以下规定：

　　……

　　（四）规范租金管理，明确告知融资金额项目明细与具体金额，月租金还款日期与金额等各项费用金额，以及违约情形下需承担的违约责任及相关费用构成；

　　……

10.《广东省地方金融监督管理局关于规范融资租赁公司汽车融资租赁业务的通知》（粤金监函〔2021〕63号，2021年3月9日）

　　第一条第三款　融资租赁公司经营车辆售后回租业务时，不得先行在支付款中扣除利息等费用。开展汽车融资租赁业务，在业务正常完结时，应遵照合同条款及时履行车辆解押义务，不得收取不合理的额外费用。

11. 福建省地方金融监督管理局《福建省融资租赁公司监督管理实施细则（试行）》（闽金管规〔2022〕2号，2022年1月25日）

　　第九条　融资租赁公司不得有下列业务或活动：

　　……

　　（三）实际收取的租金、赔偿金、违约金等费用违反国家有关规定；

　　……

相关行业规定

1. 中国银行业协会《关于规范金融租赁公司服务收费的倡议书》（2023 年 3 月 2 日）

为深入贯彻习近平新时代中国特色社会主义思想，践行金融工作的政治性、人民性，引导金融租赁公司回归本源，规范服务收费，支持实体经济健康发展，中国银行业协会向金融租赁公司发出如下倡议。

一、建立健全管理机制

落实党中央、国务院和银保监会的政策要求，切实加强公司治理和内控机制建设，将履行社会责任、减费让利融入内部管理制度、流程和业务操作全过程。

金融租赁公司指定牵头部门负责服务价格管理工作，建立健全服务价格内部审批和管理制度，树立科学合理的绩效考核导向，规范服务收费会计核算，明确小微企业、三农等领域的优惠政策、优惠方式和优惠额度。

二、加强服务收费管理

经济咨询服务收费遵循质价相符的原则，如未能向承租人提供实质性服务、带来实质性收益或提升实质性效率，原则上不向承租人收取费用。不将本应由金融租赁公司承担的职责、提供融资租赁服务中的应有内容转化为有偿服务，不将经营成本以费用形式转嫁承租人，不将本应自行承担的服务费用转嫁给承租人。

金融租赁公司遵循利费分离原则，严格区分利息性收入和手续费、服务费等费用性收入，不将租金分解为费用收取。在提供服务过程中，完整保存相关服务协议和服务记录，对于未留存服务协议和服务记录的，不收取费用。

三、公开披露价格信息

按照监管要求在公司营业场所或公司官方网站主页等醒目位置公示公司的服务项目、收费标准等信息，在业务谈判、合同签约及履行过程中充分履行告知义务，保障承租人的知情权、自主选择权和公平交易权。

四、强化第三方机构管理

规范第三方合作机构管理制度，以适当形式要求第三方机构向承租人充分告知其所提供服务的收费标准。定期评估第三方机构业务风险和规范性，及时掌握相关机构收费情况，对擅自以金融租赁公司名义收费或收费水平过高的第三方机构，及时采取中止合作、调整出库或追究法律责任的应对措施。

中国银行业协会倡议金融租赁公司维护承租人权益，尽量减少服务收费项目、降低收费标准，逐步取消手续费等缺乏实质性服务的收费项目。

相关司法文件

1. 最高人民法院《关于依法审理和执行民事商事案件保障民间投资健康发展的通知》（法〔2016〕334号，2016年9月2日）

六、依法妥善审理融资纠纷案件，缓解融资难、融资贵问题

依法审理涉及非公有制经济主体的金融借款、融资租赁、民间借贷等案件，依法支持非公有制经济主体多渠道融资。根据物权法定原则的最新发展，正确认定新型担保合同的法律效力，助力提升非公有制经济主体的融资担保能力。正确理解和适用《最高人民法院关于审理民间借贷案件适用法律若干问题的规定》，在统一规范的金融体制改革范围内，依法保护民间金融创新，促进民间资本的市场化有序流动，缓解中小微企业融资困难的问题。严格执行借贷利率的司法保护标准，对商业银行、典当公司、小额贷款公司等以利息以外的不合理收费变相收取的高息不予支持。要区分正常的借贷行为与利用借贷资金从事违法犯罪的行为，既要依法打击和处理非法集资犯罪，又要保护合法的借贷行为，依法维护合同当事人的合法权益。在案件审理过程中，发现有高利率导致的洗钱、暴力追债、恶意追债等犯罪嫌疑的，要及时将相关材料移交公安机关，推动形成合法有序的民间借贷市场。

2.《全国法院民商事审判工作会议纪要》（法〔2019〕254号，2019年11月8日）

51.【变相利息的认定】金融借款合同纠纷中，借款人认为金融机构以服务费、咨询费、顾问费、管理费等为名变相收取利息，金融机构或者由其指定的人收取的相关费用不合理的，人民法院可以根据提供服务的实际情况确定借款人应否支付或者酌减相关费用。

3. 最高人民法院《关于充分发挥司法职能作用助力中小微企业发展的指导意见》（法发〔2022〕2号，2022年1月13日）

9. 依法妥善审理金融借款纠纷案件。对金融机构违反普惠小微贷款支持工具政策提出的借款提前到期、单方解除合同等诉讼主张，不予支持；对金融机构收取的利息以及以咨询费、担保费等其他费用为名收取的变相利息，严格依照支农支小再贷款信贷优惠利率政策的规定，对超出部分不予支持。

4. 上海市高级人民法院《融资租赁合同纠纷类案办案要件指南》[①]（2020年5月18日）

（五）咨询费或管理费等各种费用的认定

【审查要点】

咨询费、管理费、服务费、顾问费等，实际上是融资租赁交易定价方式的组成部分。

[①] 茆荣华主编：《上海法院类案办案要件指南》（第1册），人民法院出版社2020年版，第80页。

出租人提供证据证明其为承租人提供了何种服务以收取该部分款项的，应予认可；出租人不能提供相应证据的，应结合融资额及出租人收取的各类款项的总金额等综合考量。

5. 上海市高级人民法院《关于司法服务保障经济社会高质量发展的若干意见》（2023 年 3 月 3 日）

缓解中小微企业融资难题。依法妥善审理金融借款合同、融资租赁合同、保理合同、典当合同、保证合同、实现担保物权等与企业融资有关的金融纠纷案件。积极运用司法手段，合理引导金融业服务实体经济。规范商业银行、融资租赁公司、保理公司、典当公司、小额贷款公司等金融机构和市场主体的经营行为，严格审查以服务费、咨询费等各类费用为名变相收取高额利息的行为，对超出法律法规允许范围的利息部分，依法不予保护。引导金融机构在合同中向借款人明确提示说明年化利率。对企业因受疫情影响较大而引发的金融借款纠纷，审慎审查金融机构提出的预期违约、合同加速到期、单方解除合同等主张。对于暂时陷入困境但尚具备一定清偿能力的中小微企业，积极运用金融纠纷多元化解机制，发挥专业调解组织作用，促成金融机构以展期续贷、分期还款协议等方式协商解决纠纷，努力降低企业融资、解纷成本。

相关典型案例

案例 48 出租人收取的服务费等费用系变相利息，不予支持[①]

【裁判要旨】

融资租赁公司以收取服务费、代收保险费为名扣收的款项属于变相高息，增加了中小微企业的融资成本，对融资租赁公司收取的变相利息不予支持。

【基本案情】

乙公司为中小微企业。甲租赁公司与乙公司签订了《买卖合同》，约定甲租赁公司向乙公司购买标的物并出租给乙公司，标的物价款为 100 万元。双方还签订了《融资租赁合同》，约定出租人根据承租人指定，购买租赁物并出租给承租人使用，约定逾期利息及违约责任，并约定每月租金金额。合同项下所有租赁物完成了交付，甲租赁公司扣除履约保证金 200000 元、服务费 38500 元、首付租金 11280 元、保险费 2642 元后，实际向乙公司支付款项仅为 747578 元。后乙公司无力还款，甲租赁公司起诉请求判令乙公司支付上述合同项下 19-35 期全部未付租金 509000 元及第 1-18 期租金逾期利息、违约金等。

[①] 参见广州市中级人民法院 2022 年 1 月发布的《中小微企业涉金融纠纷十大典型案例》，载微信公众号"广州市中级人民法院"（2022 年 1 月 20 日），https：//mp.weixin.qq.com/s/LaNgrTeNn2sSefe0QVP--w，最后访问时间：2024 年 8 月 6 日。最高人民法院 2022 年 4 月发布的《人民法院助力中小微企业发展典型案例》，载微信公众号"最高人民法院"（2022 年 4 月 19 日），https：//mp.weixin.qq.com/s/igAfoJCu4m5BkhEXYlO-Lg，最后访问时间：2024 年 8 月 6 日。

【法院裁判】

一审判决认定乙公司应付租金总额仅扣除了已支付的租金、履约保证金200000元、首付租金11280元，并未扣除服务费38500元及保险费2642元。二审法院认为，因甲租赁公司在本案中未能举证就其扣收的服务费具体提供了何种服务，也未能举证证明其代收保险费后缴纳了相应保险项目费用，故以收取服务费、代收保险费为名扣收的款项属于变相高息，增加了乙公司的融资成本，不应得到支持，上述费用亦应在未付租金中予以扣减，乙公司向甲租赁公司应计付的违约金基数也应作相应调整，遂予以改判。

【典型意义】人民法院在审判工作中助力解决中小微企业融资贵的问题，依法审理融资纠纷，降低不合理的融资利率。对资金融出方收取的利息，以及以咨询费、担保费等其他费用为名收取的变相利息，依法严格认定，对超出法定保护范围的部分不予支持。本案中，租赁公司收取服务费、代收保险费，但未能举证就其扣收的服务费具体提供了何种服务，也未能举证证明其代收保险费后实际缴纳了相应保险项目费用，增加了用款企业的融资成本，人民法院依法认定该等费用属于变相高息，不予支持，降低了中小微企业的融资成本，解决了中小微企业发展面临的资金困难。

案例49 融资租赁合同中服务费及搭售保险的认定[①]

【裁判要旨】

融资租赁合同纠纷中，承租人认为出租人收取的服务费不合理的，人民法院可以根据出租人提供服务的实际情况确定承租人应否支付或者予以酌减。对于服务内容仅为出租人开展融资租赁业务所作的必要的尽职调查或业务推介，并非根据承租人的需要且为承租人利益进行的服务，该服务费应认定为不合理。关于搭售保险，应根据具体保险品种及所保障的权益类型予以区分，若确实为降低租赁物毁损、灭失的风险，保障融资租赁合同全面履行的，则应予支持；若与履行融资租赁合同无关，不合理搭售其他保险的，则不予支持。

【基本案情】

2022年10月25日，某加工厂以售后回租的方式融资2000000元，与某融资租赁公司签订《融资租赁合同》及《买卖合同》，租赁期间自2022年10月31日起至2025年10月30日止，租金按租金附表按期支付。某加工厂同意在履行合同约定义务时交付履约保证金400000元，同意向某融资租赁公司支付服务费用60000元（含税费）。某融资租赁公司扣除上述履约保证金、服务费和首付租金后，于2022年10月31日向某加工厂汇款1518148元。合同签订后，某加工厂未支付租金，并于2023年5月6日办理注销登记。某加工厂系个体工商户，经营者为路某波。某融资租赁公司请求判令路某波支付全部未付租

[①] 参见石家庄金融法庭2024年1月发布的《石家庄金融法庭2023年度十大典型案例》，载微信公众号"石家庄桥西法院"（2024年1月26日），https://mp.weixin.qq.com/s/VmKuH4bWa_En92-U7ylY3Q，最后访问时间：2024年8月6日。

金 1964200 元。路某波认为，某融资租赁公司要求某加工厂缴纳 400000 元的保证金及 60000 元的咨询服务费不合理，应予扣除。在某融资租赁公司审查某加工厂资质期间，要求购买保险两份，分别是某甲保险公司一份，保险费 15587 元；某乙保险公司一份，保险费 7603 元，并购买营养品 5004 元，这些费用应从所还款项中扣除。

【裁判结果】

石家庄市桥西区人民法院经审理认为，在本案融资租赁合同关系中，出租人的利润已包含在租金中，某融资租赁公司陈述的服务内容实为开展融资租赁业务前正常审核及介绍其业务内容的工作，未对承租人进行其他咨询服务，其收取承租人服务费用 60000 元，实为不合理地提高租金标准，不应得到支持。按照双方约定，路某波共计应支付租金 2364200 元，某融资租赁公司认可将预扣的履约保证金 400000 元自约定租金中扣除，再扣除某融资租赁公司收取的服务费 60000 元，路某波欠付某融资租赁公司租金 1904200 元。在融资租赁交易中，租赁物由承租人占有使用，一旦毁损、灭失将严重影响出租人的权利实现，出租人基于对自己利益的保护，约定让承租人为租赁物购买保险，不违反法律规定，故承租人支付的租赁物费用补偿损失保险费 2366 元、机器损坏保险费 9352 元、财产一切险保险费 6235 元应当由路某波承担。关于个人意外伤害保险费 5237 元，融资租赁业务个人意外伤害保险保险单显示本保险合同身故、全残保险金的第一受益人为保险单载明的融资租赁公司，出租人让承租人投保以出租人为受益人的人身意外伤害险，与合同目的不符且易引发道德风险，故该项费用不应由被告承担。关于营养品，虽然系某融资租赁公司推荐购买，但鉴于路某波已无法返还该物品，故支付的对价 5004 元不应予以抵扣。故判决：路某波向某融资租赁公司支付租金 1898963 元。一审判决作出后，路某波不服，提起上诉。因路某波未在规定时间内交纳上诉费，经依法传唤也未到庭参加诉讼，故石家庄市中级人民法院裁定按路某波自动撤回上诉处理。

【典型意义】

促进融资租赁公司合规经营，降低企业融资成本，保护中小企业及个体经营者合法权益是优化营商环境的现实需要。有的融资租赁公司在与承租人签订融资租赁合同时，除了约定正常收取的租金外，还收取保证金、手续费、服务费等费用，甚至强制搭售保险、购买营养品等，变相提高了承租人的融资成本。本案中，融资租赁公司所谓服务仅为出租人开展融资租赁业务所作的必要的尽职调查或业务推介，并非根据承租人的需要且为承租人利益进行的服务，故对其收取的服务费，法院不予支持。关于搭售的保险等，应当审查其是否为避免租赁物毁损、灭失的风险以及保障融资租赁合同的履行所必须，否则亦不应得到支持。本案确立了对融资租赁公司收取的服务费是否合理以及搭售保险的认定标准，对于促使融资租赁公司回归服务实体经济的本源，保护承租人合法权益，促进融资租赁市场持续健康发展具有现实意义。

（二）首付款与首付租金

> **相关司法文件**

上海市高级人民法院《融资租赁合同纠纷类案办案要件指南》[①]（2020年5月18日）

（一）首付款的认定和裁判规则

【审查要点】

对于首付款是作为预付租金冲抵承租人所欠的租金，还是作为独立于租金而向出租人做出的额外支付，不能"一刀切"地机械认定，而应根据案情进行有针对性的审查和裁量。

1. 尊重当事人意思自治。审查合同中对首付款的约定，判别首付款是违约金（保证金）还是预付租金，前者独立于租金，一般不予在总租金中冲抵；后者属于总租金的一部分，应在总租金中冲抵。当发生承租人违约事件时，出租人要求将首付款优先抵扣违约金、迟延利息或作为总租金之外独立的一期租金抵扣的，应当具有合同依据。合同约定了首付款的性质、抵扣方式和顺序的，在该约定不违反法律规定的情况下，应从约定。

2. 若对首付款的性质约定不明，从格式条款审理原则以及公平角度考虑，应当将首付款纳入总租金范畴。此外，根据常理和一般商业惯例，预先缴纳的款项，可冲抵合同债务。

3. 若明确约定首付款属违约金性质，但并未发生约定的罚没该首付款的违约情形，从公平角度考虑，亦应将承租人已缴纳的首付款纳入总租金范畴，可冲抵合同债务。

4. 若将首付款认定为违约金（保证金），应对支付首付款的一方当事人进行释明，可由其自主选择是否对约定违约金过高提出抗辩。

在当事人启动违约金过高的抗辩程序后，在审查违约金是否属于过高范畴时，应根据《最高人民法院关于适用〈中华人民共和国合同法〉若干问题的解释（二）》第二十九条的规定以及上海市高级人民法院《关于商事审判中规范违约金调整问题的意见》的规定进行审理。

（二）首付租金较高的认定和裁判规则

【审查要点】

融资租赁合同明确约定了首付租金金额和付款时间，虽首付租金金额较高且仅对应一个租期，但该约定未违反禁止性规定，应为有效，且扣除后承租人从未提出异议，并支付其余租金，应视为同意。对于首付租金占融资总额的比例是否过高，应结合首付租金、租期、总融资金额等进行综合判断；如确属过高的情形，法院有权进行调整，以防当事人借融资为名行借贷之实。

【注意事项】

融资租赁合同非单纯的租赁关系，应充分考虑其融资和融物结合的双重特殊属性，不能割裂。

[①] 茆荣华主编：《上海法院类案办案要件指南》（第1册），人民法院出版社2020年版，第77-78页。

（四）承租人已支付租赁物价款抵扣首期租金及保证金的认定和裁判规则

【审查要点】

当事人有权约定首期租金在订约之初的若干时间内即为支付，在此情况下，出租人全额向承租人返还租赁物购买价款，同时由承租人向出租人支付首期租金的交易方式，与出租人在返还价款时将首期租金直接抵销的交易方式，实际效果并无二致，并未加重承租人支付租金的义务，不存在借款合同中预先扣息所产生的剥夺借款人对资金使用的期限利益的后果，故当事人有权约定相关抵销事宜。至于保证金等其他承租人应付的费用，同样并非租赁物购买价款的孳息，出租人亦有权主张互负到期债务之抵销。若抵销之首期租金或保证金的数额在融资金额中占比较大，导致承租人实际融资成本过高的，可酌情适当予以调整。

相关典型案例

案例 50　承租人支付的首付款约定不明时，可冲抵租金①

【基本案情】

甲租赁公司与乙公司签订《融资租赁合同》，约定：首付款为 165000 元，租期分为 24 个月，月租金为 19058 元，租金共计 457392 元。乙公司向甲租赁公司支付了首付款及 5 期租金后未再支付后续款项。甲租赁公司遂起诉要求乙公司支付所有未付租金 400218 元。

【法院裁判】

法院判决认为，系争《融资租赁合同》付款明细栏已约定，合同租金总计为 457392 元，该合同同时又有首付款为 165000 元的约定，但并未明确所谓首付款是否为租金的一部分。鉴于系争《融资租赁合同》为甲租赁公司提供的格式条款，依照《合同法》中关于格式条款的不利解释原则，应作出不利于甲租赁公司的解释。现甲租赁公司未能举证证明双方当事人曾就租金总额为 622492 元达成合意，故该首付款可以冲抵租金。

（三）律师费、诉讼保全担保费

相关司法文件

1.《天津市高级人民法院关于审理融资租赁合同纠纷案件若干问题的审判委员会纪要（一）》（津高法〔2019〕335 号，2019 年 12 月 30 日）

十三、律师费用的负担

守约方主张违约方承担因诉讼产生的律师费用，融资租赁合同关于律师费用的负担有明确约定，且该部分费用已经实际发生的，酌情予以支持。违约方主张律师费用过高且提供初步证据予以证明的，可以根据案件难易程度、实际工作量、律师费用与违约金的关系、守约方实际损失等具体情况，决定是否予以调整。

守约方主张律师费用，应当提交委托代理合同、律师费用支付凭证以及律师事务所开

---

① 本案例为作者根据工作、研究经验，为具体说明相关法律问题，编辑加工而得。

具的发票原件等证明材料。

2. 上海市高级人民法院《融资租赁合同纠纷类案办案要件指南》①（2020年5月18日）

（一）有关律师费的抗辩审查

【审查要点】

1. 融资租赁合同成立并合法有效；
2. 融资租赁合同中是否有关于律师费负担的约定；
3. 原告是否提供发票、支付凭证等证明该费用实际发生；
4. 律师费金额与案件具体情况是否匹配。

（二）有关诉讼保全担保费的抗辩审查

【审查要点】

1. 融资租赁合同成立并合法有效；
2. 融资租赁合同中是否有关于诉讼保全担保费负担的约定。

【注意事项】

对于律师费的实际发生，需要原告提供有关律师费的支付凭证及发票，并与律师聘请合同中的约定相符。对于保全担保费，亦以实际发生为准。

（四）租赁物占有使用费

相关典型案例

案例51　融资租赁物巨幅贬值情况下承租人违约责任的承担②

【裁判要旨】

当租赁物价格变化较大、租赁物价值难以确定，出租人和承租人又均不愿意启动评估拍卖程序时，对于出租人主张的解除合同后，承租人未按期交回租赁物，应当支付船舶使用费的诉讼请求，人民法院可以结合案件的具体情况，按照租金标准判决承租人赔偿因合同解除后继续占有、使用租赁船舶造成的损失。

【基本案情】

原告某金融租赁公司诉称：原告与被告浙江某公司之间存在船舶融资租赁合同关系，由被告浙江某公司向原告出售其自有的"某18"号疏浚船，并从原告处租回使用。被告郑某某、被告张某某为被告浙江某公司提供连带保证责任。由于被告浙江某公司多期租金未付，原告请求法院判令：1. 解除原告与被告浙江某公司之间的《融资租赁合同》；2. 被告浙江某公司按照《融资租赁合同》中约定的交船标准向原告返还"某18"号疏浚船舶及

---

① 茆荣华主编：《上海法院类案办案要件指南》（第1册），人民法院出版社2020年版，第57页。

② 参见《某金融租赁公司诉浙江某公司等船舶融资租赁合同纠纷案》（人民法院案例库，入库编号2023-10-2-214-001）。

附随资料；3. 被告浙江某公司向原告支付拖欠的租金26314987.69元；4. 被告浙江某公司就其所拖欠的租金，按日万分之五分期计算，向原告支付违约金（自拖欠租金之日起至付清之日止）；5. 被告浙江某公司向原告支付自合同解除之日起至"某18"号疏浚船实际交付之日止的船舶使用费，使用费金额比照合同约定的租金金额计算，并按日万分之五分期计算利息至实际给付之日止；6. 被告浙江某公司支付资产管理费938312.94元及按日万分之五分期支付违约金（自每期拖欠之日起至付清之日止）；7. 被告郑某某对被告浙江某公司的上述所有债务承担连带责任；8. 被告张某某对被告浙江某公司的上述所有债务承担连带责任；9. 本案诉讼费、保全费等诉讼费用由被告浙江某公司、郑某某、张某某共同承担。

三被告共同辩称：1. 业务合作合同中，被告浙江某公司向原告支付的380万元不合理，请求法院将此款项折抵租金，同时免除相应的违约金；2. 关于资产管理费的争议不属于海事法院管辖，原告要求被告浙江某公司支付的资产管理费没有法律依据，属于不合理收费；3. 被告浙江某公司支付给原告的保证金及其利息可以先折抵到期租金，并且不应对该款项收取违约金，三被告不予认可预付租金合同，原告主张提前解除租赁合同，那么最后的两个月的租赁行为不存在，也就不存在预付租金的问题，该保证金应先折抵欠付租金；4. 双方约定违约金过高，请求法院予以调低；5. 本案所涉及的合同都是原告起草的格式合同，三被告是被迫接受；6. 被告浙江某公司多交付的76934.06元应折抵租金；7. 原告诉请第5项日万分之五的利息没有合同依据，诉请中对船舶使用费没有约定。

法院经审理查明：2010年8月19日，原告与被告浙江某公司签订《融资租赁合同》，约定：原告应向被告浙江某公司支付"某18"号疏浚船购买价1.03亿元，并将该船光船租赁给被告浙江某公司；被告浙江某公司按照本合同的约定向原告按期足额支付租金；租赁期末按1元的价格由被告浙江某公司留购；若被告浙江某公司未按合同约定按期足额支付到期应付款项，或未能按期偿付原告代被告浙江某公司支付的任何费用，被告浙江某公司应就逾期未付款项按日万分之五向原告支付违约金，直至全部付清之日止；被告浙江某公司连续2期或3期未按照本合同约定向出租人支付租金，视为根本违约；若被告浙江某公司发生预期违约或根本违约，则原告有权提前终止本合同，要求被告浙江某公司立即支付本合同项下承租人应付的所有到期应付款，被告浙江某公司所付款项不足以支付全部欠付款项时，按照费用、违约金、损害赔偿金、租金、留购价款的顺序予以清偿。同日，原告与被告浙江某公司签订《光船租赁合同》，并办理了光船租赁登记手续。原告与被告郑某某、被告张某某分别签订《保证合同一》《保证合同二》，约定由被告郑某某、被告张某某在《融资租赁合同》项下为被告浙江某公司提供保证；保证人对主合同项下承租人全部债务承担连带保证责任。原告与被告浙江某公司签署《业务合作合同》，约定：原告为被告浙江某公司提供服务；手续费为380万元。2010年8月19日，原告与被告浙江某公司签署《保证金合同》，约定：被告浙江某公司同意向原告交纳保证金1030万元。

2010年8月24日，"某18"号疏浚船办理了船舶所有权登记证书，船舶所有权登记在原告名下。原告于2010年8月26日支付完租赁物购买的全部价款。2012年2月13日，原告与被告浙江某公司签订《预付租金合同》，约定：被告浙江某公司之前交付的保证金作为被告浙江某公司预付的最后两期租金（以下简称预付租金）；如果出现《融资租赁合同》被提前终止的情形，预付租金不予退还。

因被告浙江某公司支付《融资租赁合同》项下八期租金后，履行合同发生困难，2012年3月12日原告与被告浙江某公司签订《主合同补充协议一》，约定：截至2012年1月15日，被告浙江某公司未偿还租赁本金金额为71849942.90元；租赁期限调整后，从2012年1月15日新起租日起至2013年7月15日止，以2012年1月15日未还本金71849942.90元作为租赁本金，租赁利率调整为人民银行公布的3-5年期基准利率上浮5%，残值5500万元；被告浙江某公司应于2012年5月15日向原告支付第一笔资产管理费359249.71元，于2013年3月15日向原告支付第二笔资产管理费，数额按2013年1月15日未还租金本金的0.5%计算；自2013年7月15日起至2015年7月15日止，以残值5500万元作为租赁本金，租赁利率调整为人民银行公布的3-5年期基准利率上浮20%，残值1500万元；被告浙江某公司应于2013年9月15日向原告支付第三笔资产管理费27.5万元，于2014年9月15日向原告支付第四笔资产管理费，数额按2014年6月15日未还租赁本金的0.5%计算；租赁期满，被告浙江某公司向原告支付1500万元的价内留购款，300万元的价外留购款；被告浙江某公司按照本协议支付租金。同日，双方签订《资产管理合同》，明确了资产管理费的支付事项。2012年3月13日，原告与被告浙江某公司签订《主合同补充协议二》，2012年3月13日原告与被告郑某某、被告张某某分别签订《保证合同一补充协议》《保证合同二补充协议》，均约定：本合同项下保证担保的主债权为《主合同补充协议一》和《主合同补充协议二》项下原告对被告浙江某公司享有的全部债权。

程某某等30人行使船舶优先权，申请青岛海事法院扣押"某18"号疏浚船。2012年11月27日，青岛海事法院依法扣押"某18"号疏浚船。2013年1月25日，原告与被告浙江某公司签订《补充协议》，约定：原告代付89万元，双方同意从被告浙江某公司交纳的保证金中抵付，在原告代交后，被告浙江某公司应当在原告付出代付款之日起120个自然日内全额支付给原告以补足保证金，其间，代付款项按日万分之三的利率计息，被告浙江某公司逾期未返还代付款项，依照《保证金合同》约定按日万分之五的利率计息；截至2013年1月15日，被告浙江某公司累计拖欠原告租金六期，共计10905392.62元，已经达到《融资租赁合同》根本违约的条件；被告浙江某公司同意在"某18"号疏浚船解除扣押后，由原告予以变卖。在变卖价不低于8000万元时，原告有权自行出售；在变卖价低于8000万元时，应与被告浙江某公司商定；变卖所得价款优先清偿被告浙江某公司拖欠原告的租金、剩余未还本金、管理费、留购款及《融资租赁合同》项下约定的其他债务；若变卖价不足以支付前述债务，则原告有权依照上述《保证金合同》的相关约定自行从被告浙江某公司交纳的保证金中扣除相应未付款项。2013年2月6日，原告代被告浙江某公司向青岛海事法院交付89万元。2013年3月19日，原告向被告浙江某公司发出《要求继续支付租金、资产管理费和保证金的函》，要求被告浙江某公司按期交纳租金和资产管理费,并补充保证金。

另查明,被告浙江某公司分别于2012年4月16日、5月15日、9月14日向原告依次支付912747.71元、867588.06元、3050000元,共计4830335.77元。

天津海事法院于2013年12月9日作出判决:一、原告某金融租赁公司与被告浙江某公司之间的编号为MSFL-2010-079-C-HZ的《融资租赁合同》、编号为MSFL-2010-079-C-HZ-BC-001的《有关MSFL-2010-079-C-HZ号〈融资租赁合同〉及MSFL-2010-079-C-HZ-GZ号〈光船租赁合同〉的补充协议》、编号为MSFL-2010-079-C-HZ-BC-002的《有关MSFL-2010-079-C-HZ号〈融资租赁合同〉及MSFL-2010-079-C-HZ-GZ号〈光船租赁合同〉的补充协议》于2013年11月21日解除;二、被告浙江某公司于判决生效之日起十日内向原告某金融租赁公司交还"某18"号疏浚船;三、被告浙江某公司于判决生效之日起十日内向原告某金融租赁公司支付所欠租金共计17011342.69元;四、被告浙江某公司于判决生效之日起十日内向原告某金融租赁公司支付所欠租金的违约金;五、被告浙江某公司于判决生效之日起十日内向原告某金融租赁公司支付所欠资产管理费共计938312.94元;六、被告浙江某公司于判决生效之日起十日内向原告某金融租赁公司支付所欠资产管理费的违约金(每期本金依次为359249.71元、304063.23元、275000元,分别自2012年5月15日、2013年3月15日、2013年9月15日至相应本金付清之日止,按本金日万分之五的标准计算);七、被告浙江某公司于判决生效之日起十日内赔偿原告某金融租赁公司自2013年11月21日始继续占有、使用"某18"号疏浚船至交还时止,按每期租金3809130.93元标准计算的损失;八、被告郑某某、被告张某某对上述应付未付的债务承担连带清偿责任;被告郑某某、被告张某某承担保证责任后,有权向被告浙江某公司追偿。宣判后,因被告上诉后未交纳上诉费,天津市高院按其撤回上诉处理,一审判决发生法律效力。

【裁判理由】

法院生效裁判认为,本案系船舶融资租赁合同纠纷,原告是出租人,被告浙江某公司既是出卖人又是承租人,被告郑某某、被告张某某是保证人。原告依约向被告浙江某公司支付了购船款,依法取得涉案船舶的所有权。原告通过光船租赁的方式向被告浙江某公司交付了租赁船舶,被告浙江某公司未能按时足额支付租金,应承担违约责任;被告郑某某、被告张某某为被告浙江某公司的债务提供连带保证责任,应依约承担保证清偿责任。

被告浙江某公司连续3期以上未按照合同约定向原告支付租金,存在根本违约,原告可以行使合同解除权。合同解除前,被告浙江某公司应依约支付租金、资产管理费及违约金。

1. 关于三被告主张抵销的认定

(1)《业务合作合同》项下380万元的抵销认定:按照合同约定,被告浙江某公司向原告支付手续费380万元,视为其对原告已完成服务的认可,被告浙江某公司不能再主张该费用的退回与抵销。

(2)《融资租赁合同》项下76934.06元的抵销认定:被告浙江某公司按照《融资租赁合同》的约定,分七次向原告共计交纳了39803992.48元,其中包含前八期租金

39727058.39 元和由于第三期未按时交纳租金而产生的违约金 76934.09 元，被告浙江某公司不存在多交付租金的情形。对于被告浙江某公司的该项主张，不予支持。

（3）《预付租金合同》项下 1030 万元的抵销认定：由于原告与被告浙江某公司签署《预付租金协议》，明确约定将《保证金合同》项下的保证金 1030 万元转为预付租金，因此涉案《融资租赁合同》关系中不再存在保证金。依据《预付租金合同》的约定"如果出现《融资租赁合同》被提前终止的情形，预付租金不予退还，但经双方协商同意提前还款除外"，在庭审过程中，原告同意在扣除其为被告浙江某公司垫付的和解款及利息的基础上，抵销被告浙江某公司应付未付的租金，法院对于被告针对该抵销的请求予以认可。原告垫付的和解款及利息的计算应该依据《补充协议》的约定，截至 2013 年 11 月 21 日，被告浙江某公司应支付原告和解款及利息共计 996355 元（890000 元+32040 元+74315 元：和解款 890000 元与该款项 120 天按照日万分之三的利率计息为 32040 元和该款项 167 天按照日万分之五的利率计息为 74315 元之和），则可以抵销租金的预付租金金额为 9303645 元（10300000-996355）。

（4）《补充协议》项下 4830335.77 元以及《预付租金合同》项下 9303645 元的抵销方式：原告和被告浙江某公司在《补充协议》中共同确认：截至 2013 年 1 月 15 日，被告浙江某公司累计拖欠原告租金六期，共计 10905392.62 元，可以视为原告认可被告浙江某公司分三次交付的 4830335.77 元是租金而非违约金，但原告和被告浙江某公司并未约定实际交付租金的抵销方式。参照《主合同补充协议二》之约定：被告浙江某公司所付款项不足以支付全部欠款项时，按照费用、违约金、损害赔偿金、租金、留购价款的顺序予以清偿；兼顾公平原则，被告浙江某公司实际交付的租金应从《主合同补充协议一》约定的第 6 期开始抵销，依次抵销第 5 期。由于在 2013 年 11 月 21 日开庭时，原告同意以扣除垫付和解款及其利息的预付租金 9303645 元抵销未付租金，参照《主合同补充协议二》之约定：被告浙江某公司所付款项不足以支付全部欠款项时，按照费用、违约金、损害赔偿金、租金、留购价款的顺序予以清偿；兼顾公平原则，剩余的预付租金从《主合同补充协议一》约定的第 11 期租金开始抵销，依次抵销第 10 期、第 9 期。折抵后，截至 2013 年 11 月 15 日，被告浙江某公司欠付原告租金共计 17011342.69 元。

2. 关于资产管理费收取的认定

《资产管理合同》是对涉案船舶融资租赁事宜的补充约定，属于本案审理的范畴。《资产管理合同》是原告与被告浙江某公司之间的真实意思表示，该合同合法有效，对双方当事人具有法律约束力。按照合同约定，被告浙江某公司应依约向原告支付资产管理费。

3. 关于违约金标准的认定

《融资租赁合同》《主合同补充协议一》《资产管理合同》《补充协议》项下均对违约金的计算标准做出了约定。三被告主张违约金过分高于实际造成的损失，但并未提出原告实际损失的标准或数额。兼顾合同的履行情况、被告浙江某公司的过错程度以及预期利益等综合因素，根据公平原则和诚实信用原则，并参照金融行业对于罚息的一般规定综合予以判断，对于原告依照合同主张的日万分之五的违约金计算依据，予以支持。

4. 关于合同解除后船舶使用费及利息的认定

依据《合同法》第 248 条之规定，承租人应当按照约定支付租金。承租人经催告后在合理期限内仍不支付租金的，出租人可以要求支付全部租金；也可以解除合同，收回租赁物。被告浙江某公司多期未支付租金的重大违约情形导致合同解除的，原告可以收回涉案船舶。依据《合同法》第 97 条之规定，合同解除后，尚未履行的终止履行；已经履行的，根据履行情况和合同性质，当事人可以要求恢复原状，采取补救措施，并有权要求赔偿损失。如果被告浙江某公司在合同解除后未及时返还涉案船舶，则原告会产生相应的损失，该损失应由被告浙江某公司赔偿。为了促使被告浙江某公司尽快交还涉案船舶减少原告的损失，并本着公平原则和诚实信用原则，损失数额可以参照合同解除前每期租金的标准计算。原告还主张按日万分之五分期计算利息至船舶实际交还之日止，法院认为，合同已经解除，原告主张收回涉案船舶，被告浙江某公司已经失去留购船舶的权利，如果再依照合同解除前的标准要求被告浙江某公司支付日万分之五的利息，有悖公平原则，对于原告此项请求，不予支持。至此，对于原告主张被告浙江某公司交还租赁船舶及被告浙江某公司按照租金标准赔偿因合同解除后继续占有、使用租赁船舶造成的损失，予以支持。

三、补偿规则

❖ 理解与适用

当事人约定租赁期限届满租赁物归出租人所有的，合同到期后承租人应将租赁物返还给出租人。但实践中，由于融资租赁合同履行期限较长，租赁物存在意外毁损、灭失的风险，或者某些租赁物需要安装、附着于土地或其他设备上才能使用，而且还可能产生该租赁物无法拆卸的情况，由此造成在租赁期限届满后租赁物无法返还。对于这种承租人主观上没有过错、由于客观原因导致租赁物无法返还的情形，出租人可以要求承租人对租赁物残值进行补偿。需要注意的是，如果因承租人的过错造成租赁物毁损、灭失的，出租人可依违约责任要求承租人赔偿损失，本条规定不适用。[①]

❖ 相关法律法规

《民法典》（2020 年 5 月 28 日）

第三百二十二条 【添附】因加工、附合、混合而产生的物的归属，有约定的，按照约定；没有约定或者约定不明确的，依照法律规定；法律没有规定的，按照充分发挥物的效用以及保护无过错当事人的原则确定。因一方当事人的过错或者确定物的归属造成另一方当事人损害的，应当给予赔偿或者补偿。

---

① 最高人民法院民法典贯彻实施工作领导小组主编：《中华人民共和国民法典合同编理解与适用（三）》，人民法院出版社 2020 年版，第 1740 页。

相关司法文件

《天津法院融资租赁合同纠纷案件审理标准》①（津高法发〔2017〕2号，2018年4月修订）

第4.9.3条 当事人约定租赁期间届满后租赁物归出租人的，因租赁物毁损、灭失或者附合、混同于他物导致承租人不能返还的，支持出租人要求承租人给予合理补偿的主张。

相关典型案例

案例52 租赁期届满且承租人留购后出租人不能完整交付租赁物的，出租人应负合理补偿义务②

【基本案情】

原告上海某树脂有限公司（承租方）与被告某汽车租赁（上海）有限公司（出租方）签署了《车辆融资租赁合同》，约定：涉案租赁物租赁期自2016年3月28日起至2017年3月27日止，每月租金总额8800元，保证金80000元；原告向被告付清全部租金及其他费用，并再向被告支付租赁车辆留购价80000元后，由被告向原告出具租赁车辆所有权转移相关材料并协助办理将所有权转移给原告，承租车辆（含车牌）届时将按现状转让。2017年3月27日，《车辆融资租赁合同》到期，原告届期已履行包括租金在内的全部义务，被告亦同意将涉案车辆及车牌所有权转让给原告。

然而，2016年7月19日开始施行的《上海市非营业性客车额度拍卖管理规定》要求：个人和单位委托的在用客车额度纳入额度拍卖范围，客车额度拍卖，必须委托有资质的拍卖机构进行；在用客车额度持有人不再需要使用客车额度的，应当委托有资质的拍卖机构进行拍卖。根据这一规定，被告无法直接将涉案车辆的车牌一并转让、过户给原告。为此，原告上海某树脂有限公司向法院提起诉讼，要求被告某汽车租赁（上海）有限公司按照《融资租赁合同》期间届满时即2017年3月20日成交的单位非营业性车牌额度拍卖平均成交价格，补偿原告因车牌无法过户而造成的损失。对此，被告同意折价补偿，但认为应按照《融资租赁合同》履行期间即2013年3月28日起至2016年3月27日的车牌成交平均价格计算。

【裁判结果】

上海市浦东新区人民法院认为，依法成立的合同，对当事人具有法律约束力，当事人应当按照约定履行自己的义务，不得擅自变更或者解除合同。原、被告之间签订的《车辆融资租赁合同》系双方当事人的真实意思表示，且与法不悖，本院依法予以确认，双方均应恪守。本案中，原告履行完毕《车辆融资租赁合同》约定的付款义务后，因上海市客

---

① 高憬宏主编：《人民法院司法标准化理论与实践（二）》，法律出版社2018年版，第83页。

② 参见上海市浦东新区人民法院发布的《浦东法院涉自贸试验区融资租赁典型案例（2013年10月—2020年9月）》，载微信公众号"上海浦东法院"（2020年12月4日），https://mp.weixin.qq.com/s/hW8-z-dKycBngrPTeqQe1Q，最后访问时间：2024年8月7日。

车额度拍卖政策规定变化的客观因素，被告作为车牌额度持有人，无法履行转让租赁车辆车牌的义务，原告为此要求被告支付车牌的折价款，被告对此表示同意，但双方对于租赁车辆的折价款的标准意见不一。对此，本院认为，融资租赁合同不同于普通的租赁合同，出租人购买租赁物，并不是为了取得租赁物的所有权或使用权，其本质是为了通过收取租金获得合理的收益。融资租赁合同履行完毕后，承租人通过支付留购价款获得租赁物，此时无论该租赁物价值是增长还是减少，均应由承租人承担收益或风险。因此，双方约定车牌处分的时间为 2017 年 3 月 27 日，故原告主张以当时最近一期上海市单位非营业性客车额度平均成交价 202856 元来确定被告应补偿的金额较为合理，法院予以采纳。

【典型意义】

根据融资租赁关系的一般模式，出租人购买租赁物后交由承租人使用，租赁期满后由承租人支付一定的留购价款，出租人将租赁物所有权转让给承租人。但是，租赁物因法律规则调整等原因无法完成所有权转让，对此应如何处理法律并未作出明确规定。本案难点在于，原告履行完毕《车辆融资租赁合同》约定的付款义务后，因上海市客车额度拍卖政策变化，被告作为出租人和租赁车辆车牌额度持有人，无法履行转让车牌的义务，在此情况下如何确定车牌折价款缺乏参考。对此，法院从融资租赁法律关系的实质出发，认为融资租赁合同期限届满后，承租人通过支付留购价款获得租赁物，此时无论该租赁物价值是增长还是减少，均应由承租人承担收益或风险。在出租人无法履行转让所有权的情况下，应当向承租人支付相应的折价款。关于折价的时间节点，由于出租人已通过承租人支付的全部租金获得了正常利润，为公平分配双方损失，本案判决支持按融资租赁合同约定的租期届满日为节点，根据当时最近一期上海市单位非营业性客车额度平均成交价确定车牌额度补偿款。

本案判决明确了在融资租赁这种特殊的交易形式下，承租人留购租赁物时，租赁物价值变化的利益归属原则，也为处理承租人留购租赁物后租赁物所有权无法转让的难题提供了重要参考。在上海自贸试验区融资租赁业务范围日益拓展的背景下，有利于融资租赁经营企业和承租人形成对租赁物价值变化影响的合理预期，促进融资租赁当事人诚信履约。

第七百五十九条　【支付象征性价款时的租赁物归属】 当事人约定租赁期限届满，承租人仅需向出租人支付象征性价款的，视为约定的租金义务履行完毕后租赁物的所有权归承租人。

理解与适用

融资租赁合同的特殊之处在于出租人的所有权在很大程度上只是发挥担保功能的所有权，出租人更关心的是其全部租金债权的实现。因此，实务中，大多数融资租赁合同当事人都约定租赁期满后，承租人只需支付象征性的留购款即可获得租赁物的所有权，象征性对价的做法根源于英美法系的对价制度，这样的约定也反映出出租人对获得租赁物的使用价值不感兴趣，而是希望将其转让给承租人。故本条规定如当事人约定租赁期限届满，承租人仅需向出租人支付象征性价款的,则视为约定的租金义务履行完毕后租赁物的所有权归承租人。①

第七百六十条　【融资租赁合同无效时租赁物的归属】 融资租赁合同无效,当事人就该情形下租赁物的归属有约定的,按照其约定;没有约定或者约定不明确的,租赁物应当返还出租人。但是,因承租人原因致使合同无效,出租人不请求返还或者返还后会显著降低租赁物效用的,租赁物的所有权归承租人,由承租人给予出租人合理补偿。

理解与适用

通常情形下,合同被认定为无效后,应依据《民法典》第157条规定,由因无效民事法律行为取得财产的行为人返还财产。但由于融资租赁合同具有其特殊性,合同被认定无效后租赁物的归属应当综合考量当事人的意愿、导致合同无效的原因以及租赁物能否物尽其用等因素。根据本条规定,融资租赁合同无效时,应按以下顺序确定租赁物的归属:(1)充分尊重当事人意思自治,允许当事人事前或事后对合同无效后租赁物归属作出约定或进行协商;(2)按照《民法典》关于合同无效后返还财产的规定,当事人之间无约定且协商不成的,租赁物原则上应返还给出租人;(3)尊重融资租赁合同特性,综合考虑合同无效的可归责性及物尽其用的原则等因素。如因承租人原因导致合同无效,出租人不要求返还租赁物的,或者将租赁物返还给出租人会显著降低租赁物使用价值的,人民法院可以判决租赁物所有权属于承租人,并根据合同履行情况和租金支付情况由承租人对租赁物进行折价补偿。②

人民法院在审判实践中适用本条规定时,应当注意的是,名为融资租赁合同实为其他法律关系的合同被认定无效后,可能不存在本条所规定的租赁物返还问题。实践中当事人基于种种考虑,通常会签订名为融资租赁合同实为其他法律关系的合同。人民法院对名为融资租赁合同实为其他法律关系的合同,应当按照当事人间的真实意思去认定合同的效力。该类合同如果被认定无效后,因为其并不属于融资租赁合同,所以,不应适用包括本条在内的融资租赁合同的相关规则。③

---

① 最高人民法院民法典贯彻实施工作领导小组主编:《中华人民共和国民法典合同编理解与适用(三)》,人民法院出版社2020年版,第1746页。
② 最高人民法院民法典贯彻实施工作领导小组主编:《中华人民共和国民法典合同编理解与适用(三)》,人民法院出版社2020年版,第1753~1754页。
③ 最高人民法院民法典贯彻实施工作领导小组主编:《中华人民共和国民法典合同编理解与适用(三)》,人民法院出版社2020年版,第1758页。

相关法律法规

《民法典》（2020 年 5 月 28 日）

第一百五十三条　【违反强制性规定及违背公序良俗的民事法律行为的效力】违反法律、行政法规的强制性规定的民事法律行为无效。但是，该强制性规定不导致该民事法律行为无效的除外。

违背公序良俗的民事法律行为无效。

第一百五十四条　【恶意串通】行为人与相对人恶意串通，损害他人合法权益的民事法律行为无效。

第一百五十五条　【无效或者被撤销民事法律行为自始无效】无效的或者被撤销的民事法律行为自始没有法律约束力。

第一百五十七条　【民事法律行为无效、被撤销、不生效力的法律后果】民事法律行为无效、被撤销或者确定不发生效力后，行为人因该行为取得的财产，应当予以返还；不能返还或者没有必要返还的，应当折价补偿。有过错的一方应当赔偿对方由此所受到的损失；各方都有过错的，应当各自承担相应的责任。法律另有规定的，依照其规定。

相关司法解释

1.《最高人民法院关于适用〈中华人民共和国民法典〉总则编若干问题的解释》（法释〔2022〕6号）

第二十三条　民事法律行为不成立，当事人请求返还财产、折价补偿或者赔偿损失的，参照适用民法典第一百五十七条的规定。

2.《最高人民法院关于适用〈中华人民共和国民法典〉合同编通则若干问题的解释》（法释〔2023〕13号）

第十三条　合同存在无效或者可撤销的情形，当事人以该合同已在有关行政管理部门办理备案、已经批准机关批准或者已依据该合同办理财产权利的变更登记、移转登记等为由主张合同有效的，人民法院不予支持。

第十六条　合同违反法律、行政法规的强制性规定，有下列情形之一，由行为人承担行政责任或者刑事责任能够实现强制性规定的立法目的的，人民法院可以依据民法典第一百五十三条第一款关于"该强制性规定不导致该民事法律行为无效的除外"的规定认定该合同不因违反强制性规定无效：

（一）强制性规定虽然旨在维护社会公共秩序，但是合同的实际履行对社会公共秩序造成的影响显著轻微，认定合同无效将导致案件处理结果有失公平公正的；

（二）强制性规定旨在维护政府的税收、土地出让金等国家利益或者其他民事主体的合法利益而非合同当事人的民事权益，认定合同有效不会影响该规范目的的实现；

（三）强制性规定旨在要求当事人一方加强风险控制、内部管理等，对方无能力或者无义务审查合同是否违反强制性规定，认定合同无效将使其承担不利后果；

（四）当事人一方虽然在订立合同时违反强制性规定，但是在合同订立后其已经具备补正违反强制性规定的条件却违背诚信原则不予补正；

（五）法律、司法解释规定的其他情形。

法律、行政法规的强制性规定旨在规制合同订立后的履行行为，当事人以合同违反强制性规定为由请求认定合同无效的，人民法院不予支持。但是，合同履行必然导致违反强制性规定或者法律、司法解释另有规定的除外。

依据前两款认定合同有效，但是当事人的违法行为未经处理的，人民法院应当向有关行政管理部门提出司法建议。当事人的行为涉嫌犯罪的，应当将案件线索移送刑事侦查机关；属于刑事自诉案件的，应当告知当事人可以向有管辖权的人民法院另行提起诉讼。

第十七条 合同虽然不违反法律、行政法规的强制性规定，但是有下列情形之一，人民法院应当依据民法典第一百五十三条第二款的规定认定合同无效：

（一）合同影响政治安全、经济安全、军事安全等国家安全的；

（二）合同影响社会稳定、公平竞争秩序或者损害社会公共利益等违背社会公共秩序的；

（三）合同背离社会公德、家庭伦理或者有损人格尊严等违背善良风俗的。

人民法院在认定合同是否违背公序良俗时，应当以社会主义核心价值观为导向，综合考虑当事人的主观动机和交易目的、政府部门的监管强度、一定期限内当事人从事类似交易的频次、行为的社会后果等因素，并在裁判文书中充分说明。当事人确因生活需要进行交易，未给社会公共秩序造成重大影响，且不影响国家安全，也不违背善良风俗的，人民法院不应当认定合同无效。

第十八条 法律、行政法规的规定虽然有"应当""必须"或者"不得"等表述，但是该规定旨在限制或者赋予民事权利，行为人违反该规定将构成无权处分、无权代理、越权代表等，或者导致合同相对人、第三人因此获得撤销权、解除权等民事权利的，人民法院应当依据法律、行政法规规定的关于违反该规定的民事法律后果认定合同效力。

第十九条 以转让或者设定财产权利为目的订立的合同，当事人或者真正权利人仅以让与人在订立合同时对标的物没有所有权或者处分权为由主张合同无效的，人民法院不予支持；因未取得真正权利人事后同意或者让与人事后未取得处分权导致合同不能履行，受让人主张解除合同并请求让与人承担违反合同的赔偿责任的，人民法院依法予以支持。

前款规定的合同被认定有效，且让与人已经将财产交付或者移转登记至受让人，真正权利人请求认定财产权利未发生变动或者请求返还财产的，人民法院应予支持。但是，受让人依据民法典第三百一十一条等规定善意取得财产权利的除外。

第二十条 法律、行政法规为限制法人的法定代表人或者非法人组织的负责人的代表权，规定合同所涉事项应当由法人、非法人组织的权力机构或者决策机构决议，或者应当由法人、非法人组织的执行机构决定，法定代表人、负责人未取得授权而以法人、非法人组织的名义订立合同，未尽到合理审查义务的相对人主张该合同对法人、非法人组织发生效力并由其承担违约责任的，人民法院不予支持，但是法人、非法人组织有过错的，可以参照民法典第一百五十七条的规定判决其承担相应的赔偿责任。相对人已尽到合理审查义务，构成表见代表的，人民法院应当依据民法典第五百零四条的规定处理。

合同所涉事项未超越法律、行政法规规定的法定代表人或者负责人的代表权限，但是超越法人、非法人组织的章程或者权力机构等对代表权的限制，相对人主张该合同对法人、非法人组织发生效力并由其承担违约责任的，人民法院依法予以支持。但是，法人、非法人组织举证证明相对人知道或者应当知道该限制的除外。

法人、非法人组织承担民事责任后，向有过错的法定代表人、负责人追偿因越权代表行为造成的损失的，人民法院依法予以支持。法律、司法解释对法定代表人、负责人的民事责任另有规定的，依照其规定。

第二十一条 法人、非法人组织的工作人员就超越其职权范围的事项以法人、非法人组织的名义订立合同，相对人主张该合同对法人、非法人组织发生效力并由其承担违约责任的，人民法院不予支持。但是，法人、非法人组织有过错的，人民法院可以参照民法典第一百五十七条的规定判决其承担相应的赔偿责任。前述情形，构成表见代理的，人民法院应当依据民法典第一百七十二条的规定处理。

合同所涉事项有下列情形之一的，人民法院应当认定法人、非法人组织的工作人员在订立合同时超越其职权范围：

（一）依法应当由法人、非法人组织的权力机构或者决策机构决议的事项；
（二）依法应当由法人、非法人组织的执行机构决定的事项；
（三）依法应当由法定代表人、负责人代表法人、非法人组织实施的事项；
（四）不属于通常情形下依其职权可以处理的事项。

合同所涉事项未超越依据前款确定的职权范围，但是超越法人、非法人组织对工作人员职权范围的限制，相对人主张该合同对法人、非法人组织发生效力并由其承担违约责任的，人民法院应予支持。但是，法人、非法人组织举证证明相对人知道或者应当知道该限制的除外。

法人、非法人组织承担民事责任后，向故意或者有重大过失的工作人员追偿的，人民法院依法予以支持。

第二十二条 法定代表人、负责人或者工作人员以法人、非法人组织的名义订立合同且未超越权限，法人、非法人组织仅以合同加盖的印章不是备案印章或者系伪造的印章为由主张该合同对其不发生效力的，人民法院不予支持。

合同系以法人、非法人组织的名义订立，但是仅有法定代表人、负责人或者工作人员签名或者按指印而未加盖法人、非法人组织的印章，相对人能够证明法定代表人、负责人或者工作人员在订立合同时未超越权限的，人民法院应当认定合同对法人、非法人组织发生效力。但是，当事人约定以加盖印章作为合同成立条件的除外。

合同仅加盖法人、非法人组织的印章而无人员签名或者按指印，相对人能够证明合同系法定代表人、负责人或者工作人员在其权限范围内订立的,人民法院应当认定该合同对法人、非法人组织发生效力。

在前三款规定的情形下,法定代表人、负责人或者工作人员在订立合同时虽然超越代表或者代理权限,但是依据民法典第五百零四条的规定构成表见代表,或者依据民法典第一百七十二条的规定构成表见代理的,人民法院应当认定合同对法人、非法人组织发生效力。

第二十三条 法定代表人、负责人或者代理人与相对人恶意串通,以法人、非法人组织的名义订立合同,损害法人、非法人组织的合法权益,法人、非法人组织主张不承担民事责任的,人民法院应予支持。法人、非法人组织请求法定代表人、负责人或者代理人与相对人对因此受到的损失承担连带赔偿责任的,人民法院应予支持。

根据法人、非法人组织的举证,综合考虑当事人之间的交易习惯、合同在订立时是否显失公平、相关人员是否获取了不正当利益、合同的履行情况等因素,人民法院能够认定法定代表人、负责人或者代理人与相对人存在恶意串通的高度可能性的,可以要求前述人员就合同订立、履行的过程等相关事实作出陈述或者提供相应的证据。其无正当理由拒绝作出陈述,或者所作陈述不具合理性又不能提供相应证据的,人民法院可以认定恶意串通的事实成立。

第二十四条 合同不成立、无效、被撤销或者确定不发生效力,当事人请求返还财产,经审查财产能够返还的,人民法院应当根据案件具体情况,单独或者合并适用返还占有的标的物、更正登记簿册记载等方式;经审查财产不能返还或者没有必要返还的,人民法院应当以认定合同不成立、无效、被撤销或者确定不发生效力之日该财产的市场价值或者以其他合理方式计算的价值为基准判决折价补偿。

除前款规定的情形外,当事人还请求赔偿损失的,人民法院应当结合财产返还或者折价补偿的情况,综合考虑财产增值收益和贬值损失、交易成本的支出等事实,按照双方当事人的过错程度及原因力大小,根据诚信原则和公平原则,合理确定损失赔偿额。

合同不成立、无效、被撤销或者确定不发生效力,当事人的行为涉嫌违法且未经处理,可能导致一方或者双方通过违法行为获取不当利益的,人民法院应当向有关行政管理部门提出司法建议。当事人的行为涉嫌犯罪的,应当将案件线索移送刑事侦查机关;属于刑事自诉案件的,应当告知当事人可以向有管辖权的人民法院另行提起诉讼。

第二十五条 合同不成立、无效、被撤销或者确定不发生效力,有权请求返还价款或者报酬的当事人一方请求对方支付资金占用费的,人民法院应当在当事人请求的范围内按照中国人民银行授权全国银行间同业拆借中心公布的一年期贷款市场报价利率(LPR)计算。但是,占用资金的当事人对于合同不成立、无效、被撤销或者确定不发生效力没有过错的,应当以中国人民银行公布的同期同类存款基准利率计算。

双方互负返还义务,当事人主张同时履行的,人民法院应予支持;占有标的物的一方对标的物存在使用或者依法可以使用的情形,对方请求将其应支付的资金占用费与应收取的标的物使用费相互抵销的,人民法院应予支持,但是法律另有规定的除外。

相关司法文件

1. 《最高人民法院关于依法平等保护非公有制经济促进非公有制经济健康发展的意见》
（法发〔2014〕27号，2014年12月17日）

　　正确认定民商事合同效力，保障非公有制经济的合法交易。要处理好意思自治与行政审批的关系，对法律、行政法规规定应当办理批准、登记等手续生效的合同，应当允许当事人在判决前补办批准、登记手续，尽量促使合同合法有效。要正确理解和适用合同法第五十二条关于无效合同的规定，严格限制认定合同无效的范围。对故意不履行报批手续、恶意违约的当事人，依法严格追究其法律责任，保护守信方的合法权益。要依法审理涉及非公有制经济主体的金融借款、融资租赁、民间借贷等案件，依法支持非公有制经济主体多渠道融资。要根据物权法定原则的最新发展，正确认定新型担保合同的法律效力，助力提升非公有制经济主体的融资担保能力。

2. 《最高人民法院关于为自由贸易试验区建设提供司法保障的意见》 （法发〔2016〕34号，2016年12月30日）

　　鼓励自贸试验区内融资租赁业的创新发展。积极支持自贸试验区内的融资租赁企业在核准的经营范围内依法开展融资业务。充分尊重中外当事人对融资租赁合同纠纷有关管辖和法律适用的约定。正确认定融资租赁合同效力，不应仅以未履行相关程序等事由认定融资租赁合同无效。

3. 《全国法院民商事审判工作会议纪要》（法〔2019〕254号，2019年11月8日）

　　30.【强制性规定的识别】合同法施行后，针对一些人民法院动辄以违反法律、行政法规的强制性规定为由认定合同无效，不当扩大无效合同范围的情形，合同法司法解释（二）第14条将《合同法》第52条第5项规定的"强制性规定"明确限于"效力性强制性规定"。此后，《最高人民法院关于当前形势下审理民商事合同纠纷案件若干问题的指导意见》进一步提出了"管理性强制性规定"的概念，指出违反管理性强制性规定的，人民法院应当根据具体情形认定合同效力。随着这一概念的提出，审判实践中又出现了另一种倾向，有的人民法院认为凡是行政管理性质的强制性规定都属于"管理性强制性规定"，不影响合同效力。这种望文生义的认定方法，应予纠正。

　　人民法院在审理合同纠纷案件时，要依据《民法总则》第153条第1款和合同法司法解释（二）第14条的规定慎重判断"强制性规定"的性质，特别是要在考量强制性规定所保护的法益类型、违法行为的法律后果以及交易安全保护等因素的基础上认定其性质，并在裁判文书中充分说明理由。下列强制性规定，应当认定为"效力性强制性规定"：强制性规定涉及金融安全、市场秩序、国家宏观政策等公序良俗的；交易标的禁止买卖的，如禁止人体器官、毒品、枪支等买卖；违反特许经营规定的，如场外配资合同；交易方式严重违法的,如违反招投标等竞争性缔约方式订立的合同;交易场所违法的,如在批准的交易场所之外进行期货交易。关于经营范围、交易时间、交易数量等行政管理性质的强制性规定,一般应当认定为"管理性强制性规定"。

31.【违反规章的合同效力】违反规章一般情况下不影响合同效力,但该规章的内容涉及金融安全、市场秩序、国家宏观政策等公序良俗的,应认定合同无效。人民法院在认定规章是否涉及公序良俗时,要在考察规范对象基础上,兼顾监管强度、交易安全保护以及社会影响等方面进行慎重考量,并在裁判文书中进行充分说理。

32.【合同不成立、无效或者被撤销的法律后果】《合同法》第58条就合同无效或者被撤销时的财产返还责任和损害赔偿责任作了规定,但未规定合同不成立的法律后果。考虑到合同不成立时也可能发生财产返还和损害赔偿责任问题,故应当参照适用该条的规定。

在确定合同不成立、无效或者被撤销后财产返还或者折价补偿范围时,要根据诚实信用原则的要求,在当事人之间合理分配,不能使不诚信的当事人因合同不成立、无效或者被撤销而获益。合同不成立、无效或者被撤销情况下,当事人所承担的缔约过失责任不应超过合同履行利益。比如,依据《最高人民法院关于审理建设工程施工合同纠纷案件适用法律问题的解释》第2条规定,建设工程施工合同无效,在建设工程经竣工验收合格情况下,可以参照合同约定支付工程款,但除非增加了合同约定之外新的工程项目,一般不应超出合同约定支付工程款。

33.【财产返还与折价补偿】合同不成立、无效或者被撤销后,在确定财产返还时,要充分考虑财产增值或者贬值的因素。双务合同不成立、无效或者被撤销后,双方因该合同取得财产的,应当相互返还。应予返还的股权、房屋等财产相对于合同约定价款出现增值或者贬值的,人民法院要综合考虑市场因素、受让人的经营或者添附等行为与财产增值或者贬值之间的关联性,在当事人之间合理分配或者分担,避免一方因合同不成立、无效或者被撤销而获益。在标的物已经灭失、转售他人或者其他无法返还的情况下,当事人主张返还原物的,人民法院不予支持,但其主张折价补偿的,人民法院依法予以支持。折价时,应当以当事人交易时约定的价款为基础,同时考虑当事人在标的物灭失或者转售时的获益情况综合确定补偿标准。标的物灭失时当事人获得的保险金或者其他赔偿金,转售时取得的对价,均属于当事人因标的物而获得的利益。对获益高于或者低于价款的部分,也应当在当事人之间合理分配或者分担。

34.【价款返还】双务合同不成立、无效或者被撤销时,标的物返还与价款返还互为对待给付,双方应当同时返还。关于应否支付利息问题,只要一方对标的物有使用情形的,一般应当支付使用费,该费用可与占有价款一方应当支付的资金占用费相互抵销,故在一方返还原物前,另一方仅须支付本金,而无须支付利息。

35.【损害赔偿】合同不成立、无效或者被撤销时,仅返还财产或者折价补偿不足以弥补损失,一方还可以向有过错的另一方请求损害赔偿。在确定损害赔偿范围时,既要根据当事人的过错程度合理确定责任,又要考虑在确定财产返还范围时已经考虑过的财产增值或者贬值因素,避免双重获利或者双重受损的现象发生。

36.【合同无效时的释明问题】在双务合同中，原告起诉请求确认合同有效并请求继续履行合同，被告主张合同无效的，或者原告起诉请求确认合同无效并返还财产，而被告主张合同有效的，都要防止机械适用"不告不理"原则，仅就当事人的诉讼请求进行审理，而应向原告释明变更或者增加诉讼请求，或者向被告释明提出同时履行抗辩，尽可能一次性解决纠纷。例如，基于合同有给付行为的原告请求确认合同无效，但并未提出返还原物或者折价补偿、赔偿损失等请求的，人民法院应当向其释明，告知其一并提出相应诉讼请求；原告请求确认合同无效并要求被告返还原物或者赔偿损失，被告基于合同也有给付行为的，人民法院同样应当向被告释明，告知其也可以提出返还请求；人民法院经审理认定合同无效的，除了要在判决书"本院认为"部分对同时返还作出认定外，还应当在判项中作出明确表述，避免因判令单方返还而出现不公平的结果。

第一审人民法院未予释明，第二审人民法院认为应当对合同不成立、无效或者被撤销的法律后果作出判决的，可以直接释明并改判。当然，如果返还财产或者赔偿损失的范围确实难以确定或者双方争议较大的，也可以告知当事人通过另行起诉等方式解决，并在裁判文书中予以明确。

当事人按照释明变更诉讼请求或者提出抗辩的，人民法院应当将其归纳为案件争议焦点，组织当事人充分举证、质证、辩论。

37.【未经批准合同的效力】法律、行政法规规定某类合同应当办理批准手续生效的，如商业银行法、证券法、保险法等法律规定购买商业银行、证券公司、保险公司5%以上股权须经相关主管部门批准，依据《合同法》第44条第2款的规定，批准是合同的法定生效条件，未经批准的合同因欠缺法律规定的特别生效条件而未生效。实践中的一个突出问题是，把未生效合同认定为无效合同，或者虽认定为未生效，却按无效合同处理。无效合同从本质上来说是欠缺合同的有效要件，或者具有合同无效的法定事由，自始不发生法律效力。而未生效合同已具备合同的有效要件，对双方具有一定的拘束力，任何一方不得擅自撤回、解除、变更，但因欠缺法律、行政法规规定或当事人约定的特别生效条件，在该生效条件成就前，不能产生请求对方履行合同主要权利义务的法律效力。

38.【报批义务及相关违约条款独立生效】须经行政机关批准生效的合同，对报批义务及未履行报批义务的违约责任等相关内容作出专门约定的，该约定独立生效。一方因另一方不履行报批义务，请求解除合同并请求其承担合同约定的相应违约责任的，人民法院依法予以支持。

39.【报批义务的释明】须经行政机关批准生效的合同，一方请求另一方履行合同主要权利义务的，人民法院应当向其释明，将诉讼请求变更为请求履行报批义务。一方变更诉讼请求的，人民法院依法予以支持；经释明后当事人拒绝变更的，应当驳回其诉讼请求，但不影响其另行提起诉讼。

40.【判决履行报批义务后的处理】人民法院判决一方履行报批义务后，该当事人拒绝履行，经人民法院强制执行仍未履行，对方请求其承担合同违约责任的，人民法院依法予以支持。一方依据判决履行报批义务，行政机关予以批准，合同发生完全的法律效力，其请求对方履行合同的，人民法院依法予以支持；行政机关没有批准，合同不具有法律上的可履行性，一方请求解除合同的，人民法院依法予以支持。

41.【盖章行为的法律效力】司法实践中，有些公司有意刻制两套甚至多套公章，有的法定代表人或者代理人甚至私刻公章，订立合同时恶意加盖非备案的公章或者假公章，发生纠纷后法人以加盖的是假公章为由否定合同效力的情形并不鲜见。人民法院在审理案件时，应当主要审查签约人于盖章之时有无代表权或者代理权，从而根据代表或者代理的相关规则来确定合同的效力。

法定代表人或者其授权之人在合同上加盖法人公章的行为，表明其是以法人名义签订合同，除《公司法》第16条等法律对其职权有特别规定的情形外，应当由法人承担相应的法律后果。法人以法定代表人事后已无代表权、加盖的是假章、所盖之章与备案公章不一致等为由否定合同效力的，人民法院不予支持。

代理人以被代理人名义签订合同，要取得合法授权。代理人取得合法授权后，以被代理人名义签订的合同，应当由被代理人承担责任。被代理人以代理人事后已无代理权、加盖的是假章、所盖之章与备案公章不一致等为由否定合同效力的，人民法院不予支持。

4.《天津法院融资租赁合同纠纷案件审理标准》①（津高法发〔2017〕2号，2018年4月修订）

第4.1.7条 融资租赁合同无效，租赁物的归属按照下列顺序确定：有约定的，按照约定；无约定或者约定不明的，由当事人协商；协商不成的，租赁物归出租人。

第4.1.8条 因承租人原因导致合同无效，同时符合下列情形之一，租赁物归承租人，承租人对出租人进行折价补偿：（1）出租人不要求返还租赁物；（2）租赁物正在使用，返还出租人后会显著降低租赁物价值和效用。

5. 上海市高级人民法院《融资租赁合同纠纷类案办案要件指南》②（2020年5月18日）

融资租赁合同无效的法律后果

【审查要点】

融资租赁合同无效时，应按照下列顺序确定租赁物的归属：

1. 充分尊重当事人意思自治，允许当事人事前或事后对合同无效后租赁物归属作出约定或协商；

2. 按照《中华人民共和国合同法》关于合同无效后如何处理的规定，当事人之间无约定且协商不成的，租赁物原则上应返还给出租人；

---

① 高憬宏主编：《人民法院司法标准化理论与实践（二）》，法律出版社2018年版，第81页。

② 茆荣华主编：《上海法院类案办案要件指南》（第1册），人民法院出版社2020年版，第92页。

3. 尊重融资租赁合同特性，综合考虑合同无效的原因、租赁物的效用发挥等因素。在因承租人原因导致合同无效，出租人不要求返还租赁物的情况下，或者将租赁物返还给出租人会显著降低租赁物价值和使用价值的，可以判决租赁物所有权属于承租人，并根据合同履行情况和租金支付情况由承租人对租赁物进行折价补偿。

对于因合同无效提出的损失赔偿诉请，若一方当事人对合同无效存在过错，且对方当事人因此遭受损失的，过错方应基于缔约过失责任向对方当事人进行赔偿损失，所赔偿的损失限于信赖利益，包括直接损失和间接损失，但不包括在合同有效情形下通过履行可以获得的利益。认定损失赔偿数额时，应根据案件具体情形判断各项损失应否全额赔偿，若受害人也存在过错的，受害人应根据自己的过错程度承担相应的责任。

❋ 相关典型案例

案例 53　融资租赁合同实际构成的借款法律关系无效之处理[①]

【基本案情】

2017 年 3 月 22 日，原告某融资租赁有限公司与被告冉某某签订了《融资租赁合同》和《机动车抵押借款合同书》，其中《融资租赁合同》约定，被告冉某某以售后回租的方式向原告某融资租赁有限公司承租车辆，租赁物购买总价 570000 元，租期 3 期，每月支付 10203 元租金；《机动车抵押借款合同书》则约定，原告某融资租赁公司向被告冉某某出借 570000 元，冉某某以其名下车辆对该借款进行担保，借款期限为 2017 年 3 月 22 日至 6 月 21 日，利息每月 0.91%。根据转账凭证，某融资租赁有限公司于 2017 年 3 月 22 日向冉某某转账 546090 元，用途为放贷。

2017 年 6 月 21 日，原告某融资租赁公司与被告冉某某签订第二份《融资租赁合同》和第二份《机动车抵押借款合同书》，《融资租赁合同》约定，被告冉某某以售后回租的方式向原告某融资租赁有限公司承租车辆，租赁物购买总价 600000 元，租期 24 期，每月支付 30940 元租金；《机动车抵押借款合同书》则约定，原告某融资租赁公司向被告冉某某出借 600000 元，冉某某以其名下车辆对该借款进行担保，借款期限为 2017 年 6 月 21 日至 2019 年 6 月 20 日。被告冉某某于 2017 年 7 月 20 日至 2018 年 3 月 19 日向原告某融资租赁公司共支付 239580 元，之后再无付款。

2019 年 10 月 11 日，原告某融资租赁有限公司诉至法院，要求被告冉某某依据融资租赁合同约定支付租金、诉讼费用以及相应逾期利息并行使车辆抵押权。冉某某未应诉答辩。

[①] 本案入选上海市浦东新区人民法院发布的《浦东法院涉自贸试验区融资租赁典型案例（2013 年 10 月—2020 年 9 月）》，载微信公众号"上海浦东法院"（2020 年 12 月 4 日），https://mp.weixin.qq.com/s/hW8-z-dKycBngrPTeqQe1Q，最后访问时间：2024 年 8 月 9 日。案号：上海市浦东新区人民法院（2019）沪 0115 民初 83666 号民事判决书。

【裁判结果】

上海市浦东新区人民法院认为，首先，售后回租型融资租赁合同关系与抵押借款合同关系的区别之一，前者有融资租赁合同和买卖合同两个合同为基础，后者仅有一个抵押借款合同为基础。本案中，涉案的两份《融资租赁合同》并未有对应的买卖合同，且上述两份《融资租赁合同》中也未对涉案租赁物买卖进行具体约定，故涉案两份《融资租赁合同》未成立，原告某融资租赁有限公司所主张的其与冉某某之间的融资租赁合同关系亦未成立。

其次，结合本案原告的业务模式、转账凭证所记载用途等事实，应当认定原告某融资租赁有限公司向被告冉某某支付546090元的行为，系对涉案《机动车辆抵押借款合同书》的实际履行，原告某融资租赁有限公司与冉某某之间实质形成的是抵押借款合同关系。

再次，原告某融资租赁有限公司放贷的行为不属于其经营范围，某融资租赁有限公司贷款对象主体众多，通过向社会不特定对象提供资金以赚取高额利息，出借行为具有反复性、经常性，借款目的也具有营业性，未经批准，擅自从事经常性的贷款业务，属于从事非法金融业务活动。根据《银行业监督管理法》第19条规定①，应认定案涉《机动车抵押借款合同》无效。

最后，关于合同无效后的处理，原告某融资租赁有限公司作为准金融机构，应知晓相关法律法规之强制性规定，其发放贷款的行为不仅违法违规，更产生了扰乱正常金融秩序的不良后果，应自行承担涉案《机动车辆抵押借款合同书》合同期内的相应利息损失。被告冉某某在涉案《机动车辆抵押借款合同书》期满后仍实际占用某融资租赁有限公司的钱款，应向某融资租赁有限公司支付相应利息损失。

综上，法院判决，被告冉某某返还原告某融资租赁有限公司本金277629元，赔偿原告某融资租赁有限公司借款期满后的利息损失，驳回某融资租赁有限公司其他诉讼请求。

【典型意义】

本案系融资租赁合同纠纷中名为融资租赁实为借款的一起典型案例。本案对于售后回租法律关系的审理有以下启示：第一，售后回租法律关系成立与否应审查基础关系。售后回租是指承租人将自有物件出卖给出租人，同时与出租人签订融资租赁合同，再将物件从出租人处租回的租赁形式。虽然融资租赁售后回租所表现出来的功能更侧重于融资，但出租人与承租人之间对租赁物买卖和交付合意仍属必要，如双方就租赁物所有权移转及交付未达成合意，则不构成融资租赁法律关系。第二，融资租赁公司经常、反复从事与其经营范围不相符的放款业务，形成的借款合同无效。第三，在上海自贸试验区融资租赁行业快速发展的背景下，部分中小融资租赁企业违规经营的现象时有发生，此案的判决对警示这些企业违规经营法律风险、督促融资租赁企业依法依规开展业务具有参考意义。

---

① 《银行业监督管理法》第19条规定：未经国务院银行业监督管理机构批准，任何单位或者个人不得设立银行业金融机构或者从事银行业金融机构的业务活动。

案例 54　行为人以已注销主体签订的融资租赁合同法律效力[①]

【基本案情】

被告夏某某开办的个体工商户"永定区某百货店"于 2017 年 9 月 30 日注销。2018 年 11 月 4 日，被告冒用已经注销的"永定区某百货店"名义与原告（出租人、甲方）某融资租赁有限公司签署了《售后回租赁合同》及相关附件，承租人（乙方）处载明主体为"永定区某百货店（夏某某）"。甲方根据乙方的要求向其购买指定的车辆，并将所购车辆作为租赁物以融资租赁的方式出租给乙方使用。租赁期内乙方应将各期租金、留购价款及其他应付款项，按时足额向甲方支付。合同落款处有夏某某签字捺印，合同骑缝处有永定区某百货店印章。2018 年 11 月 5 日，原告向被告指定的收款账户实际支付了协议价款 96701 元。被告向原告出具了电子版的《资金收据》和《租赁物接收确认函》，确认已收到融资款项，接收了合同约定的租赁物。落款处有永定区某百货店印章及夏某某签字捺印。原、被告就租赁物车辆办理了抵押登记。《售后回租赁合同》开始履行后，被告仅给付了第 1—11 期租金，剩余 12—36 期租金未付，原告起诉要求解除合同、返还租赁物，并要求被告赔偿其遭受的损失。

【裁判结果】

法院生效判决认为，案涉《售后回租赁合同》签订时，永定区某百货店已经处于注销状态，其已不具备民事主体资格，夏某某在签署合同时签署自己的名字并捺印，同时加盖了已经注销的永定区某百货店印章，从民事行为能力角度看，夏某某作为完全民事行为能力人，其应对签署的文件承担相应民事责任，结合原告提交的与本案融资租赁业务相关的其他文件的签署情况，可以相互佐证证实夏某某与原告订立融资租赁合同法律关系的意思表示及客观事实，故本院认定原告实际与被告夏某某签订《售后回租赁合同》及相关附件，双方签订的《售后回租赁合同》系当事人的真实意思表示，原告具备从事融资租赁相关业务的行业许可，上述合同不违反法律法规的强制性规定，应认定为合法有效，原、被告双方系融资租赁法律关系。原告依约履行了合同义务，支付了租赁物协议价款，但被告未按合同约定履行按时给付租金的义务，显属违约，原告有权要求解除合同、返还租赁物，并要求被告赔偿其遭受的损失。对原告解除合同、确认所有权、返还租赁物、赔偿损失的诉讼请求，本院予以支持。

【典型意义】

本案明确了行为人以已经办理工商注销登记的法人或其他组织的名义与他人签订合同情形下的裁判规则。本案中，《售后回租赁合同》及其附件是夏某某以个体工商户"永定区某百货店"的名义与融资租赁公司签订，但签订合同时"永定区某百货店"已被注销，也就不可能成为该合同的当事人。但是并不能因此而简单的认定该《售后回租赁合同》

[①] 参见天津市滨海新区人民法院（天津自由贸易试验区人民法院）2022 年 7 月发布的《十大典型融资租赁司法案例》，载微信公众号"天津高法"（2022 年 7 月 5 日），https://mp.weixin.qq.com/s/5hDeSa8MClUTyMv1WFFZ6A，最后访问时间：2024 年 8 月 8 日。

无效，还应该结合本案事实确定该合同的真正当事人，从而正确认定该合同是否已经成立及其效力。

《最高人民法院关于〈适用中华人民共和国民事诉讼法〉的解释》（2022 年修正）第 62 条规定："下列情形，以行为人为当事人：……（三）法人或者其他组织依法终止后，行为人仍以其名义进行民事活动的。"本案中，个体工商户"永定区某百货店"注销后，即失去了作为合同当事人的主体资格，若其经营者夏某某仍以个体工商户的名义对外签订《售后回租赁合同》及相关附件，那么夏某某就成为合同的一方当事人，应受该项合同项下权利义务约束，发生纠纷时相对人可以向行为人夏某某主张权利。明确了合同的主体后，关于本案合同的内容，结合原告提交的与本案融资租赁业务相关的其他文件的签署情况，可以相互佐证证实夏某某与原告订立售后回购合同法律关系的意思表示及客观事实，合同内容亦没有违反法律行政法规的强制性规定，不违背公序良俗，应当认定《售后回租赁合同》合法有效。

案例 55　某科技公司未取得金融业务许可签订的融资租赁合同无效[①]

【基本案情】

2022 年 3 月 27 日，童某在某科技公司租赁一部价值 8496 元的手机，双方签订《租赁合同》，约定童某自该日起，每月 27 日向科技公司支付 708 元的租金，租满 12 个月，科技公司无偿将该手机赠送给童某；在租赁期间若童某无力支付租金，可随时将手机归还科技公司，双方合同即可终止；如果童某未按时支付租金超过 30 日，且未按时归还手机，该租赁产品将由租赁转为出售。《租赁合同》签订后，童某仅于 2022 年 3 月 27 日支付押金 800 元、第一期租金 708 元，次月 27 日到期支付第二期租金时，童某未支付租金也未归还手机。科技公司起诉要求童某给付手机买断费用 7788 元（手机约定价格 8496 元减去第一期租金 708 元）以及违约金。

【裁判结果】

天府新区法院经审理认为，《租赁合同》项下主要权利义务是科技公司根据童某的选择购买指定手机，租赁给童某使用，童某按约定支付租金，合同期满后租赁物归童某所有。该合同属于典型的融资租赁合同。科技公司未取得金融业务许可，且就此类交易活动已经进行多笔交易。科技公司违反金融监管准入规定，其行为属于违规以金融活动为常业，构成违反准入规定从事金融活动的行为。《租赁合同》约定的实际融资利率远远超出现阶段合法民间金融活动的上限，故认定《租赁合同》无效，驳回了科技公司的诉讼请求。一审宣判后，当事人未上诉，已发生法律效力。

---

① 参见川渝自贸区法院 2023 年 5 月发布的《川渝自贸区法院金融审判典型案例》，载微信公众号"天府新区法院 四川自贸区法院"（2023 年 5 月 25 日），https：//mp.weixin.qq.com/s/-6bch7ziFRY8dN0lhltySg，最后访问时间：2024 年 8 月 1 日。

【典型意义】

本案系天府新区法院在办理融资租赁类案件中，严格审查融资租赁行为合法性、保障地区金融安全的典型案例。融资租赁是集融资与融物、贸易与技术更新一体的新型金融交易模式，有助于市场交易主体实现资金融通。我国现阶段对金融业务实行准入管理和行为监管制度，一些市场主体为了追求更高利润，未取得相关资质便从事金融活动，严重损害金融消费者利益，一旦引发系统性风险，后果不堪设想。法院在处理本案时，通过穿透式审查，依据合同中的变更租赁物所有权等条款，认定案涉合同实质构成融资租赁，对无融资租赁持牌许可的科技公司诉讼主张予以驳回并将本案发现的违法线索移送监管部门。对非法从事金融活动的市场主体，法院立场明确，对其行为敲响警钟，对于非法融资租赁活动的可得利益作出否定性评价，规范了融资租赁市场行为，有助于防范金融风险、维护地方金融市场的繁荣稳定。商事主体在追逐利益的同时，应当依法经营，未取得金融许可而从事金融活动将不受法律保护。

第二部分

《最高人民法院关于审理融资租赁合同纠纷案件适用法律问题的解释》部分

第一条　【法律关系的认定】人民法院应当根据民法典第七百三十五条的规定，结合标的物的性质、价值、租金的构成以及当事人的合同权利和义务，对是否构成融资租赁法律关系作出认定。

对名为融资租赁合同，但实际不构成融资租赁法律关系的，人民法院应按照其实际构成的法律关系处理。

理解与适用

本条是对如何认定构成融资租赁法律关系作出的规定。《民法典》第735条明确了融资租赁合同的定义，但司法实践中，对一些标的物较为特殊的合同以及租金与租赁物价值差距过大的合同是否属于融资租赁合同，存有争议。本条列出了认定是否构成融资租赁合同关系的一些具体标准，除了应当按照《民法典》第735条的规定，从合同当事人之间的权利义务关系约定认定外，还应结合个案中标的物的性质、价值和租金的构成等因素，综合认定是否构成融资租赁合同关系。注意区分融资租赁合同关系与借款合同关系、融资租赁合同关系与一般的租赁合同关系，以及融资租赁合同关系与分期付款买卖合同等类似合同关系的区别。[①] 对名为融资租赁合同，而根据合同约定的实际的权利义务关系不构成融资租赁法律关系的，人民法院不应一律认定无效，而应当根据其实际构成的法律关系，认定合同的性质及效力，并据此确定当事人之间的权利义务关系。[②]

相关法律法规

《民法典》（2020年5月28日）

第七百三十五条　融资租赁合同是出租人根据承租人对出卖人、租赁物的选择，向出卖人购买租赁物，提供给承租人使用，承租人支付租金的合同。

相关司法解释

1.《最高人民法院关于适用〈中华人民共和国民法典〉合同编通则若干问题的解释》（法释〔2023〕13号）

第十四条　当事人之间就同一交易订立多份合同，人民法院应当认定其中以虚假意思表示订立的合同无效。当事人为规避法律、行政法规的强制性规定，以虚假意思表示隐藏

[①] 最高人民法院民事审判第二庭编著：《最高人民法院关于融资租赁合同司法解释理解与适用》，人民法院出版社2016年版，第58页。最高人民法院民法典贯彻实施工作领导小组主编：《中华人民共和国民法典合同编理解与适用（三）》，人民法院出版社2020年版，第1615页。

[②] 最高人民法院民事审判第二庭编著：《最高人民法院关于融资租赁合同司法解释理解与适用》，人民法院出版社2016年版，第31页。

真实意思表示的，人民法院应当依据民法典第一百五十三条第一款的规定认定被隐藏合同的效力；当事人为规避法律、行政法规关于合同应当办理批准等手续的规定，以虚假意思表示隐藏真实意思表示的，人民法院应当依据民法典第五百零二条第二款的规定认定被隐藏合同的效力。

依据前款规定认定被隐藏合同无效或者确定不发生效力的，人民法院应当以被隐藏合同为事实基础，依据民法典第一百五十七条的规定确定当事人的民事责任。但是，法律另有规定的除外。

当事人就同一交易订立的多份合同均系真实意思表示，且不存在其他影响合同效力情形的，人民法院应当在查明各合同成立先后顺序和实际履行情况的基础上，认定合同内容是否发生变更。法律、行政法规禁止变更合同内容的，人民法院应当认定合同的相应变更无效。

第十五条 人民法院认定当事人之间的权利义务关系，不应当拘泥于合同使用的名称，而应当根据合同约定的内容。当事人主张的权利义务关系与根据合同内容认定的权利义务关系不一致的，人民法院应当结合缔约背景、交易目的、交易结构、履行行为以及当事人是否存在虚构交易标的等事实认定当事人之间的实际民事法律关系。

2.《最高人民法院关于民事诉讼证据的若干规定》（法释〔2019〕19号）

第五十三条 诉讼过程中，当事人主张的法律关系性质或者民事行为效力与人民法院根据案件事实作出的认定不一致的，人民法院应当将法律关系性质或者民事行为效力作为焦点问题进行审理。但法律关系性质对裁判理由及结果没有影响，或者有关问题已经当事人充分辩论的除外。

存在前款情形，当事人根据法庭审理情况变更诉讼请求的，人民法院应当准许并可以根据案件的具体情况重新指定举证期限。

一、租赁物范围

（一）一般规定

● 相关法律法规

1.《民法典》（2020年5月28日）

第一百一十四条 【物权的定义及类型】民事主体依法享有物权。

物权是权利人依法对特定的物享有直接支配和排他的权利，包括所有权、用益物权和担保物权。

2. 《企业所得税法实施条例》（2019 年 4 月 23 日）

第五十七条　企业所得税法第十一条①所称固定资产，是指企业为生产产品、提供劳务、出租或者经营管理而持有的、使用时间超过 12 个月的非货币性资产，包括房屋、建筑物、机器、机械、运输工具以及其他与生产经营活动有关的设备、器具、工具等。

❋ 相关部门规章

《金融租赁公司管理办法》（国家金融监督管理总局令 2024 年第 6 号，2024 年 9 月 14 日）

第五条　金融租赁公司开展融资租赁业务的租赁物类型，包括设备资产、生产性生物资产以及国家金融监督管理总局认可的其他资产。

第五十二条　金融租赁公司应当选择适格的租赁物，确保租赁物权属清晰、特定化、可处置、具有经济价值并能够产生使用收益。

金融租赁公司不得以低值易耗品作为租赁物，不得以小微型载客汽车之外的消费品作为租赁物，不得接受已设置抵押、权属存在争议或已被司法机关查封、扣押的财产或所有权存在瑕疵的财产作为租赁物。

第五十五条　金融租赁公司以设备资产作为租赁物的，同一租赁合同项下与设备安装、使用和处置不可分割的必要的配件、附属设施可纳入设备类资产管理，其中配件、附属设施价值合计不得超过设备资产价值。

第七十六条　金融租赁公司应当根据国家金融监督管理总局发布的鼓励清单和负面清单及时调整业务发展规划，不得开展负面清单所列相关业务。

❋ 相关司法解释

《最高人民法院关于适用〈中华人民共和国民法典〉有关担保制度的解释》（法释〔2020〕28 号）

第五十三条　当事人在动产和权利担保合同中对担保财产进行概括描述，该描述能够合理识别担保财产的，人民法院应当认定担保成立。

---

① 《中华人民共和国企业所得税法》（2018 年修正）第 11 条规定："在计算应纳税所得额时，企业按照规定计算的固定资产折旧，准予扣除。下列固定资产不得计算折旧扣除：
（一）房屋、建筑物以外未投入使用的固定资产；
（二）以经营租赁方式租入的固定资产；
（三）以融资租赁方式租出的固定资产；
（四）已足额提取折旧仍继续使用的固定资产；
（五）与经营活动无关的固定资产；
（六）单独估价作为固定资产入账的土地；
（七）其他不得计算折旧扣除的固定资产。"

✦ 相关行政规范性文件

1. 商务部、国家税务总局《关于从事融资租赁业务有关问题的通知》（商建发〔2004〕560号，2004年10月22日）

三、商务部将对内资租赁企业开展从事融资租赁业务的试点工作。各省、自治区、直辖市、计划单列市商务主管部门可以根据本地区租赁行业发展的实际情况，推荐1-2家从事各种先进或适用的生产、通信、医疗、环保、科研等设备，工程机械及交通运输工具（包括飞机、轮船、汽车等）租赁业务的企业参与试点工作。被推荐的企业经商务部、国家税务总局联合确认后，纳入融资租赁试点范围。

2. 银保监会《融资租赁公司监督管理暂行办法》（银保监发〔2020〕22号，2020年5月26日）

第七条 适用于融资租赁交易的租赁物为固定资产，另有规定的除外。

融资租赁公司开展融资租赁业务应当以权属清晰、真实存在且能够产生收益的租赁物为载体。融资租赁公司不得接受已设置抵押、权属存在争议、已被司法机关查封、扣押的财产或所有权存在瑕疵的财产作为租赁物。

第五十一条 省级人民政府应当依据本办法制定本辖区融资租赁公司监督管理实施细则，视监管实际情况，对租赁物范围、特定行业的集中度和关联度要求进行适当调整，并报银保监会备案。

3. 《国家金融监督管理总局关于促进金融租赁公司规范经营和合规管理的通知》（金规〔2023〕8号，2023年10月27日）

规范租赁物及租赁业务模式。金融租赁公司应当加强租赁物适格性管理，确保租赁物权属清晰、特定化、可处置、具备经济价值并能够产生使用收益。严禁将古玩玉石、字画、办公桌椅、报刊书架、低值易耗品作为租赁物，严禁以乘用车之外的消费品作为租赁物，严禁新增非设备类售后回租业务。

4. 国家金融监督管理总局办公厅《关于印发金融租赁公司业务发展鼓励清单、负面清单和项目公司业务正面清单的通知》（金办发〔2024〕91号，2024年8月16日）

各金融监管局：

为引导金融租赁公司行业贯彻落实党中央、国务院决策部署，以国家战略需求为导向，坚持"有所为、有所不为"，优化业务方向和业务结构，更好发挥专业化、特色化金融功能，为企业提供"融物+融资"金融服务，促进经济社会高质量发展，金融监管总局制定了《金融租赁公司业务发展鼓励清单》（以下简称鼓励清单）、《金融租赁公司业务发展负面清单》（以下简称负面清单）和《金融租赁公司项目公司业务正面清单》（以下简称正面清单），现印发给你们，并就有关事项通知如下：

一、金融租赁公司要立足功能定位和自身禀赋，根据鼓励清单调整业务规划，支持促进产业优化升级的重要通用设备和重大技术装备需求，助力现代化产业体系建设，推动新质生产力发展。同时，要及时跟踪研判行业发展趋势，避免盲目投资导致产业项目低水平重复建设。

二、金融租赁公司要严格执行《中国银保监会办公厅关于加强金融租赁公司融资租赁业务合规监管有关问题的通知》（银保监办发〔2022〕12号）和《国家金融监督管理总局关于促进金融租赁公司规范经营和合规管理的通知》（金规〔2023〕8号）关于禁止性业务领域的相关规定。存量相关业务自然结清，不得展期或续作。

三、金融租赁公司要按照《金融租赁公司项目公司管理办法》（银保监办发〔2021〕143号）第三条规定，对所设立的项目公司租赁物范围实施正面清单管理。金融租赁公司专业子公司设立的项目公司租赁物范围，应当符合专业子公司特定业务领域或特定业务模式。

四、金融租赁公司要按照清单内容，结合实际，完善业务准入相关制度，充分发挥鼓励清单和负面清单的导向作用。金融租赁公司每年应当定期向属地金融监管局报告鼓励清单落实情况。对于积极落实并取得良好成效的，各金融监管局要纳入监管评级考量。

五、金融监管总局将根据国家政策导向、相关政策文件要求和金融租赁公司业务发展情况，适时对清单进行更新和调整，并通过金融监管总局网站对外公布。

金融租赁公司业务发展鼓励清单

序号	产业	重点支持类别
1	农林牧渔业	农业机械、耕种及养殖设备、初加工机械、渔船、网箱养殖机械、养殖工船及船式海上养殖设备
2	煤炭	煤矿智能化技术装备、煤炭清洁高效利用设备、带式输送机、刮板输送机、掘进机、采煤机、液压支架、提升机
3	电力	储能设备、新能源汽车充换电设施、新型电力系统装备、超超临界和背压机组、煤电机组节能降碳改造、供热改造、灵活性改造
4	新能源	风电光伏及光热发电设备、生物质发电设备、氢能设备、新能源产线设备、地热能发电和供暖设备、储能设备设施、换电站以及各类新能源项目开发相关设备
5	核能	核能设备
6	石油、天然气	陆地深层/深水/页岩油气勘探开发设备、综合油气开发利用设备、CCUS促进原油绿色低碳开发相关设备、海工设备、固井装备、压裂装备、钻采装备、油管作业装备、工程机械、炼化设备、油气管道工程施工装备

续表

序号	产业	重点支持类别
7	钢铁	氢冶金、低碳冶金、洁净钢冶炼、智能制造、固废资源综合利用相关装备以及先进电炉、特种冶炼、高端检测、薄带铸轧、高效轧制相关装备
8	石化化工	化工新材料、精细化工生产线、新型炼化技术设备、节能环保装备、矿产资源综合利用生产线、炼油项目配套设备、炼厂改造升级设备
9	医药	研发生产所需的仪器设备及生产设备
10	机械	全部设备
11	城市轨道交通装备	信号设备、通信设备、列车
12	汽车	汽车、动力电池
13	船舶及海洋工程装备	船舶、动力电池、海洋工程设备
14	航空航天	国产航空器、发动机
15	轻工	"以竹代塑"生产设备
16	铁路	动车组、机车、先进轨道交通装备、绿色智能铁路设备、牵引动力设备、电气化设备、通讯设备、制动设备、供电设备
17	水运	智慧水运设备、港口设备、岸电设备、船舶受电设施、LNG存储及加注设备、电动船充换电设备、港口自动化设备、水上安全监管设备、救助设备、码头油气回收设备
18	航空运输	航空油料存储及加注设备、通讯导航监视气象设备、航空网络设备、货运装备、机场配套设备
19	信息产业	算力中心设备、集成电路
20	现代物流业	货车、叉车、分拣机、堆垛机、提升机
21	邮政业	分拣设备、冷链设备、仓储设备、安检设备、无人机
22	卫生健康	高压氧舱等医养类器械及设备
23	养老与托育服务	老龄化辅助设备
24	环境保护与资源节约综合利用	脱硫脱硝除尘装备、垃圾处理设备、危险废物无害化处置和高效利用设备、废弃物回收处理成套装备
25	人工智能	电信设备、监控设备、数据中心设备
26	智能制造	机器人及集成系统、智能物流装备
27	工业母机	减材制造装备、等材制造装备和增材制造装备

金融租赁公司业务发展负面清单

禁止范围	构筑物
	古玩玉石、字画、办公桌椅、报刊书架、低值易耗品
	消费品（不含乘用车）

金融租赁公司项目公司业务正面清单

金融租赁公司项目公司租赁物范围	航空器（含发动机）
	船舶
	集装箱
	海洋工程结构物
	工程机械
	车辆
	算力中心设备
	集成电路

5. 国家金融监督管理总局办公厅《关于促进非银行金融机构支持大规模设备更新和消费品以旧换新行动的通知》（金办发〔2024〕96号，2024年9月10日）

（四）鼓励发挥融资租赁专业优势，提升金融服务设备更新质效。金融租赁公司要根据金融监管总局发布的融资租赁业务发展鼓励清单和正面清单，结合自身资源禀赋，充分发挥"融资与融物"相结合的特色功能，灵活采用直租、回租、经营租赁等多种形式，促进设备"生产者"和"使用者"有机连接，更好满足企业设备更新需求，支持加快淘汰落后设备，促进产业高端化、智能化、绿色化发展。

（五）鼓励以融资租赁方式推进重点行业设备更新改造。鼓励金融租赁公司积极探索与大型设备、国产飞机、新能源船舶、首台（套）设备、重大技术装备、集成电路设备等适配的业务模式，提升服务传统产业改造升级、战略性新兴产业和先进制造业的能力和水平。鼓励金融租赁公司探索参与科技投融资体系建设，以融资租赁设备价值为核心，满足各阶段科创型企业设备采购、更新需求，支持科技创新和产业创新深度融合，助力发展新质生产力。鼓励符合条件的金融租赁公司申请获取医疗健康领域经营许可资质，更好支持医疗健康领域设备更新需求，同时防止变相新增地方政府债务。鼓励金融租赁公司探索支持资源回收企业、拆解企业、再制造企业的设备资产租赁需求；鼓励加强与厂商合作，发挥厂商在处置租赁物等方面的优势，推动建立健全废旧设备回收体系。要积极践行普惠金融，发挥功能优势，助力小微企业、涉农企业更新设备资产，推动创新升级。

6. 中国人民银行、金融监管总局、中国证监会、国家外汇局、天津市人民政府《关于金融支持天津高质量发展的意见》（2024年7月26日）

（二十二）加快形成具有竞争力的航运金融服务体系。支持航运金融服务机构在津集聚。支持保险机构为航运相关的物流风险和信用体系建设提供定制化、专属化保险产品，鼓励航运保险、再保险机构在津开展新业务试点。在符合当地市场需求，遵循商业自愿和依法合规的前提下，支持金融租赁公司和融资租赁公司在津设立航空、航运租赁专业子公司和项目公司，支持优质航运企业入股金融租赁公司。支持商业保理公司为航运发展提供国际保理服务。支持引进设立航运信息服务、信用评级、海损理算等服务机构。

（二十四）支持优质资本设立各类专业化租赁公司。在符合当地市场需求，遵循商业自愿和依法合规的前提下，支持租赁公司在津设立专业子公司，开展专业化租赁业务。支持金融租赁公司在津设立项目公司，拓宽租赁物范围。支持境外合格租赁公司在津落户。支持租赁公司增资扩股和引进合格战略投资者，进一步提高租赁发展能级。

（二十六）提升融资租赁公司、商业保理公司市场化融资能力和服务质效。支持开展租赁业外汇政策试点，允许符合条件的境内机构使用自有外汇收入向境内租赁公司支付国际船舶经营性租赁外币租金；支持金融租赁公司对其设立的项目公司进行外币直接借款；支持银行业金融机构探索完善授信考核指标及统计口径，支持银行业金融机构对租赁公司、商业保理公司授信穿透到具体项目或资产认定，对深耕绿色、服务小微、支持制造业和战略性新兴产业发展的租赁公司、商业保理公司在融资方面给予支持。鼓励银行业金融机构按照审慎原则，在所属集团总部授信额度内对符合条件的租赁公司、商业保理公司予以单独授信支持。

7.《企业会计准则第4号–固定资产》（财会〔2006〕3号，2007年1月1日）

第三条 固定资产，是指同时具有下列特征的有形资产：
（1）为生产商品、提供劳务、出租或经营管理而持有的；
（2）使用寿命超过一个会计年度。使用寿命，是指企业使用固定资产的预计期间，或者该固定资产所能生产产品或提供劳务的数量。

8.《金融租赁公司项目公司管理办法》（银保监办发〔2021〕143号，2022年1月7日）

第三条 金融租赁公司设立项目公司开展融资租赁交易的租赁物包括飞机（含发动机）、船舶、集装箱、海洋工程结构物、工程机械、车辆以及经银保监会认可的其他设备资产。专业子公司设立的项目公司开展融资租赁交易的租赁物应当符合专业子公司业务领域管理相关规定。

9. 国务院国有资产监督管理委员会《关于进一步促进中央企业所属融资租赁公司健康发展和加强风险防范的通知》（国资发资本规〔2021〕42号，2021年5月19日）

二、严格规范融资租赁公司业务开展。中央企业所属融资租赁公司应当严格执行国家宏观调控政策，模范遵守行业监管要求，规范开展售后回租，不得变相发放贷款。切实完善尽职调查，夯实承租人资信，有效落实增信措施，建立重大项目风控部门专项风险评估机制，加强"第二道防线"作用。规范租赁物管理，租赁物应当依法合规、真实存在，不得虚构，不得接受已设置抵押、权属存在争议、已被司法机关查封、扣押的财产或所有权存在瑕疵的财产作为租赁物，严格限制以不能变现的财产作为租赁物，不得对租赁物低值高买，融资租赁公司应当重视租赁物的风险缓释作用。强化资金投向管理，严禁违规投向违反国家防范重大风险政策和措施的领域，严禁违规要求或接受地方政府提供各种形式的担保。

10.《上海市融资租赁公司监督管理暂行办法》（沪金规〔2021〕3号，2021年7月26日）

第二十条 适用于融资租赁交易的租赁物一般应当为权属清晰、真实存在且能够产生收益的固定资产（国家及本市另有规定的除外）。

融资租赁公司应当合法取得租赁物的所有权，不得接受已设置抵押、权属存在争议、无处分权、已被司法机关查封、扣押的财产或所有权存在瑕疵的财产作为租赁物。

11. 河南省地方金融监督管理局《关于印发河南省融资租赁公司业务经营负面清单的通知》（豫金监〔2023〕118号，2023年9月8日）

第8条 不得违反防范化解隐性债务要求，违法违规向地方政府及其部门提供融资及相关服务，或以构筑物为租赁物与地方平台公司开展售后回租业务，将资金投向地方政府融资平台及相关项目。

第9条 不得将道路、市政管道、水利管道、桥梁、坝、堰、水道、洞，非设备类在建工程、涉嫌新增地方政府隐性债务以及被处置后可能影响公共服务正常供应的构筑物作为租赁物。

相关司法文件

1.《天津市高级人民法院关于审理融资租赁合同纠纷案件若干问题的审判委员会纪要（一）》（津高法〔2019〕335号，2019年12月30日）

六、融资租赁合同性质及效力的认定

判断是否成立融资租赁法律关系时，应当充分考虑出租人受让的租赁物是否真实存在且特定化、租赁物与合同约定是否一致、租赁物的价值与租金构成是否存在较大差异、所有权转移手续是否符合法律规定等因素。对于名为融资租赁合同但实际不构成融资租赁法律关系的，应当对实际构成的法律关系进行审查，依法认定合同效力以及当事人的权利义务。

对于名为融资租赁合同实为民间借贷合同的，应当依据《中华人民共和国合同法》

第五十二条以及《最高人民法院关于审理民间借贷案件适用法律若干问题的规定》第十一条、第十四条等规定，审查民间借贷合同的效力。对于违反涉及金融安全、市场秩序、国家宏观政策等强制性规定的，应依法认定合同无效。

2. 上海市高级人民法院《融资租赁合同纠纷类案办案要件指南》①（2020 年 5 月 18 日）

【融资租赁物适格性的认定】

【审查要点】 融资租赁法律关系应具有"融物"属性，以不适格的物作为融资租赁标的物的，不宜认定为融资租赁法律关系。可作为融资租赁标的物的，一般应具备以下法律特征：租赁物依法可流通；租赁物为可特定化的有形、有体物；租赁物为非消耗物、租赁物权属和所有权应当明晰。此外，租赁物应当特定化。

【注意事项】

对于哪些财产或权利可以作为融资租赁合同项下的租赁物，现法律法规尚无统一明确的规定。在审查租赁物是否适格时应根据《中华人民共和国合同法》第二百三十七条②，结合银监会制定的《金融租赁公司管理办法》，商务部颁布的《外商投资租赁业管理办法》，商务部、国家税务总局制定的《关于从事融资租赁业务有关问题的通知》的规定做出认定。

相关典型案例

案例 56　租赁物为集合物的，可构成融资租赁法律关系③

【基本案情】

X 公司与 S 公司签订《融资租赁合同（售后回租）》，约定租赁物为彩瓦、变截钢、C 型钢以及配送工程等，由 X 公司向 S 公司一次购买后再回租给 S 公司，并约定租金的具体支付期限。双方还签署《租赁物资清单》《租赁物单据清单》《租赁物验收清单》。合同签订后，X 公司向 S 公司支付案涉租赁物的全部价款，取得租赁物所有权。履行中 S 公司未再向 X 公司支付租金，至起诉时已拖欠租金近 170 万元。X 公司诉请判令 S 公司清偿剩余租金并支付违约金、赔偿律师费等损失。本案争议焦点在于案涉合同约定的彩瓦、变截钢、C 型钢以及配送工程等集合物能否成为融资租赁合同的标的物，案涉合同应定性为借贷合同关系抑或融资租赁合同关系。

---

① 茆荣华主编：《上海法院类案办案要件指南》（第 1 册），人民法院出版社 2020 年版，第 29 页、第 58 页。

② 现为《民法典》第 735 条。

③ 参见广州市南沙区人民法院（广东自由贸易区南沙片区人民法院）2023 年 12 月发布的《融资租赁合同纠纷和商业保理合同纠纷案件审判白皮书》中的《融资租赁合同和商业保理合同纠纷典型案例》，载微信公众号"广州市南沙区人民法院"（2023 年 12 月 27 日），https://mp.weixin.qq.com/s/SUZs_KqCWOzM-1Se5Zuy5Q，最后访问时间：2024 年 8 月 8 日。

【裁判结果】

法院认为，本案应为融资租赁合同纠纷，理由在于：一、X公司系经批准许可经营融资租赁业务的公司，具有从事融资租赁业务的经营范围和相应的经营资质；二、售后回租属于合法的融资租赁的模式之一，案涉合同内容符合售后回租业务的法律表征；三、《租赁物资清单》《租赁物验收证明书》的签署具有使租赁物特定化的功能，无证据证明合同签订时案涉租赁物并非真实存在，或者其价值明显低于案涉融资金额。故判决支持X公司的诉讼请求。

【典型意义】

融资租赁集"融资"和"租赁"两种法律关系于一身，目的在于鼓励和促进对具有价值的物品或设备产品的应用，实现经济社会利益。与传统融资租赁合同单一、固定的租赁物不同，案涉融资租赁合同约定的租赁物为工程建设过程中的彩瓦、变截钢、C型钢以及配送工程等集合物，因而当事人双方对上述物品能否成为融租租赁合同的标的物产生极大争议，并由此影响案涉合同性质和效力的判定。本案判决以尊重当事人意思自治，鼓励融资租赁行业创新的谦抑态度，在法律允许的范围内，结合案涉租赁物的不同用途，以案涉租赁物在签订合同时实际存在且范围相对明确为由，认定其符合融资租赁合同"租赁物"的法律要求，进而认定本案融资租赁合同的性质和效力，既彰显尊重当事人意思自治、维护诚实信用原则、保障债权人合法权益的价值取向，又有利于灵活企业经营方式、盘活市场资产，增加市场活力，激发区域融资租赁行业的创造力和积极性。

案例57　租赁物并非承租人使用而是用于销售的，不构成融资租赁法律关系[1]

【基本案情】

R公司与H公司签订《融资租赁合同》约定：双方的融资租赁交易采用售后回租的形式，租赁物即为承租人出卖给出租人的标的物，标的物所有权自出租人支付全部购买价款之际即转移至出租人名下，起租日为出租人支付购买价款之日。合同签订后，R公司根据H公司提供的《租赁物清单》向H公司汇入款项78600元，双方确认根据每次《租赁支付表》中确定的金额支付租金，并约定年利率为8%。R公司还提交了H公司提取融资款时向其提供的材料，包括H公司与客户签订的11份《壁挂炉分期销售合同》，载明H公司就壁挂炉销售与客户签订分期付款合同，约定在客户分期款未付清前，壁挂炉的所有权归H公司所有。

【裁判结果】

法院认为，双方不构成融资租赁合同关系，理由如下：首先，根据法律规定，融资租赁合同中出租人购买租赁物提供给承租人的目的应当是使用，而H公司作为一家壁挂炉

---

[1] 参见广州市南沙区人民法院（广东自由贸易区南沙片区人民法院）2023年12月发布的《融资租赁合同纠纷和商业保理合同纠纷案件审判白皮书》中的《融资租赁合同和商业保理合同纠纷典型案例》，载微信公众号"广州市南沙区人民法院"（2023年12月27日），https://mp.weixin.qq.com/s/SUZs_KqCWOzM-1Se5Zuy5Q，最后访问时间：2024年8月6日。

经销商，使用壁挂炉显然并非其目的，而是用于销售。其次，根据《最高人民法院关于审理融资租赁合同纠纷案件适用法律问题的解释》第2条规定，H公司已将案涉租赁物销售给客户，且客户亦已支付完首付款，客户与承租人的买卖合同正在履行当中，出租人已实际丧失租赁物所有权及取回权。最后，融资租赁法律关系中，租赁物是该法律关系成立的必不可少构成要件，也是融资租赁法律关系得以建立的前提要素。根据案涉《融资租赁合同》，融资租赁款项的发放，取决于H公司是否将相关壁挂炉产品销售，H公司需提供与客户签订的租赁物销售合同、用户身份证件、设备安装场所证明文件、用户首付款凭证等材料，出租人在审核上述材料确定租赁物实际存在后，再逐项逐笔计价支付融资款。合同实际履行过程中，租赁物均已销售并交付客户使用。虽然H公司在客户付清款项前对租赁物保留所有权，无法改变其与客户之间的合同为分期付款买卖合同的事实。此时，H公司实际并非"租赁物"的实际租赁方，而是销售方。双方签订合同的目的仅在于R公司向H公司提供资金以满足其进货资金需求，案涉合同实质上仅有"融资"性质，而没有"融物"的功能。从双方签订合同及H公司每次申请提取融资租赁款项提交的单据看，双方对于上述借贷行为均系明知。H公司作为R公司关联企业的经销商，与R公司签订融资租赁合同，本意仅在于向R公司借款。综上，双方之间属于借款合同关系，R公司累计向H公司转账支付78600元应当为借款本金，根据借款合同关系处理。

【典型意义】

售后回租模式下的融资租赁合同关系，正是因具有了"融物"的实质要件而与借款合同区分开来。判断当事人之间签订的合同是售后回租型的融资租赁合同关系还是借贷合同关系，须重点审查三个方面：一、资产权属，是否为承租人真实所有，是否存在"一物二融"等情形，租赁期间租赁物是否转移或变更；二、承租人的合同目的及实际使用情况，即承租人签订合同获取租赁物的继续占有使用是否出于使用的目的，也包括双方约定的租金的具体支付方式、支付条件；三、融资款金额确定、付款条件及方式是否符合融资租赁合同特征。对于无"融物"内容，仅有"融资"目的的情况，虽然名为融资租赁合同，仍应当根据双方当事人的实际缔约意图及履行情况综合判断其合同性质，认定其为借贷关系并进行处理。本案对于厘清融资租赁合同关系、规范融资租赁经营行为、净化融资租赁市场秩序，具有较强的指导意义。

案例58 以不适格绿色资产开展售后回租的，不构成融资租赁法律关系[①]

【基本案情】

2016年6月，原告某实业公司与被告某投资公司签订融资租赁合同，约定原告某实业公司向被告某投资公司购买租赁物件并回租给被告某投资公司使用，合同附件《转让租

[①] 本案入选上海市浦东新区人民法院2024年10月发布的《涉绿色金融商事案件审判工作白皮书及典型案例》，载微信公众号"上海高院"（2024年10月11日），https://mp.weixin.qq.com/s/jd-Fmtef4_BuGJtxxPdMW_Q，最后访问时间：2024年10月11日。

赁物件清单》载明租赁物为某国家森林公园打包资产，包括林地、雪场、机器设备等流动资产以及公园土地使用权等资产，并有《资产评估报告》对某森林公园资产包明细及价值进行评估。合同对融资金额、租金总额、服务费及各期租金作出约定，同时约定如被告某投资公司迟延付款，则自租金到期之日起，每日按所欠逾期租金金额的万分之五计算违约金。被告某交通集团公司作为被告某投资公司的母公司，为该融资租赁合同项下债权提供连带责任保证。后原告某实业公司向被告某投资公司支付融资款，被告某投资公司支付部分期数租金及服务费后，剩余租金未支付。原告某实业公司遂诉至人民法院，要求被告某投资公司支付剩余租金及按照合同约定标准支付逾期付款违约金，并要求被告某交通集团公司承担连带清偿责任。

【裁判结果】

浦东新区人民法院经审理认为，可作为融资租赁标的的资产一般应具备可流通、可特定化、非消耗物、权属明晰等法律特征，案涉《融资租赁合同》项下约定的租赁物为某国家森林公园的打包资产，资产包含流动资产（存货）、非流动资产（房屋建筑物等固定资产及土地使用权等无形资产），从资产属性看，案涉某森林公园资产包整体属于不适格的租赁物。融资租赁法律关系兼具融资与融物双重属性，以不适格资产作为融资租赁的租赁物的，不宜认定为融资租赁法律关系。根据《最高人民法院关于审理融资租赁合同纠纷案件适用法律问题的解释》第一条规定，结合案件事实，本案应按照有效的民间借贷法律关系确定双方权利义务。原告收取的高额服务费因不能证明其提供了相应服务，变相增加企业隐性融资成本，属于砍头息性质，故扣除服务费后，应依照原告借款数额、时间及被告某投资公司还款数额、时间，依照实际年利率计算得出被告某投资公司尚欠原告借款本金及利息金额。据此，判决被告某投资公司向原告某实业公司承担还本付息义务。

【典型意义】

租赁物是融资租赁交易的核心，融资租赁企业在开展绿色融资租赁业务时应高度重视对绿色租赁物适格性的审查，若所涉绿色资产本身不适宜作为融资租赁的租赁物，融资租赁法律关系亦难以成立。一方面，融资租赁的业务模式与绿色产业资产价值高、回报周期长的融资需求相适应，融资租赁产业应加大对绿色转型发展的支持力度；另一方面绿色产业中的碳资产、生态资源等新型资产类型是否符合融资租赁标的物要求，则需要经营主体在开展业务时着重审查。绿色融资租赁的租赁物适格性可以通过租赁物是否具备可流通、可特定化、非消耗物、权属明晰等基本特征进行确定，如本案中所涉租赁物与生态环境紧密相连且难以分割，资产具有较强公益属性，而产生收益的功能属性偏弱，亦难以在市场进行流转并确认价值，在此情形下不适宜作为融资租赁（售后回租）的租赁物。对于已基于不适格租赁物开展的绿色融资租赁业务，应依据实际形成的法律关系确定双方权利义务。

（二）航空器

❖ 相关法律法规

《民用航空法》（2021年4月29日）

第二十六条　民用航空器租赁合同，包括融资租赁合同和其他租赁合同，应当以书面形式订立。

第二十七条　民用航空器的融资租赁，是指出租人按照承租人对供货方和民用航空器的选择，购得民用航空器，出租给承租人使用，由承租人定期交纳租金。

第二十八条　融资租赁期间，出租人依法享有民用航空器所有权，承租人依法享有民用航空器的占有、使用、收益权。

第二十九条　融资租赁期间，出租人不得干扰承租人依法占有、使用民用航空器；承租人应当适当地保管民用航空器，使之处于原交付时的状态，但是合理损耗和经出租人同意的对民用航空器的改变除外。

第三十条　融资租赁期满，承租人应当将符合本法第二十九条规定状态的民用航空器退还出租人；但是，承租人依照合同行使购买民用航空器的权利或者为继续租赁而占有民用航空器的除外。

❖ 相关部门规章

《金融租赁公司管理办法》（国家金融监督管理总局令2024年第6号，2024年9月14日）

第十九条　经国家金融监督管理总局批准，金融租赁公司可以在中国境内保税地区、自由贸易试验区、自由贸易港等境内区域以及境外区域设立专业子公司。涉及境外投资事项的，应当符合我国境外投资管理相关规定。

第二十条　专业子公司的业务领域包括飞机（含发动机）、船舶（含集装箱）以及经国家金融监督管理总局认可的其他融资租赁业务领域。经国家金融监督管理总局批准，金融租赁公司可以设立专门从事厂商租赁业务模式的专业子公司。

专业子公司开展融资租赁业务所涉及业务领域或厂商租赁等业务模式，应当与其公司名称中所体现的特定业务领域或特定业务模式相匹配。

❖ 相关行政规范性文件

1.《国务院办公厅关于加快融资租赁业发展的指导意见》（国办发〔2015〕68号，2015年8月31日）

鼓励融资租赁公司在飞机、船舶、工程机械等传统领域做大做强，积极拓展新一代信息技术、高端装备制造、新能源、节能环保和生物等战略性新兴产业市场，拓宽文化产业投融资渠道。鼓励融资租赁公司参与城乡公用事业、污水垃圾处理、环境治理、广播通信、农田水利等基础设施建设。在公交车、出租车、公务用车等领域鼓励通过融资租赁发展新能源汽车及配套设施。鼓励融资租赁公司支持现代农业发展，积极开展面向种粮大户、家庭农场、农业合作社等新型农业经营主体的融资租赁业务，解决农业大型机械、生产设备、加工设备购置更新资金不足问题。积极稳妥发展居民家庭消费品租赁市场，发展家用轿车、家用信息设备、耐用消费品等融资租赁，扩大国内消费。

2.《国务院办公厅关于促进金融租赁行业健康发展的指导意见》（国办发〔2015〕69号，2015年9月1日）

在飞机、船舶、工程机械等传统领域培育一批具有国际竞争力的金融租赁公司。在公交车、出租车、公务用车等领域鼓励通过金融租赁发展新能源汽车及其配套设施。提升金融租赁服务水平，加大对薄弱环节支持力度。支持设立面向"三农"、中小微企业的金融租赁公司。鼓励金融租赁公司发挥融资便利、期限灵活、财务优化等优势，开发适合"三农"特点、价格公允的产品和服务，积极开展大型农机具金融租赁试点，支持农业大型机械、生产设施、加工设备更新。

3.《海南省人民政府办公厅关于印发海南省加快融资租赁业发展实施方案的通知》（琼府办〔2017〕184号，2017年11月14日）

鼓励融资租赁企业进一步统筹航空产业及其配套服务业发展，支持开展飞机租赁业务。

（三）船舶

❖ 相关行政规范性文件

《海南省人民政府办公厅关于印发海南省加快融资租赁业发展实施方案的通知》（琼府办〔2017〕184号，2017年11月14日）

鼓励融资租赁企业支持远洋渔船升级和行业整合提升……鼓励融资租赁企业开展邮轮、游艇、海上低空飞行器等旅游交通工具以及旅游基础设施的融资租赁业务，推动海洋休闲旅游产业发展。鼓励融资租赁企业开展面向现代农业的种植大户、家庭农场、农业合作社、农业企业等新型农业经营主体的农产品初加工设备及其他农用机械设备租赁。鼓励融资租赁公司与产业园区、科技企业孵化器、中小企业公共服务平台等合作，加大对科技型、创新型和创业型中小微企业的支持力度。

（四）机动车及配套设备设施

❖ 相关部门规章

国家金融监督管理总局《汽车金融公司管理办法》（国家金融监督管理总局令2023年第1号，2023年8月11日）

第二条 本办法所称汽车金融公司，是指经国家金融监督管理总局批准设立的、专门提供汽车金融服务的非银行金融机构。

第三条　汽车金融公司名称中应标明"汽车金融"字样。未经国家金融监督管理总局批准，任何单位和个人不得在机构名称中使用"汽车金融""汽车信贷""汽车贷款"等字样。

第十八条　汽车金融公司可从事下列部分或全部本外币业务：

（一）接受股东及其所在集团母公司和控股子公司的定期存款或通知存款；

（二）接受汽车经销商和售后服务商贷款保证金和承租人汽车租赁保证金；

（三）同业拆借业务；

（四）向金融机构借款；

（五）发行非资本类债券；

（六）汽车及汽车附加品贷款和融资租赁业务；

（七）汽车经销商和汽车售后服务商贷款业务，包括库存采购、展厅建设、零配件和维修设备购买等贷款；

（八）转让或受让汽车及汽车附加品贷款和融资租赁资产；

（九）汽车残值评估、变卖及处理业务；

（十）与汽车金融相关的咨询、代理和服务。

前款所称控股子公司是指股东所在集团母公司持股50%（含）以上的公司。

汽车经销商是指依法取得汽车（含新车及二手车）销售资质的经营者。

汽车售后服务商是指从事汽车售后维护、修理、汽车零配件和附加品销售的经营者。

汽车附加品是指依附于汽车所产生的产品和服务，如导航设备、外观贴膜、充电桩、电池等物理附属设备以及车辆延长质保、车辆保险、车辆软件等与汽车使用相关的服务。

第二十条　汽车金融公司应当基于真实贸易背景开展贷款和融资租赁业务，严格资金用途管理。

第二十一条　汽车金融公司仅限于向其汽车贷款或融资租赁业务客户（含贷款或融资租赁合同已结清客户）提供汽车附加品融资服务。

第二十二条　汽车金融公司开展融资租赁业务应当合法取得租赁物的所有权；应当按照国家有关规定进行融资租赁登记公示，保障对租赁物的合法权益。

第二十四条　汽车金融公司发行非资本类债券应当坚持举债同偿债能力相匹配原则，审慎合理安排债券发行计划；发债资金用途应当依法合规并符合国家政策规定。

第二十五条　汽车金融公司转让汽车及汽车附加品贷款和融资租赁资产应当严格遵守法律法规和监管规定，遵守真实、整体和洁净转让原则。

第五十一条　汽车金融公司开展汽车及汽车附加品贷款和融资租赁业务，应当通过合法方式获得借款人或承租人的征信信息和其他内外部信息，全面评估借款人或承租人的信用状况；独立有效开展客户身份核实、风险评估、授信审批、合同签订等核心风控工作；建立完善个人或机构客户信贷风险模型，动态监测信贷资产质量。

第五十二条 汽车金融公司开展融资租赁业务应当建立健全融资租赁车辆价值评估和定价体系，密切监测租赁物价值对融资租赁债权的风险覆盖水平，制定有效的风险应对措施；应当加强对租赁期限届满返还或因承租人违约而取回的租赁车辆的风险管理，建立完善的租赁车辆处置制度和程序，降低租赁车辆持有期风险。

汽车金融公司售后回租业务的租赁物必须由承租人真实拥有并有权处分，不得接受已设置任何抵押、权属存在争议或已被司法机关查封、扣押的财产或所有权存在瑕疵的租赁物；租赁物的买入价格应当有合理的、不违反会计准则的定价依据作为参考，不得低值高买。

第五十三条 汽车金融公司开展二手车金融业务应当建立二手车市场信息数据库和二手车残值估算体系，严格把控交易真实性和车辆评估价格，防范车辆交易风险和残值风险。

第五十四条 汽车金融公司开展汽车附加品贷款和融资租赁业务应当客观评估汽车附加品价值，制定单类附加品融资限额。

汽车附加品融资金额不得超过附加品合计售价的 80%；合计售价超过 20 万元人民币的，融资金额不得超过合计售价的 70%。

汽车金融公司应当加强对汽车附加品交易真实性和合理性的审核与判断，收集附加品相关交易资料或凭证，并加强贷款资金支付和用途管理。

第六十六条 汽车金融公司开展专用汽车、农用运输车、摩托车、推土机、挖掘机、搅拌机、泵机等车辆金融服务的，适用本办法相关规定。

2. 《金融租赁公司管理办法》（国家金融监督管理总局令 2024 年第 6 号，2024 年 9 月 14 日）

第五十二条第二款 金融租赁公司不得以低值易耗品作为租赁物，不得以小微型载客汽车之外的消费品作为租赁物，不得接受已设置抵押、权属存在争议或已被司法机关查封、扣押的财产或所有权存在瑕疵的财产作为租赁物。

相关行政规范性文件

1. 《国务院办公厅关于加快新能源汽车推广应用的指导意见》（国办发〔2014〕35 号，2014 年 7 月 14 日）

（十一）积极鼓励投融资创新。在公共服务领域探索公交车、出租车、公务用车的新能源汽车融资租赁运营模式，在个人使用领域探索分时租赁、车辆共享、整车租赁以及按揭购买新能源汽车等模式，及时总结推广科学有效的做法。

2. 国务院办公厅转发国家发展改革委等部门《关于推动城市停车设施发展意见的通知》（国办函〔2021〕46 号，2021 年 5 月 7 日）

（十三）创新金融支持方式。开展城市停车设施建设试点，对有规划、有目标、有进度、有政策、有治理措施的城市，加大金融支持力度。在完善偿债措施等前提下，支持企业以市场化方式发行用于城市停车设施建设的专项债券。鼓励商业银行等金融机构在风险可控、商业可持续的前提下，探索提供基于停车设施产权和使用权的抵押融资、融资租赁等金融服务；鼓励通过资产证券化等方式，盘活存量资产。鼓励采取"债贷组合"等方式，构建多元化、可持续的城市停车设施融资体系。

---

3. 商务部、发展改革委、工业和信息化部、公安部等 17 部门发布《关于搞活汽车流通扩大汽车消费若干措施的通知》（商消费发〔2022〕92 号，2022 年 7 月 5 日）

（十二）鼓励金融机构在依法合规、风险可控的前提下，合理确定首付比例、贷款利率、还款期限，加大汽车消费信贷支持。有序发展汽车融资租赁，鼓励汽车生产企业、销售企业与融资租赁企业加强合作，增加金融服务供给。

---

4. 《天津市人民政府办公厅关于加快我市融资租赁业发展的实施意见》（津政办发〔2015〕2 号，2015 年 1 月 28 日）

（九）新能源汽车财政补贴。融资租赁企业购买纳入工业和信息化部节能与新能源汽车示范推广应用工程推荐车型目录、符合《天津市新能源汽车推广应用实施方案（2013-2015 年）》（津政办发〔2014〕103 号）相关条件的新能源汽车，按照《天津市财政局天津市科学技术委员会关于印发天津市新能源汽车财政补贴管理办法的通知》（津财建一〔2014〕11 号）有关规定，由地方财政与中央财政按照 1∶1 比例给予补贴。补贴资金由天津市财政局直接拨付汽车生产企业，融资租赁公司按销售价格扣减补贴后支付。

---

5. 《山西省人民政府办公厅关于加快推进电动汽车产业发展和推广应用的实施意见》（晋政办发〔2015〕115 号，2015 年 10 月 18 日）

鼓励各类投融资公司以股权投资、融资租赁等形式参与电动汽车的推广应用工作。

---

6. 《山西省人民政府办公厅关于加快推进融资租赁业发展的实施意见》（晋政办发〔2016〕142 号，2016 年 10 月 18 日）

鼓励省内汽车及新能源汽车等优势装备制造企业设立融资租赁公司，发展厂商融资租赁企业。鼓励融资租赁企业参与公交车、出租车、公务用车等领域新能源汽车采购及配套设施建设。

---

7. 《河北省加快新能源汽车产业发展和推广应用若干措施》（冀政办字〔2015〕173 号，2015 年 12 月 28 日）

励金融租赁、融资租赁公司以融资融物等形式参与新能源汽车产业发展和推广应用工作。

8.《陕西省人民政府办公厅关于促进融资租赁业发展的实施意见》（陕政办发〔2015〕94号，2015年12月18日）

鼓励省内汽车及新能源汽车等具有优势产业背景的大型企业设立融资租赁公司，发展厂商融资租赁企业。

9.《江西省人民政府办公厅关于加快我省融资租赁业发展若干措施》（赣府厅发〔2016〕9号，2016年3月19日）

积极稳妥发展居民家庭消费品租赁市场，发展家用轿车、家用信息设备、耐用消费品等融资租赁，扩大省内消费。

10.《重庆市人民政府办公厅关于加快融资租赁业发展的实施意见》（渝府办发〔2016〕84号，2016年5月13日）

积极发展居民家庭消费品租赁市场。发展家用轿车、家用信息设备、耐用消费品等融资租赁，扩大国内消费。

11.《广东省人民政府办公厅关于加快新能源汽车推广应用的实施意见》（粤府办〔2016〕23号，2016年3月28日）

鼓励企业投融资创新，采取经营性租赁、融资租赁等模式，缓解公交、出租车、汽车租赁等企业一次性购买新能源汽车的资金压力。鼓励公交企业、整车生产企业、政策性金融机构等多方开展市场化合作，采用融资租赁、经营性租赁相结合的混合租赁模式推广应用新能源汽车。鼓励国有企业以融资租赁等多种形式参与新能源汽车推广应用。

12.《广东省人民政府办公厅关于加快融资租赁业发展的实施意见》（粤府〔2016〕52号，2016年6月12日）

引导融资租赁公司在公共交通和公务用车等领域提供新能源汽车及配套设施服务。鼓励融资租赁业支持现代农业发展，提供农业大型机械、生产设备、加工设备的融资租赁服务；……探索开展文化产业、居民家庭消费品等领域的融资租赁业务。

13.《上海市人民政府办公厅关于加快本市融资租赁业发展的实施意见》（沪府办发〔2016〕32号，2016年9月1日）

鼓励在公交车、出租车、公务用车等领域通过融资租赁发展新能源汽车及其配套设施。支持融资租赁参与教育培训、健康养老、休闲旅游等新兴服务业发展。积极稳妥发展居民家庭消费品租赁市场，发展家用轿车、家用信息设备、耐用消费品等融资租赁，扩大国内消费。

14.《浙江省人民政府办公厅关于加快融资租赁业发展的实施意见》（浙政办发〔2016〕112号，2016年9月9日）

融资租赁企业购买符合条件的公共服务领域新能源汽车，可享受国家和省有关优惠政策。

15.《新疆维吾尔自治区人民政府关于进一步加快新能源汽车推广应用及产业发展的指导意见》（新政发〔2022〕12号，2022年1月26日）

自治区金融管理部门加大绿色金融在新能源汽车消费端的支持力度，鼓励金融租赁公司、融资租赁公司以融资融物等形式参与新能源汽车推广应用工作。

16.《中国（河南）自由贸易试验区建设实施方案》（豫政〔2017〕35号，2017年4月21日）

鼓励汽车及新能源汽车等优势产业大型企业设立融资租赁公司，发展厂商融资租赁。支持融资租赁企业依托省内新能源汽车等优势装备制造业开展融资租赁业务。

17.《福建省人民政府办公厅关于加快全省新能源汽车推广应用促进产业发展的实施意见》（闽政办〔2017〕110号，2017年9月23日）

在公共服务领域，鼓励省内汽车及零部件龙头企业联合融资租赁金融机构，发展公交车、客运车、出租车等新能源汽车融资租赁运营模式，加快传统燃油车更新步伐。在基础设施建设领域，鼓励建设及运营企业通过采取融资租赁、发行债券等方式拓宽多元融资渠道，加快充电基础设施建设步伐。

18.《中国（福建）自由贸易试验区福州片区工作领导小组办公室关于进一步加快福建自贸试验区福州片区融资租赁业发展的实施意见》（榕自贸办〔2019〕5号，2019年6月25日）

推动融资租赁业与现代服务业互促共进，鼓励融资租赁企业开展新能源汽车业务。

19.《莆田市人民政府办公室关于促进融资租赁业发展的实施意见》（莆政办〔2016〕117号，2016年7月15日）

鼓励城市轨道交通、高速公路、高速铁路、公交车、出租车、公务用车等领域通过融资租赁加快发展。积极推动融资租赁企业开展城乡公用事业、污水垃圾处理、病死动物无害化处理、环境治理、广播通信、农田水利等基础设施融资租赁业务。

20.《海南省人民政府办公厅关于印发海南省加快融资租赁业发展实施方案的通知》（琼府办〔2017〕184号，2017年11月14日）

鼓励融资租赁企业开展机动车（重点是新能源车、公交车、物流运输车、家用小型机动车）的融资租赁业务。大力发展节能减排和环境治理产业绿色融资租赁业务。

21.《武汉市人民政府关于支持氢能产业发展的意见》（武政规〔2022〕4号，2022年3月31日）

支持社会资本组建燃料电池汽车融资租赁平台，通过融资租赁、大批量采购等方式降低燃料电池汽车购买成本，推广应用燃料电池汽车。

22.《北京市大兴区促进氢能产业发展暂行办法（2022年修订版）》（京兴政发〔2022〕6号，2022年4月9日）

明确氢能企业上一年度用于生产、研发等正常经营活动申请的银行贷款或融资租赁，并按约定贷款用途或应用于融资租赁项目实际使用的，按照一年期银行贷款基准利率，给予最高不超过三年、每年最高不超过500万元的贴息支持，贴息利率以实际发生为准，不高于上年度银行同期贷款基准利率。

相关监管法规

1.《江苏省融资租赁公司监督管理实施细则（试行）》（苏金监规〔2021〕1号，2021年3月1日）

第十三条　融资租赁公司开展汽车融资租赁业务的，应当遵守以下规定：（一）不得以融资租赁业务的名义从事汽车消费贷款业务，不得与承租方签订汽车抵押贷款合同；（二）不得以"分期付款""汽车贷款"等名义，误导消费者，合同、宣传资料、网站、手机应用程序等不得出现"贷""贷款"等不属于融资租赁业务经营范围内的字样描述；（三）提供服务时，准确解释融资租赁业务内容，真实、全面告知车辆所有权归属等重要信息；（四）规范租金管理，明确告知融资金额项目明细与具体金额，月租金还款日期与金额等各项费用金额，以及违约情形下需承担的违约责任及相关费用构成；（五）不得为客户提供或变相提供融资担保；（六）审慎选择合作机构，发现合作机构存在乱收服务费、故意泄露个人信息、非法催收等违法违规行为，及时终止合作关系。

2.《天津市金融局关于引导我市融资租赁公司合规发展汽车融资租赁业务的意见》（津金监局〔2020〕8号，2020年8月27日）

各有关单位：

为进一步引导我市融资租赁公司合规经营，防范和化解金融风险，促进行业持续健康发展，根据《中国银保监会关于印发融资租赁公司监督管理暂行办法的通知》（银保监发〔2020〕22号）、《天津市地方金融监督管理条例》《关于加强我市融资租赁公司监督管理工作的指导意见》（津金监规范〔2019〕2号）等有关文件精神，现结合行业实际就我市融资租赁公司合规发展汽车融资租赁业务提出以下意见。

一、适用范围

本意见适用于在我市依法设立的从事汽车融资租赁业务的外商投资融资租赁公司和内资试点融资租赁公司。

二、有关要求

（一）经营原则

公司开展经营活动，应当遵守法律、法规、规章和本意见的规定，遵循诚实信用原则和公平原则，强化内控管理，加大风险评估，审慎稳健经营，严格执行信息申报和重大事件报告制度，提升服务水平，完善投诉机制，履行社会责任。

（二）内部控制与风险管理

1. 内部控制。公司须建立完整的公司治理结构及运行管理制度，保证经营管理的独立性。设立合理完善的内部控制制度，并应当设置内控管理部门及内控管理岗。配备专职人员跟踪各项制度的运行及适用情况，及时根据业务发展需要调整相关管理制度，防范、控制和化解风险，保障公司安全稳健运行。

2. 风险管理。公司应当建立完善的业务操作流程及风险管理体系，有效识别、评估、控制和化解风险。公司应科学合理对承租人进行分类，真实客观对承租人风险承受能力进行评估，形成良好的风险资产分类管理、承租人信用评估、事后追偿和处置制度以及风险预警机制等。

（三）业务规范

1. 不得违规融入资金，包括吸收存款、变相吸收存款、通过网络借贷信息中介机构及私募投资基金等渠道变相向社会公众融入资金，不得借融资租赁的名义开展非法集资活动以及从事违反国家规定的其他活动。

2. 不得从事发放贷款、受托发放贷款等金融相关业务，不得从事同业拆借业务。

3. 不得在公司宣传及合同签署过程中使用"汽车信贷""车抵贷""车辆贷款"等不属于融资租赁业务经营范围内的字样描述。

4. 在提供产品和服务时，应当以适当的形式，真实、准确、完整地向承租人提供相关信息、提示可能存在的风险，不得有虚假记载和误导性陈述。

5. 在合同签署前或签署时应向承租人充分提示风险以保障其知情权。要主动告知承租人开展的是融资租赁业务并解释融资租赁的含义，及时全面准确向承租人释明融资金额包含的项目明细及具体金额、融资租赁款结清前汽车所有权归属、月租金还款日期及金额、逾期处理等信息，并通过录音、录像、电子签约、书面确认函等合理形式确保承租人知悉。对已签署合同但未告知以上信息的承租人，应及时补充。

6. 融资租赁的格式合同条款及服务协议文本，不得存在欺诈等侵犯承租人合法权益的内容；不得含有减轻、免除己方责任，加重承租人责任，限制或者排除承租人合法权利的格式条款。对于承租人投诉较为集中或者存在侵害承租人合法权益隐患的格式合同条款、服务协议文本，公司应进行及时清理。

7. 应以合理方式确保承租人知悉并明确同意融资租赁合同中约定的各项费用收费水平、收取时点和收取方式，利息不得从租金本金中先行扣除。

8. 不得强行搭售商品及服务，直接、变相为承租人增加费用。业务开展过程中存在第三方合作公司的，应引导其合理收费，避免出现收取高额服务费、无正规票据收费、收费不入账等违法、违规行为。应向承租人充分披露自身与合作机构的信息、合作类产品的信息、自身与合作各方权利义务等。业务开展过程中发现第三方合作公司存在违法、违规行为的，应及时终止合作关系。

9. 开展汽车融资租赁业务过程中，不得为客户提供或变相提供融资担保。

10. 承租人出现逾期后应依法合规催收，所采取的各项处置措施应当有充分的法律及合同依据并切实保护承租人合法权益。对相关催收人员要进行业务培训，规范催收话术，禁止辱骂、威胁承租人，不得在业务开展中采取暴力、骚扰手段或产生其他危害承租人人身安全、社会公共安全的行为，不得收取畸高处置费用。委托外包第三方催收追讨债务的，应制定催收业务外包相关政策和管理制度，对受托人催收行为进行监督，签署外包协议前公司应对外包协议的主要风险制定相应的风险规避措施。

11. 应建立合理完善的客户投诉及纠纷处理机制，建立消费者权益保护部门，对客户投诉应妥善处理并及时反馈，避免引发涉众风险。

12. 公司及其工作人员应对业务过程中知悉的承租人信息予以保密，不得非法复制、非法存储、非法使用、向他人出售或者以其他形式泄露个人信息。

三、其他事项

市金融局负责对我市融资租赁公司开展汽车融资租赁业务进行监督管理，组织做好相关工作，区金融工作部门承担日常监督管理责任。严格落实《天津市地方金融监督管理条例》和《融资租赁公司监督管理暂行办法》，根据工作需要依法实施非现场监管、现场检查等监管措施，对违法行为进行行政处罚。

区人民政府履行属地风险防范和处置责任，做好本行政区域内风险排查、监测预警、风险评估和处置工作。滨海新区范围内融资租赁公司有关工作按照《天津市人民政府关于向滨海新区下放市级权力事项的通知》（津政发〔2019〕6号）执行。

本意见自发布之日起施行，各融资租赁公司对不符合本意见规定的存量业务应及时整改。本意见在实施过程中将根据国家和天津市颁布的相关法律、法规、规章进行修订完善。

3. 上海市地方金融监督管理局《上海市融资租赁公司、商业保理公司涉个人客户相关业务规范指引》（沪金规〔2021〕1号，2021年5月1日）

第一章 总　则

第一条　【目的依据】为规范本市融资租赁公司、商业保理公司涉个人客户相关业务，培育规范交易、诚实守信的市场环境，保护个人客户及融资租赁公司、商业保理公司合法权益，防范和化解风险，促进行业持续健康发展，根据《国务院办公厅关于加强金融消费者权益保护工作的指导意见》（国办发〔2015〕81号）、《中国银保监会关于印发融资租赁公司监督管理暂行办法的通知》（银保监发〔2020〕22号）、《中国银保监会办公厅关于加强商业保理企业监督管理的通知》（银保监办发〔2019〕205号），及《上海市地方金融监督管理条例》等法律法规、行业监管制度，制定本指引。

第二条　【服务导向】本市融资租赁公司、商业保理公司应当立足自身资源禀赋，重点支持符合国家及本市产业政策导向的行业、企业，在促进装备制造业发展、企业技术升级改造、设备进出口，服务供应链上下游中小微企业等方面发挥积极作用，更好服务实体经济、促进高质量发展；乘用车融资租赁等涉个人客户相关业务应当在风险总体可控、经营可持续的前提下，根据相关法律法规、行业监管制度及本指引有关要求，稳妥审慎开展。

第三条　【交易原则】本市融资租赁公司、商业保理公司开展涉个人客户相关业务，应当遵循平等自愿、诚实守信原则，充分尊重并自觉保障个人客户的知情权、自主选择权、公平交易权、受尊重权、信息安全权等基本权利，依法合规开展经营活动。个人客户应当文明、理性地与融资租赁公司、商业保理公司进行交易，切实提高自我保护意识，坚持审慎签约、诚信履约，依法维护自身合法权益。

第四条　【行业监管】市地方金融监督管理局及各区行业管理部门坚持公平、公正原则，依法对本市融资租赁公司、商业保理公司涉个人客户相关业务进行监管，依法保护个人客户合法权益。

第五条　【各界共治】市地方金融监督管理局及各区行业管理部门会同有关部门，共同推动建立和完善企业自治、行业自律、金融监管、社会监督相结合的个人客户权益保护共同治理体系。

第六条　【纠纷化解】个人客户与本市融资租赁公司、商业保理公司发生权益纠纷或相关争议的，应当先行向有关融资租赁公司、商业保理公司进行投诉，支持当事人平等协商、自行和解。协商不能解决争议的，应当通过合法渠道客观、理性地反映个人诉求，不应扰乱正常的金融秩序和社会公共秩序。

除司法诉讼外，鼓励本市融资租赁公司、商业保理公司及相关个人客户充分运用公证及调解、仲裁等方式防范、化解矛盾、纠纷；支持行业自律组织及相关第三方机构依法对融资租赁公司、商业保理公司与个人客户间的纠纷进行调解、仲裁。

第二章　内部控制规范

第七条　【总体要求】开展涉个人客户相关业务的本市融资租赁公司、商业保理公司应当将个人客户权益保护纳入公司治理、企业文化建设和经营发展战略，制定个人客户权益保护工作的总体规划和具体工作措施；建立个人客户权益保护专职部门或者指定牵头部门，明确部门及人员职责，确保相关部门有足够的人力、物力独立开展有关工作，并定期向董事会（执行董事）、高级管理层汇报工作开展情况。

第八条　【内控制度】开展涉个人客户相关业务的本市融资租赁公司、商业保理公司应当落实相关法律法规、行业监管制度要求，建立健全与个人客户权益保护相关的内部控制制度：

（一）个人客户风险等级评估制度；

（二）相关产品、服务及业务合同信息披露、查询制度；

（三）营销宣传管理制度；

（四）客户信息保护制度；

（五）客户投诉处理制度；

（六）个人客户权益保护工作考核评价制度，及相关内部监督和责任追究制度；

（七）客户权益保护重大事件应急处置制度；

（八）国家金融管理部门及市地方金融监督管理局要求建立健全的其他个人客户权益保护工作制度。

第九条　【全程管控】开展涉个人客户相关业务的本市融资租赁公司、商业保理公司应当建立健全个人客户权益保护的全流程管控机制，确保在相关产品、服务的设计开发、营销推介、过程管理等各个业务环节有效落实个人客户权益保护工作有关规定和要求。全流程管控机制包括但不限于以下内容：

（一）事前审查机制。应当实行个人客户权益保护事前审查机制，及时发现并更正相关产品、服务中可能损害个人客户合法权益的问题，并有效督办落实个人客户权益保护审查意见；

（二）事中管控机制。应当履行产品、服务营销宣传、合同签订及执行中需遵循的基本程序和标准，加强过程监测与管控；

（三）事后监督机制。应当做好相关产品、服务的过程管理，及时主动调整、完善存在问题或隐患的产品、服务及业务合同。

第十条　【人员培训】开展涉个人客户相关业务的本市融资租赁公司、商业保理公司应当每年至少举办一次个人客户权益保护培训，培训对象应当覆盖本公司中高级管理人员、基层业务人员及新入职人员。对个人客户投诉多发、风险较高的业务部门、岗位，应当适当提高培训频次。

第十一条　【考核评价】开展涉个人客户相关业务的本市融资租赁公司、商业保理公司进行内部考核评价时，应当将个人客户权益保护工作作为重要内容，并综合考虑业务合规性、投诉处理及时率、客户满意率等因素，合理分配相关指标的占比和权重。

第三章　业务活动规范

第十二条　【业务适当】本市融资租赁公司、商业保理公司应当根据相关产品、服务的特性，综合评估其对个人客户的适合度，合理划分相关产品、服务的风险等级及个人客户的风险承受等级，将合适的产品、服务提供给适当的个人客户。

第十三条　【禁止展业】本市融资租赁公司、商业保理公司不得开展以下业务：

（一）以在校学生或其他缺乏必要偿付能力的个人客户为承租人（保理融资人）、还款义务人的相关业务；

（二）为个人客户提供或变相提供融资担保服务。

第十四条　【审慎展业】不支持本市融资租赁公司、商业保理公司开展以下业务：

（一）在长租公寓、医疗美容、教育培训等风险高发领域，与有关运营机构合作开展以个人客户为承租人（保理融资人）、还款义务人的相关业务；

（二）向商业银行等其他金融组织提供客户推介、信用评估等服务过程中，在相关个人客户实际从其他金融组织取得融资前，以融资租赁、商业保理业务形式为其提供短期过渡性融资；

（三）面向个人客户开展不以购置租赁标的物为主要融资用途的融资租赁业务。

对开展上述相关业务的融资租赁公司、商业保理公司，市地方金融监督管理局及各区行业管理部门可以采取更加严格的监管措施。

第十五条　【非歧视性】本市融资租赁公司、商业保理公司应当尊重社会公德，尊重个人客户的人格尊严和民族风俗习惯、合法宗教信仰，不得在业务开展中使用歧视性或者违背公序良俗的表述。

第十六条　【自愿交易】本市融资租赁公司、商业保理公司应当充分尊重个人客户意愿，由个人客户自主选择、自行决定是否接受相关产品、服务，不得擅自代理个人客户办理业务，不得擅自修改个人客户的业务指令。

第十七条　【营销宣传】本市融资租赁公司、商业保理公司应当对自身营销宣传内容的合法性、真实性负责。融资租赁公司、商业保理公司实际承担的义务不得低于在营销宣传活动中通过广告、资料或者说明等形式所承诺的标准。

本市融资租赁公司、商业保理公司在进行营销宣传活动时，不得有下列行为：

（一）超出法定经营范围的宣传，如宣传发放贷款、受托发放贷款、受托投资理财等；

（二）虚假、欺诈、隐瞒及误导性宣传；

（三）引用不真实、不准确的数据、资料或者隐瞒限制条件等，对相关产品、服务进行夸大表述；

（四）利用金融管理部门对企业或相关产品、服务的审核或者备案程序，误导客户认为金融管理部门已对该企业或相关产品、服务提供保证；

（五）明示或者暗示相关交易无风险；

（六）其他违反相关法律法规、行业监管制度的行为。

第十八条　【信息披露】 本市融资租赁公司、商业保理公司应当依据相关产品、服务的特性，在签订业务合同时，及时、真实、准确、全面地向个人客户披露下列重要信息（包括但不限于）：

（一）相关产品、服务及业务合同的法律属性，租赁物等合同标的物的权利归属；

（二）客户融资总金额、具体项目融资金额，客户支付租金（或偿还资金、费用）的金额（或标准）、时间、方式；

（三）客户违约可能承担的主要法律后果（包括但不限于记入个人征信系统、提起司法诉讼等），需要承担的费用、违约金的金额或计算方式；

（四）介入交易过程的其他第三方机构的完整名称，融资租赁公司、商业保理公司通过该第三方机构提供的服务及收取的费用（或收费标准）；

（五）合同文本的获取渠道、方式；

（六）因相关产品、服务产生纠纷的投诉及处理途径；

（七）实际提供相关产品、服务、承担合同义务的融资租赁公司、商业保理公司的完整中文企业名称。

第十九条　【披露要求】 对本指引第十八条所列与客户切身利益密切相关的重要交易信息，融资租赁公司、商业保理公司应当使用"业务确认书""还款计划表"等便于接收、理解的方式向相关个人客户进行充分披露，以便其完整、准确接收相关交易信息。

第二十条　【提示说明】 本市融资租赁公司、商业保理公司向个人客户提供相关产品、服务时使用格式条款文本的，对本指引第十八条所列与个人客户切身利益密切相关的重要交易信息，应当以易于引起客户注意的字体、字号或颜色、符号等显著方式进行提示，对其中的关键专业术语应当根据客户要求进行必要解释说明；格式合同文本采用电子形式提供的，应当可识别且易于获取。

第二十一条　【格式条款】 本市融资租赁公司、商业保理公司提供的通知、声明、合同等文本的格式条款中不得包含以下内容：

（一）减轻或免除造成客户损失的赔偿责任及其他法律责任；

（二）规定客户承担超过法定限额的违约金或损害赔偿金，或者排除客户的法定权利；

（三）排除或者限制客户选择同业机构提供产品、服务的权利；

（四）其他对客户不公平、不合理的规定。

本市融资租赁公司、商业保理公司应当对存在侵害个人客户合法权益问题或隐患的格式条款及时进行修订或者清理。

第二十二条　【费用收取】 本市融资租赁公司、商业保理公司向个人客户收取的租金、费用、违约金等，应当事先充分告知并明确约定具体金额或收取标准；有关法律法规、行业监管制度或司法解释有明确标准的，不得超出规定的标准。

第二十三条 【业务外包】本市融资租赁公司、商业保理公司开展涉个人客户相关业务过程中，不得将信用审查等核心业务外包。

鼓励本市融资租赁公司、商业保理公司通过自身渠道及员工开展获客、催收、客户服务等业务；通过第三方合作机构开展相关业务的，应当实施统一管控、明确业务规范、强化考核评价、完善清退机制；通过第三方合作机构获客或开展营销宣传的，应当要求其明示融资租赁公司、商业保理公司身份信息及融资租赁、商业保理业务性质，并不得与贷款等其他金融业务混淆，以免误导客户；通过第三方合作机构向客户划转资金或收取相关资金、费用的，应当事先约定或履行必要告知义务，并应加强对资金流向的风险管控。

第二十四条 【配合解押】本市融资租赁公司、商业保理公司在涉个人客户相关业务正常结清后，不得怠于或拒绝履行配合个人客户对相关租赁物、抵（质）押物进行解除登记、解抵（质）押等义务，并不得收取不合理的费用。

第二十五条 【合法催收】本市融资租赁公司、商业保理公司在个人客户出现违约情形时，应当遵守以下规范要求，依法催收或采取其他必要措施维护自身合法权益：

（一）个人客户违约后，应当以适当方式催告其在合理期限内及时履约，并应当明确告知其仍不及时履约时可能采取的具体措施（包括但不限于记入个人征信系统、提起司法诉讼等）；

（二）采取的催收或其他风险处置措施应当有充分的法律或合同依据，不得实施暴力、辱骂，不得冒充国家工作人员或编造虚假信息威胁恐吓，不得采取其他危害客户人身安全、社会公共安全及违背公序良俗的催收或风险处置措施；

（三）除依法向违约客户本人和相关担保人，或通过约定的联系人及租赁物的实际占有人、使用人进行催收外，一般不得通过其他主体进行催收（相关法律法规、行业监管制度另有规定，或有关合同、协议另有约定的除外）；如违约客户本人确实无法取得联系的，可以适当方式通过其他合理渠道转达催收信息；

（四）通过电话、传真、短信、微信方式进行催收的，除有特殊情况或另有约定外，每日有效催收一般不得超过两次，每日夜晚十时至次日上午八时一般不得进行催收。

第二十六条 【资料留存】本市融资租赁公司、商业保理公司应当妥善留存向个人客户说明重要信息、披露交易风险及进行违约催收等相关资料，留存时间自业务关系终止之日起应当不少于3年；相关法律法规、行业监管制度另有规定的，从其规定。

应当留存的相关资料包括但不限于：

（一）个人客户确认的产品、服务说明书或业务合同；

（二）个人客户确认的业务确认书或风险揭示书等；

（三）记录向个人客户说明重要信息、披露交易风险及进行违约催收的录音、录像、照片等电子数据资料，以及其他能够证明相关事项的资料。

第二十七条 【信息收集】本市融资租赁公司、商业保理公司收集、使用个人客户信息，应当遵循合法、正当、必要原则，经个人客户授权同意；但相关法律法规、行业监管制度另有规定的除外。融资租赁公司、商业保理公司不得收集与业务无关的个人客户信息，不得采取不正当方式收集个人客户信息。

个人客户不能或者拒绝提供必要信息，致使融资租赁公司、商业保理公司无法履行反洗钱等法定义务或无法开展必要的信用审查、风险管控的，融资租赁公司、商业保理公司可以根据相关法律法规、行业监管制度对其采取业务限制措施，必要时可依法拒绝提供相关产品、服务。

第二十八条 【信息保护】本市融资租赁公司、商业保理公司应当对业务开展过程中获取的个人客户信息严格保密，除按照相关法律法规、行业监管制度的规定和双方约定的用途使用、处理外，不得泄露、出售或公开。

本市融资租赁公司、商业保理公司收集个人客户信息用于营销、客户体验改进或者市场调查的，应以适当方式请个人客户自主选择是否同意；个人客户不同意的，不得因此拒绝提供相关产品、服务。

第二十九条 【投诉处理】本市融资租赁公司、商业保理公司应当切实履行个人客户投诉处理的主体责任，建立健全对客户投诉的及时响应和处置机制，明确具体部门，配备足够人力、物力，对客户投诉予以妥善处理并及时告知相关处理情况。

本市融资租赁公司、商业保理公司应当通过个人客户方便获取的渠道公示本企业的投诉受理方式，包括但不限于营业场所、官方网站首页、移动应用程序的醒目位置及客服电话等。

第四章 附 则

第三十条 【名词解释】本指引所称涉个人客户相关业务，主要是指注册在本市的融资租赁公司、商业保理公司依法开展的，承租人（保理融资人）为自然人（含个体工商户，下同），或还款义务人（不含担保人）为自然人的融资租赁、商业保理业务。

本指引所称的年化综合融资成本，一般应根据个人客户（或其他还款义务人）向融资租赁公司、商业保理公司实际支付的各期租金（还款、费用）之和（从保证金中抵扣的部分不计入），与合同约定的客户从融资租赁公司、商业保理公司融资总金额，以及实际融资时间计算。在计算客户融资总金额时，相关合同约定的融资金额中包含、但在实际放款时已扣除的保证金、首付款及管理费、服务费、手续费等服务性收费，应当从融资金额中扣除；相关合同约定的融资金额中包含、但在实际放款时已扣除的保险费、附属设备费等应由客户承担的合理支出，不应从融资金额中扣除。

第三十一条 【报告责任】本市融资租赁公司、商业保理公司发生涉及个人客户重大风险事件的，应当及时通过注册地所在区行业管理部门向市地方金融监督管理局报告。

第三十二条 【配合处置】本市融资租赁公司、商业保理公司在其他地区开展涉个人客户相关业务的，应当主动配合当地行业管理部门及其他有关部门做好相关信访投诉事项的化解、处置工作。

第三十三条 【违规处理】本市融资租赁公司、商业保理公司违反相关法律法规、行业监管制度及本指引有关规定，侵害个人客户合法权益的，市地方金融监督管理局及各区行业管理部门应当依法予以调查处理，并根据具体情况采取进行监管谈话、责令公开说明、责令定期报告、提高信息报送频次、督促开展自查、出示风险警示函、公示公告、通报批评、责令改正、不予受理其相关申请等监管措施，必要时可依照相关法律法规、规章实施行政处罚；涉嫌犯罪的，移送司法机关依法处理。

  第三十四条　【解释权限】本指引由市地方金融监督管理局负责解释。

  第三十五条　【施行时间】本指引自 2021 年 5 月 1 日起施行。

  本市融资租赁公司、商业保理公司在本指引施行前开展的相关业务活动，适用行为发生时有效的法律法规、行业监管制度，本指引不具有追溯效力。

4.《北京银监局关于进一步加强辖内汽车金融公司、消费金融公司消费者权益保护工作的通知》（京银保监发〔2021〕246 号，2021 年 5 月 24 日）

辖内各汽车金融公司、消费金融公司：

  近年来，辖内汽车金融公司、消费金融公司立足专业化信贷服务定位，积极发展消费金融业务，对于支持居民消费结构升级，推动汽车产业等新消费领域发展发挥了重要作用。但我局在处理举报与投诉过程中，仍发现部分机构存在对消费者权益保护工作重视程度不够，对消费者信息披露及风险提示不到位，贷款格式条款设置不合理，贷款业务流程不完善等问题。为进一步保护金融消费者合法权益，规范汽车金融公司、消费金融公司提供消费金融产品和服务的行为，维护公平、公正的市场环境。根据《银行业消费者权益保护工作指引》等文件要求，现就有关事项通知如下：

  一是提高重视程度，压实消费者权益保护主体责任。各机构应将金融消费者权益保护纳入公司治理、企业文化建设和经营发展战略，完善金融消费者权益保护工作架构，指定一名高级管理人员分管举报投诉处理工作，加强金融消费者权益保护工作的归口管理；建立健全金融消费者权益保护全流程管控机制，确保在贷款各个业务环节有效落实相关要求，加强内部监督部门的后督机制，及时发现及纠正不利于金融消费者权益保护的相关问题。

  二是完善价格管理，建立健全金融服务信息披露流程。各机构应建立清晰的服务价格制定、调整机制，合理制定相关服务价格的定价策略和定价原则，科学测算各项服务支出。完善服务价格的信息披露流程，应在公司官方网站上披露相关服务收费。汽车金融公司还应在各合作经销商处，通过多种途径及方式公示消费金融相关服务项目、服务内容和服务价格等消费者应知晓信息。

  三是完善合同管理，维护消费者知情权和自主选择权。各机构应全面梳理现有贷款合同格式条款，及时修订贷款合同中不合理的条款，充分保障客户的知情权和自主选择权，不得强制捆绑、搭售保险等其他金融产品，依法保存及使用客户的身份信息和交易信息，维护金融消费者合法权益。

  各机构的贷款格式条款合同，应在合同首页以足以引起金融消费者注意的方式，提请金融消费者关注与其有重大利害关系的内容，包括但不限于贷款金额、贷款年利率、贷款期限、贷款违约金等。格式条款采用线上电子形式的，应参照上述要求执行，相关内容应当可被识别和易于获取。各机构应于 2021 年 9 月 30 日前完成系统改造。

四是规范行为管理，加强消费者金融知识宣教。各机构应依法规范各类催收行为，不得以恐吓、威胁等手段催收贷款；因借款人未按时足额还款而产生的不良信息，贷款人应按照相关规定在向金融信用信息基础数据库报送前告知借款人，通过短信、电话、微信等方式向借款人发送不良信息报送提醒；各公司应明确消费者投诉流程规范及处置期限，提升响应速度，建立投诉处理台账，及时核实相关情况，妥善处置金融消费者投诉事项；各机构应切实承担金融知识普及和金融消费者教育的主体责任，结合自身业务特点，积极开展消费者金融知识普及与教育活动，提高金融消费者对金融产品和服务的认知能力，提升金融消费者金融素养和诚实守信意识。

各机构应以此为契机，建立健全金融消费者权益保护工作长效机制，积极维护金融消费者合法权益，保持高效、规范的行业形象。

5. 广东省地方金融监管局《关于规范融资租赁公司汽车融资租赁业务的通知》（粤金监函〔2021〕63 号，2021 年 3 月 5 日）

广州、深圳市地方金融监管局，各地级市金融工作局，省融资租赁协会：

为推进实施《融资租赁公司监督管理暂行办法》（银保监发〔2020〕22 号），进一步引导我省融资租赁公司合规发展，有效防范经营风险，现就规范我省融资租赁公司汽车融资租赁业务通知如下：

一、严格规范经营业务

（一）融资租赁公司不得从事《融资租赁公司监督管理暂行办法》明确的禁止性业务或活动，不得打擦边球、搞变通。

（二）融资租赁公司不得以车辆售后回租或其他形式变相开展个人抵押贷款业务，不得在业务宣传中使用"以租代购""汽车信贷""车抵贷""车辆贷款"等语义模糊或不属于融资租赁业务经营范围的字样，不得为客户提供或变相提供融资担保服务。

（三）融资租赁公司经营车辆售后回租业务时，不得先行在支付款中扣除利息等费用。开展汽车融资租赁业务，在业务正常完结时，应遵照合同条款及时履行车辆解押义务，不得收取不合理的额外费用。

二、严格把控业务风险

（一）完善内控机制。融资租赁公司应建立健全内控机制，制定汽车融资租赁项目评审、承租人信用评估、租赁后管理、客户投诉处理、重大风险事件应急报告及处置等内控制度，有效识别、评估、控制和化解风险。

（二）强化风险评估。融资租赁公司应对项目和承租人风险承受能力进行充分、持续的穿透式评估，不得向无稳定收入来源、明显缺乏偿付能力或信用评估结果较差的机构和个人客户开展汽车融资租赁业务。

（三）审慎开展合作。加强对第三方合作机构的筛选管理，审慎与网约车平台、汽服务公司等市场主体合作开展最终承租人为个人客户的批量业务，不得与利用转租赁开展"长收短付"资金错配等资金池业务和"租金贷"业务的机构合作，避免出现合作机构"长收短付"形成类似资金池的现象；业务开展过程中发现第三方合作公司存在违法、违规行为的，应及时终止合作关系；凡穿透最终承租人为个人客户的，应签订含个人客户在内的多方合同，明确全业务链各方权责，锁定合法、真实、闭环的还款机制。

（四）及时化解风险。融资租赁公司应制定最终承租人为个人客户的批量业务专项风险应急预案，加强风险研判和化解。有关业务发生逾期时，应以适当方式进行履约催告和催收，避免引发次生风险。一旦发现重大风险苗头，及时响应预案，立即采取应急措施，并上报注册地所在市地方金融监管部门，同时主动配合当地行业管理部门及其他有关部门做好相关信访投诉事项的化解、处置工作。

三、严格订立业务合同

（一）融资租赁合同应公平、合理地确定双方的权利义务，载明双方的权利义务及违约责任等必备条款；应列明租赁物的名称、数量、规格、租赁期限、租金构成及其支付期限和方式、综合年化费率说明、币种、租赁期限届满前后租赁物的归属等条款。

（二）融资租赁合同不得存有虚假记载和误导性陈述；不得强行搭售商品或服务，直接或变相增加承租人费用；不得约定畸高的处置或催收费用；采用格式条款订立的，融资租赁公司应按照《民法典》第496条规定履行提示说明义务，不得出现第497条规定的无效情形。

（三）融资租赁公司应随业务模式发展不断完善合同样本；研究增加对转租赁的约束条款，在业务涉及多方的情况下确保租赁物权属明晰、租金回收顺畅，维护多方合法权益。

（四）融资租赁公司应在签订合同前主动向承租人解释融资租赁业务模式，提示重大利害关系和可能存在的风险，全面、准确、真实释明融资租赁款结清前后的车辆归属、租赁期需支付的款项构成和支付时点、提前还款处理流程、逾期处理费用及相关事宜、与第三方的合作关系、服务内容和相关收费标准等；应通过录音录像、书面确认等双方认可的形式确认合同内容，并及时妥善向承租人移交合同等有关材料。

四、依法维护合法权益

（一）融资租赁公司应及时在中国人民银行征信中心动产融资统一登记公示系统办理相关业务登记，未经登记不得对抗善意第三人。

（二）融资租赁公司应充分尊重并保障承租人的知情权、隐私权、人身安全和信息安全等权利，采用合法手段进行催收，不得滋扰、纠缠、辱骂、威胁、拘禁、殴打债务人及相关人员，或采取追逐竞驶、逼停、打砸等其他可能威胁人身安全或公共安全的危险暴力手段。

（三）承租人应注意核实融资租赁公司经营资质，了解有关法律法规，对合同条款审慎把握，不受不实宣传诱惑，坚持理性签约、诚信履约，切实提高自我保护意识，依法维护自身权益。

（四）融资租赁协会应充分发挥行业自律组织作用，探索研究制订标准化合同文本指引，密切关注行业风险隐患，适时作出相应的风险提示，引导会员单位依法合规维护合法权益。

五、严格落实监管职责

（一）各地市金融局要落实属地责任，会同相关部门推动建立和完善企业自治、行业自律、金融监管和社会监督"四位一体"的共同治理体系，合力防范化解风险，切实保护金融消费者（投资者）合法权益，营造良好发展氛围。

（二）各地市金融局要加强穿透式的日常监管，压实融资租赁公司主体责任，督促做好存量业务的摸排整改，审慎开展新增业务。对投诉举报融资租赁公司的，应依法予以调查处理，并根据具体情况采取监管谈话、出具提醒函、责令限期改正、提高现场检查频次等监管措施；涉嫌犯罪的，移送司法机关依法处理。

（三）各地市金融局要坚持依法处置，对当事人无法达成和解的融资租赁合同纠纷，应引导当事人通过司法途径解决；发现融资租赁公司涉嫌集资诈骗或其他违法犯罪行为的，应告知当事人直接向公安机关报案，或直接将线索移交公安机关。遇重大风险事件，应立即采取应急措施，并按规定及时向所在地人民政府和省地方金融监管部门报告。

本通知自印发之日起施行，各融资租赁公司对不符合本通知规定的存量业务应及时整改。其他涉个人客户的融资租赁业务，参照本通知执行。请各地市金融局将本通知转发辖内各融资租赁公司，做好宣传发动工作，确保要求落到实处。

6. 深圳市地方金融监督管理局《关于规范融资租赁公司汽车融资租赁业务的通知》（2023年7月20日）

各融资租赁公司：

为推进实施《融资租赁公司监督管理暂行办法》（银保监发〔2020〕22号），根据广东省地方金融监管局《关于规范融资租赁公司汽车融资租赁业务的通知》（粤金监函〔2021〕63号）文件精神，进一步引导我市融资租赁公司合规发展，有效防范经营风险，现就规范我市融资租赁公司汽车融资租赁业务通知如下：

一、严格规范经营业务

（一）融资租赁公司不得从事《融资租赁公司监督管理暂行办法》明确的禁止性业务或活动，不得打擦边球、搞变通。

（二）融资租赁公司不得以车辆售后回租或其他形式变相开展个人抵押贷款业务，不得在业务宣传中使用"以租代购""汽车信贷""车抵贷""车辆贷款"等语义模糊或不属于融资租赁业务经营范围的字样，不得为客户提供或变相提供融资担保服务。

（三）融资租赁公司经营车辆售后回租业务时，不得先行在支付款中扣除利息等费用。开展汽车融资租赁业务，在业务正常完结时，应遵照合同条款及时履行车辆解押义务，不得收取不合理的额外费用。

二、严格把控业务风险

（一）完善内控机制。融资租赁公司应建立健全内控机制，制定汽车融资租赁项目评审、承租人信用评估、租赁后管理、客户投诉处理、重大风险事件应急报告及处置等内控制度，有效识别、评估、控制和化解风险。

（二）强化风险评估。融资租赁公司应对项目和承租人风险承受能力进行充分、持续的穿透式评估，不得向无稳定收入来源、明显缺乏偿付能力或信用评估结果较差的机构和个人客户开展汽车融资租赁业务。

（三）审慎开展合作。加强对第三方合作机构的筛选管理，审慎与网约车平台、汽车服务公司等市场主体合作开展最终承租人为个人客户的批量业务，不得与利用转租赁开展"长收短付"资金错配等资金池业务和"租金贷"业务的机构合作，避免出现合作机构"长收短付"形成类似资金池的现象；业务开展过程中发现第三方合作公司存在违法、违规行为的，应及时终止合作关系；凡穿透最终承租人为个人客户的，应签订含个人客户在内的多方合同，明确全业务链各方权责，锁定合法、真实、闭环的还款机制。

（四）及时化解风险。融资租赁公司应制定最终承租人为个人客户的批量业务专项风险应急预案，加强风险研判和化解。有关业务发生逾期时，应以适当方式进行履约催告和催收，避免引发次生风险。一旦发现重大风险苗头，及时响应预案，立即采取应急措施，并上报注册地所在市地方金融监管部门，同时主动配合当地行业管理部门及其他有关部门做好相关信访投诉事项的化解、处置工作。

三、严格订立业务合同

（一）融资租赁合同应公平、合理地确定双方的权利义务，载明双方的权利义务及违约责任等必备条款；应列明租赁物的名称、数量、规格、租赁期限、租金构成及其支付期限和方式、综合年化费率说明、币种、租赁期限届满前后租赁物的归属等条款。

（二）融资租赁合同不得存有虚假记载和误导性陈述；不得强行搭售商品或服务，直接或变相增加承租人费用；不得约定畸高的处置或催收费用；采用格式条款订立的，融资租赁公司应按照《民法典》第496条规定履行提示说明义务，不得出现第497条规定的无效情形。

（三）融资租赁公司应随业务模式发展不断完善合同样本；研究增加对转租赁的约束条款，在业务涉及多方的情况下确保租赁物权属明晰、租金回收顺畅，维护多方合法权益。

（四）融资租赁公司应在签订合同前主动向承租人解释融资租赁业务模式，提示重大利害关系和可能存在的风险，全面、准确、真实释明融资租赁款结清前后的车辆归属、租赁期需支付的款项构成和支付时点、提前还款处理流程、逾期处理费用及相关事宜、与第三方的合作关系、服务内容和相关收费标准等；应通过录音录像、书面确认等双方认可的形式确认合同内容，并及时妥善向承租人移交合同等有关材料。

四、依法维护合法权益

（一）融资租赁公司应及时在中国人民银行征信中心动产融资统一登记公示系统办理相关业务登记，未经登记不得对抗善意第三人。

（二）融资租赁公司应充分尊重并保障承租人的知情权、隐私权、人身安全和信息安全等权利，采用合法手段进行催收，不得滋扰、纠缠、辱骂、威胁、拘禁、殴打债务人及相关人员，或采取追逐竞驶、逼停、打砸等其他可能威胁人身安全或公共安全的危险暴力手段。

（三）承租人应注意核实融资租赁公司经营资质，了解有关法律法规，对合同条款审慎把握，不受不实宣传诱惑，坚持理性签约、诚信履约，切实提高自我保护意识，依法维护自身权益。

（四）融资租赁协会应充分发挥行业自律组织作用，探索研究制订标准化合同文本指引，密切关注行业风险隐患，适时作出相应的风险提示，引导会员单位依法合规维护合法权益。

五、严格落实监管职责

（一）市地方金融监管局和市前海地方金融监管局将落实属地责任，会同相关部门推动建立和完善企业自治、行业自律、金融监管和社会监督"四位一体"的共同治理体系，合力防范化解风险，切实保护金融消费者（投资者）合法权益，营造良好发展氛围。

（二）市地方金融监管局和市前海地方金融监管局将加强穿透式的日常监管，压实融资租赁公司主体责任，督促做好存量业务的摸排整改，审慎开展新增业务。对投诉举报融资租赁公司的，应依法予以调查处理，并根据具体情况采取监管谈话、出具提醒函、责令限期改正、提高现场检查频次等监管措施；涉嫌犯罪的，移送司法机关依法处理。

（三）市地方金融监管局和市前海地方金融监管局将坚持依法处置，对当事人无法达成和解的融资租赁合同纠纷，应引导当事人通过司法途径解决；发现融资租赁公司涉嫌集资诈骗或其他违法犯罪行为的，应告知当事人直接向公安机关报案，或直接将线索移交公安机关。遇重大风险事件，应立即采取应急措施，并按规定及时向所在地人民政府和省地方金融监管部门报告。

本通知自印发之日起施行，各融资租赁公司对不符合本通知规定的存量业务应及时整改。其他涉个人客户的融资租赁业务，参照本通知执行。

相关司法文件

《天津法院融资租赁合同纠纷案件审理标准》[①]（津高法发〔2017〕2号，2018年4月修订）

第4.1.4条 以承租人将向出卖人购买的特定重型汽车、农机设备等为租赁物的售后回租合同，租赁物为将来交付之物不影响融资租赁合同的性质。

[①] 高憬宏主编：《人民法院司法标准化理论与实践（二）》，法律出版社2018年版，第81页。

相关司法建议

天津市滨海新区人民法院《汽车融资租赁承租人风险提示书》（2023年3月15日）

近年来我国汽车消费产业高速发展，融资租赁在提供汽车金融服务供给、促进汽车流通和产业发展方面发挥了重要作用，随之而来汽车融资租赁合同纠纷日益增多。2020年至2022年，天津自贸区法院审结汽车融资租赁案件12936件，实践中发现部分承租人由于法律观念匮乏、风险意识和权利保护意识欠缺，容易导致自身利益受损。通过细致梳理审判实践经验，天津自贸区法院制定全国首份《汽车融资租赁承租人风险提示书》，旨在引导承租人群体提高法律风险意识，依法维护汽车金融消费者合法权益，持续打造一流融资租赁司法保障高地，助推产业健康有序发展。

1. 认真阅读合同条款，识别法律关系性质

承租人在签约时要仔细查阅合同条款，通过合同名称、签约主体身份、特别提示等条款辨别合同性质及业务模式。留意合同文本中是否存在"融资租赁""承租人""租赁物""租金""留购价"等融资租赁业务范围的字样，通过重要字样辨别易与融资租赁业务相混淆的分期贷款、车辆抵押贷款等业务类型。要特别关注涉及自身重要权益的如融资金额、租金数额、相关费用、租赁物价值确定方式等合同条款。

2. 妥善保管身份信息，审慎进行电子签约

电子签名与传统签字在外观形态呈现较大不同，部分承租人抗辩电子签名并非本人签署，并以此否认电子签名的法律效力。根据相关法律规定，可靠的电子签名与手写签名或者盖章具有同等的法律效力。承租人要妥善保管身份信息、确保电子签约账户为本人操作注册，在合同签署过程中要注意阅读合同文本，签约之后尽快下载合同文本并妥善保存。

3. 提高法律风险意识，切勿随意代人签约

部分承租人法律风险意识欠缺，为赚取利益或帮助信用资质较差的亲友获取融资款购入车辆，在明知自己并非车辆实际使用人的情况下，以自己名义与租赁企业签订融资租赁合同。该行为扰乱了融资租赁交易秩序，一旦实际使用人无法按期付租成讼，自身权利无法得到保障。

4. 具有特殊购买目的，关注资质办理条件

近年来网约车较为流行，不少承租人存在购买车辆用于运营网约车的需求，部分融资租赁公司和网约车主要平台开展合作提供资金支持。承租人存在特殊购买目的，要关注合同中有关网约车车辆准入要求、运营资质办理等核心合同条款，避免日后产生纠纷。

5. 出现车辆瑕疵风险，依法找准维权对象

在一般汽车融资租赁业务中，租赁公司是根据承租人自主选择购买车辆，往往由出卖方直接向承租人交付车辆并由承租人验收确认。若租赁公司未干预承租人对租赁物选择，车辆质量瑕疵与其无关，承租人不得以此拒绝支付租金，承租人可依法向出卖人进行索赔。若车辆选择系依赖出租人技能确定或存在出租人干预选择的情形，承租人应注意保留

6. 未经出租人同意，不可随意更换、处分租赁物

租赁物经各方在融资租赁合同确认之后，未经出租人同意，承租人不得与出卖人自行更换租赁物，如需更换的，需经出租人同意并重新签订融资租赁合同，以保障自身合法权益。此外，租赁物所有权在租赁期限归属于出租人，承租人不得将租赁物转让、抵押或者以其他方式处分，否则将构成严重违约，可能引发出租人解除融资租赁合同的不利后果。

7. 审慎进行付款操作，注意备注付款信息

承租人在支付租金时，要核实收款账户是否为合同约定账户。避免在未核实对方是否存在收款代理手续的情况下，通过现金或微信等方式随意支付给业务员或其他主体。对于租金支付记录与凭据，要妥善保管。与同一出租人存在多台车辆融资租赁关系的，在支付租金时应备注对应车辆及租金期次信息，避免款项支付混乱产生争议。

8. 如遇车辆毁损灭失，不可单方拒付租金

承租人占有租赁物期间，租赁物毁损、灭失的风险由承租人承担，出租人有权要求承租人继续支付租金。因承租人原因（常见于发生交通事故）导致租赁物毁损灭失的，承租人承担继续履行合同的责任。非因承租人原因遭受意外导致租赁物毁损灭失的，在当事人未选择解除合同的前提下，承租人仍然负有继续给付租金的义务。即便合同解除，承租人仍负有补偿出租人损失的义务。故承租人不可因车辆毁损灭失随意中断租金支付，否则将承担违约责任。

9. 增强证据留存意识，依法维护合法权益

对于签约以及合同履行过程中的重要证据要注意留存并妥善保管。承租人在依约履行完毕合同义务、支付留购价款（如有）后，出租人负有配合注销其抵押权登记并配合办理过户的合同义务。承租人支付完毕租金之后，若出租人拒不配合办理的，承租人可及时据证维护自己的合法权益。

10. 注重约定送达条款，预留准确送达地址

实践中发现，部分承租人并不关注或知晓"约定送达地址"的法律效力，其在合同中确认的联系地址、联系电话、电子送达信息并不准确，或在履行过程中发生变更后未及时告知出租人，致使合同材料或法律文书未能被接收却依然产生有效送达的法律后果。承租人要关注约定送达条款并预留准确的送达地址信息，发生变更后要及时告知出租人。承租人在接收相关文书后，要积极查看内容、妥善处理，避免因消极对待产生不利后果。

（五）不动产及其附属设施、设备

理解与适用

对租赁物包括企业厂房、设备在内的融资租赁合同，最高人民法院倾向于认定构成融资租赁合同关系。理由是，此类租赁物符合银监会及商务部有关租赁物为固定资产的规

定，体现出融资与融物相结合的融资租赁特征，也符合通过融资租赁支持实体经济的产业政策。从权利义务关系的设定上来看，将企业的厂房、设备的所有权转移给出租人，并在此基础上建立的融资租赁合同关系符合《民法典》第735条有关融资租赁合同的权利义务关系的规定。

就商业地产而言，其承租人为融资需要，以融资租赁合同的方式取得商业地产的使用权，并实际占有使用租赁物，出租人作为租赁物的所有权人，在其物权担保得到保障的前提下，提供融资便利，并不违反法律法规的强制性规定，也并非政府房地产调控政策的调整对象和目标，故也不应以其租赁物为不动产而否定融资租赁合同的性质和效力。

以在建住宅商品房项目作为租赁物，以房地产开发商作为承租人、租赁公司作为出租人的"融资租赁合同"，是否属于融资租赁合同，最高人民法院倾向于认定不构成融资租赁合同关系，主要理由是：(1)房地产在建项目尚不具备法律上的所有权，故出租人并未实际取得房地产项目的所有权，此与租赁期间出租人享有对租赁物的所有权的特征相背离。(2)房地产开发商作为承租人，并非租赁物的实际使用人，其租赁在建地产项目，也并非为使用租赁物，而是通过房地产项目来取得贷款融资。(3)在建房地产并不属于实质意义上的固定资产。《金融租赁公司管理办法》将租赁物限定为固定资产，但固定资产并非法律术语，究竟何为固定资产，认定标准也不一致。《企业会计准则第4号——固定资产》第3条规定：固定资产是指为生产商品、提供劳务、出租或经营管理而持有的、使用寿命超过一个会计年度的有形资产。为出售而持有的实物资产是存货，为投资而持有的资产是短期投资或长期投资，因此，持有的目的不同，各企业的固定资产范围也不同。对制造业的企业而言，厂房属于固定资产；对房地产开发企业而言，在建房地产项目是为了出售，而不是使用，故不属于固定资产。固定资产是劳动工具或手段，而不能是劳动对象，其价值通过分期转化到劳动产品当中，而在建的房地产项目恰恰是劳动对象而不是劳动工具和手段。(4)从国外实践来看，虽非全部禁止房地产的融资租赁，但从实际的交易量来看，以开发商、政府投资平台作为承租人，以在建房地产项目作为租赁物进行的融资租赁交易也非常少。国外未将房地产排除在租赁标的物之外，主要是因为国外房地产贷款渠道通畅，而且融资成本低于融资租赁方式，故其无须借道融资租赁形式。因此，虽然法律未禁止房地产的融资租赁，但实际以房地产作为标的物的融资租赁合同罕见。

从行政监管的角度来看，融资租赁交易中的租赁物范围问题，如，租赁公司是否可以以商品房、城市地下管网、公路等不动产作为租赁物，应由融资租赁行业的行政监管部门予以认定和解决。在行政监管部门未就此明确表态的前提下，如果以司法解释的方式对租赁物的范围作出限定，不仅没有明确的法律依据，而且也可能危及既存的大量合同履行。但从人民法院的司法审判的角度来看，确实存在以此类租赁物或权利作为租赁物的合同，能否按照《民法典》有关融资租赁合同章的规定及本解释的规定来确定双方的权利义务关系问题。因此，司法解释虽然未明确否定房地产融资租赁，但仍以租赁标的物的性质作为认定是否构成融资租赁合同的因素之一，由人民法院结合具体个案予以认定，在避免以公开认可房地产融资租赁导致架空房地产调控政策的同时，减少对已有房地产融资租赁业务的冲击。在房地产融资租赁的实践中，具体的业务操作方式也有不同。如，有的出租人要求明确将房地产过户到出租人名下，以保障租赁物的担保功能；也有的租赁公司和开发商为了避免交纳房地产过户的大量税费，而采取了不过户的操作方式，对未过户的，因与出租人对租赁物享有所有权的法律关系不符，我们倾向于明确认定此类房地产融资租赁不构成融资租赁合同关系。

有观点认为，污水管网、电力架空线、机站等存在需添附于土地上，水泥、造纸、发电、冶炼、精密机械等设备是不可拆卸的，类似这些设备，必须以整体资产作融资租赁。整体资产包含了房屋、土地等不动产。如果认定不动产不能作为租赁物，如融资租赁的本质不符。最高人民法院认为，设备添附于不动产之上，与以房地产、商品房作为租赁物有显著区别，前者租赁的是设备，后者租赁的是房地产、商品房本身，正如国际统一私法协会《租赁示范法》第 2 条所规定的，租赁物不会仅因其附着于或嵌入不动产而不再是租赁物。因此，以此类添附、建设在不动产之上的设备作为租赁物的融资租赁合同，仍然属于融资租赁合同。但要注意的是，此类租赁物对出租人而言，可能存在物权担保功能较弱的问题，在承租人违约的情况下，出租人虽然理论上可以行使取回权，但实际上并不可行，或者取回后租赁物价值基本丧失，融资租赁交易的物权保障功能难以实现，由此给出租人带来的承租人违约风险不可避免，融资租赁合同交易关系的基本价值并未实现。而在认定融资租赁合同关系时，也还要兼顾此类设备的建造价值与租金总额之间是否存在对应关系。但此属融资租赁公司的经营风险问题，不属于融资租赁合同的性质认定问题。①

⚙ 相关行政规范性文件

1.《舟山市人民政府办公室关于促进我市融资租赁业发展的若干意见》（舟政办发〔2015〕3 号，2015 年 1 月 8 日）

鼓励融资租赁机构按照相关规定开展房产、土地使用权等不动产租赁业务。

各类融资租赁公司开展不动产、无形资产售后回租业务，出售资产的行为不属于营业税和土地增值税征收范围，不征收营业税和土地增值税，以其向承租者收取的全部价款和价外费用扣除出租方承担的出租不动产、无形资产的实际成本（包括对外支付的借款利息、发行债券利息）后的余额为营业税计税营业额。

2.《福建省人民政府办公厅关于支持福建自贸试验区融资租赁业加快发展的指导意见》（闽政办〔2015〕123 号，2015 年 9 月 4 日）

拓宽融资租赁的租赁产品，允许以工厂厂房、仓储用房、商业地产等用于生产经营的

---

① 最高人民法院民事审判第二庭编著：《最高人民法院关于融资租赁合同司法解释理解与适用》，人民法院出版社 2016 年版，第 47~48 页。最高人民法院民法典贯彻实施工作领导小组主编：《中华人民共和国民法典合同编理解与适用（三）》，人民法院出版社 2020 年版，第 1623~1625 页。

不动产作为租赁物。

3.《内蒙古自治区人民政府办公厅关于加快融资租赁业发展的实施意见》（内政办发〔2016〕2号，2016年1月7日）

支持融资租赁公司拓宽租赁物范围，探索以工厂厂房、仓储用房、商业地产等用于生产经营的不动产和以软件、技术等无形资产作为租赁产品，推动创新型业务开展。

4.《广州市人民政府办公厅关于进一步加快融资租赁业发展工作方案的通知》（穗府办函〔2016〕43号，2016年4月7日）

出租方、承租方均为注册在广州的企业开展不动产融资租赁业务的，对租赁双方在融资租赁专项资金中给予一定的扶持。

5.《重庆市人民政府办公厅关于加快融资租赁业发展的实施意见》（渝府办发〔2016〕84号，2016年5月13日）

允许融资租赁企业经营不动产售后回租业务。

6.《福建省人民政府办公厅关于促进融资租赁业发展的意见》（闽政办〔2016〕77号，2016年5月17日）

支持以工厂厂房、仓储用房、商业地产等生产用不动产和软件、技术等无形资产作为租赁物。

7.《广东省人民政府办公厅关于加快融资租赁业发展的实施意见》（粤府〔2016〕52号，2016年6月12日）

支持符合条件的融资租赁公司依法开展不动产融资租赁业务。

8.《莆田市人民政府办公室关于促进融资租赁业发展的实施意见》（莆政办〔2016〕117号，2016年7月15日）

支持以工厂厂房、仓储用房、商业地产等生产用不动产和软件、技术等无形资产作为租赁物。

9.《中国（福建）自由贸易试验区福州片区工作领导小组办公室关于进一步加快福建自贸试验区福州片区融资租赁业发展的实施意见》（榕自贸办〔2019〕5号，2019年6月25日）

鼓励融资租赁企业设立项目公司，允许经营大型设备、成套设备、不动产租赁业务和境内外租赁业务……拓宽融资租赁的租赁产品，允许以工厂厂房、仓储用房、商业地产等用于生产经营的不动产作为租赁物。

10. 银保监会办公厅《关于加强金融租赁公司融资租赁业务合规监管有关问题的通知》（银保监办发〔2022〕12号，2022年2月11日）

在压低构筑物租赁业务的同时，继续严控房地产租赁业务，防止"跷跷板"效应。

❂ 相关司法文件

1.《天津法院融资租赁合同纠纷案件审理标准》[①]（津高法发〔2017〕2号，2018年4月修订）

第4.1.2.1条 以不动产为租赁物的售后回租，承租人未移转所有权给出租人的，不认定为融资租赁合同关系。

第4.1.2.2条 以在建商品房项目、保障房项目为租赁物并以房地产开发商作为承租人的售后回租，不认定为融资租赁合同关系。

2. 上海市高级人民法院《融资租赁合同纠纷类案办案要件指南》[②]（2020年5月18日）

以添附、建设在不动产之上的设备，如污水管网、电力架空线、机站等作为租赁物的，可以认定为融资租赁法律关系。

❂ 相关国际公约

1.《国际融资租赁公约》（1988年5月28日通过）

第四条

（1）本公约不得仅由于设备已成为土地的附着物或已并入土地之中而终止适用。（2）任何有关设备是否已成为土地的附着物或已并入土地之中的问题以及如果设备已成为土地的附着物或已并入土地之中其对出租人和对土地享有物权的人之间权利的影响，应由土地所在国法律确定。

2.《租赁示范法》（2008年11月13日通过）

第二条 定义

本法中：

租赁物，是指所有承租人用于生产、贸易及经营活动的财产，包括不动产、资本资

[①] 高憬宏主编：《人民法院司法标准化理论与实践（二）》，法律出版社2018年版，第80页。

[②] 茆荣华主编：《上海法院类案办案要件指南》（第1册），人民法院出版社2020年版，第59页。

产、设备、未来资产、特制资产、植物和活的以及未出生的动物。这一术语不包含货币或有价证券。动产不因附着于不动产或成为不动产的一部分而不再是租赁物。

相关典型案例

案例 59　欠缺融物属性的融资租赁合同应根据实质认定其法律性质[①]

【裁判要旨】

融资租赁是融资与融物的结合，如果缺失"融物"要素，则不称其为融资租赁。如租赁物所有权未从出卖人处移转至出租人，应认定该类融资租赁合同没有融物属性，系以融资租赁之名行借贷之实，应按照借款合同的性质判断合同效力，进而确定各方当事人的权利义务。

【基本事实】

2011 年 12 月 26 日，甲融资租赁公司与乙置业公司签订《融资租赁合同》和《购房协议》，约定甲融资租赁公司以协议价款 5.5 亿元购买乙置业公司在上海市闵行区某地块上开发建设的动迁安置房，并将该房产作为租赁物出租给乙置业公司。后乙置业公司法定代表人相某、丁公司、戊置业公司等共同向甲融资租赁公司出具一系列文件，明确表示为乙置业公司的债务承担共同还款责任和连带保证责任。合同履行过程中，因乙置业公司未能按约支付土地出让金，上海市闵行区规划和土地管理局向乙置业公司送达了《解除合同通知书》，收回了上海市闵行区某地块。因乙置业公司未能按约交付租赁物，其余公司亦未履行相关义务，遂涉讼。

【裁判结果】

上海市高级人民法院于 2019 年 12 月 25 日作出（2017）沪民初 1 号民事判决：乙置业公司应向甲融资租赁公司支付本金、利息、违约金、律师费等；相某等分别承担共同还款责任和担保责任；驳回其要求丙置业公司对乙置业公司债务承担代偿责任的请求。判决后，乙置业公司提出上诉，最高人民法院于 2020 年 4 月 18 日作出（2020）最高法民终 359 号民事裁定，按自动撤回上诉处理，一审判决生效。

【裁判理由】

法院判决认为，本案系争《融资租赁合同》系房地产售后回租业务。在《融资租赁合同》签订时，作为系争租赁物的动迁安置房尚未建成，在合同履行期间，涉案地块又被相关部门收回。甲融资租赁公司作为名义上的商品房买受人和出租人，并不实际享有也不可能享有租赁物的所有权，作为专业的融资租赁公司，其对案涉租赁物不存在应明知，故其真实意思表示并非融资租赁，而是出借款项。乙置业公司作为租赁物的所有权人，其仅是以出卖人之名从甲融资租赁公司处获得款项，并按合同约定支付利息，其真实意思表示

[①] 参见上海市高级人民法院发布的《上海法院金融商事审判典型案例（2020 年度）》，载微信公众号"上海高院"（2021 年 5 月 31 日），https://mp.weixin.qq.com/s/gFXc5QUYM51hrL0NdvgrPw，最后访问时间：2024 年 8 月 6 日。

也并非售后回租，而是借款。故案涉融资租赁交易，只有融资，没有融物，双方之间的真实意思表示为融资租赁，实为借贷名法律关系。因案涉主合同性质为企业间借款合同，故应按企业间借款合同判断合同效力，进而确定各方当事人的权利义务。甲融资租赁公司虽未取得发放贷款资质，但并没有证据表明其以发放贷款为主要业务或主要利润来源。案涉企业间借款系双方的真实意思表示，且不违反法律、行政法规的禁止性规定，应为有效。相某等亦应按约承担相应的民事责任。

【裁判意义】

本案系典型的以房地产作为融资租赁物的案件。尽管《民法典》及相关司法解释明确了融资租赁构成一种功能性担保，但根据融资租赁的本质特征，法院在判断当事人之间是否构成融资租赁法律关系时，仍应就该交易行为是否体现融资和融物双重属性进行必要审查。融资租赁合同被认定为借贷法律关系后，该借贷行为是否有效，应当以借贷相关法律规定为依据进行判断。认定"名为融资租赁实为借贷"仅仅是法律关系性质的定性，并不能以此否定合同本身的效力，而应按企业间借款合同判断合同效力进而确定各方当事人的权利义务。同时，法律关系定性不会影响被担保债务的统一性，一般情况下，担保人不能仅以法律关系另行定性为由要求免除己方责任。本案对"名为融资租赁实为借贷"情形下，案涉保证金、留购价款等均作了相应处理。本判决对于准确界定融资租赁的法律性质，规范融资租赁市场行为具有一定的作用和价值。

（六）基础设施

◆ 理解与适用

对以城市的市区道路、保障房等限制流通物作为租赁物的融资租赁合同，不应认定构成融资租赁关系。融资租赁交易的特点系以购买租赁物、保留租赁物所有权的方式为租金债权提供担保，因限制流通物无法变价抵偿，不具有担保功能，故不适宜作为融资租赁交易的租赁物。实务中，存在以城市的市区道路、保障房等限制流通物作为租赁物的情形，实际上是变相扩大了政府债务的风险，租赁物本身并不具有担保功能，出租人无法取得租赁物的所有权，承租人也不能实际占有、使用租赁物，故此种交易不应当认定为融资租赁合同关系。[①]

◆ 相关法律法规

《民法典》（2020年5月28日）

第二百四十二条　【国家专有】法律规定专属于国家所有的不动产和动产，任何组织或者个人不能取得所有权。

第二百五十四条　【国防资产、基础设施的国家所有权】国防资产属于国家所有。

[①] 最高人民法院民法典贯彻实施工作领导小组主编：《中华人民共和国民法典合同编理解与适用（三）》，人民法院出版社2020年版，第1625页。

铁路、公路、电力设施、电信设施和油气管道等基础设施，依照法律规定为国家所有的，属于国家所有。

相关行政规范性文件

1.《国务院办公厅关于加快融资租赁业发展的指导意见》（国办发〔2015〕68号，2015年8月31日）

鼓励融资租赁公司参与城乡公用事业、污水垃圾处理、环境治理、广播通信、农田水利等基础设施建设……探索融资租赁与政府和社会资本合作（PPP）融资模式相结合。

2.《国务院办公厅关于促进金融租赁行业健康发展的指导意见》（国办发〔2015〕69号，2015年9月1日）

加大政府采购支持力度，鼓励各级人民政府在提供公共服务、推进基础设施建设和运营中购买金融租赁服务。将通过金融租赁方式进行的企业技术改造和设备购置纳入鼓励政策适用范围。

3.《舟山市人民政府办公室关于促进我市融资租赁业发展的若干意见》（舟政办发〔2015〕3号，2015年1月8日）

鼓励融资租赁机构按照相关规定开展房产、土地使用权等不动产租赁业务，积极参与重大基础设施、城市基础设施等重大工程建设。支持开展新建供电、供水、供气、污水处理等基础设施及其所需机器设备的融资租赁业务，鼓励医院、高校等单位及国有企业采用融资租赁方式解决医疗、教学、生产设备融资问题，支持已建成并获得特许经营的基础设施项目开展经营权售后回租回购业务。鼓励负债率高的国资企业通过融资租赁调节资产负债和融资结构。

4.《重庆市人民政府办公厅关于加快融资租赁业发展的实施意见》（渝府办发〔2016〕84号，2016年5月13日）

大力发展基础设施融资租赁。鼓励融资租赁企业参与城乡公共事业、污水垃圾处理、环境治理、广播通信、农田水利等基础设施建设。加大政府采购支持力度，鼓励各级政府在提供公共服务、推进基础设施建设和运营中购买融资租赁服务。政府主管部门和有关平台公司要研究新建供水、供气、污水处理等设施及其所需机器设备的融资方式，积极采用租赁方式融资，降低项目总投资及所需资本金。鼓励已建成并特许经营的基础设施项目进行经营权售后回租，进一步盘活存量资产和沉淀资金。

5.《广东省人民政府办公厅关于加快融资租赁业发展的实施意见》（粤府〔2016〕52号，2016年6月12日）

支持融资租赁公司参与交通运输、邮政通信、水电气供给、污水处理等基础设施建设。

6.《浙江省人民政府办公厅关于加快融资租赁业发展的实施意见》（浙政办发〔2016〕112号，2016年9月3日）

助推重大项目和基础设施建设。将融资租赁行业纳入省投融资对接服务机制范围，推进融资租赁行业对接政府和社会资本合作（PPP）项目库，鼓励融资租赁与PPP融资模式相结合。支持融资租赁公司服务新型城市化战略，参与城乡环境治理、污水垃圾处理、公共交通、海绵城市、智慧城市等基础设施和医疗卫生等公共事业建设，提高融资租赁在我省鼓励社会投资领域的行业渗透率。

7. 北京市商务委员会等12个部门《关于加快融资租赁业发展的实施意见》（京商务交字〔2017〕121号，2017年6月5日）

鼓励融资租赁公司参与污水垃圾处理、环境治理、公交车、出租车、公共自行车、海绵城市、城市照明等城市公用事业。

相关司法文件

上海市高级人民法院《融资租赁合同纠纷类案办案要件指南》[①]（2020年5月18日）

以法律明确规定属于国家所有的基础设施作为租赁物的，不构成融资租赁法律关系；以非专属国家所有的基础设施作为租赁物的，可构成融资租赁法律关系。

（七）公益资产

相关行政规范性文件

1.《国务院关于加强地方政府融资平台公司管理有关问题的通知》（国发〔2010〕19号，2010年6月10日）

在本通知下发前已经设立的融资平台公司，要按以下要求进行清理规范：对只承担公益性项目融资任务且主要依靠财政性资金偿还债务的融资平台公司，今后不得再承担融资任务，相关地方政府要在明确还债责任、落实还款措施后，对公司做出妥善处理；对承担上述公益性项目融资任务，同时还承担公益性项目建设、运营任务的融资平台公司，要在落实偿债责任和措施后剥离融资业务，不再保留融资平台职能。对承担有稳定经营性收入的公益性项目融资任务并主要依靠自身收益偿还债务的融资平台公司，以及承担非公益性

[①] 茆荣华主编：《上海法院类案办案要件指南》（第1册），人民法院出版社2020年版，第58页。

项目融资任务的融资平台公司，要按照《中华人民共和国公司法》等有关规定，充实公司资本金，完善治理结构，实现商业运作；要通过引进民间投资等市场化途径，促进投资主体多元化，改善融资平台公司的股权结构。对其他兼有不同类型融资功能的融资平台公司，也要按照上述原则进行清理规范。

今后地方政府确需设立融资平台公司的，必须严格依照有关法律法规办理，足额注入资本金，学校、医院、公园等公益性资产不得作为资本注入融资平台公司。

2. 国家发展改革委办公厅《关于进一步规范地方政府投融资平台公司发行债券行为有关问题的通知》（发改办财金〔2010〕2881号，2010年11月20日）

申请发行企业债券的投融资平台公司，必须依法严格确保公司资产的真实有效，必须具备真实足额的资本金注入，不得将公立学校、公立医院、公园、事业单位资产等公益性资产作为资本注入投融资平台公司。"公益性资产"是指主要为社会公共利益服务，且依据国家有关法律法规不得或不宜变现的资产。对于已将上述资产注入投融资平台公司的，在计算发债规模时，必须从净资产规模中予以扣除。

3. 财政部、国家发展和改革委员会、司法部、中国人民银行、中国银行业监督管理委员会、中国证券监督管理委员会《关于进一步规范地方政府举债融资行为的通知》（财预〔2017〕50号，2017年4月26日）

加快政府职能转变，处理好政府和市场的关系，进一步规范融资平台公司融资行为管理，推动融资平台公司尽快转型为市场化运营的国有企业、依法合规开展市场化融资，地方政府及其所属部门不得干预融资平台公司日常运营和市场化融资。地方政府不得将公益性资产、储备土地注入融资平台公司，不得承诺将储备土地预期出让收入作为融资平台公司偿债资金来源，不得利用政府性资源干预金融机构正常经营行为。金融机构应当依法合规支持融资平台公司市场化融资，服务实体经济发展。进一步健全信息披露机制，融资平台公司在境内外举债融资时，应当向债权人主动书面声明不承担政府融资职能，并明确自2015年1月1日起其新增债务依法不属于地方政府债务。金融机构应当严格规范融资管理，切实加强风险识别和防范，落实企业举债准入条件，按商业化原则履行相关程序，审慎评估举债人财务能力和还款来源。金融机构为融资平台公司等企业提供融资时，不得要求或接受地方政府及其所属部门以担保函、承诺函、安慰函等任何形式提供担保。对地方政府违法违规举债担保形成的债务，按照《国务院办公厅关于印发地方政府性债务风险应急处置预案的通知》（国办函〔2016〕88号）、《财政部关于印发〈地方政府性债务风险分类处置指南〉的通知》（财预〔2016〕152号）依法妥善处理。

4. 国家发展改革委办公厅、财政部办公厅《关于进一步增强企业债券服务实体经济能力 严格防范地方债务风险的通知》（发改办财金〔2018〕194号，2018年2月8日）

申报企业拥有的资产应当质量优良、权属清晰，严禁将公立学校、公立医院、公共文化设施、公园、公共广场、机关事业单位办公楼、市政道路、非收费桥梁、非经营性水利设施、非收费管网设施等公益性资产及储备土地使用权计入申报企业资产。

5. 《中国银保监会关于开展"巩固治乱象成果 促进合规建设"工作的通知》（银保监发〔2019〕23号，2019年5月8日）

金融租赁公司。1. 宏观调控政策执行。违规开展房地产业务；违规向地方政府及融资平台提供融资等……4. 业务经营。违规以公益性资产、在建工程、未取得所有权或所有权存在瑕疵的财产作为租赁物；违规开展固定收益类证券投资以外的投资业务，如购买信托计划、资管计划；未做到洁净转让或受让租赁资产，违规以带回购条款的租赁资产转让方式向同业融资，违规通过各类通道（包括券商、信托、资产公司、租赁公司等）实现不良资产非洁净出表或虚假出表，人为调节监管指标；专业子公司、项目公司未在公司授权范围内开展业务；租赁物属于国家法律法规规定的所有权转移必须到登记部门进行登记的，未办理相关转移手续等。

6. 银保监会办公厅《关于加强金融租赁公司融资租赁业务合规监管有关问题的通知》（银保监办发〔2022〕12号，2022年2月11日）

加强构筑物作为租赁物的适格性监管。作为租赁物的构筑物，须满足所有权完整且可转移（出卖人出售前依法享有对构筑物的占用、使用、收益和处分权利，且不存在权利瑕疵）、可处置（金融租赁公司可取回、变现）、非公益性、具备经济价值（能准确估值、能为承租人带来经营性收入并偿还租金）的要求。严禁将道路、市政管道、水利管道、桥梁、坝、堰、水道、洞、非设备类在建工程、涉嫌新增地方政府隐性债务以及被处置后可能影响公共服务正常供应的构筑物作为租赁物。

各银保监局应按照银保监会2022年现场检查计划及有关部署开展融资租赁业务合规性专项现场检查，严肃查处新增地方政府隐性债务、违规参与置换隐性债务、虚构租赁物、租赁物低值高买等违规行为，着力整治金融租赁公司以融物为名违规开展业务，防止租赁业务异化为"类信贷"工具。

7. 深圳市地方金融监督管理局、深圳市前海地方金融监督管理局《关于严禁开展涉地方政府隐性债务的业务的通知》（2022年10月25日）

一、严禁开展涉新增地方政府隐性债务的业务

各融资租赁公司应当严格遵守《融资租赁公司监督管理办法》（银保监发〔2020〕22

号）及地方政府隐性债务管理相关法律法规，不得开展涉新增地方政府隐性债务的业务。一是要完善尽职调查，建立重大项目风险评估机制，审慎评估融资主体的还款能力和还款来源，不得违法违规提供实际依靠财政资金偿还的融资。二是要规范租赁物管理，严格限制以不能变现的财产作为租赁物，不得以公益性资产（包括公立学校、公立医院、公共文化设施、公园、公共广场、机关事业单位办公楼、市政道路、非收费桥梁、非经营性水利设施、非收费管网设施等）、在建工程（包括未完工的不动产、构筑物）、未取得所有权或所有权存在瑕疵的财产作为租赁物。三是要强化资金投向管理，不得违反国家有关规定向地方政府、地方政府融资平台公司提供融资或要求地方政府作为租赁项目提供担保、承诺还款等。

（八）生物资产

❋ 相关法律法规

《民法典》（2020年5月28日）

第二百五十条　【国家所有的自然资源】森林、山岭、草原、荒地、滩涂等自然资源，属于国家所有，但是法律规定属于集体所有的除外。

第二百五十一条　【国家所有的野生动植物资源】法律规定属于国家所有的野生动植物资源，属于国家所有。

❋ 相关部门规章

《金融租赁公司管理办法》（国家金融监督管理总局令2024年第6号，2024年9月14日）

第五条　金融租赁公司开展融资租赁业务的租赁物类型，包括设备资产、生产性生物资产以及国家金融监督管理总局认可的其他资产。

❋ 相关行政规范性文件

1.《企业会计准则第5号-生物资产》（财会〔2006〕3号，2006年2月15日）

第二条　生物资产，是指有生命的动物和植物。

第三条　生物资产分为消耗性生物资产、生产性生物资产和公益性生物资产。消耗性生物资产，是指为出售而持有的、或在将来收获为农产品的生物资产，包括生长中的大田作物、蔬菜、用材林以及存栏待售的牲畜等。生产性生物资产，是指为产出农产品、提供劳务或出租等目的而持有的生物资产，包括经济林、薪炭林、产畜和役畜等。

公益性生物资产，是指以防护、环境保护为主要目的的生物资产，包括防风固沙林、水土保持林和水源涵养林等。

2.《国务院办公厅关于加快融资租赁业发展的指导意见》（国办发〔2015〕68号，2015年8月31日）

在风险可控前提下，稳步探索将租赁物范围扩大到生物资产等新领域。

3.《国务院办公厅关于促进金融租赁行业健康发展的指导意见》（国办发〔2015〕69号，2015年9月1日）

探索将生物资产作为租赁物的可行性。

4.《广东省人民政府办公厅关于加快融资租赁业发展的实施意见》（粤府〔2016〕52号，2016年6月12日）

在风险可控的前提下，探索将租赁物范围扩大到种植业、林业、畜牧业等行业的生物资产。

5.《广东省人民政府办公厅关于金融支持全面推进乡村振兴的实施意见》（粤府〔2021〕46号，2021年12月4日）

鼓励金融租赁公司发挥租赁特色功能，开展"生产性生物资产租赁"业务试点。

❀ 相关司法文件

上海市高级人民法院《融资租赁合同纠纷类案办案要件指南》[①]（2020年5月18日）

以生物资产为租赁物，且能够特定化的，可以认定为融资租赁法律关系。

❀ 相关国际公约

《租赁示范法》（2008年11月13日通过）

第二条　定义

本法中：

租赁物，是指所有承租人用于生产、贸易及经营活动的财产，包括不动产、资本资产、设备、未来资产、特制资产、植物和活的以及未出生的动物。

[①] 茆荣华主编：《上海法院类案办案要件指南》（第1册），人民法院出版社2020年版，第59页。

◆ 相关典型案例

案例 60　生物资产作为融资租赁合同适格租赁物的判断与认定①

【基本案情】

2016 年 5 月 17 日，原告某融资租赁公司与被告某农业发展公司签订《售后回租协议》，约定原告向被告某农业发展公司购买西门塔尔基础奶牛 275 头并回租给被告某农业发展公司使用，租赁物购买总价款为 330 万元，保证金 165000 元，该款项于出租人向承租人支付的购置价款中抵扣。其后，被告某农业发展公司签署《租赁物件接收证明》《备案登记证明》《付款通知书》《资金收据》。《备案登记证明》同时由备案机构某畜牧兽医局盖章，确认上述《售后回租协议》项下融资租赁物件为 275 头生产性生物资产——基础奶牛，原告为出租人和租赁物件所有权人，被告某农业发展公司为承租人和租赁物件使用人。

2016 年 5 月 17 日，原告与张某、某合作社等五被告签订最高额连带保证合同，约定对被告某农业发展公司在 2016 年 5 月 5 日至 2021 年 5 月 5 日期间签订的不超过 19605000 元的主合同项下应当支付的全部负债承担连带保证责任。

2016 年 5 月 20 日，原告在中国人民银行征信中心对上述融资租赁业务进行动产权属统一登记。被告某农业发展公司向原告发出《付款通知书》，原告按约定实际向被告某农业发展公司支付 3135000 元。

在合同履行过程中，被告某农业发展公司未向原告按期足额支付租金，被告张某、某合作社等亦未承担连带保证责任，故原告某融资租赁公司向浦东法院提起诉讼，要求被告某农业发展公司支付全部未付租金及迟延罚金，并要求被告张某、某合作社等五被告承担连带保证责任。被告某农业发展公司辩称，本案系争的租赁物并不适格，名为融资租赁实为民间借贷，双方签订的合同应以借款合同认定，且因原告无金融放贷业务从业许可证，故借款合同也应当认定无效。

【裁判结果】

上海市浦东新区人民法院认为，原告为证明双方的融资租赁法律关系成立并生效，提供有被告某农业发展公司盖章的《售后回租协议》《租赁物清单》《备案登记证明》《奶牛养殖保险保险单》《抵押登记补充协议》，被告某农业发展公司在上述证据文本上均加盖真实印章，该组证据已经形成证据锁链，能够证明本案系争融资租赁物为 275 头西门塔尔基础奶牛，并且能够证明原告与被告某农业发展公司融资租赁法律关系成立、有效。虽然被告某农业发展公司认为奶牛作为融资租赁中的租赁物不适格，本案法律关系应当认定为民间借贷关系，但由于本案所涉西门塔尔基础奶牛属于畜牧场的生产性生物资产，其所

---

① 参见上海市浦东新区人民法院发布的《浦东法院涉自贸试验区融资租赁典型案例（2013 年 10 月—2020 年 9 月）》，载微信公众号"上海浦东法院"（2020 年 12 月 4 日），https：//mp.weixin.qq.com/s/hW8-z-dKycBngrPTeqQe1Q，最后访问时间：2024 年 8 月 6 日。案号：上海金融法院（2020）沪 74 民终 72 号民事判决书。

有权和使用权可分离，同时，其作为活体租赁物的风险在一定程度是可控的。故本院认为，原告与被告某农业发展公司签订的《售后回租协议》系当事人真实意思的表示，内容不违反法律、行政法规的强制性规定，依法具有法律效力，当事人理应恪守，对原告要求被告某农业发展公司支付全部剩余租金及迟延罚金的诉讼请求予以支持。

【典型意义】

融资租赁由于其兼具融资和融物的特征，逐步成为吸引外资、企业技术改造、设备更新的重要途径。近年来，上海自贸试验区融资租赁公司的数量、业务总量均呈现高速增长态势，融资租赁标的物范围已经扩展到农业生产等领域，由此带来的融资租赁合同纠纷也持续增长。本案以判决形式肯定了融资租赁中以生产性生物资产（奶牛）作为租赁物的可行性，主要是基于以下两点考虑：第一，本案融资租赁的标的物为275头西门塔尔基础奶牛，其属于畜牧场的生产性生物资产，非消耗物，使用寿命一般为5-6年，可以自由转让，并且所有权与使用权可分离；第二，虽然奶牛与一般的机械设备相比，容易受到生长周期、生存环境动物疫病等方面的影响，作为租赁物的风险较大。但该风险一定程度上是可控的，可以通过科学的管理饲养和监测能够保障其健康或价值，所以本案所涉奶牛符合融资租赁的租赁物的相关要求。本案判决明确，以生物资产作为租赁物开展真实的融资租赁业务，只要其业务模式其他要件符合《民法典》的相关规定，应属合法有效的交易。随着自贸区产业的蓬勃发展，类似以活体物进行融资租赁的案例越来越多。本案的审理结果具有统一裁判思路的积极意义，体现了司法裁判在推动融资租赁行业积极健康发展的价值引领功能，同时也有助于拓宽农业生产的融资渠道，推动融资租赁行业更好地支持和服务农业生产经营活动。

（九）无形资产

相关法律法规

1.《专利法》（2020年10月17日）

第二条 本法所称的发明创造是指发明、实用新型和外观设计。

发明，是指对产品、方法或者其改进所提出的新的技术方案。

实用新型，是指对产品的形状、构造或者其结合所提出的适于实用的新的技术方案。

外观设计，是指对产品的整体或者局部的形状、图案或者其结合以及色彩与形状、图案的结合所作出的富有美感并适于工业应用的新设计。

第三条 国务院专利行政部门负责管理全国的专利工作；统一受理和审查专利申请，依法授予专利权。

省、自治区、直辖市人民政府管理专利工作的部门负责本行政区域内的专利管理工作。

第十条 专利申请权和专利权可以转让。

中国单位或者个人向外国人、外国企业或者外国其他组织转让专利申请权或者专利权的，应当依照有关法律、行政法规的规定办理手续。

转让专利申请权或者专利权的，当事人应当订立书面合同，并向国务院专利行政部门登记，由国务院专利行政部门予以公告。专利申请权或者专利权的转让自登记之日起生效。

2.《商标法》（2019年4月23日）

第二条 国务院工商行政管理部门商标局主管全国商标注册和管理的工作。

国务院工商行政管理部门设立商标评审委员会，负责处理商标争议事宜。

第三条 经商标局核准注册的商标为注册商标，包括商品商标、服务商标和集体商标、证明商标；商标注册人享有商标专用权，受法律保护。

本法所称集体商标，是指以团体、协会或者其他组织名义注册，供该组织成员在商事活动中使用，以表明使用者在该组织中的成员资格的标志。

本法所称证明商标，是指由对某种商品或者服务具有监督能力的组织所控制，而由该组织以外的单位或者个人使用于其商品或者服务，用以证明该商品或者服务的原产地、原料、制造方法、质量或者其他特定品质的标志。

集体商标、证明商标注册和管理的特殊事项，由国务院工商行政管理部门规定。

第四条 自然人、法人或者其他组织在生产经营活动中，对其商品或者服务需要取得商标专用权的，应当向商标局申请商标注册。不以使用为目的的恶意商标注册申请，应当予以驳回。

本法有关商品商标的规定，适用于服务商标。

第四十二条 转让注册商标的，转让人和受让人应当签订转让协议，并共同向商标局提出申请。受让人应当保证使用该注册商标的商品质量。

转让注册商标的，商标注册人对其在同一种商品上注册的近似的商标，或者在类似商品上注册的相同或者近似的商标，应当一并转让。

对容易导致混淆或者有其他不良影响的转让，商标局不予核准，书面通知申请人并说明理由。

转让注册商标经核准后，予以公告。受让人自公告之日起享有商标专用权。

3.《著作权法》（2020年11月11日）

第二条 中国公民、法人或者非法人组织的作品，不论是否发表，依照本法享有著作权。

外国人、无国籍人的作品根据其作者所属国或者经常居住地国同中国签订的协议或者共同参加的国际条约享有的著作权，受本法保护。

外国人、无国籍人的作品首先在中国境内出版的，依照本法享有著作权。

未与中国签订协议或者共同参加国际条约的国家的作者以及无国籍人的作品首次在中国参加的国际条约的成员国出版的，或者在成员国和非成员国同时出版的，受本法保护。

第三条 本法所称的作品，是指文学、艺术和科学领域内具有独创性并能以一定形式表现的智力成果，包括：（一）文字作品；（二）口述作品；（三）音乐、戏剧、曲艺、舞蹈、杂技艺术作品；（四）美术、建筑作品；（五）摄影作品；（六）视听作品；（七）工程设计图、产品设计图、地图、示意图等图形作品和模型作品；（八）计算机软件；（九）符合作品特征的其他智力成果。

第七条 国家著作权主管部门负责全国的著作权管理工作；县级以上地方主管著作权的部门负责本行政区域的著作权管理工作。

第二十七条 转让本法第十条第一款第五项至第十七项规定的权利，应当订立书面合同。

权利转让合同包括下列主要内容：

（一）作品的名称；

（二）转让的权利种类、地域范围；

（三）转让价金；

（四）交付转让价金的日期和方式；

（五）违约责任；

（六）双方认为需要约定的其他内容。

4.《上海市推进科技创新中心建设条例》（上海市第十五届人民代表大会第三次会议2020年1月20日通过，2020年5月1日施行）

第四十一条 鼓励商业银行建立专门的组织、风险控制和激励考核体系，设立科技支行等科技金融专营机构，开展信用贷款、知识产权质押贷款、股权质押贷款、履约保证保险贷款等融资业务。

鼓励融资租赁机构开展企业无形资产融资租赁业务。

5.《合肥市科技创新条例》（合肥市第十六届人民代表大会常务委员会第二十九次会议2021年8月24日通过，2021年9月29日安徽省第十三届人民代表大会常务委员会第二十九次会议批准，2022年1月1日施行）

第32条第2款 鼓励融资租赁机构为科技创新企业开展无形资产融资租赁业务。

❋ 相关部门规章

国家版权局《作品自愿登记试行办法》（1995年1月1日）

第二条 作品实行自愿登记。作品不论是否登记，作者或其他著作权人依法取得的著作权不受影响。

❋ 相关行政规范性文件

1.《企业会计准则第6号-无形资产》（财会〔2006〕3号，2006年2月15日）

第三条 无形资产，是指企业拥有或者控制的没有实物形态的可辨认非货币性资产。

资产满足下列条件之一的，符合无形资产定义中的可辨认性标准：

（一）能够从企业中分离或者划分出来，并能单独或者与相关合同、资产或负债一起，用于出售、转移、授予许可、租赁或者交换。

（二）源自合同性权利或其他法定权利，无论这些权利是否可以从企业或其他权利和义务中转移或者分离。

2. 《国务院办公厅关于加快融资租赁业发展的指导意见》（国办发〔2015〕68号，2015年8月31日）

加快发展中小微企业融资租赁服务。鼓励融资租赁公司发挥融资便利、期限灵活、财务优化等优势，提供适合中小微企业特点的产品和服务。支持设立专门面向中小微企业的融资租赁公司。探索发展面向个人创业者的融资租赁服务，推动大众创业、万众创新。推进融资租赁公司与创业园区、科技企业孵化器、中小企业公共服务平台等合作，加大对科技型、创新型和创业型中小微企业的支持力度，拓宽中小微企业融资渠道。

积极推动产业转型升级。鼓励融资租赁公司积极服务"一带一路"、京津冀协同发展、长江经济带、"中国制造2025"和新型城镇化建设等国家重大战略。鼓励融资租赁公司在飞机、船舶、工程机械等传统领域做大做强，积极拓展新一代信息技术、高端装备制造、新能源、节能环保和生物等战略性新兴产业市场，拓宽文化产业投融资渠道。

3. 天津市发展改革委《天津市民营经济发展"十四五"规划》（津发改〔2021〕218号，2021年8月31日）

打造良好融资租赁发展环境。支持融资租赁公司试点开展专利权、商标权、著作权等无形资产融资租赁业务，拓宽小微企业融资渠道，更好发挥融资租赁服务实体经济作用。

4. 天津市发展改革委《天津市服务业发展"十四五"规划》（津发改服务〔2021〕204号，2021年7月24日）

积极探索融资租赁业务新增长点，鼓励发展无形资产租赁、绿色租赁等新型租赁模式，进一步发挥融资租赁在知识产权保护、绿色金融创新和支持科创信创企业发展方面的创新驱动作用。

5. 天津市人民政府办公厅《天津市金融业发展"十四五"规划》（2021年9月9日）

支持融资租赁公司试点开展专利权、商标权、著作权等无形资产融资租赁业务，拓宽小微企业融资渠道，更好发挥租赁服务实体经济作用。

6. 商务部、北京市人民政府《北京市服务业扩大开放综合试点实施方案》（京政发〔2015〕48号，2015年9月13日）

  试点著作权、专利权、商标权等无形文化资产的融资租赁。

7.《国务院关于全面推进北京市服务业扩大开放综合试点工作方案的批复》（国函〔2019〕16号，2019年1月31日）

  试点著作权、专利权、商标权等无形资产融资租赁。

8. 中关村科技园区管理委员会、中国人民银行营业管理部、中国银行保险监督管理委员会北京监管局、北京市知识产权局《关于进一步促进中关村知识产权质押融资发展的若干措施》（中科园发〔2019〕66号，2019年10月15日）

  支持知识产权专业机构与融资租赁机构合作研发中长期运营融资产品，采用收购许可等模式开展企业高价值专利等知识产权融资租赁业务。

9.《北京市支持文化金融融合发展资金管理办法》（2021年11月30日）

  第十二条 缓解文化企业融资难题，引导撬动金融机构扩大对首都文化产业的投融资规模，对为北京市主营业务收入1亿元及以下的文化企业提供的债权类和股权类融资服务的金融机构，给予资金奖励。

  ......

  （三）融资租赁公司奖励。按照不超过融资租赁公司当期为文化企业提供的新发生融资业务规模的1%给予资金奖励，单个企业纳入计算规模的金额不超过3000万元（含）。单家融资租赁公司当期奖励资金不超过300万元（含）。

10. 北京市国有文化资产管理中心《北京市文化产业"投贷奖"政策实施细则》（2021年12月1日）

  第四条 本实施细则所称金融机构是指在北京市注册登记或经监管部门批准在北京设立并能独立开展业务的，为北京市文化企业提供金融服务的银行、担保公司、融资租赁公司等债权类投资机构，以及创业投资机构等股权类投资机构。

  第六条 降低文化企业融资成本，采用贷款贴息、发债贴息、融资租赁贴租方式对文化企业债权融资费用进行支持，加大文化核心领域企业支持倾斜力度。

  ......

  （三）融资租赁贴租。对于从融资租赁公司获得租赁融资的文化企业，给予融资费用（包含租息和手续费）不超过40%的贴租支持。单家企业当期支持资金不超过300万元（含）。

第九条 缓解文化企业融资难题，引导撬动金融机构扩大对首都文化产业的投融资规模，对为北京市主营业务收入 1 亿元及以下的文化企业提供的债权类和股权类融资服务的金融机构，给予资金奖励。

......

（三）融资租赁公司奖励。按照不超过融资租赁公司当期为文化企业提供的新发生融资业务规模的 1% 给予资金奖励，单个企业纳入计算规模的金额不超过 3000 万元（含）。单家融资租赁公司当期奖励资金不超过 300 万元（含）。

11. 北京市国有文化资产管理中心《北京市文化产业风险补偿政策实施细则》（2021 年 12 月 1 日）

第二条 北京市文化产业风险补偿政策，是为缓解小微文化企业融资难问题，鼓励银行、担保、融资租赁等金融机构扩大对本市文化产业的投融资服务规模设立，用于对银行和融资租赁机构发生不良贷款的本金损失和担保机构发生的代偿损失进行补偿。

第五条 补偿范围包括金融机构针对小微文化企业提供信用贷款及基于无形资产贷款业务。

第十条 纳入本细则支持范围的融资租赁机构应同时具备以下条件：

（一）在北京市内注册纳税的融资租赁公司；

（二）积极面向北京地区小微文化企业开展融资租赁业务；

（三）具有健全的业务内部管理制度，对融资租赁项目具有完善有效的事前评审、事中监督、事后追偿与处理机制；

（四）已与市文资中心签订相关协议，且自有资金出资部分已转入风险补偿金专用账户。

12. 北京市通州区人民政府《通州区创建服务业扩大开放综合试点先导区实施方案》（通政发〔2019〕6 号，2019 年 8 月 14 日）

试点著作权、专利权、商标权等无形资产融资租赁。

13. 北京市顺义区人民政府《顺义区推进中国（北京）自由贸易试验区建设实施方案》（顺政发〔2021〕7 号，2021 年 2 月 2 日）

建设北京融资租赁聚集区，支持符合条件的区内注册的融资租赁母公司和子公司共享企业外债额度。发展文化无形资产租赁、科技租赁等创新业务，壮大飞机融资（金融）租赁业态。

14. 上海市委、上海市人民政府《关于推动我市服务业高质量发展的若干意见》（2019 年 12 月 13 日）

推进投贷联动试点，支持扩大知识产权质押融资，探索推动著作权、专利权、商标权等无形资产融资租赁业务。

15. 上海市知识产权局、中国人民银行上海分行、上海银保监局、市地方金融监督管理局《关于进一步加强本市知识产权金融工作的指导意见》（2021 年 9 月 16 日）

鼓励金融机构拓展知识产权资本化运营模式，深入开展知识产权作价入股、投贷联动、融资租赁、信托基金等业务，积极探索建立多元化知识产权投融资服务机制，帮助科技创新型中小企业有效拓宽融资渠道。

16. 《舟山市人民政府办公室关于促进我市融资租赁业发展的若干意见》（舟政办发〔2015〕3 号，2015 年 1 月 8 日）

各类融资租赁公司开展不动产、无形资产售后回租业务，出售资产的行为不属于营业税和土地增值税征收范围，不征收营业税和土地增值税，以其向承租者收取的全部价款和价外费用扣除出租方承担的出租不动产、无形资产的实际成本（包括对外支付的借款利息、发行债券利息）后的余额为营业税计税营业额。

17. 《福建省人民政府办公厅关于支持福建自贸试验区融资租赁业加快发展的指导意见》（闽政办〔2015〕123 号，2015 年 9 月 4 日）

允许以软件、技术等无形资产作为租赁产品。

18. 《福建省人民政府办公厅关于促进融资租赁业发展的意见》（闽政办〔2016〕77 号，2016 年 5 月 17 日）

支持以工厂厂房、仓储用房、商业地产等生产用不动产和软件、技术等无形资产作为租赁物。

19. 《莆田市人民政府办公室关于促进融资租赁业发展的实施意见》（莆政办〔2016〕117 号，2016 年 7 月 15 日）

支持以工厂厂房、仓储用房、商业地产等生产用不动产和软件、技术等无形资产作为租赁物。

20.《中国（福建）自由贸易试验区福州片区工作领导小组办公室关于进一步加快福建自贸试验区福州片区融资租赁业发展的实施意见》（榕自贸办〔2019〕5号，2019年6月25日）

　　允许以软件、技术等无形资产作为租赁产品。

21.厦门市人民政府办公厅《厦门市促进老字号改革创新发展实施方案》（厦府办〔2019〕77号，2019年8月19日）

　　鼓励金融机构、担保机构、创业投资机构、股权投资企业、融资租赁公司开发适合老字号特点的金融产品和服务，按规定给予扶持。

22.厦门市人民政府办公厅《厦门市促进融资租赁业发展的若干措施》（厦府办规〔2020〕2号，2020年3月31日）

　　引导融资租赁公司明确市场定位，……积极拓展新一代信息技术、高端装备制造、新能源、节能环保和生物医药等战略性新兴产业和文化产业市场，实现专业化、特色化、差异化发展。

23.厦门市地方金融监督管理局《厦门市融资租赁公司监督管理指引（试行）》（2020年9月2日）

　　第十五条　融资租赁公司开展融资租赁业务应当以权属清晰、真实存在且能够产生收益的租赁物（包括固定资产和无形资产）为载体。……

24.《广东省人民政府办公厅关于加快融资租赁业发展的实施意见》（粤府〔2016〕52号，2016年6月12日）

　　探索开展文化产业、居民家庭消费品等领域的融资租赁业务。

25.《山西省人民政府关于新形势下推进知识产权强省建设的实施意见》（晋政发〔2016〕51号，2016年8月22日）

　　试点专利权、商标权、著作权等知识产权的融资租赁。

26.《内蒙古自治区人民政府办公厅关于加快融资租赁业发展的实施意见》（内政办发〔2016〕2号，2016年1月7日）

　　支持融资租赁公司拓宽租赁物范围，探索以工厂厂房、仓储用房、商业地产等用于生产经营的不动产和以软件、技术等无形资产作为租赁产品，推动创新型业务开展。

27. 乌鲁木齐市人民政府办公厅《乌鲁木齐市加快融资租赁业发展实施意见》（乌政办〔2017〕232 号，2017 年 9 月 29 日）

试点无形资产融资租赁。探索以版权、专利权等无形资产为标的物的融资租赁。

---

28. 深圳市龙岗区人民政府《深圳市龙岗区经济与科技发展专项资金支持文化创意产业发展实施细则》（2017 年 5 月 10 日）

将著作权、专利权、商标权等无形文化资产与有形文化资产一并纳入融资租赁标的物范围，并对区内经认定的文化产业金融机构向重点扶持领域的文化企业开展有形资产和无形资产融资租赁业务进行风险补偿。

---

29. 湖北省人民政府办公厅关于印发《支持中国（湖北）自由贸易试验区深化改革创新若干措施》的通知（鄂政办发〔2021〕7 号，2021 年 1 月 21 日）

推动租赁业态和租赁模式加速聚集，探索将租赁标的物拓展至无形资产、装备设备、医疗器械等新领域，进一步扩大租赁业务领域。

❖ 相关典型案例

案例 61　著作权可作为融资租赁标的物[①]

【基本案情】

原告与被告某传媒股份有限公司签订了《售后回租赁合同》及《所有权转让协议》，约定被告将其所有的某电视栏目著作权转让给原告并通过许可的方式租回使用。该传媒股份有限公司对涉案租赁物价值委托评估机构进行了评估，双方另就上述著作权于国家版权局进行了转移登记备案。后被告在支付部分租金后未再按期支付，构成违约。原告诉至法院要求承租人支付全部租金、留购价款及违约金并要求保证人承担保证责任。到庭被告（保证人某传媒集团有限公司、苏某）则辩称，不认可承担连带保证责任，本案实际上是借款合同关系，不存在真实的融资租赁关系，故不应承担连带清偿责任。

【裁判结果】

法院生效判决认为，《合同法》第 237 条规定："融资租赁合同是出租人根据承租人

[①] 参见天津市高级人民法院 2022 年 2 月发布的《天津法院 2021 年度十大影响性案例》，载微信公众号"天津高法"（2022 年 2 月 10 日），https://mp.weixin.qq.com/s/jVS4cmNhhTSdDv4aIMwP5g，最后访问时间：2024 年 8 月 5 日。《天津法院金融审判服务保障实体经济发展典型案例》，载微信公众号"天津高法"（2022 年 5 月 7 日），https://mp.weixin.qq.com/s/ZLha0yCHxJSdEUijsvD2WQ，最后访问时间：2024 年 8 月 6 日。天津滨海新区法院 2022 年 7 月发布的《十大融资租赁案例》，载微信公众号"天津滨海新区法院"（2022 年 7 月 6 日），https://mp.weixin.qq.com/s/x-sLumGWAOEAQud-cfvkqdg，最后访问时间：2024 年 8 月 8 日。案号：天津市滨海新区人民法院（2020）津 0116 民初 27378 号民事判决书。

对出卖人、租赁物的选择，向出卖人购买租赁物，提供给承租人使用，承租人支付租金的合同。"《最高人民法院关于审理融资租赁合同纠纷案件适用法律问题的解释》第1条第1款规定："人民法院应当根据合同法第237条的规定，结合标的物的性质、价值、租金的构成以及当事人的合同权利和义务，对是否构成融资租赁法律关系作出认定。"首先，从租赁物的性质来看，《合同法》并未对租赁物的性质加以限定，亦无法律、行政法规对著作权作为租赁物的适格性进行否定。中国银行保险监督管理委员会出台的《融资租赁公司监督管理暂行办法》第7条第1款规定："适用于融资租赁交易的租赁物为固定资产，另有规定的除外。"根据上述规定，租赁物虽然原则上应为固定资产，但并未完全将著作权排除在租赁物范围之外。故本案《售后回租赁合同》以真实存在的电视栏目著作权作为租赁物符合"融资""融物"双重特性，不违反法律、行政法规的强制性规定。首先，本案到庭被告对著作权作为融资租赁合同标亦不持异议。其次，从租赁物的价值来看，第三方评估机构对涉案著作权的市场价值进行了评估，到庭被告对该估值不持异议，亦无相反证据证明租赁物的价值存在低值高估的情形。再次，从租金构成来看，《合同法》第243条规定："融资租赁合同的租金，除当事人另有约定的以外，应当根据购买租赁物的大部分或者全部成本以及出租人的合理利润确定。"根据涉案《所有权转让协议》及《售后回租赁合同》约定，租金系由租赁物购买价款及合理利润组成，符合法律规定。最后，从双方的合同权利义务来看，《所有权转让协议》约定某股份传媒有限公司将涉案著作权转让给原告，且双方已在国家版权局办理了权利转移变更登记，故涉案作品著作权已转移至原告；被告某股份传媒有限公司则享有涉案著作权的使用权并依约向原告支付了部分租金，符合融资租赁权利义务关系。综上所述，涉案《售后回租赁合同》系双方当事人的真实意思表示，内容不违反法律法规效力性强制性规定，合法有效。二到庭被告抗辩涉案合同性质为借款合同的主张没有事实和法律依据，不予支持。四保证人在《保证合同》或《保证函》中承诺为承租人在融资租赁合同项下的租金、利息、违约金、赔偿金、留购价款及其他应付款项的给付义务承担连带保证责任，保证期间至主债务履行期限届满之日满两年，故其应依约承担连带保证责任。

【典型意义】

本案是天津市滨海新区人民法院作出的以无形资产作为融资租赁合同标的物的首份判决，具有重要意义。目前，无形资产融资租赁业务作为一种新型融资模式受到了企业和政府的高度关注，部分地方政府已经出台了支持无形资产融资租赁的产业支持政策。今年同行实操和政策导向的支持，让这一领域的融资租赁得到了迅速的发展。与此同时，在现行法律法规尚不明确、监管政策不明晰的情况下，无形资产融资租赁依然面临着标的物适格性的挑战。此类业务仍多处于探索阶段，租赁企业、金融机构、监管部门、司法部门都在"摸着石头过河"，因此，无形资产租赁总体业务规模还较小，参与的企业也对涉诉案件裁判思路持观望态度。东疆融资租赁中心法庭作为我国唯一一个专业化审理融资租赁案件的法庭，始终坚持构建与自贸区建设相适应的法治先行、宽容谦抑、意思自治的理念。在受理该案后，该法庭对涉无形资产融资租赁审判问题进行了充分调研及全国范围内的类案检索研究，并在此基础上根据现有法律规定及本案查明的事实依法裁判。特别是在本案涉及的无形资产融资租赁领域，秉承不轻易否定合同效力、尊重意思自治的司法理念，对行业创新业态加大关注，对新型审判问题加强研判，深入研究无形资产融资租赁业务走势，并在此基础上以调研形式明晰此类案件的审判难点及可融资性判断、租赁形式、价值评估、租金、租期、合同权利义务、转移登记备案等七大审查重点，不断增强司法精准保障能力，以优质高效的司法水平助力产业优化升级。本案判决的作出，有利于回应市场和企业的诉求，推动融资租赁创新发展。通过扩大标的物的范围来探索融资租赁新增长点，满足不同市场主体的诉求。

一是有利于发挥租赁服务实体经济的优势，化解中小微、双创类、科技型等市场主体的融资难题。相当一部分创新型市场主体拥有优质的知识产权，支持开展无形资产融资租赁业务将有利于化解其融资难题，扩展租赁服务实体经济的产业生态链，为引育科创新动能"接链""补链"。

二是有利于推动天津金融创新，促进实体经济发展。融资租赁是天津自贸试验区产业定位的核心特色以及金融创新的靓丽"名片"。支持无形资产融资租赁创新将进一步提升天津融资租赁产业发展的吸引力和集成度，吸引众多的科技创新企业和文化创意企业将有融资需求的新项目落户天津，进一步提升科技、文化和创意产业的成果转化效能，充分发挥租赁服务实体经济发展的带动作用。

三是有利于促进知识产权成果转化，鼓励和保护创新。我国是知识产权"沉睡"大国，大量科技型企业手握专利、商标，却由于无形资产评估市场和交易市场不发达，银行等金融机构对知识产权融资持谨慎态度等原因，难以完成成果转化。支持开展无形资产融资租赁创新能为科技成果转化提供更多选择，进而进一步激发市场主体的创新动力。

（十）海关监管物

相关法律法规

1. 《民法典》（2020年5月28日）

    第三百九十九条　【禁止抵押的财产范围】下列财产不得抵押：

    （一）土地所有权；

    （二）宅基地、自留地、自留山等集体所有土地的使用权，但是法律规定可以抵押的除外；

    （三）学校、幼儿园、医疗机构等为公益目的成立的非营利法人的教育设施、医疗卫生设施和其他公益设施；

    （四）所有权、使用权不明或者有争议的财产；

    （五）依法被查封、扣押、监管的财产；

    （六）法律、行政法规规定不得抵押的其他财产。

2.《海关法》（2021 年 4 月 29 日）

第三十七条　海关监管货物，未经海关许可，不得开拆、提取、交付、发运、调换、改装、抵押、质押、留置、转让、更换标记、移作他用或者进行其他处置。

海关加施的封志，任何人不得擅自开启或者损毁。

人民法院判决、裁定或者有关行政执法部门决定处理海关监管货物的，应当责令当事人办结海关手续。

3.《关税法》（2024 年 4 月 26 日）

第三十五条　减免税货物应当依法办理手续。需由海关监管使用的减免税货物应当接受海关监管，在监管年限内转让、移作他用或者进行其他处置，按照国家有关规定需要补税的，应当补缴关税。

对需由海关监管使用的减免税进境物品，参照前款规定执行。

4.《中国（天津）自由贸易试验区条例》（天津市第十六届人民代表大会常务委员会第二十三次会议 2022 年 9 月 27 通过）

第三十一条　在自贸试验区海关特殊监管区域实施"一线放开"、"二线安全高效管住"的通关监管服务模式。自贸试验区海关特殊监管区域支持研发、加工、制造、再制造、检测、维修、货物存储、物流分拨、融资租赁、跨境电商、商品展示、国际转口贸易、国际中转、港口作业、期货保税交割等业态发展。推动自贸试验区与海关特殊监管区域统筹发展，支持将自贸试验区中与海关特殊监管区域相关的改革试点经验，经政策评估后，优先复制到自贸试验区以及自贸试验区外的本市其他综合保税区。

⚙ 相关司法解释

《最高人民法院关于适用〈中华人民共和国民法典〉有关担保制度的解释》（法释〔2020〕28 号）

第三十七条　当事人以所有权、使用权不明或者有争议的财产抵押，经审查构成无权处分的，人民法院应当依照民法典第三百一十一条的规定处理。

当事人以依法被查封或者扣押的财产抵押，抵押权人请求行使抵押权，经审查查封或者扣押措施已经解除的，人民法院应予支持。抵押人以抵押权设立时财产被查封或者扣押为由主张抵押合同无效的，人民法院不予支持。

以依法被监管的财产抵押的，适用前款规定。

❈ 相关行政规范性文件

1.《国务院办公厅关于印发加快海关特殊监管区域整合优化方案的通知》（国办发〔2015〕66号，2015年8月28日）

支持开展融资租赁业务，对注册在中国（广东）自由贸易试验区、中国（天津）自由贸易试验区海关特殊监管区域内的融资租赁企业进出口飞机、船舶和海洋工程结构物等大型设备涉及跨关区的，在执行现行相关税收政策前提下，根据物流实际需要，实行海关异地委托监管。

2.《江西省人民政府办公厅关于加快我省融资租赁业发展若干措施》（赣府厅发〔2016〕9号，2016年3月19日）

对我省进口租赁物涉及配额、许可证、自动进口许可证等管理的，在承租人已具备相关配额、许可证、自动进口许可证的前提下，不再另行对融资租赁公司提出购买资质要求；对已进口的设备，在不改变实际使用人和地点的情况下，允许承租人将监管的进口设备作为租赁物开展融资租赁业务。……支持融资租赁公司在海关特殊监管区域设立专业子公司和特殊项目公司（SPV）开展融资租赁业务，允许其从境外进口飞机、船舶及大型设备时试行保税监管。

3.《广州市人民政府办公厅关于进一步加快融资租赁业发展工作方案的通知》（穗府办函〔2016〕43号，2016年4月7日）

融资租赁企业对保税区内的设备开展售后回租业务，如承租方仍在保税区内使用该设备，则无需缴纳关税。

4.《广东省人民政府办公厅关于加快融资租赁业发展的实施意见》（粤府〔2016〕52号，2016年6月12日）

完善海关监管政策。对注册在广东自贸试验区内的融资租赁公司进出口飞机、船舶与海洋工程结构物等大型设备涉及跨关区的，在确保有效监管和执行现行相关税收政策的前提下，按照物流实际需要，实行海关异地委托监管。支持融资租赁公司依托海关特殊监管区域开展先进设备、高端器材、海洋工程结构物、成套设备、游艇等商品的保税融资租赁，融资租赁公司在区域主管海关办理报关单位注册登记手续后，海关对其申报进口的融资租赁货物实施保税监管，租赁到境内海关特殊监管区外的可按设备租金分期缴纳关税。对融资租赁出租方以融资租赁方式租赁给境外承租人且租赁期限在5年以上（含5年），并向海关报关后实际离境的货物，试行增值税、消费税出口退税政策。

5. 《国务院关于促进综合保税区高水平开放高质量发展的若干意见》（国发〔2019〕3号，2019年1月12日）

发展租赁业态。对注册在综合保税区内的融资租赁企业进出口飞机、船舶和海洋工程结构物等大型设备涉及跨关区的，在确保有效监管和执行现行相关税收政策的前提下，按物流实际需要，实行海关异地委托监管。

6. 《国务院关于全面推进北京市服务业扩大开放综合试点工作方案的批复》（国函〔2019〕16号，2019年1月31日）

根据需要对在海关特殊监管区域内从事大型设备融资租赁实行海关异地委托监管。

7. 《中国（广东）自由贸易试验区总体方案》（国发〔2015〕18号，2015年4月8日）

鼓励融资租赁业创新发展，对注册在自贸试验区海关特殊监管区域内的融资租赁企业进出口飞机、船舶和海洋工程结构物等大型设备涉及跨关区的，在确保有效监管和执行现行相关税收政策前提下，按物流实际需要，实行海关异地委托监管。

8. 《中国（天津）自由贸易试验区总体方案》（国发〔2015〕19号，2015年4月8日）

对注册在自贸试验区海关特殊监管区域内的融资租赁企业进出口飞机、船舶和海洋工程结构物等大型设备涉及跨关区的，在确保有效监管和执行现行相关税收政策前提下，按物流实际需要，实行海关异地委托监管。

9. 《中国（辽宁）自由贸易试验区总体方案》（国发〔2017〕15号，2017年3月15日）

对注册在自贸试验区海关特殊监管区域内的融资租赁企业进出口飞机、船舶和海洋工程结构物等大型设备涉及跨关区的，在确保有效监管和执行现行相关税收政策的前提下，按物流实际需要，实行海关异地委托监管。

10. 《中国（浙江）自由贸易试验区总体方案》（国发〔2017〕16号，2017年3月15日）

在确保有效监管前提下，在海关特殊监管区域探索建立货物状态分类监管模式。对注册在自贸试验区海关特殊监管区域内的融资租赁企业进出口飞机、船舶和海洋工程结构物等大型设备涉及跨关区的，在确保有效监管和执行现行相关税收政策的前提下，按物流实际需要，实行海关异地委托监管。

11. 《中国（河南）自由贸易试验区总体方案》（国发〔2017〕17号，2017年3月15日）

对注册在自贸试验区海关特殊监管区域内的融资租赁企业进出口飞机等大型设备涉及跨关区的，在确保有效监管和执行现行相关税收政策的前提下，按物流实际需要，实行海关异地委托监管。

12.《中国（湖北）自由贸易试验区总体方案》（国发〔2017〕18号，2017年3月15日）

对注册在自贸试验区海关特殊监管区域内的融资租赁企业进出口飞机、船舶等大型设备涉及跨关区的，在确保有效监管和执行现行相关税收政策前提下，按物流实际需要，实行海关异地委托监管。

13.《中国（重庆）自由贸易试验区总体方案》（国发〔2017〕19号，2017年3月15日）

对注册在自贸试验区海关特殊监管区域内的融资租赁企业进出口飞机、船舶、海洋工程结构物等大型设备涉及跨关区的，在确保有效监管和执行现行相关税收政策的前提下，按物流实际需要，实行海关异地委托监管。

14.《中国（四川）自由贸易试验区总体方案》（国发〔2017〕20号，2017年3月15日）

对注册在自贸试验区海关特殊监管区域内的融资租赁企业进出口飞机、船舶、海洋工程结构物等大型结构设备涉及跨关区的，在确保有效监管和执行现行相关税收政策的前提下，按物流实际需要，实行海关异地委托监管。

15.《中国（陕西）自由贸易试验区总体方案》（国发〔2017〕21号，2017年3月15日）

对注册在自贸试验区海关特殊监管区域内的融资租赁企业进出口飞机、船舶等大型设备涉及跨关区的，在确保有效监管和执行现行相关税收政策的前提下，按物流实际需要，实行海关异地委托监管。

16.《国务院进一步深化中国（天津）自由贸易试验区改革开放方案》（国发〔2018〕14号，2018年5月4日）

完善船舶、海洋工程结构物融资租赁标的物海关异地委托监管制度。

17.《国务院进一步深化中国（福建）自由贸易试验区改革开放方案》（国发〔2018〕15号，2018年5月4日）

对注册在自贸试验区海关特殊监管区域内的融资租赁企业进出口飞机、船舶和海洋工程结构物等大型设备涉及跨关区的，在确保有效监管和执行现行相关税收政策的前提下，按物流实际需要，实行海关异地委托监管。

18.《国务院关于印发 6 个新设自由贸易试验区总体方案的通知》（国发〔2019〕16 号，2019 年 8 月 2 日）

《中国（山东）自由贸易试验区总体方案》

对注册在自贸试验区海关特殊监管区域内的融资租赁企业进出口飞机、船舶、海洋工程结构物等大型设备涉及跨关区的，在确保有效监管和执行现行税收政策的前提下，实行海关异地委托监管。

《中国（广西）自由贸易试验区总体方案》

支持在自贸试验区的海关特殊监管区域开展现货交易、保税交割、融资租赁业务。

19.《中国（山东）自由贸易试验区条例》（2021 年 1 月 1 日）

第二十七条　在自贸试验区海关特殊监管区域内实行下列改革措施：

（一）实施货物按状态分类监管制度；

（二）在自贸试验区海关特殊监管区域内注册的融资租赁企业，进出口飞机、船舶、海洋工程结构物等大型设备涉及跨关区的，实行海关异地委托监管；

（三）对自贸试验区海关特殊监管区域内从事贸易经纪或者代理活动的经营许可进行改革，依法改为备案或者逐步取消。

20.《中国（浙江）自由贸易试验区条例》（2022 年 5 月 1 日）

第二十一条　自贸试验区海关特殊监管区域按照国家规定实施进口货物入区保税制度。对境内入区的不涉及出口关税、不涉及贸易管制、不要求退税且不纳入海关统计的货物、物品，实施便捷进出区模式。

自贸试验区海关特殊监管区域实施仓储货物按状态分类监管制度，区内保税存储货物不设存储期限。

注册在自贸试验区海关特殊监管区域内的融资租赁企业，进出口飞机、船舶和海洋工程结构物等大型设备涉及跨关区的，在执行现行税收政策的前提下，根据物流实际需要，实行海关异地委托监管。

相关监管法规

1. 上海海关《关于在中国（上海）自由贸易试验区开展融资租赁业务的公告》（上海海关公告 2014 年第 12 号，2014 年 4 月 21 日）

为推进中国（上海）自由贸易试验区（以下简称"试验区"）建设，根据《中华人民共和国海关法》和《国务院关于印发中国（上海）自由贸易试验区总体方案的通知》（国发〔2013〕38 号），经海关总署批准，就试验区内开展融资租赁业务相关事宜公告如下：

一、开展融资租赁业务应当符合以下条件：

（一）在试验区内设立开展融资租赁业务的企业或者开展融资租赁业务的企业在试验

区内设立的项目子公司（以下统称"融资租赁企业"）；

（二）经相关政府主管部门批准，取得融资租赁业务资格；

（三）在试验区海关机构办理报关单位注册登记手续。

二、融资租赁企业作为出租人向境内外承租企业出租融资租赁货物，应当按照海关特殊监管区域关于货物监管的相关规定向试验区主管海关（以下简称"主管海关"）办理申报手续。

三、融资租赁企业作为出租人向境内承租企业出租融资租赁货物的，境内承租企业应当提交以下材料向海关申报：

（一）相关政府部门批准购买融资租赁货物的批文；

（二）经海关审核，以减免税方式租赁出区进口的，提交相关减免税证明文件；

（三）许可证件；

（四）海关认为需要提交的其他材料。

四、融资租赁货物的税款计征方法按照《中华人民共和国进出口关税条例》、《中华人民共和国海关进出口货物征税管理办法》（海关总署令第124号）关于租赁进口货物的相关规定办理。

五、境内承租企业办理融资租赁货物进口担保的，可以申请使用《试验区融资租赁货物保证书》（详见附件），向主管海关办理相关手续。

六、融资租赁企业应当每季度向主管海关报备融资租赁货物的租赁、租金支付等情况。

七、境内承租企业应当自融资租赁货物租期届满之日起30日内，按照《中华人民共和国海关进出口货物征税管理办法》（海关总署令第124号）关于租赁进口货物的相关规定，向海关办理留购、续租等相关手续。

本公告自公布之日起施行。

2.《关于中国（天津）自由贸易试验区内海关特殊监管区域保税租赁业务相关管理规定的公告》（天津海关公告2019年第1号，2019年2月2日）

为支持和促进中国（天津）自由贸易试验区发展，规范海关特殊监管区域保税租赁业务管理，现将有关事项公告如下：

一、本公告适用于中国（天津）自由贸易试验区内海关特殊监管区域（以下简称"特殊区域"）开展的进口租赁业务。

二、本公告所称租赁企业系指在特殊区域内设立的开展租赁业务的企业或者其设立的项目子公司。

承租企业系指与租赁企业签订租赁合同，并按合同约定向租赁企业支付租金的企业。

三、租赁企业不得开展国家禁止进出口货物的租赁业务。

四、租赁企业应按照海关现行规定对用于租赁的货物（以下简称"租赁货物"）实施账册管理，如实申报租赁货物进、出、转、存情况，并接受海关核查。

五、租赁企业或承租企业依据全国通关一体化等有关规定，向海关申报租赁货物的进出口报关单或备案清单。

六、租赁货物自出区进口之日起至租赁结束办结海关手续之日止，应当继续接受海关监管。纳税义务人应当在租赁货物进口申报地海关缴纳租金税款。

七、租赁企业或承租企业应当自租赁货物租期届满之日起30日内，向海关申请办结租赁监管手续，将租赁货物复运至特殊区域内。

按"租赁贸易"（监管方式代码"1523"）监管方式进口的租赁货物期满复运至特殊区域的，监管方式为"退运货物"（监管方式代码"4561"），按"租赁不满一年"（监管方式代码"1500"，下同）监管方式进口的租赁货物期满复运至特殊区域的，监管方式为"租赁不满一年"；运输方式按照特殊区域专用运输方式进行申报。

八、因故终止租赁合同的，承租企业或租赁企业应当自租赁合同终止之日起30日内，按照本公告第七条第二款将租赁货物复运至特殊区域。

九、留购、续租租赁货物的，租赁企业或承租企业向海关申报办理相关手续应当不迟于租赁货物租期届满后的第30日。

十、租赁货物更换承租企业的，原承租企业或租赁企业应当按照本公告第七条第二款规定将租赁货物复运至特殊区域内，更换后的承租企业或租赁企业按照现有规定向海关办理租赁货物出区手续。

十一、承租企业不发生变化，租赁企业之间发生租赁资产转移的，租赁企业均应向特殊区域主管海关提供租赁变更的相关合同和租赁货物所有权登记（仅限飞机、船舶等）变更的相关证明文件，并按下列流程办理租赁企业变更手续：

（一）由原租赁企业向主管海关申报进口保税核注清单，监管方式为"调整类核注清单"。

（二）按照特殊区域内货物流转的相关要求，原租赁企业申报出口保税核注清单，变更后新的租赁企业申报进口保税核注清单。

（三）变更后新的租赁企业申报出口保税核注清单，监管方式为"调整类核注清单"。

租赁企业买入境外租赁企业的租赁资产的，租赁企业应向特殊区域主管海关提供租赁变更的相关合同和租赁货物所有权登记（仅限飞机、船舶等）变更的相关证明文件，并按下列流程办理租赁企业变更手续：

（一）租赁企业向特殊区域主管海关申报进口保税核注清单，监管方式为"调整类核注清单"。

（二）租赁企业申报出口保税核注清单，监管方式为"调整类核注清单"。

经特殊区域主管海关审核后，租赁企业或承租企业依据上述保税核注清单向租赁货物主管海关办理合同备案变更、担保变更等后续海关手续。

十二、租赁企业开展租赁业务时，租赁货物应当实际进出特殊区域。飞机、船舶和海洋工程结构物等大型设备，在执行现行相关税收政策的前提下，根据物流实际需要，经特殊区域主管海关核准，可通过派员监管、视频远程监控或委托异地海关协助监管等方式进行监管，租赁企业或承租企业应予以协助。

十三、经海关核准，租赁企业或承租企业可以使用《海关租赁货物保证书》（详见附件）办理租赁进口货物税款担保手续。

本公告自公布之日起施行。天津海关2015年第6号、第27号公告同时废止。

（十一）消耗品

❋ 理解与适用

无法返还原物的消耗品不能作为融资租赁交易之标的物。近年来，我国融资租赁行业发展迅速，融资租赁标的物范围也不断扩展，实践中，高速公路收费权、专利权等都成为了融资租赁的标的物。与此同时，实践中有些交易虽名为融资租赁，实为借贷，这在一定程度上对金融秩序造成扰乱和冲击。例如，在上海市第一中级人民法院审理的甲租赁公司诉乙餐饮管理公司等融资租赁合同纠纷案中，合同双方约定由甲租赁公司购买"装修材料"出租给乙餐饮管理公司，后因乙餐饮管理公司未按约定支付租金，甲租赁公司遂起诉要求解除租赁合同，乙餐饮管理公司支付欠付租金和违约金。法院经审理认为，"融资租赁是融资与融物的结合，如果缺失'融物'要素，则不称其为融资租赁。融资租赁法律关系，系以融资为目的之租赁，其法律属性仍系租赁法律关系之一种。在租赁法律关系中，承租人合同主要义务之一为依约返还租赁物，故依融资租赁合同的法律性质，其标的物应具备适于租赁的特性，即合同期限届满时，具有返还原物的可能性。若按标的物的特性，正常使用情况下，其在期限届满时已经无返还可能性的，则此种消耗品不能作为融资租赁交易之标的物。"在该案中，甲租赁公司也未能提供充分证据证明"装修材料一批"确实存在，故法院认定双方间交易名为融资租赁，实为借款。也就是说，即使《民法典》第758条第2款规定了租赁物因附合、混合无法返还时出租人的救济途径，实务中仍需注意此种救济并不能使无法返还原物的消耗品等成为融资租赁交易之标的物。[①]

❋ 相关部门规章

《金融租赁公司管理办法》（国家金融监督管理总局令2024年第6号，2024年9月14日）

第五十二条第二款 金融租赁公司不得以低值易耗品作为租赁物，不得以小微型载客汽车之外的消费品作为租赁物，不得接受已设置抵押、权属存在争议或已被司法机关查封、扣押的财产或所有权存在瑕疵的财产作为租赁物。

[①] 最高人民法院民法典贯彻实施工作领导小组主编：《中华人民共和国民法典合同编理解与适用（三）》，人民法院出版社2020年版，第1744~1745页。

相关司法文件

1.《天津法院融资租赁合同纠纷案件审理标准》①（津高法发〔2017〕2号，2018年4月修订）

第4.1.2.3条 以易耗物、消耗品等为租赁物的，不认定为融资租赁合同关系。

2. 上海市高级人民法院《融资租赁合同纠纷类案办案要件指南》②（2020年5月18日）

以无法返还原物的消耗品作为租赁物的，不宜认定为融资租赁法律关系。

相关典型案例

案例62 无法返还原物的消耗品不能作为融资租赁交易之标的物③

【裁判要旨】

融资租赁是融资与融物的结合，如果缺失"融物"要素，则不成其为融资租赁。融资租赁法律关系，系以融资为目的之租赁，其法律属性仍系租赁法律关系之一种。在租赁法律关系中，承租人合同主要义务之一为依约返还租赁物，故依融资租赁合同的法律性质，其标的物应具备适于租赁的特性，即合同期限届满时，具有返还原物的可能性。若按标的物的特性，正常使用情况下，其在期限届满时已经无返还可能性的，则此种消耗品不能作为融资租赁交易之标的物。

【基本案情】

2011年8月25日，甲租赁公司与案外人丙建材公司、丁商贸公司、戊装饰公司分别签订《买卖合同》，约定甲租赁公司向丙建材公司、丁商贸公司、戊装饰公司购买"装修材料"出租给乙餐饮管理公司，标的物价格分别为人民币310万元、63万元、30万元。同日，甲租赁公司与乙餐饮管理公司签订《租赁合同》，约定甲租赁公司向乙餐饮管理公司出租"装修材料一批"，租赁期限自2011年8月30日起至2014年8月30日止，并约定了租金交付日期，交付地点以及交货方式。2011年8月26日，乙餐饮管理公司向甲租赁公司出具《租赁物交付与验收证明书》，载明已对租赁物进行验收。后因乙餐饮管理公司未按约定支付租金，甲租赁公司遂起诉要求解除租赁合同，并要求乙餐饮管理公司支付欠付租金和违约金。

【裁判结果】

上海市第一中级人民法院于2014年12月16日作出（2014）沪一中民六（商）终字

---

① 高憬宏主编：《人民法院司法标准化理论与实践（二）》，法律出版社2018年版，第80页。
② 茆荣华主编：《上海法院类案办案要件指南》（第1册），人民法院出版社2020年版，第59页。
③ 本案入选《上海法院金融商事审判典型案例（2014年度）》，载上海市高级人民法院网站，https://www.hshfy.sh.cn/shfy/web/xxnr.jsp?pa=aaWQ9Mzc5MjUwJnhoPTEmbG1kbT1sbTE3MQPdcssPdcssz&zd=xwzx，最后访问时间：2024年8月5日。

第469号终审民事判决：对甲租赁公司的全部诉讼请求不予支持。

【裁判理由】

法院判决认为，融资租赁业务实质上是通过融物方式实现企业融资的目的，而融物的前提条件至少包括存在具体明确的标的物，且该标的物应符合法律规定中可适用于融资租赁交易的租赁物的性质。"装修材料"在装修完毕后即附合于不动产，从而成为不动产的成分，丧失其作为独立物的资格，不再具有返还的可能性，因此无法作为租赁的标的物，故甲租赁公司与乙餐饮管理公司之间不构成融资租赁法律关系。依照最高人民法院《关于审理融资租赁合同纠纷案件适用法律问题的解释》第1条第2款之规定，在不构成融资租赁关系的情况下，并不当然直接导致合同无效，而应当按照当事人间实际构成的法律关系进行处理。案件审理中，甲租赁公司未能提供充分证据证明"装修材料一批"确实存在，故难以认定双方当事人之间基于"装修材料一批"构成债权债务关系，甲租赁公司与乙餐饮管理公司之间构成名为融资租赁，实为借款的法律关系。鉴于甲租赁公司并非有权从事经营性贷款业务的金融机构，其与乙餐饮管理公司之间的借款关系应认定为无效。经法院多次向甲租赁公司释明本案法律关系的定性和效力问题，甲租赁公司仍坚持认为双方之间系合法有效的融资租赁合同，不同意变更诉请，法院遂判决驳回甲租赁公司的全部诉请。同时指出，甲租赁公司如欲主张其与乙餐饮管理公司之间尚有其他法律关系的，可另行起诉。

【裁判意义】

近年来，我国融资租赁行业得到迅速发展，业务模式不断创新，融资租赁标的物的范围也包罗万象，实践中不动产、动产甚至高速公路收费权、专利权等无形资产都成为了融资租赁的标的物。实质上，不少此类业务是名为融资租赁，实为借贷的影子银行业务，一定程度上对金融秩序造成扰乱和冲击。本案例分析指出，作为融资租赁的标的物应当具备适合于租赁的特性，在融资租赁合同期限届满时，具有返还原物的可能性。若按标的物的特性，正常使用情况下，其在期限届满时不可能返还的，则客观上无法作为融资租赁关系的标的物，相应法律关系亦不得被认定为融资租赁关系。虽然《民法典》第758条第2款规定："当事人约定租赁期限届满租赁物归出租人所有，因租赁物毁损、灭失或者附合、混合于他物致使承租人不能返还的，出租人有权请求承租人给予合理补偿。"但此条款仅是规定了租赁物无法返还时的救济途径，并不意味着不具备租赁特性的物可以成为融资租赁的标的物。本判决对于准确界定融资租赁的法律性质，规范融资租赁市场行为具有一定的作用和价值。

二、租赁物价值

理解与适用

标的物的价值及租金构成，主要针对的是以价值明显偏低、无法起到担保租赁债权实现的情形，如将价值1000元的设备估价为1000万元的设备作为融资租赁合同的标的物。此时，仅有融资之实，而无融物之实。从当事人选择的交易结构来看，即使将该1000元的设备估价为1000万元，并由"出租人"享有所有权，但该租赁物显然不足以作为出租人的物权保障。实务中，大部分的"出租人"对此也是心知肚明，而多以另外签订保证合同的方式，将其债权保障依附于额外的保证合同之上。而"出租人"以融资租赁合同的名义安排交易，实为在信贷管制严格的客观条件下，以融资租赁合同的方式进行变相贷款。在此类交易中，有关租赁物的估价、买卖、残值的约定、取回权的行使，均背离了融资租赁合同关系的一般法律规则，如简单按照合同的名称，将其纳入融资租赁合同法律关系中进行调整，不仅违背了双方当事人的真实意思，也可能造成事实上的权利义务不对等或者不公。

在实务中，有的地方投资公司系部分地方政府的融资平台，为取得金融支持，以市区的某条公路作为租赁物，并对市区的公路进行估价，以合同约定的方式转移租赁物的所有权。此时，租赁的到底是路所占地的土地使用权，还是由砂石、柏油组成的路的实物？如果从前者解释，显然不符合国有土地使用权交易的规定，如果从后者解释，砂石、柏油构成的路的实体，价值显然是极低的，而此类"融资租赁合同"则多按照融资需要，约定为千万元乃至亿元的购买价款及租金。故从司法审判的角度来看，就租赁物的价值判断，显然也不应当认定为融资租赁合同关系。[1]

相关部门规章

《金融租赁公司管理办法》（国家金融监督管理总局令2024年第6号，2024年9月14日）

第五十七条 金融租赁公司应当按照评购分离、评处分离、集体审查的原则，优化内部部门设置和岗位职责分工，负责评估和定价的部门及人员原则上应当与负责购买和处置租赁物的部门及人员分离。

金融租赁公司应当建立健全租赁物价值评估体系，制定租赁物评估管理办法，明确评估程序、评估影响因素和评估方法，合理确定租赁物资产价值，不得低值高买。

第五十八条 金融租赁公司的评估工作人员应当具备评估专业资质。需要委托第三方机构评估的，应当对相关评估方法的合理性及可信度进行分析论证，不得简单以外部评估结果代替自身调查、取证和分析工作。

---

[1] 最高人民法院民事审判第二庭编著：《最高人民法院关于融资租赁合同司法解释理解与适用》，人民法院出版社2016年版，第53~54页。

❈ 相关行政规范性文件

1. 银保监会《融资租赁公司监督管理暂行办法》（银保监发〔2020〕22号，2020年5月26日）

第十七条第二款 售后回租业务中，融资租赁公司对租赁物的买入价格应当有合理的、不违反会计准则的定价依据作为参考，不得低值高买。

2.《国家金融监督管理总局关于促进金融租赁公司规范经营和合规管理的通知》（金规〔2023〕8号，2023年10月27日）

强化租赁物价值评估管理。金融租赁公司应当建立健全租赁物价值评估体系，制定估值定价管理办法，明确估值程序、因素和方法，合理确定租赁物资产价值，不得低值高买。

❈ 相关司法文件

1.《天津法院融资租赁合同纠纷案件审理标准》①（津高法发〔2017〕2号，2018年4月修订）

第4.1.3条 售后回租合同的出租人明知租赁物不存在或者租赁物价值严重低值高估的，不认定为融资租赁合同关系。

2. 上海市高级人民法院《融资租赁合同纠纷类案办案要件指南》②（2020年5月18日）

【租赁物价值对交易性质的影响】

【审查要点】融资租赁法律关系中的租赁物应具有担保租金债权实现的功能。若租赁物的价值明显低于融资本息，即租赁物"低值高估"的，不构成融资租赁法律关系。

【注意事项】司法实践中存在租赁物的价值高于双方当事人约定的融资本息，即租赁物"高值低估"，承租人据此主张不构成融资租赁法律关系的情形。"高值低估"并不影响租赁物的担保价值，不能仅依据该因素否定融资租赁法律关系。

❈ 相关典型案例

案例63 融资租赁物价值低值高估，不构成融资租赁法律关系③

【基本案情】

2018年9月14日，某金融租赁公司与上海某贸易公司签订《融资租赁合同》，约定

---

① 高憬宏主编：《人民法院司法标准化理论与实践（二）》，法律出版社2018年版，第81页。
② 茆荣华主编：《上海法院类案办案要件指南》（第1册），人民法院出版社2020年版，第61页。
③ 参见天津市高级人民法院2023年6月发布的《天津法院金融审判服务保障实体经济发展典型案例（2023年）》，载微信公众号"天津高法"（2023年7月3日），https://mp.weixin.qq.com/s/EuIoKimwWwBt2ggFMNrOHA，最后访问时间：2024年8月4日。

由上海某贸易公司将其拥有所有权并有权处分的租赁物转让给某金融租赁公司，再由某金融租赁公司出租给上海某贸易公司使用；租赁物为钟乳石28块，购买价款为5600万元。某实业发展公司、某交易中心公司分别与某金融租赁公司签订《保证合同》，约定某实业发展公司、某交易中心公司为上海某贸易公司在上述《融资租赁合同》项下对某金融租赁公司所负的全部债务提供不可撤销的连带责任保证。另，各方还约定，案涉租赁物购买价款5600万元中的5582万余元被用于充抵另案《融资租赁合同》项下案外人欠付某金融租赁公司的租金，扣除后某金融租赁公司应向上海某贸易公司支付的租赁物购买款项为17.5万余元。案涉租赁物的价值，某金融租赁公司主张系根据相关评估报告确定，并提供专业资产评估机构于2016年11月30日出具的《苏州某有限公司拟将账外资产评估入账所涉及的资产价值项目资产评估报告》以及2020年5月8日出具的《苏州某有限公司因破产清算涉及的单项资产评估项目资产评估报告》，经审核，上述两份评估报告就相同资产评估价值数额相差极大，且《苏州某有限公司因破产清算涉及的单项资产评估项目资产评估报告》显示案涉28块钟乳石评估价值总额仅为39.23万元。

因上海某贸易公司未按照约定支付租金，某金融租赁公司诉至法院，请求判令上海某贸易公司立即偿还案涉《融资租赁合同》项下的租金6393.25万元、留购价款100元，以及相应全部未付租金的违约金，并承担诉讼费、保全费以及律师费62万余元；请求判令某实业发展公司、某交易中心公司对上述各项费用承担连带清偿责任。后将诉讼请求变更为：判令解除某金融租赁公司与上海某贸易公司之间的《融资租赁合同》并向某金融租赁公司返还租赁物即28块钟乳石，上海某贸易公司承担本案的诉讼费、保全费以及律师费，某实业发展公司、某交易中心公司就诉讼费、保全费、律师费等承担连带责任。

【裁判结果】

本院认为，案涉租赁物的真实性及价值，某金融租赁公司提供的评估报告等证据可以证明相关租赁物应系真实存在，但相关评估报告显示案涉租赁物钟乳石的评估价值数额与当事人约定的租赁物购买价款差距巨大，存在明显的低值高估情况，且某金融租赁公司未提供充足证据证实租赁物购买价款具有合理性。依据现有证据无法认定某金融租赁公司与上海某贸易公司之间存在融资租赁合同法律关系，应当认定某金融租赁公司与上海某贸易公司之间系借款合同法律关系。本案法律关系定性为借款合同法律关系，不影响案涉《融资租赁合同》有效，相关《保证合同》等亦为有效。因某金融租赁公司与上海某贸易公司之间无法认定为融资租赁合同法律关系，案涉钟乳石亦无法认定为租赁物，某金融租赁公司有权要求上海某贸易公司偿还借款本金，无权要求上海某贸易公司返还钟乳石。故判决确认某金融租赁公司与上海某贸易公司签订的《融资租赁合同》于2021年8月5日解除；上海某贸易公司向某金融租赁公司支付律师费；某实业发展公司、某交易中心公司对上海某贸易公司给付义务承担连带清偿责任；驳回某金融租赁公司其他诉讼请求。

二审法院认为，某金融租赁公司与上海某贸易公司签订的《融资租赁合同》系为抵充另案融资租赁合同租金设立，相关评估报告就钟乳石评估价值差异极大，某金融租赁公司提交的证据不足以证明标的物购买价款符合标的物实际价值。结合标的物的性质、价值、租金的构成等考虑，一审法院认定案涉《融资租赁合同》实际构成借款法律关系并无不当。某金融租赁公司在二审中主张如不认定融资租赁合同关系判决返还钟乳石，也应按照借款合同判决返还借款。经查，一审法院就上述问题已多次向某金融租赁公司进行了释明，但某金融租赁公司仍坚持一审诉讼请求，某金融租赁公司可就其在二审中要求偿还的具体金额另行起诉。综上，判决驳回上诉，维持原判。

【典型意义】

本案是一起典型的因融资租赁物价值低值高估被认定为不构成融资租赁法律关系的案件。虽然融资租赁交易与借贷都是为了融资，但是两者在交易结构、法律关系特征、涉及的金融风险上并不相同。与借贷明显不同，融资租赁交易具有融资和融物的双重属性，融资租赁物对融资具有担保作用，故租赁物价值应与融资金额相当，否则，融资租赁交易的融资性被过度强化，金融风险也被放大，与借贷模糊不可区分，最终失去专门建立和规范融资租赁交易的初衷。本案提醒融资租赁交易各方，即使融资租赁物购买价格是交易各方协商一致的结果，但是不能严重背离融资租赁物实际价值，否则，会被认定为不构成融资租赁法律关系，法院按照借贷关系等实际构成的法律关系处理，届时不免会偏离各方交易预期，得不偿失。

三、租金构成

✱ 理解与适用

司法解释将租金构成作为融资租赁合同关系的认定因素，主要是考虑到在正常的融资租赁合同中，租金由出租人的资金成本加上费用及利润构成，但有的融资租赁合同约定的租金显著高于前述计算方式的数倍甚至数十倍，实际上也是以融资租赁合同掩盖借贷合同。对此，也不宜认定为融资租赁合同关系。司法解释将标的物的价值与租金的构成并列，同时作为融资租赁合同认定的因素，主要是两种情况：一种情况是标的物本身价值极低，如一台报废的机器，乃至一块普通的砖头；另一种情况是标的物本身也具有一定的经济价值，但其与租金总额的摊比，脱离了出租人正常的租金构成的范围，此时也应综合考虑当事人之间权利义务关系的约定、租金构成的因素，来认定是否构成融资租赁合同关系。[①]

✱ 相关行政规范性文件

银保监会《融资租赁公司监督管理暂行办法》（银保监发〔2020〕22号，2020年5月26日）

第十七条第一款 融资租赁公司应当建立健全租赁物价值评估和定价体系，根据租赁物的价值、其他成本和合理利润等确定租金水平。

---

① 最高人民法院民事审判第二庭编著：《最高人民法院关于融资租赁合同司法解释理解与适用》，人民法院出版社2016年版，第54页。

相关司法文件

上海市高级人民法院《融资租赁合同纠纷类案办案要件指南》①（2020 年 5 月 18 日）

租金构成对交易性质的影响

【审查要点】融资租赁合同中租金构成与出租人的融资成本及利润相关，如果租金明显高于出租人购买租赁物的成本以及利润的数倍甚至数十倍，实际上是以融资租赁合同之名掩盖借贷合同之实，不宜认定为融资租赁合同关系。

相关典型案例

案例 64 集合动产中真实存在的租赁物的价值能够与融资款大致相当的，不构成低值高买②

【基本案情】

某金租公司作为出租人与机械某公司作为承租人签订《融资租赁合同》，双方通过售后回租方式就塔式起重机、打桩架、起重机、矫正机组立机、切割机、装卸机、挖钻机、液压挖掘机、装载机等 19 项设备开展融资租赁，合同中《租赁物清单》载明了案涉租赁设备具体的型号规格、数量、价格和生产厂商情况。租赁物购买价款为 50000000 元，租赁成本为 50000000 元。合同签订后，某金租公司依约向机械某公司发放融资款，机械某公司依约向某金租公司出具的《租赁物接受书》，确认已经接受《租赁附表》项下的全部租赁物，并进行了融资租赁业务登记。因机械某公司逾期支付租金，某金租公司几经催讨未果后，遂诉请机械某公司支付到期未付租金、逾期利息以及相关律师费、诉讼费等。案件审理中，机械某公司辩称案涉租赁物或不存在或低值高估，不具备融物属性，也无法实现物权担保功能，双方之间不构成真实的融资租赁合同法律关系。

【裁判结果】

天津市第三中级人民法院认为，对案涉设备购买合同及《资产评估报告》真实性予以认定，通过审查，虽确有少量租赁物记载缺失或明显不符，难以认定在签约时真实存在，但能够确定大部分租赁物的真实存在是具有高度盖然性的。案涉租赁物属于集合性动产租赁物，所有动产的集合价值共同构成对租金的担保，即使部分租赁物缺失，如真实存在的租赁物的价值能够与融资款大致相当，亦能对融资起到实质性的担保作用。本案对经审查认定具有高度盖然性真实存在的租赁物的价值加总，其集合价值能够达到租赁物集合价值的 70% 以上，应当认为案涉租赁物尚未达到严重低值高估的程度。故认定某金租公司与机械某公司开展的案涉融资交易具备融资融物属性，成立融资租赁合同关系。故判决机

---

① 茆荣华主编：《上海法院类案办案要件指南》（第 1 册），人民法院出版社 2020 年版，第 61-62 页。

② 本案入选天津市第三中级人民法院 2024 年 12 月发布的《供应链金融纠纷典型案例》，载微信公众号"天津三中院"（2024 年 12 月 23 日），https：//mp.weixin.qq.com/s/sbWUciMCBD0OKxQs1F4xqg？poc_token=HCuxc2ej2jAIOE040rzOpuJMc0Xwo3KA0DQDPg19，最后访问时间：2024 年 12 月 12 日。

械某公司向某金租公司支付租金 45244767.14 元以及相关逾期利息、律师费等。机械某公司不服一审判决，提出上诉，天津市高级人民法院二审判决驳回上诉，维持原判。

【典型意义】

本案主要争议涉及集合动产作为租赁物时融资租赁合同法律关系认定问题，对此本案创造性参照适用《最高人民法院关于适用〈中华人民共和国合同法〉若干问题的解释（二）》第十九条①关于"明显不合理的低价"的判断标准，认为案涉租赁物整体价值未达到严重低值高估的程度，并以大部分租赁物真实存在具有盖然性作为裁量标准，认定案涉融资租赁法律关系有效成立，对集合性动产融资租赁案件认定低值高估、租赁物真实存在等争议问题具有重要参考价值。同时，本案系依职权提级管辖案件，该案在提级管辖过程中，探索总结出精准识别依职权提级管辖案件的具体审查规则，对依职权提级管辖制度的精准有效适用，统一法律适用和裁量标准，实现"提级一件、指导一片"的效果，具有重要参考意义。

四、当事人权利和义务

相关部门规章

《金融租赁公司管理办法》（国家金融监督管理总局令 2024 年第 6 号，2024 年 9 月 14 日）

第五十三条 金融租赁公司应当合法取得租赁物的所有权。

租赁物属于未经登记不得对抗善意第三人的财产类别，金融租赁公司应当依法办理相关登记。

除前款规定情形外，金融租赁公司应当在国务院指定的动产和权利担保统一登记机构办理融资租赁登记，采取有效措施保障对租赁物的合法权益。

第五十六条 售后回租业务的租赁物必须由承租人真实拥有并有权处分。

相关行政规范性文件

1. 银保监会《融资租赁公司监督管理暂行办法》（银保监发〔2020〕22 号，2020 年 5 月 26 日）

第十四条 融资租赁公司应当合法取得租赁物的所有权。

第十五条 按照国家法律法规规定租赁物的权属应当登记的，融资租赁公司须依法办理相关登记手续。若租赁物不属于需要登记的财产类别，融资租赁公司应当采取有效措施保障对租赁物的合法权益。

---

① 现为《最高人民法院关于适用〈中华人民共和国民法典〉合同编通则若干问题的解释》（法释〔2023〕13 号）第 42 条。

2.《广州市人民政府办公厅关于加强融资租赁企业风险防范工作的通知》（穗府办函〔2014〕126号，2014年9月10日）

融资租赁企业在签订售后回租协议前，应当审查租赁物发票、采购合同、登记权证、付款凭证、产权转移凭证等证明材料，以确认标的物权属关系。

3.《福建省人民政府办公厅关于支持福建自贸试验区融资租赁业加快发展的指导意见》（闽政办〔2015〕123号，2015年9月4日）

探索开展物业售后回租相关业务，在自贸区所在地政府监管下，根据融资租赁双方合同约定，可以延期办理不动产转让产权登记。

4.《中国（福建）自由贸易试验区福州片区工作领导小组办公室关于进一步加快福建自贸试验区福州片区融资租赁业发展的实施意见》（榕自贸办〔2019〕5号，2019年6月25日）

探索开展物业售后回租相关业务，在市政府监管下，根据融资租赁双方合同约定，可以延期办理不动产转让产权登记，登记部门在原产权证上加注"融资租赁"，并限定在解除融资租赁前其无法再进行所有权转让或办理其他项权。

相关司法文件

《天津法院融资租赁合同纠纷案件审理标准》[1]（津高法发〔2017〕2号，2018年4月修订）

第4.1.2.1条 以不动产为租赁物的售后回租，承租人未移转所有权给出租人的，不认定为融资租赁合同关系。

相关典型案例

案例65 工业厂房所有权未转移至出租人名下的，不构成融资租赁法律关系[2]

【案情摘要】

2013年9月，B公司与H公司签订《融资租赁合同》（含附件）和《工业厂房办公楼买卖合同》。《融资租赁合同》约定：B公司采用售后回租方式，购买H公司的厂房、仓库、办公楼，并就租金数额、给付方式及违约责任等作出明确约定。双方在《工业厂房办公楼买卖合同》中约定转让价格为人民币1亿元，并约定B公司在按照《融资租赁合同》支付租赁物价款的同时取得租赁物的所有权，该所有权转移的同时视为B公司将租赁物交付给H公司。合同签订后，房屋等并未办理过户手续。双方还签订了《抵押担保合同》

---

[1] 高憬宏主编：《人民法院司法标准化理论与实践（二）》，法律出版社2018年版，第80页。
[2] 本案入选天津市高级人民法院发布的《天津法院金融商事审判典型案例（2016年）》，案号：天津市高级人民法院（2015）津高民二初字第0040号民事判决书。

（含附件），约定 H 公司以生产线作抵押担保，以保障《融资租赁合同》的履行。双方办理了抵押物登记。B 公司于 2013 年 9 月 17 日，以转账方式分三笔向 H 公司付款 1 亿元。H 公司仅支付了前三期的租金，其余租金未付。B 公司提起诉讼，要求 H 公司支付租金及相应违约金。

【法院裁判】

法院生效判决认为，虽然双方《融资租赁合同》约定的是售后回租交易模式，但因售后回租的厂房等并未过户至 B 公司名下，B 公司并未取得租赁物的所有权，不符合融资租赁法律关系中出租人对租赁物享有所有权的特征，故双方之间并非融资租赁法律关系。因双方对此前合同项下的房产已经设定了抵押、在抵押撤销之前无法办理所有权转移登记并取得房产所有权的情况均应知晓，故双方之间名为融资租赁实为借贷。案涉《融资租赁合同》中约定的权利义务内容系双方真实意思表示，对双方均有约束力，B 公司要求 H 公司依约支付相应款项应予支持。

【典型意义】

《民法典》第 735 条规定："融资租赁合同是出租人根据承租人对出卖人、租赁物的选择，向出卖人购买租赁物，提供给承租人使用，承租人支付租金的合同。"租赁期间，出租人对租赁物享有所有权是融资租赁合同的本质特征之一。本案双方约定的是融资租赁法律关系项下的售后回租交易模式，但出租人没有完成取得租赁物所有权的相关手续，因而无法取得所有权，不符合融资租赁法律关系的构成要件。根据《最高人民法院关于审理融资租赁合同纠纷案件适用法律问题的解释》第 1 条规定，人民法院应当根据《民法典》第 735 条规定，结合标的物的性质、价值、租金的构成以及当事人的合同权利和义务，对是否构成融资租赁法律关系作出认定。对名为融资租赁合同，但实际不构成融资租赁法律关系的，人民法院应按照其实际构成的法律关系处理。因案涉合同项下的房产在本案双方当事人签订《工业厂房办公楼买卖合同》之前已经设定了抵押，在抵押撤销之前是无法办理所有权转移登记手续的，对此合同缔约双方均是明知的。结合融资租赁本身所具有的融资特点，本案应按照借款关系处理。双方当事人所签《融资租赁合同》的内容依法不具备无效情形，故双方之间虽不构成融资租赁法律关系，但《融资租赁合同》中约定的权利义务内容，特别是关于租金及违约金给付的内容仍系双方真实意思表示，对双方仍应依法具有约束力。

五、其他考量因素

相关法律法规

1. 《民法典》（2020 年 5 月 28 日）

第五百零五条　【超越经营范围订立的合同效力】 当事人超越经营范围订立的合同的效力，应当依照本法第一编第六章第三节和本编的有关规定确定，不得仅以超越经营范围确认合同无效。

2.《天津市地方金融监督管理条例》（2019年5月30日）

  第十一条第三款 未经批准、授权或者备案，任何单位或者个人不得从事或者变相从事地方金融组织业务活动。

  第三十六条 未经批准或者授权设立地方金融组织或者从事地方金融组织业务活动的，由市地方金融监督管理部门依法予以取缔或者责令停止经营，处五十万元以上一百万元以下的罚款，并没收违法所得。

❀ 相关司法文件

1.《天津法院融资租赁合同纠纷案件审理标准》①（津高法发〔2017〕2号，2018年4月修订）

  第4.1.2条 根据出租人取得融资租赁经营资质以及标的物的性质、价值、租金的构成、当事人权利和义务，依据合同法第二百三十七条的规定认定融资租赁法律关系。

2. 上海市高级人民法院《融资租赁合同纠纷类案办案要件指南》②（2020年5月18日）

  【出租人融资租赁经营资质以及相应后果认定】

  【审查要点】

  出租人是否具有融资租赁经营资质主要依据其营业执照上载明的经营范围进行审查。出租人不具有在我国境内从事融资租赁经营资格的，一般不影响融资租赁合同的法律性质和法律效力，但是违反国家限制经营、特许经营以及法律行政法规禁止经营规定的除外。

  【注意事项】

  目前我国可以从事融资租赁业务的主体主要包括两种：第一种是由银保监会许可设立的金融租赁公司；第二种是商务部许可设立的非金融机构融资租赁公司，包括内资试点融资租赁公司和外资融资租赁公司。

六、按照实际法律关系处理

❀ 理解与适用

  2019年7月3日，最高人民法院有关负责人在《在全国法院民商事审判工作会议上的

---

① 高憬宏主编：《人民法院司法标准化理论与实践（二）》，法律出版社2018年版，第80页。
② 茆荣华主编：《上海法院类案办案要件指南》（第1册），人民法院出版社2020年版，第57页。

讲话》中提出，"……二要坚持公序良俗原则，协调好个人利益和公共利益之间的冲突。人民法院在认定合同是否因违反法律、行政法规的强制性规定而无效时，要在考察规范性质、规范目的以及规范对象基础上，权衡所保护的法益类型、违法性程度以及交易安全等因素综合认定合同效力。违反规章、监管政策等规范性文件的合同，不应认定无效。因违反规章、监管政策同时导致违反公共秩序的，人民法院才能认定合同无效。人民法院在认定是否违反公共秩序时，可以从规范内容、监管强度以及法律后果等方面进行考量，并在裁判文书中进行充分说理。要尽可能通过类型化方法明确违反公共秩序的具体情形，严格限制因违反公共秩序认定合同无效的范围，提高规则的稳定性、可预期性。……四是要树立穿透式审判思维。商事交易如融资租赁、保理、信托等本来就涉及多方当事人的多个交易，再加上当事人有时为了规避监管，采取多层嵌套、循环交易、虚伪意思表示等模式，人为增加查明事实、认定真实法律关系的难度。妥善审理此类案件，要树立穿透式审判思维，在准确揭示交易模式的基础上，探究当事人真实交易目的，根据真实的权利义务关系认定交易的性质与效力。在仅有部分当事人就其中的某一交易环节提起诉讼，如在融资性买卖中，当事人仅就形式上的买卖合同提起诉讼的情况下，为方便查明事实、准确认定责任，人民法院可以依职权追加相关当事人参加诉讼。"①

对不构成融资租赁法律关系的合同如何处理？有观点认为，对此类合同应认定无效。对此，最高人民法院民二庭认为，直接认定合同无效，法律后果过于严厉。是否认定无效，取决于两个因素：一是其实际构成的合同关系类型；二是此类合同是否具备合同无效的法定情形。因此，对于名实不符的融资租赁合同，不应一律认定合同无效。其实际构成的合同是否有效，一是要审查现行法律对其实际构成的合同关系的效力是否有特殊规定，案涉合同是否符合相关法律规定；二是要审查其实质构成的合同关系是否具有合同无效的法定情形。

本条司法解释从促进交易、减少合同无效的角度，倾向于认定合同有效，即仅因其实质上不构成融资租赁合同关系，而不适用融资租赁合同的法律规定，并不等于必然认定合同本身无效，对当事人之间的权利义务关系，可以按照合同约定或者其实际构成的有名合同（如借款合同、分期付款买卖合同、收费权质押合同、抵押借款合同等）所对应的法律规定认定合同的性质、效力及当事人之间的权利义务关系。② 如果合同既不属于融资租赁合同，也不属于《民法典》规定的有名合同，从维护交易安全、促进交易形成的角度来说，人民法院也不应简单认定无效，如不具有合同无效的法定情形，可认定为无名合同，并按照合同的约定确定双方当事人之间的权利义务关系。③

实务中，还涉及在此类"融资租赁合同"之外，当事人另行签订的保证合同效力问

---

① 最高人民法院民事审判第二庭编著：《全国法院民商事审判工作会议纪要理解与适用》，人民法院出版社 2019 年版，第 68 页。
② 最高人民法院民事审判第二庭编著：《最高人民法院关于融资租赁合同司法解释理解与适用》，人民法院出版社 2016 年版，第 55 页。
③ 最高人民法院民事审判第二庭编著：《最高人民法院关于融资租赁合同司法解释理解与适用》，人民法院出版社 2016 年版，第 58 页；最高人民法院民法典贯彻实施工作领导小组主编：《中华人民共和国民法典合同编理解与适用（三）》，人民法院出版社 2020 年版，第 1615 页。

题。如果主合同被认定不构成融资租赁合同，保证合同是否无效？由于不少合同的租赁标的物实际上无法收回，或者起不到物权担保的作用，因此，租赁公司多依赖另行签订的保证合同保障其债权的安全。在主合同被认定不构成融资租赁合同的前提下，融资租赁公司能否根据保证合同的规定追究保证人的保证责任？对此，最高人民法院民二庭倾向于认为，认定不构成融资租赁合同关系，不等于认定主合同无效。如果主合同有效，保证人对主合同的内容、权利义务关系的约定均了解，保证合同本身也无合同无效的法定情形，则保证责任不应因主合同的性质认定发生变化而必然导致保证合同无效。①

❀ 相关法律法规

《民法典》（2020年5月28日）

第一百四十六条　**【虚假表示与隐藏行为效力】** 行为人与相对人以虚假的意思表示实施的民事法律行为无效。

以虚假的意思表示隐藏的民事法律行为的效力，依照有关法律规定处理。

❀ 相关司法文件

1.《最高人民法院关于进一步加强金融审判工作的若干意见》（2021年3月24日　法发〔2021〕12号）

1. 遵循金融规律，依法审理金融案件。以金融服务实体经济为价值本源，依法审理各类金融案件。对于能够实际降低交易成本，实现普惠金融，合法合规的金融交易模式依法予以保护。对以金融创新为名掩盖金融风险、规避金融监管、进行制度套利的金融违规行为，要以其实际构成的法律关系确定其效力和各方的权利义务。对于以金融创新名义非法吸收公众存款或者集资诈骗，构成犯罪的，依法追究刑事责任。

4. 规范和促进直接服务实体经济的融资方式，拓宽金融对接实体经济的渠道。依法保护融资租赁、保理等金融资本与实体经济相结合的融资模式，支持和保障金融资本服务实体经济。对名为融资租赁合同、保理合同，实为借款合同的，应当按照实际构成的借款合同关系确定各方的权利义务，防范当事人以预扣租金、保证金等方式变相抬高实体经济融资成本。

2.《天津市高级人民法院关于审理融资租赁合同纠纷案件若干问题的审判委员会纪要（一）》（津高法〔2019〕335号，2019年12月30日）

第六条第二款　对于名为融资租赁合同实为民间借贷合同的，应当依据《中华人民共和国合同法》第五十二条以及《最高人民法院关于审理民间借贷案件适用法律若干问题

---

① 最高人民法院民事审判第二庭编著：《最高人民法院关于融资租赁合同司法解释理解与适用》，人民法院出版社2016年版，第58~59页。

的规定》第十一条①、第十四条②等规定,审查民间借贷合同的效力。对于违反涉及金融安全、市场秩序、国家宏观政策等强制性规定的,应依法认定合同无效。

---

3. 上海市高级人民法院《融资租赁合同纠纷类案办案要件指南》③（2020 年 5 月 18 日）

名为融资租赁实为其他法律关系的认定和裁判规则

（一）名为融资租赁实为借款的认定和裁判规则

【审查要点】

融资租赁与借款的最大区别在于融资租赁具有融资与融物双重属性,借款仅具有融资属性。租赁物并不真实存在、租赁物不适格或租赁物价值严重低值高估的,均不具有融物属性,对此融资租赁公司明知的,不应认定为融资租赁法律关系。

法院认定名为融资租赁实为借款的,应当按照借款法律关系所对应的法律规定认定合同的效力及当事人之间的权利义务关系。如果没有证据证明融资租赁公司以放贷为业或转贷牟利的,一般不宜认定无效。

【注意事项】

一经认定为名为融资租赁实为借贷且有效,融资租赁合同的保证金和手续费如果已在租赁物融资款中预先扣除,将按照"预先在本金中扣除利息的,人民法院应当将实际出借的金额认定为本金"处理。逾期利息、违约金或者其他费用可以一并主张,但应当以受法律保护的民间借贷利率上限为限,且并非当然按此上限予以支持,考虑融资租赁公司的过错等可予以调整。

（二）名为融资租赁实为投资的认定和裁判规则

【审查要点】

融资租赁与投资的最大区别在于租金获得的稳定性,不因承租人经营状况的变化而变化,而投资行为的特点在于收益的不固定性,既要共享收益,也要共担风险。

---

① 现为 2020 年修正后的《最高人民法院关于审理民间借贷案件适用法律若干问题的规定》第 10 条。该条规定：法人之间、非法人组织之间以及它们相互之间为生产、经营需要订立的民间借贷合同,除存在民法典第一百四十六条、第一百五十三条、第一百五十四条以及本规定第十三条规定的情形外,当事人主张民间借贷合同有效的,人民法院应予支持。

② 现为 2020 年修正后的《最高人民法院关于审理民间借贷案件适用法律若干问题的规定》第 13 条。该条规定：具有下列情形之一的,人民法院应当认定民间借贷合同无效：

（一）套取金融机构贷款转贷的；

（二）以向其他营利法人借贷、向本单位职工集资,或者以向公众非法吸收存款等方式取得的资金转贷的；

（三）未依法取得放贷资格的出借人,以营利为目的向社会不特定对象提供借款的；

（四）出借人事先知道或者应当知道借款人借款用于违法犯罪活动仍然提供借款的；

（五）违反法律、行政法规强制性规定的；

（六）违背公序良俗的。

③ 茆荣华主编：《上海法院类案办案要件指南》（第 1 册）,人民法院出版社 2020 年版,第 83-84 页。

【注意事项】

融资租赁与投资两种资金运用和收益方式结合时，交易性质的认定应为投资，而非融资租赁法律关系。

（三）名为融资租赁实为买卖的认定和裁判规则

【审查要点】

买卖嵌套融资租赁，即产品出卖方将产品出卖给买方后，又从买方处回购设备，该两次买卖的货款支付均不实际发生，之后卖方将回购后的设备交付并出租给买方。该交易模式表面上存在买卖和融资租赁两个法律关系，但从合同的履行情况、双方的真实合同目的看，与分期付款保留所有权的买卖关系性质相同，应认定为名为融资租赁实为买卖。

（四）名为融资租赁实为借款，保证合同效力的认定和裁判规则

【审查要点】

认定不构成融资租赁合同关系，不等于认定主合同无效。如果主合同有效，保证人对主合同的内容、权利义务关系的约定均了解，保证合同本身也无《中华人民共和国合同法》第五十二条规定的合同无效情形的，则保证责任不应因主合同的性质认定发生变化而必然导致保证合同无效。

【注意事项】

在担保合同有效的情况下，担保人是否承担相应的担保责任须依据担保合同约定的内容进行具体判断。若担保合同未就合同所涉法律性质变更后的担保责任承担问题予以约定，即应视为担保主合同项下全部债务，而认定担保合同继续履行；若担保合同明确约定了所担保的主合同项下的法律关系发生变化时即不再承担担保责任，应将该种担保视为附条件担保，条件成就时则无须承担担保责任。

相关典型案例

案例66 未将租赁物所有权转移至出租人的"售后租回"构成借款合同关系而非融资租赁合同关系[①]

【裁判要旨】

1. 融资租赁交易具有融资和融物的双重属性，缺一不可。《融资租赁合同》约定承租人将其自有物出卖给出租人，再将租赁物从出租人处租回的，只有将标的物的所有权转移至出租人，双方才构成融资租赁合同关系，否则属于"名为融资租赁实为借贷"，应按照实际构成的法律关系即借款合同关系处理。

2. 构成"名为融资租赁实为借贷"，租赁公司向"承租人"发放本金的同时又收取手续费及预收租金的，应当从发放的本金中扣除该手续费及租金，将实际出借的金额认定为本金数额。

[①] 参见《中国某租赁有限公司诉北京某控股股份有限公司、北京某房地产开发有限公司借款合同纠纷案》（人民法院案例库，入库编号：2024-08-2-103-004）。

【基本案情】

某租赁公司诉称：2016年4月1日，某租赁公司与某控股公司签订《融资租赁合同》，约定某租赁公司作为购买人向某控股公司购买某建筑物，再租赁给某控股公司使用。《预收租金合同》约定1000万元预收租金。某租赁公司与某房地产开发公司签订《保证合同》，约定某房地产开发公司作为保证人，提供连带保证责任。某租赁公司与某房地产开发公司签订《抵押合同》，约定某房地产开发公司以其名下的某房产提供抵押担保，双方办理了抵押登记。某租赁公司与某房地产开发公司签订《质押合同》，约定某房地产开发公司以其名下房产产生的全部销售收入、租金收入及管理费等现有及将有的全部应收账款提供质押担保。2016年4月12日，某租赁公司向某控股公司发放5亿元，某控股公司支付预付租金1000万元。2018年10月15日，某控股公司未按时支付该期应付租金及利息。2018年10月8日，某控股公司名下的财产被另案冻结，某控股公司涉及重大诉讼。某租赁公司向某控股公司发送敦促函，要求某控股公司在立即支付《融资租赁合同》项下的租金、违约金等款项，被告仍未支付应付款项。故起诉请求：1. 判令某控股公司向某租赁公司支付合同期内的全部未付租金本息431139322.92元、留购价款100元；2. 判令某控股公司依照合同约定向某租赁公司支付违约金，自2018年10月15日起算，暂计至2018年12月3日为423441.67元；3. 判令某控股公司依照合同约定向某租赁公司支付自2018年12月4日起至实际清偿完毕之日的违约金；4. 判令某房地产开发公司对上述债务承担连带偿还责任；5. 判令某租赁公司有权就某房地产开发公司提供的抵押物、质押的应收账款折价或以拍卖、变卖价款优先受偿；6. 判令二被告向某租赁公司支付本案诉讼产生的律师费10万元。

某控股公司、某房地产开发公司辩称，《融资租赁合同》明为融资租赁，实为借贷法律关系。借款本金应为4.6亿元，某控股公司按5亿元的合同约定偿付了10期利息，多支付的利息部分应冲抵本金，然后再以冲抵后的本金计算下一期利息，已支付本金127416612.04元、利息71683387.96元，未付本金为332583387.96元、利息32219015.71元。某控股公司无须支付留购价款100元。

法院经审理查明，2016年4月1日，某租赁公司与某控股公司签订《融资租赁合同》，约定某租赁公司向某控股公司购买某建筑物，再租赁给某控股公司使用。某控股公司未按时足额支付任何一期应付租金或任何一笔其他应付款项构成严重违约，某控股公司应就逾期未付款项按日万分之五的标准向某租赁公司支付违约金。2016年4月1日，某租赁公司与某控股公司签订《预收租金合同》，约定某控股公司应在《融资租赁合同》签订之日起两个月内向某租赁公司支付1000万元预收租金。同日，某租赁公司与某控股公司签订《手续费支付协议》，约定某控股公司应支付3000万元预收租金。同日，某租赁公司与某房地产开发公司签订《保证合同》，约定某房地产开发公司作为保证人，对本案《融资租赁合同》项下某控股公司所负债务提供不可撤销的连带保证责任，保证期限自主合同约定的债务履行期限届满之日起两年。同日，某租赁公司与某房地产开发公司签订《抵押合同》，约定某房地产开发公司以某房产为本案《融资租赁合同》项下某控股公司所负债务提供抵押担保，双方办理了抵押登记。同日，某租赁公司与某房地产开发公司签订《质押合同》，约定某房地产开发公司以其名下房产产生的全部销售收入等应收账款为案涉债务提供质押担保，并在征信中心进行了登记。2016年4月12日，某租赁公司向某控股公司发放融资款5亿元。同日，某控股公司向某租赁公司支付预付租金1000万元，手续费3000万元。2018年10月15日，某控股公司未按时支付该期应付款项。

天津市高级人民法院于2019年12月27日作出（2018）津民初150号民事判决：一、某控股公司于判决生效之日起十日内给付某租赁公司本金332583387.96元，期内利息13788352.96元，自2019年1月31日起至实际给付之日止的利息（以本金332583387.96元为基数，按年利率7.5%计算），违约金（自2018年10月15日、2019年1月15日、2019年1月30日起至实际给付之日止，分别以到期未付利息6374514.94元、6374514.94元、1039323.08元为基数，按日万分之五计算）；二、某房地产开发公司以某房产对判决第一项给付事项承担抵押担保责任，某租赁公司有权以该财产折价或者拍卖、变卖该财产的价款在合同约定的范围内优先受偿；三、某租赁公司对某房地产开发公司的房屋全部销售收入、租金收入及管理费等现有及将有的全部应收账款对判决第一项给付事项在合同约定的范围内享有优先受偿权；四、某房地产开发公司对判决第一项给付事项承担连带保证责任，其在承担保证责任后，有权向某控股公司追偿。宣判后，当事人均未上诉，一审判决已发生效力。

【裁判理由】

法院生效裁判认为：

1. 关于《融资租赁合同》的性质及效力问题

融资租赁交易具有融资和融物的双重属性，缺一不可，如租赁物所有权未从出卖人处转移至出租人就无法起到对租赁债权的担保，该类融资租赁合同没有融物属性，系以融资租赁之名行借贷之实，应认定为借款法律关系。本案中，某租赁公司虽然具有开展融资租赁业务的合法资质，也与某控股公司签订了《融资租赁合同》，但双方约定的租赁物所有权并未转移至某租赁公司名下，不具备融资租赁法律关系应具备的融资和融物双重属性，依照《最高人民法院关于审理融资租赁合同纠纷案件适用法律问题的解释》第1条规定，本案应按照借款关系处理。虽然双方签订的《融资租赁合同》系借款合同关系性质，但该借款合同关系不存在法定的无效情形，双方实际构成的借款合同关系有效。

2. 关于某控股公司应偿还款项的具体数额问题

本案借款合同中，某租赁公司在向某控股公司支付5亿元本金的当天，又收取手续费3000万元及预收租金1000万元，没有事实及法律依据，应当将实际出借的金额认定为本金，故借款本金为4.6亿元。2018年10月15日以后，某控股公司未再支付应付款项构成违约，《融资租赁合同》约定某控股公司发生违约情形时，某租赁公司有权要求某控股公司支付到期未付租金、违约金、全部未到期租金。某租赁公司虽提交了2018年12月3日向某控股公司主张提前终止合同的通知，但没有证据证明送达到对方，故法院以某租赁公司起诉状副本送达某控股公司的时间，即2019年1月30日作为某控股公司应支付全部未到期款项的时间。因双方合同是以5亿元的租赁物购买价款设计的还款方式，在本金调整为 4.6 亿元后，原利息数额有失公允，某控股公司提出按照 4.6 亿元作为本金，重新计算还款方式，已还款本金仍按照之前约定归还，已还款利息按照先冲抵利息，后冲抵本金的方式计算，法院予以采纳。截至 2019 年 1 月 30 日，某控股公司欠付某租赁公司本金 332583387.96 元，自 2018 年 7 月 15 日至 2019 年 1 月 30 日的期内利息为 13788352.96（6374514.94+6374514.94+1039323.08）元，某控股公司应支付某租赁公司自 2019 年 1 月 31 日起至实际给付之日止按年利率 7.5% 计算的利息。根据合同的约定，某控股公司迟延支付应付款项将产生日万分之五的违约金，故某控股公司应给付某租赁公司 2018 年 10 月 15 日、2019 年 1 月 15 日、2019 年 1 月 30 日所产生的到期未付利息 6374514.94 元、6374514.94 元、1039323.08 元，分别至实际给付之日止，按日万分之五计算的违约金。

3. 关于某房地产开发公司应承担的担保责任问题

某租赁公司对某房地产开发公司的《股东决定书》尽到了形式审查义务，某房地产开发公司虽对《股东决定书》的真实性不予认可，但未提交相关证据，法院不予支持。某租赁公司与某房地产开发公司签订的《抵押合同》《质押合同》《保证合同》，是当事人真实意思表示，且不违反法律、行政法规的强制性规定，合法有效。某房地产开发公司应以某房产承担抵押担保责任；某房地产开发公司应以其房屋全部销售收入、租金收入及管理费等现有及将有的全部应收账款承担质押担保责任；某房地产开发公司应对某控股公司的该项债务承担连带保证责任。

案例 67　融资租赁合同按借款法律关系处理之规则[1]

【判解要点】

融资租赁合同具有融资与融物相结合的特点，包含两个交易行为，一是出卖人和出租人之间的买卖合同关系；二是承租人和出租人之间的租赁合同关系，两个合同互相结合，构成融资租赁合同关系。在"融物"特点不具备时，当事人主张的融资租赁法律关系存在不被法院支持的风险。对当事人所举《融资租赁合同》，人民法院应结合对方当事人的抗辩审查合同是否具备融资租赁定义与特征，对仅有融资，而无融物，应当认定为借贷而非融资租赁合同法律关系。

【基本案情】

2017 年 9 月 18 日，原告某融资租赁公司（甲方）与被告某医院公司（乙方）签订《融资租赁合同》和《转让协议》，约定甲方应乙方的要求，以出租给乙方为目的，以 4000 万元的价格受让乙方自有资产（即"租赁物"，详见《资产清单》），甲方拥有租赁物的所有权，乙方有权继续占有租赁物。《资产清单》载明了合同约定的租赁物。某医疗

---

[1] 本案入选上海市高级人民法院 2022 年 7 月发布的《长三角金融审判十大典型案例》，载微信公众号"上海高院"（2022 年 7 月 21 日），https://mp.weixin.qq.com/s/96GXO6MF5bDIDlJ9Kd2n2g，最后访问时间：2024 年 8 月 7 日。安徽省高级人民法院（2020）皖民终 570 号民事判决书。本案例经过作者加工改写。

器械公司和郭某某等分别与某融资租赁公司签订了《保证合同》，约定某医疗器械公司和郭某某等为《融资租赁合同》项下的所有债务提供连带保证责任担保。同日，某医院公司出具《租赁物签收单》和《租赁物接收证明》，接收的租赁物与《资产清单》一致。合同签订后，某融资租赁公司陆续向某医院公司转账共4000万元并办妥租赁物交接手续。2017年11月14日，某融资租赁公司就案涉《融资租赁合同》中《资产清单》载明的部分租赁物及合同之外的租赁物办理了《动产权属统一初始登记》。后某医院公司一直未能及时足额支付相应租金，多次逾期，各保证人也未能履行相应保证责任。某融资租赁公司诉至法院要求某医院公司按照《融资租赁合同》约定支付全部未付租金、名义货价、违约金和逾期利息，某医疗器械公司和郭某某等保证人对医院公司未付租金、逾期利息及违约金等承担连带清偿责任。一审法院审理中发现，某融资租赁公司不仅不持有案涉租赁物购买发票原件，而且也不持有发票复印件，某融资租赁公司在中国人民银行征信中心登记的拟租赁资产与案涉《融资租赁合同》载明的租赁物并不一一对应，且某融资租赁公司在一审法院正在审理的另案中提供的《资产清单》显示，在本案租赁物所有权已经属于某融资租赁公司的情况下，某融资租赁公司再次重复出资从某医院公司处购买，显然不合常理。某融资租赁公司和某医院公司双方之间并不存在"融物"关系，仅存在"借钱还钱"的企业间借贷关系。经法院释明，某融资租赁公司明确本案法律关系为借款合同法律关系，并将主诉讼请求变更为要求某医院公司立即支付全部剩余借款本金及相应利息（2018年9月25日前按照年息13%的标准计算，2018年9月26日起按年息24%的标准计算至款清之日），某医疗器械公司和郭某某等保证人对某医院公司的借款继续承担连带保证责任。

某医院公司等述称，对某融资租赁公司的诉讼请求、事实和理由均无异议。

某医疗器械公司和郭某某共同辩称，一、《融资租赁合同》应属无效。二、某医疗器械公司、郭某某不承担《保证合同》项下的保证责任。三、即便本案构成名为租赁、实为借贷，某融资租赁公司主张的相关诉讼请求仍缺乏事实和法律依据。本案借款利息应当按照全国银行间同业拆借中心公布的LPR利率计算。

【争议问题】

本案争议焦点主要集中在名为融资租赁实为借贷关系的合同性质与效力认定以及主合同法律性质的转变对担保合同的效力影响。

【裁判结果与理由】

合肥市中级人民法院于2020年3月26日作出（2019）皖01民初2460号民事判决：一、某医院公司偿还某融资租赁公司尚欠借款本金及利息（《支付表》约定的租赁期内的借款合同利息，按年利率13%的标准计算，之后的逾期利息以尚欠本金为基数，按照日利率万分之五计算至借款实际清偿完毕之日止）；二、某医院公司支付某融资租赁公司律师费和诉讼保全保险费；三、某医疗器械公司和郭某某等对前两项债务承担连带清偿责任；四、某医疗器械公司和郭某某等承担保证责任后，有权向某医院公司追偿；五、驳回某融资租赁公司的其他诉讼请求。

一审宣判后，某医疗器械公司和郭某某提起上诉，安徽省高级人民法院于2020年7

月16日作出（2020）皖民终570号民事判决，判决驳回上诉，维持原判。

法院生效判决认为：

1. 某融资租赁公司与某医院公司之间名为融资租赁实为借贷法律关系，在无其他法定无效事由的前提下，《融资租赁合同》性质的变更不会导致案涉主合同及担保合同无效

《最高人民法院关于审理融资租赁合同纠纷案件适用法律问题的解释》第1条规定"人民法院应根据合同法第二百三十七条规定，结合标的物的性质、价值、租金的构成以及当事人的合同权利义务，对是否构成融资租赁法律关系作出认定。对名为融资租赁合同，但实际上不构成融资租赁法律关系的，人民法院应按照实际构成的法律关系处理。"《合同法》第237条规定"融资租赁合同是出租人根据承租人对出卖人、租赁物的选择，向出卖人购买租赁物，提供给承租人使用，承租人支付租金的合同"。从以上法律规定可以看出，融资租赁合同具有融资与融物相结合的特点，包含两个交易行为，一是出卖人和出租人之间的买卖合同关系，二是承租人和出租人之间的租赁合同关系，两个合同互相结合，构成融资租赁合同关系。就本案而言，从表面看，案涉《融资租赁合同》系售后回租融资租赁合同关系，某医院公司是出卖人和承租人，但实际上，该合同中融物的事实难以认定。案涉《融资租赁合同》形式上有售后回租融资租赁合同相关条款的约定，但实际上并不存在融物的事实，双方实际上仅是"借钱还钱"的借贷融资关系，故某融资租赁公司和某医院公司之间应为企业间借贷关系。在某融资租赁公司和某医院公司之间的借贷关系合法有效且某医疗器械公司和郭某某未能提交证据证明案涉《融资租赁合同》和《保证合同》存在法定无效事由的情况下，某医疗器械公司和郭某某提出某融资租赁公司存在以虚构租赁物方式订立融资租赁合同掩盖非法目的导致《融资租赁合同》和《保证合同》无效的辩解理由，缺乏法律依据，不予采纳。且无论某融资租赁公司与某医院公司之间系融资租赁法律关系还是借贷法律关系，依据《最高人民法院关于审理融资租赁合同纠纷案件适用法律问题的解释》第1条规定，人民法院仍应按照实际构成的法律关系处理，均不会导致案涉《融资租赁合同》无效。

2. 郭某某和某医疗器械公司仍应承担《保证合同》项下的保证责任

为确保案涉《融资租赁合同》的履行，某医疗器械公司与郭某某等人分别与某融资租赁公司签订《保证合同》，均自愿为前述《融资租赁合同》项下承租人对某融资租赁公司所负全部债务提供连带保证责任，故某医疗器械公司和郭某某等应在《保证合同》约定的保证范围内对某医院公司的上述债务承担连带清偿责任，某医疗器械公司和郭某某辩称不承担《保证合同》项下的保证责任无事实和法律依据，不予支持。某医疗器械公司和郭某某承担保证责任后，有权向债务人某融资租赁公司追偿。

3. 参照《融资租赁合同》约定的租赁成本及违约责任计算某融资租赁公司主张的剩余借款本金及利息

（1）虽然双方当事人在《融资租赁合同》中未约定利息标准，但该利息已经以租金的方式计入两年总租金中，某融资租赁公司主张以《融资租赁合同》所附《支付表》中租赁期内所有租金按财务方法折算内含报酬率后得出年化利率为13.2011%，对此年化利

率，主债务人某医院公司未提异议。某融资租赁公司主张自租期内的借款利息以 13% 的年化利率标准计算，可予支持。

（2）《融资租赁合同》中约定的逾期支付租金的违约责任过重，且该约定系融资租赁关系中承租人逾期支付租金的损失赔偿，与本案借款合同关系中借款人逾期还款而产生的资金占用利息损失不同，故某融资租赁公司主张参照《融资租赁合同》有关逾期支付租金的违约责任以年利率 24% 的标准计算租期外的借款利息不予支持。因某融资租赁公司未举证证明日万分之五的利息计算标准不足以弥补其租赁期满后的损失，故对租赁期满之后的借款利息，参照《融资租赁合同》中约定的逾期支付租金的利息计算标准，调整为以尚欠借款本金为基数，按日利率万分之五的标准计算。

4. 律师费用和诉讼保全保险费仍应按约由违约方负担

因某医院公司违约，造成某融资租赁公司通过诉讼方式行使债权，律师费用和诉讼保全担保费在双方的合同中作出明确约定，并且均已实际发生。对律师费的收取，应根据案件的难易程度、案件标的额等因素综合全面考量，某融资租赁公司实际支付的 45000 元律师费并不明显过高，应由某医院公司承担。诉讼保全保险费系保险公司按照保全金额按比例收取，某融资租赁公司实际支付的诉讼保全保险费 15400 元不明显过高，应由某医院公司承担。

【推荐理由】

本案融资租赁公司在售后回租融资租赁业务开展过程中存在诸多不规范之处，法院依据融资租赁司法解释有关名为融资租赁实为其他关系的处理规定，对当事人之间的"融资租赁"关系予以否定。在当事人变更诉讼请求的前提下，生效判决最终依据合同法有关借款合同的规定，并参照《融资租赁合同》中的权责约定对当事人间的借贷权利义务作出新的处理，对融资租赁合同项下融资租赁公司的原租息主张并未支持。本案对融资租赁公司规范开展售后回租融资租赁业务具有较强的指导意义，有利于规范融资租赁企业的经营行为，净化融资租赁市场秩序。

案例 68 部分租赁物虚构的，可在同一案件中分别处理融资租赁和借款法律关系[①]

【基本案情】

原告某融资租赁公司与被告田某签订了一份《融资租赁合同》，约定田某以售后回租

---

① 案例来源：天津市高级人民法院 2022 年 10 月发布的《天津法院金融审判典型案例（2022年）》，载微信公众号"天津高法"（2022 年 10 月 27 日），https：//mp.weixin.qq.com/s/Apl5fGYI_02Xcgtk5yBGYQ，最后访问时间：2024 年 8 月 9 日。天津市滨海新区人民法院（天津自由贸易试验区人民法院）2022 年 7 月发布的《十大典型融资租赁案例》，载微信公众号"天津高法"（2022 年 7 月 5 日），https：//mp.weixin.qq.com/s/5hDeSa8MClUTyMv1WFFZ6A，最后访问时间：2024 年 8 月 8 日。天津市第三中级人民法院 2024 年 5 月发布的《三中院服务保障天津自贸试验区高质量发展白皮书典型案例》，载微信公众号"天津三中院"（2024 年 5 月 22 日），https：//mp.weixin.qq.com/s/OfAdV_CbA8NcsvC0Y4HIyw，最后访问时间：2024 年 8 月 9 日。案号：天津市第三中级人民法院（2021）津 03 民终 6029 号民事判决书。

的方式向原告融资租赁二十台车，车辆的原出卖方为某汽车贸易公司，签订合同时该公司的法定代表人为被告刘某。原告主张为担保《融资租赁合同》的履行，被告刘某、赵某签署并向原告出具了《连带责任保证书》。经审理查明，《融资租赁合同》约定的二十台车仅有八台进行了机动车所有权人登记和实际交付，十二台车没有在车管所进行登记；合同履行过程中田某仅支付了保证金和部分租金，因承租人拖欠租金，原告收回了八台车辆中的四台并自行进行了处置，诉讼中经调解各方当事人就收回车辆的价值达成一致意见；刘某签署《连带责任保证书》时承租人姓名和《融资租赁合同》编号处均为空白，原告为了提起本案诉讼补填了此两项内容，经鉴定该保证书上赵某的签字非本人所签；庭审时《融资租赁合同》约定的租赁期限已到期。原告诉讼请求被告田某支付《融资租赁合同》项下全部未付租金和相应的违约金，并要求刘某、赵某对田某的债务承担连带保证责任。

【裁判结果】

法院生效判决认为，人民法院应结合标的物的性质、价值、租金的构成以及当事人的合同权利义务，对是否构成融资租赁法律关系作出认定。对名为"融资租赁合同"，但实际不构成融资租赁法律关系的，人民法院应按照其实际构成的法律关系处理。本案名称为"融资租赁合同"的契约项下，仅有部分租赁车辆真实存在并完成所有权转移，此部分应构成融资租赁法律关系；承租人虽然就其余车辆出具了交车确认单，但无证据证明车辆实际存在，就此部分双方之间成立借款法律关系。案涉《融资租赁合同》实际包含融资租赁和借款两种法律关系，两种法律关系中的租金、借款数额、已还款数额及双方的权利义务均应当按照《融资租赁合同》的约定确定。对于田某已支付的款项，依法应当先冲抵无担保的借款关系项下的借款本息，再冲抵融资租赁合同项下的租金和损失。就已收回的四台车，双方已就车辆价值协商一致，原告和田某之间的融资租赁关系已于收车时解除，原告只能主张解除后的损失，即未付租金、违约金与所收回车辆价值的差额；就未收回的四台车，租赁支付期间已届满，原告有权主张未付租金及违约金。本案不存在合同无效情形，在合同有效的前提下，案涉名称为"融资租赁合同"的法律关系性质问题，属于司法审查确认的范畴，不影响保证人依约承担合同义务，且刘某作为原出卖车辆公司的法定代表人，对虚构部分租赁物的事实应当知晓，对签订保证合同的法律后果应当有预见性，在无证据证明原告和田某故意骗取其保证的情况下，刘某应当对两种法律关系中田某的债务承担连带保证责任。一审判决后刘某不服上诉，二审维持原判。

【典型意义】

融资租赁法律关系兼有融资和融物的属性。近年来为了拓展业务、加快资金流转或解决融资难等问题，不少汽车销售商与融资租赁公司签订业务合作协议，向买车人推荐融资租赁业务，并由公司、法定代表人或股东就其推荐的业务向融资租赁公司提供连带责任保证。此类业务模式下，虚构全部或部分租赁物的情况时有发生，一旦因车辆交付、租金支付等情况发生纠纷，就会涉及多个主体和多重法律关系、引发一系列诉讼。虚构全部租赁物的纠纷较常见且法律关系相对简单明晰，虚构部分租赁物的纠纷较少见且法律关系相对复杂。本案即典型的虚构部分租赁物、承租人不按时支付租金引发的纠纷。

本案同时审查了一份名为融资租赁合同中的两个不同法律关系，综合依据租赁车辆的可分性、约定的价值及两种不同债务有无担保的情况，条分缕析地区分确定两种关系项下的本金、相应利润及已还款的抵充顺序，既充分保护了正常融资租赁业务的合法利益，也依法对融资租赁公司未谨慎审查租赁物的疏漏进行了规制。本案同时解决了融资租赁关系项下"解除"和"继续履行"问题，结合合同约定的租赁物残值计算方式和市场情况，积极协调当事人就收回车辆的价值达成一致意见，在避免了鉴定评估的基础上，平等保护融资租赁法律关系中出租人收取租金、主张损失的权益和承租人使用租赁物的权益。此外，本案还同时解决了保证人在两种法律关系中的连带保证责任问题，查明保证人应当知晓虚构部分租赁物的前提下，认定保证人应当对两种法律关系下的债务承担连带保证责任。

第二条　【售后回租】承租人将其自有物出卖给出租人，再通过融资租赁合同将租赁物从出租人处租回的，人民法院不应仅以承租人和出卖人系同一人为由认定不构成融资租赁法律关系。

理解与适用

售后回租，是指承租人为了实现融资的目的，将其自有物的所有权转让给出租人、再从出租人处租回该物使用，并按期向出租人支付租金的交易方式。司法实践中，因售后回租交易的出卖人与承租人归于一体，与传统融资租赁交易的三方当事人存在一定区别，而体现出与抵押借款相类似的特征，因此，对售后回租合同是否属于融资租赁合同存在较大争议。本条解释明确司法态度，认定售后回租交易可以构成融资租赁法律关系。[1]

尽管真实的售后回租交易依法可以构成融资租赁，但在一些交易中，当事人以售后回租为名订立合同，交易实质却不符合《民法典》第735条规定的出租人与承租人之间的权利义务关系，存在以售后回租的形式规避相关法律及政策的情形。如没有真实、明确的租赁物，售后回租合同中对租赁物低值高买，租赁物上设有权利负担，致使出租人无法取得所有权或无法实现租赁物的担保功能，出租人没有完成取得租赁物所有权的相关手续等。上述情形可能会对融资租赁法律关系的认定及合同效力产生不同程度的影响。因此，本条表述为："人民法院不应仅以承租人和出卖人系同一人为由认定不构成融资租赁法律关

---

[1] 最高人民法院民事审判第二庭编著：《最高人民法院关于融资租赁合同司法解释理解与适用》，人民法院出版社2016年版，第60页。

系。"① 认定售后回租合同的合同效力，也应当以认定构成融资租赁合同关系为前提。就个案中售后回租合同的性质问题，也应当综合标的物的性质、价值以及租金的构成、当事人之间的权利义务关系等因素认定。②

❖ 相关部门规章

《金融租赁公司管理办法》（国家金融监督管理总局令 2024 年第 6 号，2024 年 9 月 14 日）

第四条 本办法所称融资租赁，是指金融租赁公司作为出租人，根据承租人对出卖人、租赁物的选择，向出卖人购买租赁物，提供给承租人使用，承租人支付租金的交易活动，同时具有资金融通性质和租赁物所有权由出卖人转移至出租人的特点。

本办法所称售后回租业务，是指承租人和出卖人为同一人的融资租赁业务，即承租人将自有资产出卖给出租人，同时与出租人签订融资租赁合同，再将该资产从出租人处租回的融资租赁业务。

❖ 相关典型案例

案例 69　售后回租合同合法有效③

【案情摘要】

2011 年 12 月 15 日，Z 公司与 L 公司签订《租赁合同》和《买卖合同》。约定 Z 公司向 L 公司购买 114 机组 1 套、天车（矿源）1 台、龙门吊 2 台，并出租给 L 公司使用。租赁期为 2011 年 12 月 21 日至 2014 年 12 月 21 日，共计 18 期，首付租金 2100000 元，第 1 至第 9 期每期租金为 120000 元，第 10 至第 17 期每期租金为 90000 元，第 18 期租金为 45000 元。首付租金给付日为 2011 年 12 月 21 日，各期租金给付日为自 2012 年 1 月 21 日起每隔 2 个月之同一日支付。2011 年 12 月 21 日，L 公司为 Z 公司出具《租赁物交付与验收证明书》，表明根据双方签订的《租赁合同》，设备清单中所有设备已交付承租人，承租人已对设备清单中所有设备进行了其所认为必要的所有测试，认为满意并予以验收。合同履行期间，L 公司自 2013 年 11 月 28 日起出现违约延滞支付情形，Z 公司认为 L 公司的违约行为严重损害了其合法权益，故向法院提起诉讼。

【裁判结果】

法院判决认为，Z 公司与 L 公司签订的《买卖合同》和《租赁合同》的内容显示，L 公司是将自有物出卖给 Z 公司后，再通过融资租赁合同将租赁物从 Z 公司处租回，并按约

---

① 最高人民法院民事审判第二庭编著：《最高人民法院关于融资租赁合同司法解释理解与适用》，人民法院出版社 2016 年版，第 60 页。最高人民法院民法典贯彻实施工作领导小组主编：《中华人民共和国民法典合同编理解与适用（三）》，人民法院出版社 2020 年版，第 1617 页。

② 最高人民法院民法典贯彻实施工作领导小组主编：《中华人民共和国民法典合同编理解与适用（三）》，人民法院出版社 2020 年版，第 1617 页。

③ 本案例入选天津市高级人民法院发布的《天津法院金融商事审判典型案例（2015 年）》，案号：天津市滨海新区人民法院（2014）滨民初字第 932 号民事判决书。

定向 Z 公司支付租金。双方之间的法律关系符合融资租赁法律关系的特征，应确定为融资租赁合同关系。Z 公司具有从事融资租赁经营的主体资格，《租赁合同》系双方当事人的真实意思表示，不违反法律行政法规的强制性规定，合法有效，双方均应按约履行。Z 公司依约履行购买并向 L 公司交付租赁物的合同义务，L 公司应按照合同约定的期限向 Z 公司支付相应的租金。L 公司未按照合同约定的期限和数额支付租金，符合《租赁合同》约定的解除条件，Z 公司请求解除与 L 公司签订的《租赁合同》符合法律规定，应予支持。关于 Z 公司要求 L 公司支付违约金和逾期利息问题。L 公司主张违约金计算标准过高，予以减少的问题。法院认为，当事人可以在约定逾期利息之外，约定独立的违约金，但是应当以出租人的实际损失为限。逾期利息和违约金本质上具有补偿性，是为了弥补出租人因承租人逾期履行支付租金义务所遭受的损失，本案融资租赁合同约定的逾期利息计算标准为"自违约之日起至清偿日止，按年利率百分之二十加计迟延利息"，违约金计算标准为"按租金总余额自应偿还日起，照周年利率百分之二十加付违约金"，上述逾期利息和违约金之和过分高于出租人因承租人逾期支付租金所遭受的损失，故应酌情调整。综合考虑合同的履行情况、当事人的过错程度及预期利益等综合因素，合同约定的逾期利息足以弥补出租人因承租人逾期履行支付租金义务所遭受的损失，根据公平原则和诚实信用原则，对于 Z 公司诉请的违约金部分不予支持。法院判决解除双方的租赁合同，返还租赁物并支付租金及相应的逾期利息。

【典型意义】

本案涉及售后回租型融资租赁。与通常的融资租赁形式不同，售后回租是指卖方（即承租人）将自有或者外购的资产出售给买方（即出租人）后，又将该资产从买方处租回，并支付租金。理论界和实务界对于售后回租交易问题，一直存在着合同性质是抵押借款还是融资租赁的争议。最高人民法院在制定司法解释时，考虑到售后回租交易有利于市场主体盘活资产、引导资金服务实体经济，相关监管部门的规章对此类交易形式也已明确认可，且承租人与出卖人相重合并不违反《合同法》第 237 条[①]有关融资租赁合同构成要件的规定。因此，《最高人民法院关于审理融资租赁合同纠纷案件适用法律问题的解释》对于售后回租合同的融资租赁合同性质予以认可。但是如果出租人与承租人签订了售后回租合同，而实际并无租赁物，或者租赁物低值高估，以融资租赁之名，行借款和贷款之实的，人民法院仍应按照其实际构成的借款合同关系处理。本案中，Z 公司与 L 公司签订的《买卖合同》和《租赁合同》符合售后回租的特征，依据司法解释的规定，对于双方所签合同的性质，应认定为融资租赁合同。

---

① 现为《民法典》第 735 条。

案例70 售后回租合同的效力应予认定①

【基本案情】

2013年4月，赵某与B公司签订《车辆买卖合同》，双方约定：赵某将其名下的小汽车转让给B公司。B公司分两期支付转让款，于当日支付第一期款项，于租赁期限届满前支付第二期款项。同日，双方签订《融资租赁合同》，约定租赁期限届满，赵某支付名义价款后，小汽车归赵某所有。合同签订后，B公司向赵某支付了首期款项和10期租金后，未再向B公司支付租金。B公司诉请赵某支付剩余未付租金及违约金。

【裁判结果】

法院判决认为，赵某将其名下的小汽车出卖给B公司，再从B公司租回该小汽车，构成售后回租类融资租赁法律关系。双方签订的《车辆买卖合同》和《租赁合同》，是双方的真实意思表示，不违反法律、行政法规的效力性禁止性规定，双方应全面履行自己的义务。赵某未按时足额支付租金，构成违约，B公司有权请求赵某支付剩余未付租金及违约金，赵某付清租金后，小汽车归赵某所有。

【典型意义】

融资租赁企业经营的业务包括了传统直租类融资租赁和售后回租类融资租赁。相对于直租，售后回租不是典型的融资租赁方式。本案例对非典型的售后回租给出了支持的司法态度。售后回租方式使设备制造企业或资产所有人在保留资产使用权的前提下获得所需资金，同时又为出租人提供投资机会。资产所有者用这种方式盘活资产，仅将少部分用于缴纳租金，增强了市场活力。

案例71 售后回租合同的效力应予认定②

【基本案情】

S公司与曾某签订《融资租赁合同（回租）》及附件，约定曾某将自有的自卸车3辆出售给S公司，再向S公司租回使用，承租人向出租人转让租赁物的所有权，租赁物的所有权自合同生效之日起转移，附件《买卖合同》《租赁物件签收单》《所有权转让协议》等。为经营需要，案涉车辆登记在与曾某有挂靠关系的H公司名下；H公司为案涉融资租赁业务为曾某提供连带责任保证。案涉车辆还办理抵押权人为S公司的抵押登记。因曾某拖欠租金，S公司以其与曾某之间存在融资租赁关系而提起诉讼，请求支付全部租金等。曾某、H公司对案涉合同性质提出抗辩意见。

---

① 参见深圳前海合作区人民法院2016年11月发布的《深圳前海法院审理涉自贸区案件典型案例》，载微信公众号"深圳前海合作区人民法院"（2016年11月16日），https://mp.weixin.qq.com/s/rpKtfWWs8EZDJWUhwMz_2g，最后访问时间：2024年8月9日。

② 参见广州市南沙区人民法院（广东自由贸易区南沙片区人民法院）2023年12月发布的《融资租赁合同纠纷和商业保理合同纠纷案件审判白皮书》中的《融资租赁合同和商业保理合同纠纷典型案例》，载微信公众号"广州市南沙区人民法院"（2023年12月27日），https://mp.weixin.qq.com/s/SUZs_KqCWOzM-1Se5Zuy5Q，最后访问时间：2024年8月8日。

【裁判结果】

法院认为，《民法典》第 735 条规定，融资租赁合同是出租人根据承租人对出卖人、租赁物的选择，向出卖人购买租赁物，提供给承租人使用，承租人支付租金的合同。《最高人民法院关于审理融资租赁合同纠纷案件适用法律问题的解释》第 1 条规定，人民法院应当根据民法典第 735 条的规定，结合标的物的性质、价值、租金的构成以及当事人的合同权利和义务，对是否构成融资租赁法律关系作出认定。对名为融资租赁合同，但实际不构成融资租赁法律关系的，人民法院应按照其实际构成的法律关系处理。该解释第 2 条规定，承租人将其自有物出卖给出租人，再通过融资租赁合同将租赁物从出租人处租回的，人民法院不应仅以承租人和出卖人系同一人为由认定不构成融资租赁法律关系，故本案最终认定 S 公司与曾某之间的关系为融资租赁合同关系。

【典型意义】

本案是涉及"售后回租"业务模式融资租赁合同关系及效力认定的典型案例。"售后回租"作为当前融资租赁行业普遍采用的业务模式，系各方当事人的真实合意，其效力应当受到法律保护。但"售后回租"在外观方面的某些特征与抵押贷款具有一定相似性，由此引发的对融资租赁合同性质及效力的争议，也成为司法实践中常见的争议焦点。虽然"售后回租"往往通过占有改定方式交付租赁物，故体现的"融资"特征较为明显，而"融物"特征则相对隐匿，但当"售后回租"同时具备租赁物买卖、租赁物回租要件时，符合构成融资租赁关系的"融资""融物"两个要素要求，承租人通过建立融资租赁合同关系而实现继续合法使用租赁物的目的，以此实现"融物"功能，故不能仅因出卖人与承租人为同一人而否定融资租赁关系。

案例 72　售后回租中瑕疵交付的融资租赁合同并非当然无效[①]

【基本案情】

2018 年 10 月 30 日，原告某融资租赁（上海）有限公司与被告铜陵某科技有限公司签订《售后回租赁合同》；原告受铜陵某科技有限公司委托，代铜陵某科技有限公司在原告指定的保险公司办理租赁物件的财产一切险；铜陵某科技有限公司应在租赁物验收到货后出具《租赁物件验收合格确认书》及到货照片，并经原告审核确认；附件包含租赁物件接收证明、费用明细表、租金及租金调整明细表、租赁物件清单。一般条款还约定：原告根据铜陵某科技有限公司的要求向铜陵某科技有限公司购买本合同记载的租赁物件，并回租给铜陵某科技有限公司使用，铜陵某科技有限公司向原告承租、使用该租赁物件并向原告支付租金；并约定租赁物及租赁成本、起租日。租赁物件的所有权在原告支付租赁物件协议价款的同时转移给原告，并且该租赁物件所有权转移视为铜

[①] 参见上海市浦东新区人民法院 2023 年 11 月发布的《涉上海自贸试验区金融商事审判典型案例》，载微信公众号"上海高院"（2023 年 11 月 22 日），https：//mp.weixin.qq.com/s/dmTtnKVBMoc-swChzYWoVVA，最后访问时间：2024 年 8 月 8 日。

陵某科技有限公司在租赁物件现有状态下向原告交货；上述所有权转移同时视为原告将租赁物件交付铜陵某科技有限公司，铜陵某科技有限公司应向原告签署《租赁物件接收证明》。

同日，原告、铜陵某科技有限公司与案外人蚌埠市某机床有限公司签署《委托付款协议》，约定鉴于原告与铜陵某科技有限公司于2018年10月30日签署了《售后回租赁合同》，铜陵某科技有限公司与蚌埠市某机床有限公司于2018年9月13日签署《工矿产品购销合同》，原告应支付铜陵某科技有限公司金额为900000元的协议价款，现各方经友好平等协商，达成协议如下：铜陵某科技有限公司委托原告将上述协议价款支付给蚌埠市某机床有限公司。原告支付上述协议价款后，视为原告履行了租赁合同项下支付协议价款的义务，同时视为铜陵某科技有限公司向蚌埠市某机床有限公司支付了《工矿产品购销合同》项下相应设备的价款。自原告支付上述协议价款后，设备所有权归属原告。2018年11月29日，原告向蚌埠市某机床有限公司支付了900000元。

2019年6月12日，铜陵某科技有限公司另案向法院起诉，要求解除其与蚌埠市某机床有限公司、宁波市某机器人有限公司签订的上述《工矿产品购销合同》《技术协议》。安徽省铜陵市铜官区人民法院出具（2019）皖0705民初3419号民事裁定书，认定铜陵某科技有限公司与蚌埠市某机床有限公司签订的购销合同为无效合同，故裁定驳回铜陵某科技有限公司的起诉。基于被告铜陵某科技有限公司的违约行为，原告向法院提起本案诉讼，请求判令解除原告与铜陵某科技有限公司签订的《售后回租赁合同》、返回租赁物，并要求被告铜陵某科技有限公司赔偿损失，将租赁物件拍卖变卖价款优先清偿原告的损失，以及要求保证人承担连带清偿责任。

【裁判结果】

浦东法院经审理认为，买卖合同的标的物既可以是现实存在之物，也可以是将来产生之物。根据物权变动原因与结果区分原则，当事人在缔约时对标的物没有所有权或者处分权，并不影响作为原因行为的买卖合同的效力，但能否发生所有权转移的物权变动的效果，则取决于当事人嗣后能否取得所有权或处分权，此时物权变动属于效力待定状态。

根据庭审中双方的举证来看，铜陵某科技有限公司在与原告签订《售后回租赁合同》时，已与案外人磋商购买涉案租赁物事宜。在订立回租合同的同时，并签署了《委托付款协议》，指定原告将融资款项支付至出卖人蚌埠市某机床有限公司后，涉案租赁物所有权即归属原告。《委托付款协议》订立时，对原告而言，铜陵某科技有限公司享有对蚌埠市某机床有限公司交付涉案租赁物的请求权，原告则可在其履行支付融资价款义务后取得租赁物所有权。因此，原告与铜陵某科技有限公司此时订立回租合同的意思表示结果和内容应为债权债务的负担，铜陵某科技有限公司在此时尚未取得租赁物所有权并不直接导致融资租赁法律关系不成立。据此，浦东法院判决支持原告诉讼请求。

一审判决后，双方当事人均未提起上诉，一审判决已经生效。

【典型意义】

我国法律及司法解释并未明确规定售后回租模式下出租人的审查义务，在此情形下，售后回租赁中承租人瑕疵交付其法律后果如何认定，在实践过程中存在较大争议。为防止出现以售后回租为名行资金拆借之实的规避法律的行为，法院应当着重审查租赁物是否客观存在，租赁物的转让价款与租赁物的真实价值是否合理匹配，承租人与出租人是否办理了必要的租赁物所有权转移手续，买卖合同与租赁物之间是否存在对应的关系等，以此作为认定售后回租是否真实有效的判断依据。实务中，为避免涉案的租赁物的存在及所有权归属等瑕疵问题，对出租人进行审慎的尽职调查也符合客观上的要求。如果其他证据如采购合同、登记权证、付款凭证、产权转移凭证等证明材料由于客观的原因确实无法审查，则不属于出租人的过失范围。若上述证据真实存在并可以进行审查的情况下，出租人未进行必要的审查，则不足以说明出租人尽到了审核义务。

第三条　【拒绝受领租赁物】 承租人拒绝受领租赁物，未及时通知出租人，或者无正当理由拒绝受领租赁物，造成出租人损失，出租人向承租人主张损害赔偿的，人民法院应予支持。

❄ 理解与适用

本条是对承租人不当行使拒绝受领权后的法律后果作出安排。根据与融资租赁合同相联系的买卖合同的约定，通常情况下，出卖人直接向承租人交付租赁物，承租人按合同约定受领租赁物。除非另有约定，出租人一般不承担交付和受领租赁物的义务。受领租赁物，既是承租人的权利，也是承租人的义务。承租人拒绝受领租赁物必须符合《民法典》第 740 条规定的情形。承租人无正当理由拒绝受领租赁物的，即违反了租赁物受领义务。承租人无正当理由拒绝受领租赁物，或者虽有正当理由但未及时通知出租人，因此造成出租人损失的，出租人有权要求承租人赔偿损失。①

❄ 相关法律法规

《民法典》（2020 年 5 月 28 日）

第七百四十条　【承租人的拒绝受领权】 出卖人违反向承租人交付标的物的义务，有下列情形之一的，承租人可以拒绝受领出卖人向其交付的标的物：

（一）标的物严重不符合约定；

（二）未按照约定交付标的物，经承租人或者出租人催告后在合理期限内仍未交付。

承租人拒绝受领标的物的，应当及时通知出租人。

---

① 最高人民法院民事审判第二庭编著：《最高人民法院关于融资租赁合同司法解释理解与适用》，人民法院出版社 2016 年版，第 101 页。

第四条 　【出租人处分租赁物】出租人转让其在融资租赁合同项下的部分或者全部权利，受让方以此为由请求解除或者变更融资租赁合同的，人民法院不予支持。

❋ 理解与适用

本条规定出租人处分租赁物、转让其在融资租赁合同项下的权利，是否影响融资租赁合同效力的问题。融资租赁合同履行期间，出租人对租赁物享有所有权，但该所有权是仅限于权利担保意义上的"形式所有权"。出租人应保证承租人在租赁期限内对租赁物的占有和使用，不受第三人的干扰。例如，出租人转让租赁物所有权的，融资租赁合同对新的所有权人继续有效，新所有权人不得解除合同，取回租赁物。此即所谓"买卖不破租赁"原则。出租人将租赁物设定抵押时，出租人的抵押行为不得影响承租人的使用收益权。承租人的使用收益权可以对抗抵押权人的抵押权。[①] 因此，如出租人对外转让租赁物，其仍应履行保障承租人有效占有、使用租赁物的义务，受让方也不能据此取得租赁物的完整所有权，无法实际占有、使用租赁物。故出租人对外转让的实际是其在融资租赁合同项下的权利。此时，受让出租人在融资租赁合同项下部分或全部权利的受让方若请求解除或者变更融资租赁合同，人民法院不予支持。[②]

❋ 相关法律法规

《民法典》（2020年5月28日）

第五百四十三条 　【协议变更合同】当事人协商一致，可以变更合同。

第五百四十五条 　【债权转让】债权人可以将债权的全部或者部分转让给第三人，但是有下列情形之一的除外：

（一）根据债权性质不得转让；

（二）按照当事人约定不得转让；

（三）依照法律规定不得转让。

当事人约定非金钱债权不得转让的，不得对抗善意第三人。当事人约定金钱债权不得转让的，不得对抗第三人。

第五百四十六条 　【债权转让的通知义务】债权人转让债权，未通知债务人的，该转让对债务人不发生效力。

债权转让的通知不得撤销，但是经受让人同意的除外。

第五百四十七条 　【债权转让从权利一并转让】债权人转让债权的，受让人取得与

[①] 黄薇主编：《中华人民共和国民法典合同编解读（下册）》，中国法制出版社2020年版，第879页。

[②] 最高人民法院民事审判第二庭编著：《最高人民法院关于融资租赁合同司法解释理解与适用》，人民法院出版社2016年版，第139页。

债权有关的从权利，但是该从权利专属于债权人自身的除外。

受让人取得从权利不因该从权利未办理转移登记手续或者未转移占有而受到影响。

第五百四十八条　【债权转让中债务人抗辩】债务人接到债权转让通知后，债务人对让与人的抗辩，可以向受让人主张。

第五百五十五条　【合同权利义务的一并转让】当事人一方经对方同意，可以将自己在合同中的权利和义务一并转让给第三人。

第五百五十六条　【一并转让的法律适用】合同的权利和义务一并转让的，适用债权转让、债务转移的有关规定。

❀ 相关部门规章

《金融租赁公司管理办法》（国家金融监督管理总局令 2024 年第 6 号，2024 年 9 月 14 日）

第六十六条　金融租赁公司基于流动性管理和资产配置需要，可以与具备从事融资租赁业务资质的机构开展融资租赁资产转让和受让业务，并依法通知承租人。如转让方或受让方为境外机构，应当符合相关法律法规规定。

金融租赁公司开展融资租赁资产转让和受让业务时，应当确保租赁债权及租赁物所有权真实、完整、洁净转移，不得签订任何显性或隐性的回购条款、差额补足条款或抽屉协议。

金融租赁公司作为受让方，应当按照自身业务准入标准开展尽职调查和审查审批工作。

第六十七条　金融租赁公司基于流动性管理需要，可以通过有追索权保理方式将租赁应收款转让给商业银行。金融租赁公司应当按照原租赁应收款全额计提资本，进行风险分类并计提拨备，不得终止确认。

❀ 相关行政规范性文件

银保监会《融资租赁公司监督管理暂行办法》（银保监发〔2020〕22 号，2020 年 5 月 26 日）

第五条　融资租赁公司可以经营下列部分或全部业务：

（一）融资租赁业务；

（二）租赁业务；

（三）与融资租赁和租赁业务相关的租赁物购买、残值处理与维修、租赁交易咨询、接受租赁保证金；

（四）转让与受让融资租赁或租赁资产；

（五）固定收益类证券投资业务。

第二十一条　融资租赁公司对转租赁等形式的融资租赁资产应当分别管理，单独建账。转租赁应当经出租人同意。

第二十二条 融资租赁公司应当严格按照会计准则等相关规定，真实反映融资租赁资产转让和受让业务的实质和风险状况。

❀ 相关司法文件

上海市高级人民法院《融资租赁合同纠纷类案办案要件指南》①（2020年5月18日）

融资租赁合同债权转让第三方的认定和裁判规则

【审查要点】

融资租赁合同债权转让第三方并不必然无效。个案中，出租人转让融资租赁合同项下的权利是否违反国家限制经营、特许经营问题，可以综合考虑以下因素：融资租赁合同项下出租人的主要义务，尤其是出租人一方涉及特许经营范围的事项，如融资款的发放、租赁物的交付等是否已经全部履行完毕；出租人、受让人是否以此为常业；转让的对价等予以认定。

❀ 相关国际公约

1.《国际融资租赁公约》（1988年5月28日通过）

第十四条

1. 出租人可以转让或以其他方式处置其对设备的或凭租赁协议所享有的全部或部分权利。这种转让不应解除出租人在租赁协议项下的任何义务或改变租赁协议的性质或本公约所规定的其他法定待遇。

2. 出租人只有在出租人同意和不损害第三方权利时才可以转让其对设备的使用权或在租赁协议项下的任何其他权利。

2.《租赁示范法》（2008年11月13日通过）

第十五条 权利与义务的转让

1.（1）①出租人在租赁中的权利可以不经承租人同意而转让。

②出租人和承租人可以约定，除承租人因丧失行为能力外，承租人不应依对抗出租人的抗辩权或抵销权对抗受让人。

③本项规定不应影响承租人向出租人主张权利的能力。

（2）出租人在租赁中的义务只有经过承租人同意才能转让，但转让不应被不合理地拒绝。

2. 承租人在租赁中的权利和义务只有经过出租人的同意才能转让，且受第三人权利的约束，但转让不应被不合理地拒绝。

---

① 茆荣华主编：《上海法院类案办案要件指南》（第1册），人民法院出版社2020年版，第87页。

3. 承租人、出租人和第三人可以事先同意该转让。

相关典型案例

案例 73　出租人故意隐瞒债权转让事实，妨碍人民法院审理案件的，人民法院可依法对其进行处罚[①]

【决定要旨】

当事人在诉讼过程中故意作虚假陈述，妨碍人民法院审理，导致人民法院判决认定事实错误的，人民法院应当依照《民事诉讼法》第114条关于伪造、毁灭重要证据，妨害人民法院审理案件的规定进行处罚。

【基本案情】

2023年4月26日，石家庄市桥西区人民法院依法缺席判决：深圳某信息技术公司、北京某信息技术公司、藏某民、孟某真对210名客户应支付某融资租赁公司的全部租金12738293.67元承担连带责任并支付违约金127383元。深圳某信息技术公司、北京某信息技术公司、藏某民、孟某真不服该判决，上诉至石家庄市中级人民法院。石家庄市中级人民法院经审理认为，保证人承担保证责任应以主合同债务合法存在为前提，四位上诉人在二审过程中提交了新的证据，证明某融资租赁公司已将本案中部分客户的债权转让，并且受让人已经在其他法院对受让债权项下的客户提起了诉讼以及向深圳某信息技术公司收回64台租赁物用于抵顶本案部分债务，对本案事实有重大影响，故裁定撤销原判，将本案发回重审。

【处理结果】

石家庄市桥西区人民法院查明，某融资租赁公司在本案一审期间故意作虚假陈述，隐瞒了已将部分案涉债权转让他人及收回部分租赁物抵顶债务的事实，妨碍人民法院审理，导致本案一审判决不能准确认定事实。故决定：对某融资租赁公司及其法定代表人分别处以30万元及3万元的罚款。决定作出后，某融资租赁公司及其法定代表人未提出复议，并已按决定缴纳罚款。

【典型意义】

诚信诉讼是民事诉讼应当遵循的基本原则，更是社会主义核心价值观在司法实践中的重要体现，它对于人民法院查明事实、分清是非、维护社会公平正义具有重要意义。某融资租赁公司在本案缺席判决的情形下，作出了虚假陈述，导致本案一审不能准确认定事实，被二审法院发回重审，这不仅浪费了大量司法资源，而且严重扰乱诉讼秩序，损害了司法权威。《最高人民法院关于民事诉讼证据的若干规定》第63条明确规定，当事人应当就案件事实作真实、完整的陈述。当事人故意作虚假陈述妨碍人民法院审理的，人民法院

---

① 参见石家庄金融法庭2024年1月发布的《石家庄金融法庭2023年度十大典型案例》，载微信公众号"石家庄桥西法院"（2024年1月26日），https://mp.weixin.qq.com/s/VmKuH4bWa_En92-U7ylY3Q，最后访问时间：2024年8月7日。

应当根据情节，依照《民事诉讼法》第114条的规定进行处罚，即人民法院可以按照伪造、毁灭重要证据，妨害人民法院审理案件的规定进行处罚，根据情节轻重对行为人予以罚款、拘留，构成犯罪的，依法追究刑事责任。诚信诉讼既是民事诉讼应当遵循的原则，也是当事人应当遵守的法定义务，无论是原告还是被告，进行民事诉讼都应当秉持诚实，恪守承诺。如果在诉讼中抱有侥幸心理，违背诚信原则进行虚假陈述，最终会害人害己，得不偿失。本案对某融资租赁公司故意作虚假陈述妨碍人民法院审理的行为依法作出处罚，表明了人民法院对虚假陈述坚决做到"零容忍"，对持续净化诉讼环境，维护公平公正的诉讼秩序，保护当事人合法权益，具有重要现实意义。

第五条 【出租人可解约的情形】有下列情形之一，出租人请求解除融资租赁合同的，人民法院应予支持：

（一）承租人未按照合同约定的期限和数额支付租金，符合合同约定的解除条件，经出租人催告后在合理期限内仍不支付的；

（二）合同对于欠付租金解除合同的情形没有明确约定，但承租人欠付租金达到两期以上，或者数额达到全部租金百分之十五以上，经出租人催告后在合理期限内仍不支付的；

（三）承租人违反合同约定，致使合同目的不能实现的其他情形。

理解与适用

本条是关于承租人违约出租人可以解除融资租赁合同的规定。本条规定出租人一方可以解除融资租赁合同的情形，一共列举了三项内容，均以承租人违约作为解约的前提条件。第1项规定承租人欠付租金达到解约条件的情形，在这种情形下，本已达到约定解除的条件，但考虑到融资租赁合同特有的不可解约性，故增加了出租人催告程序。第2项规定在没有约定的情况下欠付租金解约的法定条件，为使解约行为更为慎重，故采取了相对较为严格的解约标准，要求满足欠付租金达到两期以上或金额达到全部租金的15%以上。两个条件只需要具备其一即可。第3项作为兜底条款，对于可能存在的其他承租人违约情形作出原则性规定，例如售后回租的承租人在租赁物上设定抵押权，致使出租人无法取得租赁物所有权等，这类违约行为是否导致合同目的不能实现需要在具体案件中作出判断，应给予法院一定的裁量空间。[①]

[①] 最高人民法院民事审判第二庭编著：《最高人民法院关于融资租赁合同司法解释理解与适用》，人民法院出版社2016年版，第194~195页。

相关法律法规

《民法典》（2020 年 5 月 28 日）

第七百五十二条　【承租人支付租金的义务】 承租人应当按照约定支付租金。承租人经催告后在合理期限内仍不支付租金的，出租人可以请求支付全部租金；也可以解除合同，收回租赁物。

第五百六十二条　【合同的约定解除】 当事人协商一致，可以解除合同。

当事人可以约定一方解除合同的事由。解除合同的事由发生时，解除权人可以解除合同。

第五百六十三条　【合同的法定解除】 有下列情形之一的，当事人可以解除合同：

（一）因不可抗力致使不能实现合同目的；

（二）在履行期限届满前，当事人一方明确表示或者以自己的行为表明不履行主要债务；

（三）当事人一方迟延履行主要债务，经催告后在合理期限内仍未履行；

（四）当事人一方迟延履行债务或者有其他违约行为致使不能实现合同目的；

（五）法律规定的其他情形。

以持续履行的债务为内容的不定期合同，当事人可以随时解除合同，但是应当在合理期限之前通知对方。

相关国际公约

《租赁示范法》（2008 年 11 月 13 日通过）

第 20 条 受损方应向违约方发出违约通知、履行通知、终止通知，并给予违约方合理的补救机会。

第六条　【承租人解约的情形】 因出租人的原因致使承租人无法占有、使用租赁物，承租人请求解除融资租赁合同的，人民法院应予支持。

理解与适用

本条是关于出租人根本违约时承租人可以解除融资租赁合同的规定。本条规定承租人一方可以解除融资租赁合同的情形。出租人有保障承租人平静占有、使用租赁物的义务，如果因出租人的原因影响承租人对租赁物行使权利，承租人可以要求出租人承担违约责任；如果达到承租人无法占有、使用租赁物的程度，则已经构成出租人的严重违约，承租人的合同目的无法实现，可以依据本条要求解除融资租赁合同。[①]

[①] 最高人民法院民事审判第二庭编著：《最高人民法院关于融资租赁合同司法解释理解与适用》，人民法院出版社 2016 年版，第 208 页。

相关法律法规

《民法典》（2020年5月28日）

第七百四十八条 【出租人保证承租人占有和使用租赁物】出租人应当保证承租人对租赁物的占有和使用。

出租人有下列情形之一的，承租人有权请求其赔偿损失：

（一）无正当理由收回租赁物；

（二）无正当理由妨碍、干扰承租人对租赁物的占有和使用；

（三）因出租人的原因致使第三人对租赁物主张权利；

（四）不当影响承租人对租赁物占有和使用的其他情形。

相关国际公约

《租赁示范法》（2008年11月13日通过）

第二十三条 终止

1.（1）根据本款第2项的规定，租赁可依法律规定、本法第12条的规定、当事人的约定、承租人或出租人根本违约后受害人的请求而终止。

（2）除非下述第3项另有规定，融资租赁中，租赁物被交付且承租人接受之后，承租人不得因出租人或供货人的根本违约而终止租赁，但是有权采取当事人约定的和法律规定的其他救济措施。

（3）若出租人对第16条所述平静占有权的保证存在根本违约，融资租赁中承租人可以终止租赁。

2. 根据本法第10条的规定，租赁一旦终止，该租赁中双方当事人尚待履行的义务，除了因租赁终止而产生的义务之外，均告免除，但是因此前的违约或履行行为所生的任何权利均可存续。

第七条 【解约后果的释明】当事人在一审诉讼中仅请求解除融资租赁合同，未对租赁物的归属及损失赔偿提出主张的，人民法院可以向当事人进行释明。

理解与适用

本条是有关解约后果释明的规定。本条规定了当事人通过提起诉讼，请求法院判决解除融资租赁合同，但却未对租赁物的归属及损失赔偿等提出主张，未对融资租赁合同如何清理提出诉讼请求的，一审人民法院可以向当事人释明解约的后果，以便当事人对紧密关联的实体请求一并主张，通过合并审理，提高诉讼效率，减少诉累。①

🔹 相关法律法规

《民法典》（2020年5月28日）

第七百五十八条　【承租人请求部分返还租赁物价值】当事人约定租赁期限届满租赁物归承租人所有，承租人已经支付大部分租金，但是无力支付剩余租金，出租人因此解除合同收回租赁物，收回的租赁物的价值超过承租人欠付的租金以及其他费用的，承租人可以请求相应返还。

当事人约定租赁期限届满租赁物归出租人所有，因租赁物毁损、灭失或者附合、混合于他物致使承租人不能返还的，出租人有权请求承租人给予合理补偿。

🔹 相关司法文件

《全国法院民商事审判工作会议纪要》（法〔2019〕254号，2019年11月8日）

36.【合同无效时的释明问题】在双务合同中，原告起诉请求确认合同有效并请求继续履行合同，被告主张合同无效的，或者原告起诉请求确认合同无效并返还财产，而被告主张合同有效的，都要防止机械适用"不告不理"原则，仅就当事人的诉讼请求进行审理，而应向原告释明变更或者增加诉讼请求，或者向被告释明提出同时履行抗辩，尽可能一次性解决纠纷。例如，基于合同有给付行为的原告请求确认合同无效，但并未提出返还原物或者折价补偿、赔偿损失等请求的，人民法院应当向其释明，告知其一并提出相应诉讼请求；原告请求确认合同无效并要求被告返还原物或者赔偿损失，被告基于合同也有给付行为的，人民法院同样应当向被告释明，告知其也可以提出返还请求；人民法院经审理认定合同无效的，除了要在判决书"本院认为"部分对同时返还作出认定外，还应当在判项中作出明确表述，避免因判令单方返还而出现不公平的结果。

第一审人民法院未予释明，第二审人民法院认为应当对合同不成立、无效或者被撤销的法律后果作出判决的，可以直接释明并改判。当然，如果返还财产或者赔偿损失的范围确实难以确定或者双方争议较大的，也可以告知当事人通过另行起诉等方式解决，并在裁判文书中予以明确。

当事人按照释明变更诉讼请求或者提出抗辩的，人民法院应当将其归纳为案件争议焦点，组织当事人充分举证、质证、辩论。

49.【合同解除的法律后果】……双务合同解除时人民法院的释明问题，参照本纪要第36条的相关规定处理。

---

① 最高人民法院民事审判第二庭编著：《最高人民法院关于融资租赁合同司法解释理解与适用》，人民法院出版社2016年版，第216页。

第八条 【出租人瑕疵担保责任】 租赁物不符合融资租赁合同的约定且出租人实施了下列行为之一，承租人依照民法典第七百四十四条、第七百四十七条的规定，要求出租人承担相应责任的，人民法院应予支持：

（一）出租人在承租人选择出卖人、租赁物时，对租赁物的选定起决定作用的；

（二）出租人干预或者要求承租人按照出租人意愿选择出卖人或者租赁物的；

（三）出租人擅自变更承租人已经选定的出卖人或者租赁物的。

承租人主张其系依赖出租人的技能确定租赁物或者出租人干预选择租赁物的，对上述事实承担举证责任。

理解与适用

本条规定的是出租人承担租赁物瑕疵担保责任的情形。由于融资租赁交易中，租赁物是由承租人选择的，出租人在融资租赁交易中仅承担融资的功能，因此，出租人对租赁物的瑕疵担保免责是融资租赁合同一个重要特征。但也有例外情形，根据《民法典》第747条的规定，承租人依赖出租人的技能确定租赁物或者出租人干预选择租赁物的，出租人要对租赁物的瑕疵承担责任。本条司法解释对《民法典》第747条规定的出租人承担瑕疵担保责任的例外情形作了进一步明晰，具体列举了三种情形：一是出租人对租赁物的选定起决定作用的，一般性的推荐、介绍，未能对租赁物的选择起决定作用的，并不构成出租人承担瑕疵担保责任的法定情形；二是出租人干预或者要求承租人按照出租人的意愿选定出卖人或租赁物的，此种情形下，出租人干预承租人选择的主动性更强；三是出租人擅自变更承租人已经选定的出卖人或者租赁物的。

在融资租赁合同中，出租人瑕疵担保免责是原则，承担瑕疵担保责任是例外。承租人依赖出租人的技能确定租赁物或者出租人干预选择租赁物的事实多为承租人在要求出租人承担瑕疵担保责任时提出。按照"谁主张谁举证"的原则，既然承租人主张出租人承担瑕疵担保责任，就应当由承租人举证证明存在该项事实，在无证据证明出租人存在上述行为的情况下，出租人应当免责，只有在承租人有证据证明上述事实存在的情况下，才能要求出租人承担瑕疵担保责任。该条司法解释第2款明确规定上述事实的证明责任由承租人承担，符合民事诉讼法关于举证责任分配的原理，在实践中应予肯定。[1]

---

[1] 最高人民法院民法典贯彻实施工作领导小组主编：《中华人民共和国民法典合同编理解与适用（三）》，人民法院出版社2020年版，第1679页。

相关法律法规

1.《民法典》（2020 年 5 月 28 日）

第七百四十四条 【出租人不得擅自变更买卖合同内容】出租人根据承租人对出卖人、租赁物的选择订立的买卖合同，未经承租人同意，出租人不得变更与承租人有关的合同内容。

第七百四十七条 【租赁物瑕疵担保责任】租赁物不符合约定或者不符合使用目的的，出租人不承担责任。但是，承租人依赖出租人的技能确定租赁物或者出租人干预选择租赁物的除外。

2.《民事诉讼法》（2023 年 9 月 1 日）

第六十七条第一款 当事人对自己提出的主张，有责任提供证据。

相关司法解释

《最高人民法院关于适用〈中华人民共和国民事诉讼法〉的解释》（2022 年 4 月 1 日）

第九十条 当事人对自己提出的诉讼请求所依据的事实或者反驳对方诉讼请求所依据的事实，应当提供证据加以证明，但法律另有规定的除外。

在作出判决前，当事人未能提供证据或者证据不足以证明其事实主张的，由负有举证证明责任的当事人承担不利的后果。

第九十一条 人民法院应当依照下列原则确定举证证明责任的承担，但法律另有规定的除外：

（一）主张法律关系存在的当事人，应当对产生该法律关系的基本事实承担举证证明责任；

（二）主张法律关系变更、消灭或者权利受到妨害的当事人，应当对该法律关系变更、消灭或者权利受到妨害的基本事实承担举证证明责任。

第九条 【承租人逾期付租的责任】承租人逾期履行支付租金义务或者迟延履行其他付款义务，出租人按照融资租赁合同的约定要求承租人支付逾期利息、相应违约金的，人民法院应予支持。

理解与适用

本条规定承租人违反依约支付租金或者其他付款义务时出租人的求偿范围。本条解释主要规定承租人逾期付租所引发的责任。在融资租赁合同中，一般均会约定承租人逾期付租的，应当承担向出租人支付逾期利息或者违约金的责任，有的既约定了逾期利息，又约定了违约金。根据《民法典》第 585 条的规定，当事人可以约定一方违约时，应当根据违约情况向对方支付一定数额的违约金，也可以约定因违约产生的损失赔偿额的计算方法。故仅约定违约金或者仅约定逾期利息的，除约定的违约金或者逾期利息过分高于违约行为所造成的损失，且当事人请求人民法院适当减少的，人民法院均应予以支持。如果当事人在逾期利息之外，约定了独立的违约金，是否应予一并支持？根据《民法典》第 585 条的规定，违约责任的范围以损失为限，如果逾期违约金和逾期利息并未超过出租人的实际损失，对出租人要求按照约定，一并主张逾期利息和逾期付款违约金的，也应当予以支持。如逾期利息和逾期付款违约金之和过分高于出租人因逾期付款行为所遭受的损失的，承租人可以申请人民法院予以调整。①

✿ 相关法律法规

《民法典》（2020 年 5 月 28 日）

第五百八十五条 【违约金的约定】当事人可以约定一方违约时应当根据违约情况向对方支付一定数额的违约金，也可以约定因违约产生的损失赔偿额的计算方法。

约定的违约金低于造成的损失的，人民法院或者仲裁机构可以根据当事人的请求予以增加；约定的违约金过分高于造成的损失的，人民法院或者仲裁机构可以根据当事人的请求予以适当减少。

当事人就迟延履行约定违约金的，违约方支付违约金后，还应当履行债务。

✿ 相关司法解释

1.《最高人民法院关于适用〈中华人民共和国民法典〉合同编通则若干问题的解释》（法释〔2023〕13 号）

第六十四条 当事人一方通过反诉或者抗辩的方式，请求调整违约金的，人民法院依法予以支持。

违约方主张约定的违约金过分高于违约造成的损失，请求予以适当减少的，应当承担举证责任。非违约方主张约定的违约金合理的，也应当提供相应的证据。

当事人仅以合同约定不得对违约金进行调整为由主张不予调整违约金的，人民法院不予支持。

第六十五条 当事人主张约定的违约金过分高于违约造成的损失，请求予以适当减少的，人民法院应当以民法典第五百八十四条规定的损失为基础，兼顾合同主体、交易类型、合同的履行情况、当事人的过错程度、履约背景等因素，遵循公平原则和诚信原则进行衡量，并作出裁判。

约定的违约金超过造成损失的百分之三十的，人民法院一般可以认定为过分高于造成

---

① 最高人民法院民事审判第二庭编著：《最高人民法院关于融资租赁合同司法解释理解与适用》，人民法院出版社 2016 年版，第 287 页。

的损失。

恶意违约的当事人一方请求减少违约金的，人民法院一般不予支持。

第六十六条 当事人一方请求对方支付违约金，对方以合同不成立、无效、被撤销、确定不发生效力、不构成违约或者非违约方不存在损失等为由抗辩，未主张调整过高的违约金的，人民法院应当就若不支持该抗辩，当事人是否请求调整违约金进行释明。第一审人民法院认为抗辩成立且未予释明，第二审人民法院认为应当判决支付违约金的，可以直接释明，并根据当事人的请求，在当事人就是否应当调整违约金充分举证、质证、辩论后，依法判决适当减少违约金。

被告因客观原因在第一审程序中未到庭参加诉讼，但是在第二审程序中到庭参加诉讼并请求减少违约金的，第二审人民法院可以在当事人就是否应当调整违约金充分举证、质证、辩论后，依法判决适当减少违约金。

2.《最高人民法院关于审理民间借贷案件适用法律若干问题的规定》（2020年修正）

第二十九条 出借人与借款人既约定了逾期利率，又约定了违约金或者其他费用，出借人可以选择主张逾期利息、违约金或者其他费用，也可以一并主张，但是总计超过合同成立时一年期贷款市场报价利率四倍的部分，人民法院不予支持。

相关司法文件

1. 最高人民法院《关于当前形势下审理民商事合同纠纷案件若干问题的指导意见》（法发〔2009〕40号，2009年7月7日）

二、依法合理调整违约金数额，公平解决违约责任问题

5. 现阶段由于国内宏观经济环境的变化和影响，民商事合同履行过程中违约现象比较突出。对于双方当事人在合同中所约定的过分高于违约造成损失的违约金或者极具惩罚性的违约金条款，人民法院应根据合同法第一百一十四条第二款和最高人民法院《关于适用中华人民共和国合同法若干问题的解释（二）》（以下简称《合同法解释（二）》）第二十九条等关于调整过高违约金的规定内容和精神，合理调整违约金数额，公平解决违约责任问题。

6. 在当前企业经营状况普遍较为困难的情况下，对于违约金数额过分高于违约造成损失的，应当根据合同法规定的诚实信用原则、公平原则，坚持以补偿性为主、以惩罚性为辅的违约金性质，合理调整裁量幅度，切实防止以意思自治为由而完全放任当事人约定过高的违约金。

7. 人民法院根据合同法第一百一十四条第二款调整过高违约金时，应当根据案件的具体情形，以违约造成的损失为基准，综合衡量合同履行程度、当事人的过错、预期利益、当事人缔约地位强弱、是否适用格式合同或条款等多项因素，根据公平原则和诚实信用原则予以综合权衡，避免简单地采用固定比例等"一刀切"的做法，防止机械司法而可能造成的实质不公平。

8. 为减轻当事人诉累，妥当解决违约金纠纷，违约方以合同不成立、合同未生效、合同无效或者不构成违约进行免责抗辩而未提出违约金调整请求的，人民法院可以就当事人是否需要主张违约金过高问题进行释明。人民法院要正确确定举证责任，违约方对于违约金约定过高的主张承担举证责任，非违约方主张违约金约定合理的，亦应提供相应的证据。合同解除后，当事人主张违约金条款继续有效的，人民法院可以根据合同法第九十八条的规定进行处理。

2.《全国法院民商事审判工作会议纪要》（法〔2019〕254号，2019年11月8日）

49.【合同解除的法律后果】合同解除时，一方依据合同中有关违约金、约定损害赔偿的计算方法、定金责任等违约责任条款的约定，请求另一方承担违约责任的，人民法院依法予以支持。……

50.【违约金过高标准及举证责任】认定约定违约金是否过高，一般应当以《合同法》第113条①规定的损失为基础进行判断，这里的损失包括合同履行后可以获得的利益。除借款合同外的双务合同，作为对价的价款或者报酬给付之债，并非借款合同项下的还款义务，不能以受法律保护的民间借贷利率上限作为判断违约金是否过高的标准，而应当兼顾合同履行情况、当事人过错程度以及预期利益等因素综合确定。主张违约金过高的违约方应当对违约金是否过高承担举证责任。

3.《全国法院贯彻实施民法典工作会议纪要》（法〔2021〕94号，2021年4月6日）

11. 民法典第五百八十五条第二款规定的损失范围应当按照民法典第五百八十四条规定确定，包括合同履行后可以获得的利益，但不得超过违约一方订立合同时预见到或者应当预见到的因违约可能造成的损失。

当事人请求人民法院增加违约金的，增加后的违约金数额以不超过民法典第五百八十四条规定的损失为限。增加违约金以后，当事人又请求对方赔偿损失的，人民法院不予支持。

当事人请求人民法院减少违约金的，人民法院应当以民法典第五百八十四条规定的损失为基础，兼顾合同的履行情况、当事人的过错程度等综合因素，根据公平原则和诚信原则予以衡量，并作出裁判。约定的违约金超过根据民法典第五百八十四条规定确定的损失的百分之三十的，一般可以认定为民法典第五百八十五条第二款规定的"过分高于造成的损失"。当事人主张约定的违约金过高请求予以适当减少的，应当承担举证责任；相对人主张违约金约定合理的，也应提供相应的证据。

---

① 现为《民法典》第584条。《民法典》第584条规定："当事人一方不履行合同义务或者履行合同义务不符合约定，造成对方损失的，损失赔偿额应当相当于因违约所造成的损失，包括合同履行后可以获得的利益；但是，不得超过违约一方订立合同时预见到或者应当预见到的因违约可能造成的损失。"

4.《天津法院融资租赁合同纠纷案件审理标准》①（津高法发〔2017〕2 号，2018 年 4 月修订）

第 4.2.2 条　承租人欠付租金，出租人请求支付所有到期和未到期租金及相应的逾期利息、违约金的，支持已到期租金发生的逾期利息、违约金，不支持出租人主张提前到期租金部分从提前到期日次日开始计算逾期利息、违约金的主张。

第 4.5.1 条　承租人逾期支付租金的，支持出租人要求承租人支付逾期利息及相应违约金的主张。

第 4.5.2 条　根据公平原则和诚实信用原则衡量逾期利息、违约金是否过高，重点审查以下因素：（1）实际损失；（2）合同的履行情况；（3）当事人的过错程度；（4）预期利益。

第 4.5.3 条　逾期利息、违约金过高的举证责任分配符合以下原则：（1）违约方对于逾期利息、违约金约定过高的主张承担举证证明责任；（2）违约方首先提供对逾期利息、违约金约定公平性产生质疑的初步证据；（3）非违约方主张逾期利息、违约金约定合理的，提供相应的证据。

5.《天津市高级人民法院关于审理融资租赁合同纠纷案件若干问题的审判委员会纪要（一）》（津高法〔2019〕335 号，2019 年 12 月 30 日）

十一、未支付提前到期租金违约责任的认定

承租人未按照融资租赁合同的约定支付提前到期租金时，出租人主张承租人按照合同约定，支付自提前到期日次日至实际给付之日的逾期利息或者违约金的，予以支持。

6. 上海市高级人民法院《融资租赁合同纠纷类案办案要件指南》②（2020 年 5 月 18 日）

（一）（租金加速到期下）出租人可主张的费用范围

【审查要点】

如承租人未依约支付已到期租金，出租人根据合同约定主张承租人支付到期未付租金自逾期之日起至实际清偿之日的逾期利息或违约金的，应予支持。

如承租人未依约支付提前到期租金，出租人根据合同约定主张承租人支付提前到期租金自提前到期日至实际清偿之日的逾期利息或违约金的，应予支持。

如融资租赁合同中约定的逾期利息、违约金或两者之和过分高于出租人实际损失，承租人请求予以适当减少的，法院可依据违约金调整规则进行调整。

---

①　高憬宏主编：《人民法院司法标准化理论与实践（二）》，法律出版社 2018 年版，第 81–82 页。

②　茆荣华主编：《上海法院类案办案要件指南》（第 1 册），人民法院出版社 2020 年版，第 66~67 页、第 72 页。

【注意事项】

对于提前到期部分租金，出租人可否自加速到期日起主张逾期利息或违约金有争议。我们倾向性认为：对于融资租赁合同中违约金的计算基数，有约定的从其约定。约定的违约金如过分高于实际损失的，法院可依当事人的请求，根据违约金调整规则进行调整。

（二）（合同解除下）逾期利息和违约金的赔偿标准

【审查要点】

承租人逾期履行支付租金义务或者迟延履行其他付款义务，应当按照融资租赁合同的约定向出租人支付逾期利息、相应的违约金。在就未到期租金已主张损失赔偿的情况下，再行就未到期租金主张违约金、逾期利息等的，不予支持。

【注意事项】

如果约定的逾期利息与违约金过分高于出租人实际损失，应根据案件实际情况，考虑违约事实、实际损失、非违约方减损义务，适用公平原则平衡双方权利义务酌情予以调整。

相关国际公约

《租赁示范法》（2008年11月13日通过）

第二十二条　违约赔偿金

1. 若租约约定违约方因违约应向受损方支付特定数额或依特定方法计算出的数额，受损方有权主张该数额。

2. 该数额如极大地超过了违约所致损害，可以减少至合理的赔偿额。

3. 当事人不得减损或变更本条规定的效力。

相关典型案例

案例74　融资租赁合同中租金及违约金合理计算方式的确定[①]

【基本案情】

原告某融资租赁有限公司与被告某实业有限公司于2017年11月3日签订《融资租赁合同》，约定由原告根据被告某实业有限公司的要求和指定向被告某机械工业有限公司购买某品牌立式加工中心 VL-0855 型号 12 台、VC-1055 型号 12 台并出租给被告某实业有限公司使用，租赁期限为36个月，每期租金151201.39元。同日，原告与被告某实业有限公司、某机械工业有限公司签订《买卖合同》，以总价8384400元的价格向被告某机械工业有限公司购买租赁物。原告依约于2017年11月8日向被告某机械工业有限公司付清了购买租赁物的全部价款，被告某机械工业有限公司按时交付了租赁物。被告某实业有限

[①] 参见上海市浦东新区人民法院发布的《浦东法院涉自贸试验区融资租赁典型案例（2013年10月—2020年9月）》，载微信公众号"上海浦东法院"（2020年12月4日），https://mp.weixin.qq.com/s/hW8-z-dKycBngrPTeqQe1Q，最后访问时间：2024年8月8日。案号：上海市浦东新区人民法院（2019）沪0115民初47600号民事判决书。

公司于 2017 年 11 月 3 日签发《租赁物验收确认书》，确认租赁物已运抵被告某实业有限公司处且设备与租赁合同所附租赁物清单列明的设备一致，并验收合格。

2017 年 11 月 3 日，被告某机械工业有限公司、邓某、向某等分别向原告出具《担保函》，承诺为被告某实业有限公司履行《融资租赁合同》项下的全部付款义务承担连带保证责任。

被告某实业有限公司亦依据租赁合同的约定，自 2017 年 11 月 21 日起向原告支付租金，但自 2019 年 1 月 21 日开始，被告某实业有限公司未能按时向原告支付到期租金。2019 年 6 月 3 日，原告提起本案诉讼，要求被告某实业有限公司立即支付全部到期和未到期的未付租金、支付逾期付款违约金、为实现债权而产生的一切费用，并要求某机械工业有限公司、邓某等保证人承担连带清偿责任。

被告某机械工业有限公司、邓某辩称，对融资租赁关系无异议，但对违约金有异议，本案的租金已经包括利息部分，原告主张再按照年利率 24% 的标准计算违约金没有依据。

【裁判结果】

上海市浦东新区人民法院经审理后认为，原告与被告某实业有限公司签订的《融资租赁合同》系双方当事人的真实意思表示，涉案合同约定了明确的租赁物，内容不违反法律、行政法规的强制性规定，依法成立有效，当事人理应恪守。原告已依约向被告某机械工业有限公司购买并支付租赁物价款，并将租赁物交付给被告某实业有限公司，但被告某实业有限公司未按合同约定如期支付租金，已构成违约。根据约定，原告有权按照《融资租赁合同》的约定，宣布全部租金加速到期，并要求被告某实业有限公司支付全部未付租金、违约金等。

关于违约金的计算方式，根据《合同法》规定，融资租赁合同的租金根据购买租赁物的成本以及出租人合理利润确定，有别于一般借款合同中的本金和利息。同时，违约金具有补偿性和惩罚性，双方当事人可以进行约定，本案中《融资租赁合同》约定以到期未付租金为基数、按逾期利率、以实际逾期天数计算违约金，对此本院予以尊重。原告主张违约金以到期未付租金为基数、按年利率 24%、以实际逾期天数计算的违约金低于合同约定，被告亦未举证证明以此计算的违约金过分高于造成的损失，故原告关于违约金金额及计算方式具有合同依据，与法无悖，本院予以确认。综上所述，法院判决支持了原告的诉请。

【典型意义】

融资租赁作为一种传统方式以外的融资工具，在金融领域扮演着越来越重要的角色。在融资租赁合同中，合同双方通常会约定，当承租人逾期支付租金时，承租人应向出租人支付违约金。《最高人民法院关于审理融资租赁合同纠纷案件适用法律问题的解释》第 20 条[1]的规定："承租人逾期履行支付租金义务或者延迟履行其他付款义务，出租人按照融

---

[1] 现为 2020 年修正后的《最高人民法院关于审理融资租赁合同纠纷案件适用法律问题的解释》第 9 条。

资租赁合同的约定要求承租人支付逾期利息、相应违约金的，人民法院应予支持。"与一般租赁合同不同的是，融资租赁合同中的租金不仅是租赁物使用的对价，更是占用出租人融资款项、相关经营成本、经营利润的对价。因此，对于"融资租赁关系中租金已包含利息，再以未付租金为基数计算逾期违约金属于重复计算"的观点，法院不予支持。

本案判决体现了法院对融资租赁法律关系实质的把握，融资租赁中的租金构成应以出租人的融资成本与利润为基础，与传统租赁法律关系中的租金概念、民间借贷法律关系中的本金与利息性质上皆不相同。本案明确了融资租赁合同纠纷中，在合同双方约定的情况下，违约金的计算可依约以到期未付租金为基数的裁判标准，对类似案例具有示范意义，有助于平衡出租人与承租人之间的利益，促进融资租赁行业的健康发展。

案例 75　逾期租金违约金应当自每期逾期之日起计算，提前到期租金违约金自加速到期日起计算[①]

【裁判要旨】

在融资租赁合同纠纷案件中，出租人请求支付全部未付租金时，合同加速到期日为到期通知到达承租人之日；若出租人未经通知，而直接起诉要求加速到期，则以起诉状送达之日（或视为送达之日）确定为加速到期日。全部未付租金包括到期未付租金和未到期但因合同加速到期承租人应支付的租金，对这两部分租金，由于其性质不同、到期时间不同，在违约金计算时，应当分别对待：逾期租金违约金应自每期逾期之日计算；提前到期租金违约金自加速到期日起计算。

【基本案情】

原告某尚公司诉称：2018 年 11 月 29 日，某尚公司与王某玲签订《融资租赁合同》，约定某尚公司根据王某玲指示提供融资购买汽车一辆，出租给王某玲，并对融资金额、租期、租金、车辆所有权等进行约定。合同签订后，某尚公司依约支付了购车款，取得车辆所有权并如约将车辆出租给王某玲使用，但王某玲未支付租金，剩余租金 157788 元。王某玲已经构成违约，故某尚公司诉至法院，请求王某玲向某尚公司支付全部剩余租金及违约金。

被告王某玲未作答辩。

法院经审理查明：某尚公司（甲方/出租人）与王某玲（乙方/承租人）于 2018 年 11 月 29 日签订《融资租赁合同》及附件，约定甲方根据乙方的要求，购进乙方所选择并指定的租赁车辆出租给乙方使用。合同另约定：1. 租赁车辆所有权属于某尚公司，登记在某尚公司或其指定公司名下，租赁期届满，王某玲选择留购的，某尚公司或指定公司配合转移车辆登记至王某玲名下。2. 起租日为 2018 年 11 月 29 日，租赁期限为 36 期，每期租金 4383 元，租金支付日为每月 25 日，王某玲未支付合同及附件项下任何一期租金或其他应付款，某

[①] 参见《某尚普惠融资租赁（深圳）有限公司诉王某玲融资租赁合同纠纷案》（人民法院案例库，入库编号：2024-08-2-112-005）。

尚公司可以主张未到期租金提前到期并要求支付所有应付款、解除合同收回车辆。3. 王某玲未支付合同及附件项下任何一期租金或其他应付款，每延期一日，以逾期总额的0.5%支付违约金。4. 王某玲违约的，应承担某尚公司为实现债权所产生的律师费等。2018年11月29日，王某玲收到车辆。2020年11月16日，某尚公司向王某玲发出《租金支付催告函》，要求王某玲3日内支付逾期租金及滞纳金共计56979元，否则收回车辆、要求承担违约责任。

四川省成都市武侯区人民法院于2021年6月11日作出（2021）川0107民初11687号民事判决：一、王某玲于判决生效之日起十日内向某尚公司支付租金157788元及违约金（违约金计算方式：1. 以4383元为基数，从2018年12月至2021年4月每月25日起按照每日万分之四的标准计算至付清之日止；2. 以30681元为基数，从2021年5月9日起按照每日万分之四的标准计算至租金付清之日止）。二、王某玲于判决生效之日起十日内向某尚公司支付律师费2000元。一审判决后当事人未提起上诉，判决已发生法律效力。

【裁判理由】

法院生效裁判认为：

一、关于合同加速到期日如何确定的问题。"加速到期"通常出现在融资租赁合同、金融借款合同、分期付款买卖合同等合同约定中，但法律上对此没有明确规定。《民法典》第七百五十二条规定："承租人应当按照约定支付租金。承租人经催告后在合理期限内仍不支付租金的，出租人可以请求支付全部租金；也可以解除合同，收回租赁物。"从这条规定来看，"出租人可以请求全部支付租金"即为合同加速到期。融资租赁合同中，出租人收益的是租赁利润（租金总额减租赁成本），承租人的核心权利是期限利益。而融资租赁合同加速到期的制度本意在于，虽然租金履行期未届满，但承租人的行为足以对出租人造成现实损害或将导致履行期届满后无法清偿，此时合同加速到期，出租人可及时实现债权并避免债权长时间处于受侵害的危险状态。出租人主张加速到期，使尚未到期的租金全部到期，使承租人丧失了远期还款利益。加速到期制度是对交易双方利益的再平衡，体现了秩序与效率的制度价值，而加速到期日的确定更是体现这一制度价值的核心。

关于加速到期的通知义务，参照《民法典》在合同解除部分的规定。《民法典》第五百六十五条规定"当事人一方依法主张解除合同的，应当通知对方。合同自通知到达对方时解除；通知载明债务人在一定期限内不履行债务则合同自动解除，债务人在该期限内未履行债务的，合同自通知载明的期限届满时解除。对方对解除合同有异议的，任何一方当事人均可以请求人民法院或者仲裁机构确认解除行为的效力。当事人一方未通知对方，直接以提起诉讼或者申请仲裁的方式依法主张解除合同，人民法院或者仲裁机构确认该主张的，合同自起诉状副本或者仲裁申请书副本送达对方时解除"。基于法律适用的统一性，加速到期也宜采用通知到达方式，合同加速到期日为到期通知到达承租人之日。实践过程中，出租人多采取书面通知的形式，则以通知送达承租人的住所地、经常居住地或合同约定的地址视为送达。若出租人未经通知，而直接起诉要求加速到期，则以起诉状送达之日（或视为送达之日）确定为加速到期日。本案中，某尚公司在起诉前向王某玲发出《租金支付函》，诉讼中某尚公司主张，《租金支付函》中列明了限期履行时间，则以该期限届满时为合同加速到期日。法院认为，首先，函件中列明限期要求王某玲支付逾期租金，并无主张全部未付租金的意思表示；其次，函件表明指定期限内未履行的，则收回车辆，实在表明意欲解除合同，故《租金支付函》的送达并不直接导致合同加速到期。某尚公司在本案起诉状中主张全部未付租金，即为合同加速到期，且某尚公司已通过《租金支付函》的方式进行租金催缴，故本案以起诉状副本视为送达之日（即 2021 年 5 月 9 日），为合同加速到期日。

二、关于违约金计算方式问题。融资租赁合同纠纷中，出租人在主张支付全部未付租金时，通常会以全部未付租金为基数计算违约金。对此，法院认为，全部未付租金包括到期未付租金和本未到期但因合同加速到期承租人应支付的租金，对这两部分租金，由于其性质不同、到期时间不同，在违约金计算时，应分别对待。对于到期未付租金，承租人理应依据合同约定支付违约金，应注意的是，到期租金系分期到期，每期租金的到期时间不一致，宜分别计算违约金。对于提前到期的租金，符合合同约定的，可计收违约金。在租金未加速到期而是按照合同约定的各期租金到期日的情况下，如果承租人未到期之日支付该期租金，则应支付相应违约金。为平衡承租人与出租人的利益，对于加速到期的租金亦可参考租金自然到期情况下违约金的计算方式。同时，法律赋予出租人加速到期权利的目的在于督促承租人及时履行合同，保证出租人收回投资、避免损失进一步扩大，如果提前到期租金不计收违约金，则不利于督促承租人尽快履行支付义务，并可能存在出租人越早行使权利、损失弥补程度越低的情形，甚至出现出租人怠于行使主张合同加速到期的权利，这与非违约方具有防止损失扩大义务的法律规定相悖。本案中，王某玲逾期支付租金，按照合同约定应支付逾期付款违约金。对到期未付的租金违约金，从每期租金逾期之日起即每月 25 日起，以月租金即 4383 元为基数按照万分之四每日的标准计算至结清之日止；对提前到期的租金，从加速到期之日起，以加速到期租金 30681 元（4383 元×7 月）为基数计算违约金。

案例 76　承租人逾期付租的迟延利息上限标准可参照年利率 24% 确定[①]

【基本案情】

C 公司与 S 公司签订《融资租赁合同（回租）》，约定 C 公司为出租人、S 公司为承租人，合作模式为售后回租，S 公司将包括大红酸枝原木、缅甸花梨原木、紫檀原木等租赁物所有权转让给 C 公司，C 公司向 S 公司支付转让价款，S 公司从 C 公司处租回该租赁物并支付租金。上述《融资租赁合同（回租）》第 7 条第 3 项约定"承租人应向出租人支付的租金及其他费用，若有延付，则在延付期间应以应付未付款项金额为基数按本合同约定的利率及实际占用天数计算延付款项的资金占用利息，同时以应付未付款项金额为基数按逾期天数乘以万分之五计算并加收延迟利息起至全部应付款项付清之日止。"C 公司

[①] 参见广州市南沙区人民法院（广东自由贸易区南沙片区人民法院）2023 年 12 月发布的《融资租赁合同纠纷和商业保理合同纠纷案件审判白皮书》中的《融资租赁合同和商业保理合同纠纷典型案例》，载微信公众号"广州市南沙区人民法院"（2023 年 12 月 27 日），https://mp.weixin.qq.com/s/SUZs_KqCWOzM-1Se5Zuy5Q，最后访问时间：2024 年 8 月 8 日。

认为 S 公司未按合同约定全额支付最后一期的足额租金，故提起本案诉讼，要求偿付租金以及从起诉之日起至给付之日止按合同约定支付延迟利息。

【裁判结果】

法院认为，C 公司作为金融监管部门批准设立的融资租赁公司，其因融资租赁引发的纠纷，应参照适用金融机构的相关规定。《最高人民法院关于进一步加强金融审判工作的若干意见》第 2 条第 2 款"金融借款合同的借款人以贷款人同时主张的利息、复利、罚息、违约金和其他费用过高，显著背离实际损失为由，请求对总计超过年利率 24% 的部分予以调减的，应予支持，以有效降低实体经济的融资成本"的规定，C 公司主张的利息、复利、罚息、违约金和其他费用之和，不应超出年利率 24%。本案中 S 公司须支付手续费、融租租金，上述融租利息及手续费之和，未超出融租本金的年利率 24%，合法有效。但是，该《融资租赁合同（回租）》第 7 条第 3 项中约定，C 公司主张以融租本金及欠付租金为基数按年利率 30% 计付，显然超出了司法保护的上限，根据《最高人民法院关于进一步加强金融审判工作的若干意见》第 2 条第 2 款的规定，酌情调整延付违约金计付标准为年利率 24%。经审查及核算，S 公司现已付清案涉融租本金、利息及延付违约金，故驳回 C 公司的诉讼请求。

【典型意义】

不同于一般租赁合同，融资租赁合同中的租金不仅仅是租赁物使用的对价，也是占用出租人融资款项、经营成本、经营利润的对价，本案判决体现了法院对融资租赁法律关系的实质把握，也体现了法院严格依法规制高利贷，对融资租赁机构的不合理收费予以调整，支持经济主体的融资。

案例 77 对租金、违约金及其他费用总计超过承租人融资数额年利率 24% 部分的，不予支持①

【基本案情】

某融资租赁公司与具有个体经营资金需求的武某订立售后回租型融资租赁合同，融资租赁合同约定租赁物总价为 126000 元，融资总额为 104855 元，首付款为 25200 元，融资租赁期数为 36 个月，每期租金为 4275.67 元。武某同意将应付的租赁物价款中的 25200 元直接转为融资租赁首付款，剩余租赁物价款则由某融资租赁公司直接支付至武某指定的账户。合同签订后，某融资租赁公司向武某指定收款账户支付了租赁物价款 100800 元、GPS 升级费 2000 元。截至一审法庭辩论终结时，武某已支付 28 期租金，自第 29 期起未再支付，未付租金合计 34205.36 元。某融资租赁公司起诉请求判令武某支付全部未付租金，并按照年利率 15.4% 的标准支付违约金。

---

① 本案入选天津市第三中级人民法院 2024 年 12 月发布的《供应链金融纠纷典型案例》，载微信公众号"天津三中院"（2024 年 12 月 19 日），https://mp.weixin.qq.com/s/sbWUciMCBD0OKxQs1F4xqg?poc_token=HCuxc2ej2jAIOE040rzOpuJMc0Xwo3KA0DQDPg19，最后访问时间：2024 年 12 月 31 日。

【裁判结果】

天津自由贸易试验区人民法院认为，双方构成融资租赁合同关系，某融资租赁公司已经依约履行了合同项下的付款义务，并以占有改定方式向武某交付租赁物，武某应当按照合同约定的方式按期支付租金。在综合考虑案件情况的基础上，酌定将融资款项中的 GPS 费用在未付租金中予以扣减，并将违约金计算标准调减为以到期未付各期租金为基数，自逾期次日起至实际给付之日止，按照中国人民银行授权全国银行间同业拆借中心公布的一年期贷款市场报价利率计算。

天津市第三中级人民法院认为，融资租赁合同的租金，除当事人另有约定的以外，应当根据购买租赁物的大部分或者全部成本以及出租人的合理利润确定。结合《最高人民法院关于进一步加强金融审判工作的若干意见》的内容，对于融资租赁公司收取的租金以及复利、罚息、违约金和其他费用总计超过承租人融资数额年利率24%的部分不予支持。本案中，若以武某的实际融资数额为基数，按照年利率24%的标准和等额本息的方法计算，武某应付的租金总额明显低于合同约定的租金总额，即案涉融资租赁合同项下的租金、违约金及其他费用总计超过了承租人融资数额年利率24%，故对超过部分不予保护。因案涉租金已达司法保护上限，故对某融资租赁公司主张的违约金也不予支持。

【典型意义】

本案是以金融服务实体经济为金融审判的价值本源，依法否定融资租赁中融资综合费率超过司法保护上限约定效力的典型案例。虽然目前关于融资租赁综合费率上限问题尚无明文法律规定，但结合《最高人民法院关于进一步加强金融审判工作的若干意见》，人民法院应严格依法规制高利贷，有效降低实体经济的融资成本。本案遵循上述意见精神，否定案涉违约金约定效力，不仅降低了武某个体经营融资成本，也规范了直接服务实体经济的融资租赁融资模式，一定程度拓宽了实体经济的融资渠道。此外，本案裁判后，天津市第三中级人民法院主动延伸审判职能，向案涉某融资租赁公司发出司法建议书，要求其规范经营行为，妥善处理同类型纠纷，引导其回归实体经济，并抄送金融监管部门。金融监管部门高度重视，第一时间向某融资租赁公司发出《监管问询函》，并对整个行业做排查梳理。某融资租赁公司作出积极反馈，结合司法建议书内容进行内部核查和制度完善，并表示未来一定以规范的金融业务服务天津实体经济。本案是人民法院金融审判遵循金融规律，为经济和金融良性互动、健康发展提供有力司法保障支持的生动实践。

第十条 【承租人逾期付租时出租人的选择权】出租人既请求承租人支付合同约定的全部未付租金又请求解除融资租赁合同的，人民法院应告知其依照民法典第七百五十二条的规定作出选择。

出租人请求承租人支付合同约定的全部未付租金，人民法院判决后承租人未予履行，出租人再行起诉请求解除融资租赁合同、收回租赁物的，人民法院应予受理。

🔷 理解与适用

本条旨在明确承租人逾期付租时出租人的选择权。本条解释第1款主要解决对《民法典》第752条规定的理解问题。根据《民法典》第752条的规定，承租人违约，出租人可以要求支付全部租金；也可以解除合同，收回租赁物。根据该条规定，出租人可以在两种违约救济方式中进行选择。但出租人不能同时要求支付全部租金和解除合同、收回租赁物。其原因在于，给付全部租金的诉讼请求实际上是要求继续履行合同，仅是要求租金加速到期，而出租人如果同时要求解除合同、收回租赁物，则等于出租人同时选择了两个相互排斥的诉讼请求，有违民事诉讼法有关有明确的诉讼请求的人民法院受理案件的条件，故出租人只能择一行使。如果在诉请支付全部租金的同时，诉请解除合同、收回租赁物，属于无明确的诉讼请求，人民法院可以就此进行释明。如果释明后出租人仍不作出选择的，人民法院应当驳回起诉。

第2款规定的是出租人请求承租人支付全部租金但未能最终实现时，如何请求司法救济的问题。如果出租人请求承租人支付合同约定的全部租金，人民法院判决后承租人不予履行，出租人如何进行救济？此时如果出租人另行诉请解除融资租赁合同、收回租赁物的，人民法院应予受理。就前后两个诉请而言，其具体的诉讼请求是不同的，且第一个判决作出后，发生了新的事实，故此时出租人的前后两诉并不违反一事不再理原则，人民法院对第二个诉请仍然应当予以受理。①

🔷 相关法律法规

1.《民法典》（2020年5月28日）

第七百五十二条 【承租人支付租金的义务】承租人应当按照约定支付租金。承租人经催告后在合理期限内仍不支付租金的，出租人可以请求支付全部租金；也可以解除合同，收回租赁物。

2.《民事诉讼法》（2023年9月1日）

第一百二十二条 起诉必须符合下列条件：
（一）原告是与本案有直接利害关系的公民、法人和其他组织；
（二）有明确的被告；
（三）有具体的诉讼请求和事实、理由；
（四）属于人民法院受理民事诉讼的范围和受诉人民法院管辖。

---

① 最高人民法院民事审判第二庭编著：《最高人民法院关于融资租赁合同司法解释理解与适用》，人民法院出版社2016年版，第300~301页。

相关司法解释

《最高人民法院关于适用〈中华人民共和国民事诉讼法〉的解释》（2022年4月1日）

第二百四十七条 当事人就已经提起诉讼的事项在诉讼过程中或者裁判生效后再次起诉，同时符合下列条件的，构成重复起诉：

（一）后诉与前诉的当事人相同；

（二）后诉与前诉的诉讼标的相同；

（三）后诉与前诉的诉讼请求相同，或者后诉的诉讼请求实质上否定前诉裁判结果。

当事人重复起诉的，裁定不予受理；已经受理的，裁定驳回起诉，但法律、司法解释另有规定的除外。

第二百四十八条 裁判发生法律效力后，发生新的事实，当事人再次提起诉讼的，人民法院应当依法受理。

相关司法文件

1.《天津法院融资租赁合同纠纷案件审理标准》①（津高法发〔2017〕2号，2018年4月修订）

第2.4条 合同履行期未届满，出租人既请求支付合同约定的全部到期租金和未到期租金，又请求解除合同、收回租赁物，属于无明确的诉讼请求。进行释明后，出租人仍不作出选择的，裁定驳回起诉。

2.《天津市高级人民法院关于审理融资租赁合同纠纷案件若干问题的审判委员会纪要（一）》（津高法〔2019〕335号，2019年12月30日）

七、出租人的选择权及法律后果

出租人请求解除融资租赁合同，同时请求支付合同约定的全部未付租金，应释明出租人作出选择，出租人拒不作出选择的，应当裁定驳回起诉。出租人明确诉讼请求并再次提起诉讼的，应当依法受理。

出租人请求解除融资租赁合同，同时请求支付已到期未付租金，应当依法作出裁判。

3.上海市高级人民法院《融资租赁合同纠纷类案办案要件指南》②（2020年5月18日）

出租人同时提出解除合同收回租赁物和要求支付全部租金的诉请的，为避免出租人可能获得超出合同正常履行利益之外的双重赔偿，导致处理结果明显不公，法院应向出租人

---

① 高憬宏主编：《人民法院司法标准化理论与实践（二）》，法律出版社2018年版，第79页。

② 茆荣华主编：《上海法院类案办案要件指南》（第1册），人民法院出版社2020年版，第70页。

释明，告知出租人择其一行使权利，即出租人可请求法院判令承租人解除合同收回租赁物或支付全部租金，但不得同时提出此两项诉请。如果经法院释明后，出租人仍不作出选择的，人民法院应当驳回起诉。

相关典型案例

案例78　出租人不能既要求解除合同、收回租赁物又要求支付全部未付租金[1]

【案情】

李某与甲租赁公司签订融资租赁合同约定，根据李某的要求向乙公司购买挖掘机一台交李某承租使用。后甲租赁公司向乙公司购买了上述挖掘机并交付李某。因李某欠付租金，甲租赁公司诉至法院，请求判令：1. 解除融资租赁合同，李某返还租赁物；2. 要求李某支付到期及未到期租金共计155万元及罚息36万元。

【审判】

法院经审理认为，若解除合同收回租赁物之后，出租人还能主张所有未付租金，则可能因债务人无力支付的事实而获得超出合同正常履行可得利益之外的利益。故根据合同双方权利义务相一致的原则，现甲租赁公司与李某均同意解除合同，则甲租赁公司不能主张解除合同之后的未到期租金。至于若收回租赁物不能弥补其损失，则应当在评估或处置租赁物之后主张。

【解析】

出租人同时提出解除合同、收回租赁物和要求支付全部租金的诉请的，为避免出租人可能获得超出合同正常履行利益之外的双重赔偿，导致处理结果明显不公，法院应向出租人释明，告知出租人择其一行使权利。出租人可以根据承租人的履行能力和诚信情况，在一诉中作出最具债权实现可能的诉讼请求选择。若出租人选择主张解除合同、收回租赁物的，同时有权向承租人主张损失赔偿。若合同约定租赁期限届满后承租人以支付象征性价款取得租赁物所有权的，损失的范围应是全部未付租金及其他费用与收回租赁物价值的差额。

案例79　融资租赁中出租人诉讼请求的选择权[2]

【要旨】

承租人出现未按约支付租金等违约情形时，出租人对要求承租人支付到期租金并取回租赁物，或要求支付全部剩余租金具有选择权。

【案情】

2022年10月18日，原告甲融资租赁公司与被告乙公司签订《融资租赁协议》，约定甲融资租赁公司根据乙公司的指示购买相应设备，租赁给乙公司使用。在租赁期限结束

---

[1] 本案例为作者根据工作、研究经验，为具体说明相关法律问题，编辑加工而得。
[2] 本案例为作者根据工作、研究经验，为具体说明相关法律问题，编辑加工而得。

后，除非承租人在履行了全部合同义务后，租期届满时以100元的价格留购设备，否则所有设备所有权仍属于甲融资租赁公司。如发生承租人违约，出租人可以采取以下部分或全部补救措施：终止协议；宣布任何租赁协议项下所有到期款项立即支付并偿付约定迟延利息；在承租人违约日宣布自违约日之日起至期限届满之日的任何租赁项下全部未到期租金为到期应付；无须通知承租人即可进入设备所在地取回设备。合同履行过程中，乙公司发生拖欠租金的违约情形，甲融资租赁公司据此诉至法院，要求解除与乙公司签订的《融资租赁协议》，并要求乙公司支付截至2024年2月8日的到期租金206万余元，未到期租金188万余元（包括100元的留购款）及计算至2023年9月20日止违约金6万余元。

被告乙公司辩称，甲公司要求解除合同，乙公司作为承租人应将租赁物返还给甲公司，并对2023年9月20日后的剩余未到期租金不再支付。

【审判】

上海市黄浦区人民法院经审理认为，本案的争议焦点在于原告主张解除租赁合同后是否可向被告乙公司要求支付剩余未到期租金。本案中，承租人在接受原告租赁设备后，未依约支付租金，构成违约。根据《合同法》规定，承租人应当按照约定支付租金。承租人经催告后在合理期限内仍不支付租金的，出租人可以要求支付全部租金；也可以解除合同，收回租赁物。就本案融资租赁性质而言，出租人的目的并非获得租赁物的所有权，在承租人违约不履行租赁合同的情况下，出租人依合同赋予承租人优先购买租赁物的权利，按合同租赁期届满要求承租人以支付留购款较小代价方式取得租赁物所有权的主张于法不悖。据此，法院判决乙公司应于判决生效后十日内支付甲融资租赁公司到期租金206万余元和违约金6万余元、未到期租金188万余元；并支付租赁设备留购款100元，同时取得上述租赁设备的所有权。

【提示】

根据《民法典》第752条规定，承租人未按约支付租金时，出租人有权要求承租人支付全部租金或者要求承租人支付到期租金并收回租赁物两种处理方式。要求出租人对于收回全部租金和收回租赁物作出选择，虽有效避免了双重获利情形，却使出租人在追索利益时因选择的或然性，而导致最终获偿效果不同。因此，《最高人民法院关于审理融资租赁合同纠纷案件适用法律问题的解释》第10条第2款明确规定"出租人请求承租人支付合同约定的全部未付租金，人民法院判决后承租人未予履行，出租人再行起诉请求解除融资租赁合同、收回租赁物的，人民法院应予受理"，言下之意在于，出租人在诉讼时可以根据个案情形不同，首先选择一种诉讼策略，若不能获偿，待前案法律程序彻底终结后，可再行选择另一种诉讼策略。这种制度安排，其一避免了出租人在一案中双重获利的可能性，其二避免了出租人因为选择或然性致使债权落空风险加大的问题。由此又产生了关于要求支付全部租金或取回租赁物的选择权归属何方的问题。一般来说，除去售后回租的融资租赁形式，出租人向承租人提供的本质上是一种融资服务，其目的也是获得资金所带来的收益，而非获取租赁设备所有权。在承租人发生违约情形时，赋予出租人设备收回权，仅是为保障出租人的租金债权安全性。因此，承租人违约后，支付全部租金或取回租赁物两种处理方式的选择权应该归属出租人更合理。

案例 80 出租人在提起租金加速到期之诉后可再起诉要求解除融资租赁合同、收回租赁物①

【案情摘要】

2013 年 1 月 30 日，被告 W 公司为融通资金，与原告 Z 公司（诉讼中更名为 F 公司）签订《融资租赁合同》及《船舶买卖合同》，约定由 Z 公司以售后回租的方式出资购买原属 W 公司所有的 A 轮并回租给 W 公司使用。根据上述两份合同，Z 公司应支付给 W 公司船舶转让款 463.12 万元，Z 公司于 2013 年 1 月 31 日支付给 W 公司。同时根据《融资租赁合同》约定，Z 公司将船舶出租给 W 公司使用，并对相关事项进行了约定。W 公司接船后，未及时支付 2013 年 9 月后的租金，也未将船舶所有权证书等办理至 Z 公司名下，且未办妥融资租赁法定手续。2014 年 6 月 26 日，Z 公司曾起诉 W 公司要求确认该船舶的所有权并要求 W 公司支付 2014 年 7 月 1 日前的租金。2014 年 9 月 17 日，宁波海事法院作出民事判决书予以支持，该判决生效后 W 公司未按照判决履行支付租金的义务。Z 公司现诉至法院，请求立即解除其与 W 公司签订的《融资租赁合同》，W 公司立即向 Z 公司返还 A 轮。

【裁判要旨】

法院经审理认为，Z 公司与 W 公司订立的《融资租赁合同》《船舶买卖合同》系合同双方当事人的真实意思表示，合法有效，双方均应全面履行自己的合同义务。但经本院判决后，W 公司未履行支付租金的义务，Z 公司要求解除合同、返还租赁物，符合法律规定，判决予以支持。

【典型意义】

根据《合同法》第 248 条②之规定，承租人违约，出租人可以要求支付全部租金，也可以解除合同，收回租赁物。如果出租人请求承租人支付合同约定的全部租金，人民法院判决后承租人不予履行，此时若出租人另行诉请解除融资租赁合同、收回租赁物的，根据《最高人民法院关于融资租赁合同司法解释理解与适用》第 21 条第 2 款的规定，人民法院应予受理。就前后两诉而言，具体的诉讼请求并不相同，第一个判决作出后，发生了新的事实，故此时出租人的前后两诉并不违反一事不再理原则，人民法院对第二个诉请仍然应予受理。

---

① 参见宁波海事法院 2017 年 7 月发布的《宁波海事法院船舶融资租赁合同纠纷典型案例》，载微信公众号"宁波海事法院"（2017 年 7 月 13 日），https://mp.weixin.qq.com/s/dfdEcXB68oY2qtW4DQQbig，最后访问时间：2024 年 8 月 9 日。案号：宁波海事法院（2015）甬海法台商初字第 422 号民事判决书。

② 现为《民法典》第 752 条。

案例 81 法院判决承租人支付合同约定的租金但承租人未履行的，出租人可再行起诉请求解除租赁合同、收回租赁物①

【基本案情】

2015年，上海某公司与青岛某公司签订《回租租赁合同》，约定上海某公司将一套设备作为租赁物出租给青岛某公司使用。该《回租租赁合同》签订当日，上海某公司作为债权人与保证人青岛某酒业公司、程某、邵某共同签订了《保证合同》，对保证责任的承担作出约定。合同签订后，上海某公司依约交付租赁物。合同履行过程中，因青岛某公司违约迟延支付租金，保证人未按约履行各自的合同义务，上海某公司将青岛某公司、青岛某酒业公司、程某、邵某诉至上海市浦东新区人民法院，请求青岛某公司支付全部到期和未到期租金、违约金、律师费等，保证人承担连带清偿责任。上海市浦东新区人民法院经审理后支持了上海某公司的诉讼请求。该判决生效后，因青岛某公司、青岛某酒业公司、程某、邵某未履行判决确认的义务，上海某公司向法院申请强制执行。经法院执行，上海某公司共收到部分执行案款。2017年，案外人以青岛某公司不能清偿到期债务，且资产不足以清偿所有债务为由，向法院申请青岛某公司进行破产清算，上海某公司向青岛某公司的破产管理人申报了破产债权。后青岛市城阳区人民法院作出民事裁定，对《青岛某公司破产财产分配方案》予以认可。2020年，上海某公司向青岛市城阳区人民法院提起诉讼，请求解除与青岛某公司签订的《回租租赁合同》，青岛某公司返还租赁物并赔偿损失，保证人承担连带清偿责任。后明确诉讼请求为解除《回租租赁合同》，租赁物拍卖所得的价款归上海某公司所有。

【裁判理由与结果】

法院经审理认为，根据《民法典》第752条规定：承租人应当按照约定支付租金。承租人经催告后在合理期限内仍不支付租金，出租人可以请求支付全部租金；也可以解除合同，收回租赁物。《最高人民法院关于审理融资租赁合同纠纷案件适用法律问题的解释》第10条第2款规定：出租人请求承租人支付合同约定的全部未付租金，人民法院判决后承租人未予履行，出租人再行起诉请求解除租赁合同、收回租赁物的，人民法院应予受理。上海某公司已就到期和未到期的全部租金以及违约金、律师费、担保权利等向上海法院提起了诉讼，其债权已在民事判决中得到确认。判决生效后，上海某公司通过执行程序、债权债务抵消、保证金抵消、破产债权分配等方式，债权得到部分清偿。青岛某公司未足额履行在先判决确定的义务，上海某公司要求解除《回租租赁合同》并收回租赁物拍卖所得的价款，其主张符合法律规定。另一方面，上海某公司与青岛某公司签订的《回租租赁合同》第12.2条约定：在租赁期限届满且青岛某公司履行完毕合同规定的全部义务后的十五个工作日内，上海某公司应向青岛某公司出具《所有权转让证明书》，租赁物

---

① 参见青岛市中级人民法院2024年1月发布的《青岛市中级人民法院金融审判典型案例（2014-2023）》，载微信公众号"青岛中院"（2024年1月3日），https://mp.weixin.qq.com/s/TcszcDvgo0xnCffKAWZ1sw，最后访问时间：2024年8月6日。

所有权自《所有权转让证明书》签发之日起由上海某公司转移至青岛某公司。现青岛某公司未履行完毕合同义务，上海某公司并未出具《所有权转让证明书》，因此租赁物所有权并非归青岛某公司所有。《回租租赁合同》第7.2.4条亦约定在青岛某公司发生破产或清算时，租赁物不得作为破产或清算财产处置。因此，虽然青岛某公司已进入破产程序，但案涉租赁物不属于青岛某公司的清算财产。上海某公司要求解除《回租租赁合同》并收回租赁物拍卖所得的价款，应当予以支持。上海某公司提起诉讼，请求解除合同、收回租赁物拍卖所得的价款，是基于法院作出在先判决后，承租人不履行在先判决确定的义务这一新的事实。故本案为基于新的事实而产生的纠纷，本案判决的效力替代在先判决。

【点评】

《最高人民法院关于审理融资租赁合同纠纷案件适用法律问题的解释》第10条第2款规定：出租人请求承租人支付合同约定的全部未付租金，人民法院判决后承租人未予履行，出租人再行起诉请求解除租赁合同、收回租赁物的，人民法院应予受理。融资租赁合同纠纷中，出租人虽通过法院判决对剩余未付租金进行了确认，但承租人并未履行的，出租人另行起诉要求解除合同、收回租赁物，并不违反合同约定和法律规定。出租人通过执行程序、债权债务抵消、保证金抵消、破产债权分配等方式，债权仅得到部分清偿，且承租人客观上对于剩余租金债权无力清偿。因此，出租人要求解除合同、收回租赁物具备事实和法律依据。对该诉讼，人民法院应予受理。若该诉请能够得到支持，需避免承租人被双重执行。第二个诉讼是基于法院作出在先判决后，承租人不履行在先判决确定的义务这一新的事实而产生的纠纷，故该判决的效力替代在先判决。

案例82　出租人在已经收回租赁物的情况下，不能再同时要求承租人支付全部未付租金[①]

【基本案情】

W公司与陈某签订《汽车融资租赁（回租）合同》，约定W公司将车辆通过售后回租型的融资租赁方式出租给陈某使用。W公司按陈某要求将融资款支付至汽车销售公司账户以占有改定方式交付车辆。在合同履行中，因陈某出现多次逾期，W公司先行回收车辆，之后向陈某发出《合同加速到期通知书》，W公司提出诉请要求陈某支付全部剩余租金及逾期违约金、支付车辆留购款、要求对车辆的拍卖变卖所得价款优先受偿等。

【裁判结果】

法院认为，W公司选择收回租赁车辆，可见以其实际行动表明不再履行案涉合同，其收回车辆的行为已包含解除合同的意思表示；根据《合同法》第248条[②]、《最高人民

[①] 参见广州市南沙区人民法院（广东自由贸易区南沙片区人民法院）2023年12月发布的《融资租赁合同纠纷和商业保理合同纠纷案件审判白皮书》中的《融资租赁合同和商业保理合同纠纷典型案例》，载微信公众号"广州市南沙区人民法院"（2023年12月27日），https://mp.weixin.qq.com/s/SUZs_KqCWOzM-1Se5Zuy5Q，最后访问时间：2024年8月9日。

[②] 现为《民法典》第752条。

法院关于审理融资租赁合同纠纷案件适用法律问题的解释》第 21 条①的规定，对于支付全部未付租金和解除合同，融资租赁合同的出租人只能择一主张。案涉融资租赁合同已经解除，W 公司又要求支付全部未付租金属于要求继续履行合同，不予支持；如认为其基于合同提前解除存在损失且其收回的租赁物价值不足以弥补其损失，其可以另行诉讼或者通过其他法律途径救济，综上驳回 W 公司的全部诉讼请求。

【典型意义】

本案为出租人同时行使租赁物取回权及租金收取权利的典型案例。融资租赁合同纠纷中，当承租人违约，欠付或逾期支付租金的情况下，出租人只能就支付全部租金与解除合同收回租赁物两种救济途径择一行使。出租人已经解除合同收回租赁物又同时要求支付全部租金，可能获得超出合同正常履行利益之外的双重赔偿，导致出租人获得远高于合同正常履行情况下所获利益，对于承租人有失公平。故如出租人就此同时提出诉请的，法院应主动释明并要求出租人作出选择。出租人可以根据承租人的履行能力和诚信情况，择一作出最具债权实现可能的诉讼请求。在本案出租人已选择解除合同收回租赁物的情况下，其可就损失要求赔偿，但不能同时要求支付全部未付租金。

案例 83　出租人选择要求支付租金即视为放弃租赁物②

【案情摘要】

原告 R 公司与被告 Z 海运公司及 Z 控股公司等签订融资租赁合同，约定：R 公司根据 Z 海运公司的选择，向船舶建造人订购一艘 2.5 万载重吨散货船，出租给 Z 海运公司，租赁期限 84 个月，租赁物总价款 9000 万元，月租利率 5.1167‰，服务费 432 万元，保证金 1800 万元，名义货价 45 万元。第一期租金支付日定于起租日所在月第 1 个月之 15 日，以后每个月对应日支付一期租金，共 84 期，若 Z 海运公司迟延支付租金，应按日支付违约金，任何一期租金拖欠 15 日以上或出现第二次租金延付，R 公司可以要求 Z 海运公司立即支付全部到期租金、未到期租金及其它应付款项。Z 控股公司等自愿作为保证人在融资合同上签字。同日，R 公司与 Z 船业公司签订《船舶建造合同》。上述两份合同签订后，R 公司与 Z 海运公司等签订了若干补充协议，主要就保证金调整为最后支付的预付租金及租金支付计划进行了补充约定。船舶建成后，命名为 A 轮，已依约交付给 Z 海运公司经营，并于 2015 年 7 月 21 日办理了所有权人为 R 公司、光租人为 Z 海运公司的船舶登记证书。但 Z 海运公司未按约支付租金，共有 2015 年 8 月、9 月、11 月、12 月四期租金未付，

---

① 现为 2020 年 12 月修正后的《最高人民法院关于审理融资租赁合同纠纷案件适用法律问题的解释》第 10 条。

② 参见宁波海事法院 2017 年 7 月发布的《宁波海事法院船舶融资租赁合同纠纷典型案例》，载微信公众号"宁波海事法院"（2017 年 7 月 13 日），https：//mp.weixin.qq.com/s/dfdEcXB68oY2qtW4DQQbig，最后访问时间：2024 年 8 月 9 日。案号：宁波海事法院（2016）浙 72 民初 75 号民事判决书。

其余被告作为连带责任担保人也未能履行保证义务。R 公司现诉至法院，请求判令 Z 海运公司立即支付已到期租金 1596937.92 元、逾期付款违约金 72697.78 元、未到期租金 50347019.89 元和名义货价 45 万元，Z 控股公司等对 Z 海运公司的上述债务承担连带支付责任。

【裁判要旨】

法院经审理认为，原告 R 公司与各被告签订的《船舶建造合同》《融资租赁合同》及相关补充协议系各方当事人真实意思表示，内容合法，应确认有效，各方均应按约履行。Z 海运公司拖欠租金的行为显属违约，R 公司依约有权要求 Z 海运公司立即支付到期租金、逾期付款违约金、未到期租金、名义货价，并承担为实现债权而支出的诉讼费用、律师代理费和其他费用。Z 海运公司应支付的到期租金为 1596937.92 元，并应依合同约定按日万分之五支付违约金，按未到期全部租金 68347019.89 元与保证金 18000000 元的差额支付未到期租金 50347019.89 元。Z 控股公司、Z 船业公司、朱某、胡某应就上述债务对 R 公司承担连带保证责任。

【典型意义】

承租人逾期支付租金，且符合解除合同条件的，出租人可以选择要求承租人立即给付全部租金，这里的全部租金，既包括到期未付租金，也包括未到期租金。在融资租赁合同中，租金不是承租人占用、使用租赁物的对价，而是出租人购买租赁物的成本、费用及基本经营利润的对价。因此，在出租人请求承租人支付全部租金的前提下，在利润总量上，出租人已经收回了其投入的全部成本，其不能同时主张租赁物的所有权，否则将导致出租人双重受偿。故出租人选择要求支付全部租金，等于放弃了租赁物，在此情形下，租赁物仍然应当由承租人继续占有、使用。

第十一条　【提前解约的损失赔偿】出租人依照本解释第五条的规定请求解除融资租赁合同，同时请求收回租赁物并赔偿损失的，人民法院应予支持。

前款规定的损失赔偿范围为承租人全部未付租金及其他费用与收回租赁物价值的差额。合同约定租赁期间届满后租赁物归出租人所有的，损失赔偿范围还应包括融资租赁合同到期后租赁物的残值。

理解与适用

本条及本司法解释第十二条共同对融资租赁合同因承租人违约而解除时的法律后果及损失赔偿作出了规范。承租人违约导致融资租赁合同解除时，赔偿出租人的损失应以弥补出租人的可得利益损失为限，按照合同正常履行情况下出租人能够获得的合同利益作为赔偿标准，即全部未付租金及其他费用。需要注意的是，取回的租赁物价值应与出租人的损失进行抵扣，以避免出租人因主张赔偿而获得额外利益。租赁物的价值可以按照本司法解释第十二条规定的方式确定。①

❖ 相关法律法规

《民法典》（2020年5月28日）

第七百五十八条第一款 【承租人请求部分返还租赁物价值】当事人约定租赁期限届满租赁物归承租人所有，承租人已经支付大部分租金，但是无力支付剩余租金，出租人因此解除合同收回租赁物，收回的租赁物的价值超过承租人欠付的租金以及其他费用的，承租人可以请求相应返还。

❖ 相关司法解释

1.《最高人民法院关于审理融资租赁合同纠纷案件适用法律问题的解释》（法释〔2014〕3号，2020年修正）

第五条 有下列情形之一，出租人请求解除融资租赁合同的，人民法院应予支持：

（一）承租人未按照合同约定的期限和数额支付租金，符合合同约定的解除条件，经出租人催告后在合理期限内仍不支付的；

（二）合同对于欠付租金解除合同的情形没有明确约定，但承租人欠付租金达到两期以上，或者数额达到全部租金百分之十五以上，经出租人催告后在合理期限内仍不支付的；

（三）承租人违反合同约定，致使合同目的不能实现的其他情形。

2.《最高人民法院关于适用〈中华人民共和国民法典〉合同编通则若干问题的解释》（法释〔2023〕13号）

第六十三条 在认定民法典第五百八十四条规定的"违约一方订立合同时预见到或者应当预见到的因违约可能造成的损失"时，人民法院应当根据当事人订立合同的目的，综合考虑合同主体、合同内容、交易类型、交易习惯、磋商过程等因素，按照与违约方处于相同或者类似情况的民事主体在订立合同时预见到或者应当预见到的损失予以确定。

除合同履行后可以获得的利益外，非违约方主张还有其向第三人承担违约责任应当支出的额外费用等其他因违约所造成的损失，并请求违约方赔偿，经审理认为该损失系违约一方订立合同时预见到或者应当预见到的，人民法院应予支持。

在确定违约损失赔偿额时，违约方主张扣除非违约方未采取适当措施导致的扩大损失、非违约方也有过错造成的相应损失、非违约方因违约获得的额外利益或者减少的必要支出的，人民法院依法予以支持。

---

① 最高人民法院民事审判第二庭编著：《最高人民法院关于融资租赁合同司法解释理解与适用》，人民法院出版社2016年版，第312页。

相关司法文件

1.《天津法院融资租赁合同纠纷案件审理标准》[①]（津高法发〔2017〕2号，2018年4月修订）

第4.3.2条 承租人逾期支付租金，出租人请求解除合同，同时请求收回租赁物并赔偿损失的，损失赔偿范围为承租人全部未付租金及其他费用与收回租赁物价值的差额。合同约定租赁期限届满后租赁物归出租人所有的，损失赔偿范围包括融资租赁合同到期后租赁物的残值。

第4.3.3条 承租人逾期支付租金，出租人请求解除合同并支付已到期的租金，承租人经催告后在合理期限内仍未履行的，已到期租金计算至合同解除时，合同解除后，租金不再计算。

2.《天津市高级人民法院关于审理融资租赁合同纠纷案件若干问题的审判委员会纪要（一）》（津高法〔2019〕335号，2019年12月30日）

八、出租人提前解约的损失赔偿范围

出租人请求解除融资租赁合同，同时请求收回租赁物并赔偿损失，收回的租赁物的价值超过承租人欠付的租金以及其他费用时，当事人约定租赁期间届满租赁物归承租人所有的，承租人主张返还超出部分的价值，予以支持；当事人约定租赁期间届满租赁物归出租人所有的，或者依据《中华人民共和国合同法》第二百五十条[②]的规定认定租赁物归出租人所有的，承租人主张返还超出部分的价值，不予支持。

3. 上海市高级人民法院《融资租赁合同纠纷类案办案要件指南》[③]（2020年5月18日）

出租人主张解除合同收回租赁物的，不能同时要求承租人支付全部租金，但有权向承租人主张损失赔偿。若合同约定租赁期限届满后承租人以支付象征性价款取得租赁物所有权的，损失的范围应是全部未付租金，包括到期未付租金及其逾期利息、违约金和未到期租金，以及其他费用与收回租赁物价值的差额。

已到期租金的计算取决于双方合同解除的时间，合同解除后，租金即不应再行计算。

【审查要点】

已到期租金的计算取决于双方合同解除的时间，合同解除后，租金即不应再行计算。

[①] 高憬宏主编：《人民法院司法标准化理论与实践（二）》，法律出版社2018年版，第82页。

[②] 现为《民法典》第757条。该条规定：出租人和承租人可以约定租赁期限届满租赁物的归属；对租赁物的归属没有约定或者约定不明确，依据本法第五百一十条的规定仍不能确定的，租赁物的所有权归出租人。

[③] 茆荣华主编：《上海法院类案办案要件指南》（第1册），人民法院出版社2020年版，第70页。

在生效判决确定的租赁合同解除之日或双方同意的解除日之前的已经到期租金，出租人均有权主张。合同解除后，承租人继续占有租赁物，应赔偿相应的损失。

在承租人仅剩一期或少部分租金未付的情况下，若租赁物残值高于剩余租金和出租人损失或违约金部分的，超过部分应予以返还承租人，若低于，则出租人可取得租赁物所有权。

只有出租人收回租赁物的所得小于或等于出租人的租金债权的部分时，租赁物才归出租人所有，超出租金债权部分，是出租人多得的利益，应返还给承租人，或者充作承租人支付的损害赔偿金，不足部分仍应由承租人清偿。

【注意事项】

出租人因收回租赁物所得到的，无论按所评估的公允价值，还是按公开拍卖的实际所得，都不直接归出租人所有。这一所得必须与出租人这时的租金债权，即承租人尚未付清的租金及费用作比较。

……

对于因合同解除产生的损失赔偿，有约定的从约定，没有约定的，解除只向将来发生效力，违约方应当赔偿另一方因违反合同受到的损失。解除溯及既往，违约方应当支付受害方因订立合同、准备履行合同和因恢复原状而支出的费用。损害赔偿额应当包括合同履行后可以获得的利益，但不得超过违反合同一方订立合同时预见到或者应当预见到的因违反合同可能造成的损失。

对于因违约产生的损害赔偿金额包括实际利益损失和可得利益损失。可得利益损失是指订立合同时预见到或者应当预见到的因违反合同可能造成的损失。

相关典型案例

案例 84　融资租赁合同解除后损失赔偿范围的认定[①]

【基本案情】

甲公司与小微企业主田某签订《融资租赁合同》，甲公司根据田某对卖方、租赁物的要求和选择，同意支付价款购进挖掘机给田某使用，约定单价为 530 万元，租赁期限为 60 个月，并约定每月支付设备本金及租赁费。田某支付了第一期设备本金及租赁费后无力还款，双方于 2017 年 12 月 7 日签订《终止协议》，挖掘机于 2017 年 12 月 21 日返还给甲公司。甲公司起诉至法院，请求判令田某支付截至挖掘机返还之日的到期未付租金共计 4533895.89 元及相应的滞纳金、违约金等。案件审理过程中，经对挖掘机在收回之日的剩余价值进行评估，确定当时剩余价值为 3704577 元。

【裁判结果】

广州市中级人民法院二审审理后认为，甲公司在解除合同、收回租赁物后的损失应为

[①] 参见广州市中级人民法院 2022 年 1 月发布的《中小微企业涉金融纠纷十大典型案例》，载微信公众号"广州市中级人民法院"（2022 年 1 月 20 日），https://mp.weixin.qq.com/s/LaNgrTeNn2sSefeOQVP--w，最后访问时间：2024 年 8 月 7 日。

全部未付租金及其他费用与收回挖掘机价值的差额，判决田某向甲公司支付租金损失3454743.06元以及迟延履行金。

【法律指引】

《最高人民法院关于审理融资租赁合同纠纷案件适用法律问题的解释》第22条①规定："出租人依照本解释第十二条②的规定请求解除融资租赁合同，同时请求收回租赁物并赔偿损失的，人民法院应予支持。前款规定的损失赔偿范围为承租人全部未付租金及其他费用与收回租赁物价值的差额。合同约定租赁期间届满后租赁物归出租人所有的，损失赔偿范围还应包括融资租赁合同到期后租赁物的残值。"据此，甲公司在解除案涉合同、收回案涉租赁物后，有权主张田某赔偿其损失，但其赔偿损失请求范围应当与租赁物的取回一并考虑。承租人违约导致融资租赁合同解除时，赔偿出租人的损失应以弥补出租人的可得利益损失为限，按照合同正常履行情况下出租人能够获得的合同利益作为赔偿标准，即全部未付租金及其他费用。对已经取回的租赁物价值，应与出租人的损失进行抵扣，以避免出租人因主张赔偿而获得额外利益。本案中的其他费用，按照《合同法》关于可得利益"不得超过违反合同一方订立合同时预见到或者应当预见到的因违反合同可能造成的损失"的规定，应确定为田某逾期履行合同的迟延履行金。故甲公司的损失赔偿范围应确定为双方移交租赁物之日田某全部未付租金及其他费用与收回租赁物价值的差额。甲公司要求田某支付逾期租金和支付相应按照年利率24%的迟延履行金，该两项费用计算至本案二审期间已经高达900余万元，而甲公司已经取回了租赁物，取回时评估价值370余万元，这一主张无疑将导致甲公司的双重受偿和作为小微企业主田某的双重损失，从利益衡量的角度，显然有违公平原则，就法律适用而言，亦与上述司法解释的规定不符，法院不予支持。

案例85 因租赁物收回时的价值无法确定，出租人主张赔偿损失的诉求不能得到支持③

【基本案情】

2022年1月26日，某融资租赁有限公司作为出租人与承租人杨某签订《车辆融资租赁合同》，约定租赁方式为融资性售后回租，租赁物购买价为14.2万元，租赁期限为36个月，租金总价为165069.98元等条款，并约定若承租人违约，出租人可以采取必要措施取回车辆且要求承租人赔偿出租人全部损失。租赁期间，因承租人杨某仅支付了三个月租金后未再支付租金，某融资租赁有限公司遂根据合同约定于2022年6月自行收回租赁车

---

① 现为2020年修正后的《最高人民法院关于审理融资租赁合同纠纷案件适用法律问题的解释》第11条。

② 现为《民法典》第753条以及2020年修正后的《最高人民法院关于审理融资租赁合同纠纷案件适用法律问题的解释》第5条。

③ 参见成渝金融法院2024年2月发布的《成渝金融法院典型案例》，载微信公众号"成渝金融法院"（2024年2月2日），https：//mp.weixin.qq.com/s/gFTLtPZ1KqHsot65yJJbCg，最后访问时间：2024年8月8日。

辆。2023 年 8 月某融资租赁有限公司向一审法院起诉，要求解除融资租赁合同、由承租人支付全部租金及违约金，以租赁车辆拍卖、变卖、折价所得价款优先受偿。关于收回车辆后的处置情况，某融资租赁有限公司在一审中称车辆尚停放在公司控制的场地，二审中称已于 2022 年 6 月单方面将车辆处置，处置价为 5.08 万元，杨某对此不予认可。

【裁判结果】

一审法院判决双方合同解除，并驳回某融资租赁有限公司其他诉讼请求，某融资租赁有限公司提起上诉。成渝金融法院审理认为，某融资租赁有限公司应就其收回的租赁物价值与杨某全部未付租金及其他费用之间进行抵扣，以确定该公司实际损失。本案中，某融资租赁有限公司对其收回的租赁物情况在一、二审中的陈述不一致，且均不能提供相应证据证明。基于现有在案证据，亦无法对案涉租赁物收回时的价值进行准确评估。由于某融资租赁有限公司对其诉请的损失不能举证证明，应承担举证不能的不利后果，遂判决驳回上诉，维持原判。

【典型意义】

本案是关于出租人解除融资租赁合同并收回租赁物后如何确定损失的典型案例。融资租赁合同履行过程中，在承租人未依约支付租金的情况下，出租人依法解除合同并收回租赁物后，继续向承租人主张赔偿租金损失的，出租人应就该损失客观存在以及损失大小承担举证责任。由于融资租赁合同中的出租人对租赁物享有的权利实质为担保物权，出租人应就其收回的租赁物价值与全部未付租金及其他费用之间进行抵扣，以确定其实际损失。出租人不能证明收回租赁物的价值，无法进一步证明其主张的损失客观存在的，应承担举证不能的不利后果。该损失确定规则的明确，有效避免了出租人在解除合同后既提前收回租赁物又获得全部租金的不公平结果，平衡保护了双方当事人的合法权益。同时也有利于引导出租人在依法解除合同收回融资租赁物后，及时采取清算等方式确定损失范围，避免因举证不能而导致权利受损。

案例 86　承租人可反诉要求出租人返还租赁物残值超出欠付租金及其他费用的部分①

【基本案情】

原告某汽车租赁（上海）有限公司（作为出租方）与被告某信息科技有限公司（作为承租方）、被告韩某（作为连带保证人）签订《车辆融资租赁合同》，约定租赁期间自 2016 年 8 月 2 日起至 2019 年 8 月 1 日止，共 36 期，租赁车辆标的为上汽大通 V80 汽车一台，每月租金 7000 元。租赁车辆于承租方向出租方付清全部租金及其他依本合同应缴纳于出租方的费用，并再向出租方支付租赁车辆的留购价 50000 元及转让所有权相关费用

---

① 参见上海市浦东新区人民法院发布的《浦东法院涉自贸试验区融资租赁典型案例（2013 年 10 月—2020 年 9 月）》，载微信公众号"上海浦东法院"（2020 年 12 月 4 日），https://mp.weixin.qq.com/s/hW8-z-dKycBngrPTeqQe1Q，最后访问时间：2024 年 8 月 5 日。案号：上海金融法院（2020）沪 74 民终 300 号民事判决书。

后,租赁车辆所有权(不含牌照)归承租方。承租方违反本合同约定,出租方有权向承租方要求支付违约金,违约金按照未到期总租金的10%计算,此项违约金条款适用任何违约行为,且可与其他违约责任一并适用。

2016年8月8日,原告向被告某信息科技有限公司交付涉案租赁车辆。合同履行过程中,被告某信息科技有限公司因业务变化不再需要使用涉案车辆,故向原告提出解除合同。2018年4月2日,原告业务员将涉案租赁车辆取回原告处。

2019年5月,原告某汽车租赁(上海)有限公司向法院提出诉讼,要求被告某信息科技有限公司向原告支付全部未付租金、违约金、滞纳金、留购价款等,并要求保证人承担连带责任。反诉原告某信息科技有限公司认为自己无须承担违约责任,要求判令反诉被告某汽车租赁(上海)有限公司退还租赁物价值差额。案件审理中,法院委托评估机构对涉案车辆进行评估,车辆市场价值在评估基准日2018年4月2日的评估价值为117000元。

【裁判结果】

上海市浦东新区人民法院认为,原告与被告某信息科技有限公司、韩某之间签订的《车辆融资租赁合同》均为本案当事人的真实意思表示,融资租赁合同关系及保证合同关系均依法成立有效,各方当事人理应恪守。被告某信息科技有限公司在合同正常履行的过程中无故提出解除合同,应承担相应的违约责任、赔偿原告的损失。关于具体赔偿范围:

第一,关于违约金,合同约定按未到期总租金的10%计算,系双方当事人预先约定的违约损害赔偿数额,该约定并未过分高于被告违约而给原告造成的损失,就原告要求被告某信息科技有限公司承担违约金,应当予以支持。

第二,关于滞纳金,因涉案租赁车辆于2018年4月2日被取回,被告某信息科技有限公司已付清车辆收回之前的全部租金,故本案中未发生逾期支付租金的情形,原告主张滞纳金,没有合同和事实依据,不予支持。

第三,关于留购价款,最高人民法院《关于审理融资租赁合同纠纷案件适用法律问题的解释》第22条①规定,合同约定租赁期间届满后租赁物归出租人所有的,损失赔偿范围还应包括融资租赁合同到期后租赁物的残值。本案中双方约定租期届满后,承租人需支付5万元留购价款才能获得租赁物所有权,因此该5万元应当视为合同正常履行后原告的可得利益,应属于原告损失,原告要求赔偿5万元残值损失的主张,本院予以支持。

第四,关于收回租赁物的处置及价值,《关于审理融资租赁合同纠纷案件适用法律问题的解释》第22条②明确,损失赔偿范围为承租人全部未付租金及其他费用与收回租赁

---

① 现为2020年修正后的《最高人民法院关于审理融资租赁合同纠纷案件适用法律问题的解释》第11条。

② 现为2020年修正后的《最高人民法院关于审理融资租赁合同纠纷案件适用法律问题的解释》第11条。

物价值的差额。本案中,经本院委托评估,涉案车辆在评估基准日评估金额为 117000 元,该金额应当抵扣原告主张的损失赔偿。

经核算,《车辆融资租赁合同》项下因合同解除的损失为:被告某信息科技有限公司全部未付租金、违约金、律师费、留购价,扣除保证金后共计 88500 元,现在涉案租赁车辆评估金额为 117000 元。租赁物价值超过原告损失的部分应向被告返还,故反诉原告某信息科技有限公司反诉主张要求反诉被告某汽车租赁(上海)有限公司返还损失差额 25503 元,本院予以支持。

【典型意义】

随着上海自贸试验区建设的持续推进,区内融资租赁行业集聚效应不断凸显,企业及资金规模均居全国前列。融资租赁行业蓬勃发展的背景下,因融资租赁合同当事人违约导致的诉讼案件数量不断增长,如何在此类案件中准确界定守约方的损失是法院在审理此类案件时面临的重要挑战。在司法实践中,大多数案件为承租人违约后出租人诉请要求解除合同并赔偿损失。最高人民法院《关于审理融资租赁合同纠纷案件适用法律问题的解释》第 22 条①规定,前款规定的损失赔偿范围为承租人全部未付租金及其他费用与收回租赁物价值的差额。合同约定租赁期间届满后租赁物归出租人所有的,损失赔偿范围还应包括融资租赁合同到期后租赁物的残值。但该规定仍较为原则,当事人对如何执行仍存有较多争议。本案判决对原告赔偿损失的各项诉请进行逐一分析,明确了"租赁期间届满后租赁物归出租人所有"的具体情形以及租赁物残值的认定方法,同时对收回的租赁物价值认定及抵扣损失作出了良好的示范,最终在租赁物价值高于损失金额的情况下,依法支持了承租人要求出租人返还差额的诉请,既弥补了出租人因解约遭受的损失,又保护了承租人已支付大部分租金后依法享有的利益,实现了双方当事人的利益平衡,有助于发挥司法规范融资租赁市场、鼓励各方诚信履约的作用。

第十二条 【租赁物价值的确定】诉讼期间承租人与出租人对租赁物的价值有争议的,人民法院可以按照融资租赁合同的约定确定租赁物价值;融资租赁合同未约定或者约定不明的,可以参照融资租赁合同约定的租赁物折旧以及合同到期后租赁物的残值确定租赁物价值。

承租人或者出租人认为依前款确定的价值严重偏离租赁物实际价值的,可以请求人民法院委托有资质的机构评估或者拍卖确定。

理解与适用

本条解释是对租赁物价值确定方法及顺序的规定。在融资租赁合同中,租赁物系由承

---

① 现为 2020 年修正后的《最高人民法院关于审理融资租赁合同纠纷案件适用法律问题的解释》第 11 条。

租人选定,并以专业性、定制的大型设备居多。在承租人与出租人就租赁物的价值确定存有争议时,因租赁物的独特性,按照一般的评估、拍卖程序确定租赁物价值,要么因为租赁物过于专业,导致国内无特定的评估机构,或者评估的时间长、成本过于高昂,而在经济上不可行,比如飞机;要么因为租赁物系为承租人专门定制,对其他使用人甚至无使用价值,故以拍卖程序确定租赁物价值,流拍的情形难以避免。对人民法院而言,进行评估、拍卖,也面临着操作上的实际困难和诉讼效率的问题。故如何通过相对公正的程序性规定,以市场化的、更为经济便捷的方式确定租赁物的价值,是本条解释需要解决的主要问题。本条解释设定的规则是约定优先,鼓励双方当事人提前就租赁物的价值确定方式作出约定;约定不明的,采取参照折旧及残值确定的方式,以此分流大量租赁物价值确定的评估拍卖问题。为避免一方当事人滥用合同订立时的优势地位,对租赁物的价值确定方式作出显失公平的约定,本条第 2 款规定了人民法院可通过委托评估、拍卖的方式来作为租赁物价值确定方式的补充。[1]

相关法律法规

1.《民法典》(2020 年 5 月 28 日)

第七百五十八条第一款　【承租人请求部分返还租赁物价值】当事人约定租赁期限届满租赁物归承租人所有,承租人已经支付大部分租金,但是无力支付剩余租金,出租人因此解除合同收回租赁物,收回的租赁物的价值超过承租人欠付的租金以及其他费用的,承租人可以请求相应返还。

2.《上海市促进浦东新区融资租赁发展若干规定》(上海市人民代表大会常务委员会公告〔十六届〕第八号,2023 年 10 月 1 日)

第十三条　浦东新区融资租赁公司应当按照诚信原则开展融资租赁业务活动。承租人逾期支付租金的,融资租赁公司可以按照法律规定或者合同约定解除融资租赁合同。

融资租赁合同解除后,融资租赁公司可以采取合法方式收回租赁物,并及时采取委托评估或者通过公开市场拍卖等方式确定租赁物价值。

相关部门规章

《金融租赁公司管理办法》(国家金融监督管理总局令 2024 年第 6 号,2024 年 9 月 14 日)

第二十八条　金融租赁公司可以经营下列本外币业务:

(一)融资租赁业务;

(二)转让和受让融资租赁资产;

---

[1]　最高人民法院民事审判第二庭编著:《最高人民法院关于融资租赁合同司法解释理解与适用》,人民法院出版社 2016 年版,第 343~344 页。

（三）向非银行股东借入 3 个月（含）以上借款；

（四）同业拆借；

（五）向金融机构融入资金；

（六）发行非资本类债券；

（七）接受租赁保证金；

（八）租赁物变卖及处理业务。

第六十二条 金融租赁公司应当加强对租赁期限届满返还或因承租人违约而取回的租赁物的风险管理，建立完善的租赁物变卖及处理的制度和程序。

第七十条 金融租赁公司应当对合作机构实行名单制管理，建立合作机构准入、退出标准，定期开展后评价，动态调整合作机构名单。

金融租赁公司应当按照适度分散原则审慎选择合作机构，防范对单一合作机构过于依赖而产生的风险。金融租赁公司应当要求合作机构不得以金融租赁公司名义向承租人推介或者销售产品和服务，确保合作机构与合作事项符合法律法规和监管要求。

相关司法解释

《最高人民法院关于适用〈中华人民共和国民法典〉有关担保制度的解释》（法释〔2020〕28 号）

第六十五条第二款 出租人请求解除融资租赁合同并收回租赁物，承租人以抗辩或者反诉的方式主张返还租赁物价值超过欠付租金以及其他费用的，人民法院应当一并处理。当事人对租赁物的价值有争议的，应当按照下列规则确定租赁物的价值：

（一）融资租赁合同有约定的，按照其约定；

（二）融资租赁合同未约定或者约定不明的，根据约定的租赁物折旧以及合同到期后租赁物的残值来确定；

（三）根据前两项规定的方法仍然难以确定，或者当事人认为根据前两项规定的方法确定的价值严重偏离租赁物实际价值的，根据当事人的申请委托有资质的机构评估。

相关行政规范性文件

1.《国务院办公厅关于加快融资租赁业发展的指导意见》（国办发〔2015〕68 号，2015 年 8 月 31 日）

（六）支持融资租赁创新发展。……加快发展配套产业。加快建立标准化、规范化、高效运转的租赁物与二手设备流通市场，支持建立融资租赁公司租赁资产登记流转平台，完善融资租赁资产退出机制，盘活存量租赁资产。支持设立融资租赁相关中介服务机构，加快发展为融资租赁公司服务的专业咨询、技术服务、评估鉴定、资产管理、资产处置等相关产业。

2. 银保监会《融资租赁公司监督管理暂行办法》（银保监发〔2020〕22号，2020年5月26日）

第五条 融资租赁公司可以经营下列部分或全部业务：

（一）融资租赁业务；

（二）租赁业务；

（三）与融资租赁和租赁业务相关的租赁物购买、残值处理与维修、租赁交易咨询、接受租赁保证金；

（四）转让与受让融资租赁或租赁资产；

（五）固定收益类证券投资业务。

第二十条 融资租赁公司应当加强对租赁期限届满返还或因承租人违约而取回的租赁物的风险管理，建立完善的租赁物处置制度和程序，降低租赁物持有期风险。

相关司法文件

1.《天津法院融资租赁合同纠纷案件审理标准》①（津高法发〔2017〕2号，2018年4月修订）

第4.6.1条 确定租赁物的价值按照下列顺序：（1）有约定的，按照合同约定；（2）无约定或者约定不明的，参照合同约定的租赁物折旧以及合同到期后租赁物的残值确定。

第4.6.2条 启动评估或者拍卖确定租赁物价值的，综合考虑以下因素：（1）约定或者折旧价值偏离实际价值的程度；（2）租赁物的流通性；（3）评估、拍卖的成本和客观可行性。

2. 上海市高级人民法院《融资租赁合同纠纷类案办案要件指南》②（2020年5月18日）

（四）租赁物折抵价值的认定和裁判规则

1. 租赁物价值的确定方式

【审查要点】

出租人同时主张收回租赁物并赔偿损失，因为涉及租赁物价值的折抵问题，因此有必要确定租赁物的价值。根据《最高人民法院关于审理融资租赁合同纠纷案件适用法律问题的解释》第二十三条③规定，租赁物价值的确定有三种方式，即（1）根据合同约定来确定；（2）参照租赁物的折旧及到期残值来确定租赁物的价值；（3）上述方式严重偏离租赁物实际价值的，请求法院启动评估、拍卖程序。在司法实务中，法院对租赁物价值的确

---

① 高憬宏主编：《人民法院司法标准化理论与实践（二）》，法律出版社2018年版，第83页。

② 茆荣华主编：《上海法院类案办案要件指南》（第1册），人民法院出版社2020年版，第73页。

③ 现为2020年修正后的《最高人民法院关于审理融资租赁合同纠纷案件适用法律问题的解释》第12条。

定主要有以下五种情形：

（1）将租赁物价值的确定交由执行程序处理，即判决以租赁物拍卖、变卖的金额来抵偿债权；

（2）在案件审理阶段通过评估方式确定租赁物价值；

（3）参考《中华人民共和国企业所得税法实施条例》第六十条①第二款关于设备折旧的规定确定租赁物的价值；

（4）原告起诉时直接依据合同约定的折旧率计算出租赁物的现值，主张赔偿损失时直接扣除租赁物的现值；

（5）在判决书中未明确租赁物价值如何确定，只是明确承租人赔偿的损失应扣除出租人收回租赁物的变现价值。

在上述五种方式中，需根据案情综合判断适用何种方式确定租赁物的价值。

❖ 相关国际公约

《租赁示范法》（2008年11月13日通过）

第二十一条　损害赔偿

一旦违约，受损方有权就其所受损害主张赔偿，该项赔偿可以独立地或与本法或租约规定的其他救济措施一起，使受损方置于合同依约履行其所应处的状态。

第二十三条　终止

2. 根据本法第10条的规定，租赁一旦终止，该租赁中双方当事人尚待履行的义务，除了因租赁终止而产生的义务之外，均告免除，但是因此前的违约或履行行为所生的任何权利均可存续。

❖ 相关典型案例

案例87　租赁物的价值可依当事人约定的期满后租赁物赔偿金及残值确定②

【基本案情】

2013年7月17日，B公司与T公司订立《售后回租合同》及《买卖合同》，约定B公司基于T公司的融资需求，购买由T公司提供的标的物，并将合同项下的标的物出租给T公司使用。标的物为多功能涂布机一台，购买价格630000元，租金总额为705600元，

---

① 《中华人民共和国企业所得税法实施条例》（2019年修订）第60条：除国务院财政、税务主管部门另有规定外，固定资产计算折旧的最低年限如下：

（一）房屋、建筑物，为20年；

（二）飞机、火车、轮船、机器、机械和其他生产设备，为10年；

（三）与生产经营活动有关的器具、工具、家具等，为5年；

（四）飞机、火车、轮船以外的运输工具，为4年；

（五）电子设备，为3年。

② 本案例为作者根据工作、研究经验，为具体说明相关法律问题，编辑加工而得。

租赁保证金为 126000 元，手续费为 6300 元；如果 T 公司未能按照合同约定向 B 公司足额支付到期租金，则 T 公司应按每日千分之五的迟延利率偿付延迟支付期间的利息。

双方还约定，租赁物件灭失或毁损到无法修理的程度时，承租人应在出租人要求时间内按约定的赔偿金额赔偿出租人，承租人将应付的赔偿金额及其他任何应付款项缴纳给出租人后，出租人将租赁物的所有权转移给承租人，承租人免除继续支付租金的义务，本合同自动终止。租赁物件灭失和毁损的预定赔偿金及残值为：第一期租金支付前 705600 元，第二期租金支付前 646800 元，第三期租金支付前 588000 元，第四期租金支付前 529200 元，第五期租金支付前 470400 元，第六期租金支付前 411600 元，第七期租金支付前 352800 元，第八期租金支付前 294000 元，第九期租金支付前 235200 元，第十期租金支付前 176400 元，第十一期租金支付前 117600 元，第十二期租金支付前 58800 元，设定残值 1000 元。

截至法庭辩论终结时，T 公司共向 B 公司支付租赁手续费、租赁保证金、第 1—6 期租金及迟延利息，其他剩余租金尚未支付。B 公司起诉请求解除融资租赁合同、收回租赁物件并赔偿损失等。

【法院裁判】

一审法院认为，B 公司与 T 公司签订的《售后回租合同》及《买卖合同》合法有效，双方均应遵照履行。T 公司未按照合同约定的期限和数额支付租金，符合《售后回租合同》约定的解除条件。首先，B 公司的可得利益应为 T 公司全部未付租金及其他费用与收回租赁物价值的差额，其中全部未付租金共计 6 期，总额为 352800 元。关于收回租赁物的价值，因《售后回租合同》约定租赁期间届满后租赁物的残值为 1000 元，且截至法庭辩论终结时，租赁期限已经届满，故认定收回租赁物的价值为 1000 元。因此计算损失时应当扣除收回租赁物的价值 1000 元。综上，B 公司的损失赔偿金额为 351800 元（352800 元 -1000 元）。

【典型意义】

《最高人民法院关于审理融资租赁合同纠纷案件适用法律问题的解释》第 23 条①规定，"诉讼期间承租人与出租人对租赁物的价值有争议的，人民法院可以按照融资租赁合同的约定确定租赁物价值"。本案涉诉合同中虽未直接约定合同解除时确定租赁物价值的方式，但就租赁期间每一期租赁物发生毁损灭失时租赁物赔偿金及残值的数额作出了约定，特别约定期满后租赁物赔偿金及残值为 1000 元。虽然该约定没有使用租赁物价值这样的文字表述，但从该约定的缔结目的可以看出，其真实意思系对不同时点的租赁物价值的约定，属于融资租赁合同司法解释中人民法院确定租赁物价值的合同依据范畴。本案中合同于租赁期满后解除，损失赔偿范围为全部未付租金与收回租赁物价值的差额，收回租赁物价值应当依照双方当事人约定的期满后租赁物赔偿金及残值 1000 元确定。

---

① 现为 2020 年修正后的《最高人民法院关于审理融资租赁合同纠纷案件适用法律问题的解释》第 12 条。

司法实践中，双方当事人签订合同时，往往未就合同解除时租赁物价值的确定方式作出明确约定。在承租人不积极应诉或者无法就租赁物价值协商一致的情况下，大量案件需要启动评估、拍卖程序，既影响审判效率，又存在实体结果显失公平的可能性。本案立足于融资租赁合同司法解释的立法本意，从合同目的出发，判断当事人的约定是否可以作为确定租赁物价值的依据。该种方式不但能够反映出融资租赁合同中租赁物价值的特殊性，还原客观事实，还可以减少动辄启动评估拍卖确定租赁物价值的现象，既提高了司法效率，又体现了当事人的真实意思。

案例 88 根据合同约定的租赁物价格并结合租赁期限进行折旧计算确定租赁物收回时的价值[①]

【基本案情】

Z 公司与 C 公司签订《工程机械产品融资租赁合同》，约定 Z 公司根据 C 公司的指定向 Y 公司购买一台挖掘机用于出租给 C 公司，设备留购价 100 元，租赁期间自 2021 年 5 月 26 日至 2023 年 12 月 10 日（共 30 期），每月支付一期，设备价款 203 万元，融资额 1718236.36 元，首付款 311763.64 元，每期租金 62333.33 元，租金合计 186999.9 元；如 C 公司违约，Z 公司有权解除合同、收回租赁物并要求 C 公司赔偿损失。2021 年 5 月 26 日，C 公司接收案涉租赁物。后 C 公司未按期支付租金。2021 年 10 月 24 日，Z 公司通过 Y 公司将案涉租赁物拖回。2022 年 4 月 12 日，Z 公司通过 Y 公司将案涉租赁物销售给广某公司，售价 145 万元。Z 公司提起本案诉讼，诉请解除合同、确认租赁物权属及赔偿损失 401762.64 元等。C 公司辩称 Z 公司已将案涉租赁物取回并转卖，其未能继续占有使用租赁物，不应赔偿损失。

【裁判结果】

法院认为，根据《最高人民法院关于审理融资租赁合同纠纷案件适用法律问题的解释》第 22 条[②]、第 23 条[③]的规定，C 公司未按期支付租金，Z 公司在取回租赁物并转售后，有权要求 C 公司就全部未付租金及其他费用与收回租赁物价值的差额进行赔偿。因 Z 公司收回租赁物后未进行价值评估，C 公司对其转售价格 145 万元提出异议，当事人对此均存在一定过错。法院根据合同约定的租赁物价格结合合同约定租赁期限进行折旧计算租赁物收回时的价值。案涉租赁物于 2021 年 5 月 26 日交付，至租赁期满 2023 年 12 月 10 日

[①] 参见广州市南沙区人民法院（广东自由贸易区南沙片区人民法院）2023 年 12 月发布的《融资租赁合同纠纷和商业保理合同纠纷案件审判白皮书》中的《融资租赁合同和商业保理合同纠纷典型案例》，载微信公众号"广州市南沙区人民法院"（2023 年 12 月 27 日），https://mp.weixin.qq.com/s/SUZs_KqCWOzM-1Se5Zuy5Q，最后访问时间：2024 年 8 月 6 日。

[②] 现为 2020 年 12 月修正后的《最高人民法院关于审理融资租赁合同纠纷案件适用法律问题的解释》第 11 条。

[③] 现为 2020 年 12 月修正后的《最高人民法院关于审理融资租赁合同纠纷案件适用法律问题的解释》第 12 条。

约为 31.5 个月，至 2021 年 10 月 24 日收回租赁物，折旧约 5 个月。设备剩余价值为（2030000-100）/31.5×（31.5-5）+100＝1707793.65 元。C 公司应赔偿损失 162306.25 元（1869999.90+100-1707793.65）。综合考虑 Z 公司取回租赁物后再转售需要合理时间、实际转售价格，以及双方当事人具体过错等情况，酌情确定 C 公司应赔偿损失 20 万元。

【典型意义】

目前，相关法律法规及司法解释对于出租人解除融资租赁合同并取回租赁物后可以诉请承租人赔偿损失范围的相关规定较为原则，实践中，对于损失的范围及计算方法往往存在较大争议。本案判决通过综合考虑合同约定租赁物价格、设备留购价格、租赁期限、承租人实际使用租赁物情况、双方当事人的过错等因素，探索租赁物残值计算的考量因素和合理方法，并对收回租赁物价值及抵扣损失作出认定，在合理弥补出租人因解除合同遭受的损失的同时，也保护了承租人在支付部分租金后享有的利益，综合当事人的具体案情中的过错程度，实现当事人的利益平衡，为同类案件裁判作出了良好示范，有助于引导融资租赁行业规范运营，建立公平、诚信的营商环境。

案例 89　融资租赁出租人自行收回并处置租赁物应遵循公平原则[①]

【裁判要旨】

融资租赁出租人自行收回并处置租赁物的，出租人应遵循公平原则并提供充分的证据证明其处置租赁物价格的合理性。在承租人未认可的情况下，出租人未委托有资质的专业机构对租赁车辆价值进行评估，又不能提供其他证据证明其处置车辆的价款真实体现了市场价格的，则其关于租赁物处置价格具备合理性的主张不能成立。

【基本案情】

2016 年 8 月，原告甲公司与被告乙公司、被告谷某签订融资租赁合同及其附件，约定：被告乙公司以售后回租交易方式将自有的 3 辆东风清障车转让给原告并租回使用，被告谷某系共同承租人。同日，被告朱某向原告出具《无条件不可撤销的担保函》，就融资租赁合同项下的全部义务和责任向原告承担不可撤销的连带保证责任。合同履行过程中，被告乙公司自 2017 年 3 月起开始拖欠租金。因乙公司违约，原告甲公司于 2017 年 6 月收回租赁车辆。案外人丙公司于 2017 年 6 月出具《鉴定评估报告》，称接受原告委托，对租赁车辆进行鉴定评估，以 2017 年 6 月为基准日，评估金额为 19 万元至 20 万元。丙公司法定代表人张某以买受人身份于 2017 年 7 月出具《同意函》，以 20 万元价格向原告购买涉案融资租赁车辆。原告诉至法院，请求判令解除合同、乙公司、谷某赔偿损失（未付租金及相应违约金扣减租赁物变卖价值等剩余的金额）、逾期违约金等，朱某承担连带保证责任。

---

① 参见上海市高级人民法院 2020 年 5 月发布的《上海法院金融商事审判十大案例（2019 年度）》，载微信公众号"上海高院"（2020 年 5 月 15 日），https://mp.weixin.qq.com/s/CKI8bqhq5B0WFmaOrfZMmw，最后访问时间：2024 年 8 月 7 日。

【裁判结果】

上海市黄浦区人民法院于 2019 年 4 月 3 日作出（2018）沪 0101 民初 17367 号民事判决：解除合同，驳回甲公司其余诉讼请求。判决后，甲公司提出上诉。上海金融法院于 2019 年 7 月 9 日作出（2019）沪 74 民终 439 号判决：驳回上诉、维持原判。

【裁判理由】

法院认为，本案主要争议焦点为：原告甲公司所主张的因融资租赁合同解除而产生的损失是否具有依据。

首先，依据《最高人民法院关于审理融资租赁合同纠纷案件适用法律问题的解释》第 22 条①之规定，出租人解除合同后，可主张的损失赔偿范围为承租人全部未付租金及其他费用与收回租赁物价值的差额。

其次，甲公司主张收回租赁物的价值为 20 万元，并据此计算损失金额。鉴于融资租赁车辆的处置系由甲公司单方完成，且 20 万元的处置金额相较于一年四个月之前的购买价格 42.6 万元差距较大，故甲公司应当举证证明该处置价格的合理性。但甲公司仅提供了并无机动车鉴定评估资质的丙公司出具的《鉴定评估报告》，且根据甲公司提供的证据，租赁物的买受人即为丙公司法定代表人。在此情况下，仅依据上述《鉴定评估报告》显然不能客观反映融资租赁车辆的真实价值。

再者，甲公司另称，融资租赁车辆已从乙公司名下过户至买受人名下，据此可知承租人知晓并同意融资租赁车辆以 20 万元的价格进行处置。法院认为，根据本案融资租赁交易模式，乙公司已将融资租赁车辆所有权转移于甲公司，乙公司仅为车辆名义所有权人，在此情况下车辆过户并不代表乙公司认可车辆转让价格。事实上，上海市公安局交通警察总队提供的车辆过户资料中也并无可以证明乙公司认可车辆转让价格的相关材料。故对于甲公司该主张，法院不予采信。

综上，由于甲公司未能举证证明收回租赁车辆价值公平合理，因此不能认定甲公司收回租赁车辆后尚有损失存在，故对于甲公司提出的因融资租赁合同解除而产生的损失的主张，法院不予支持。

【裁判意义】

法律充分尊重当事人意思自治，但同时法律亦强调民事主体从事民事活动，应当遵循公平原则，合理确定各方的权利和义务。租赁物价值作为融资租赁合同融资功能的基础，往往涉及合同双方当事人之间的利益平衡问题，一旦发生纠纷，租赁物价值的确定及抵扣经常成为双方当事人的争议焦点。本案判决为司法实践中处理类案提供了新的思路，对融资租赁公司亦具有规范引导意义。融资租赁公司应完善合同条款，遵循公平原则确定当事人之间的权利和义务，提高合规意识，优先选择合法、公开、公平、合理的方式开展融资租赁业务。

---

① 现为 2020 年修正的《最高人民法院关于审理融资租赁合同纠纷案件适用法律问题的解释》第 11 条。

案例90　租赁物价值确定方式有失公允的，人民法院不予认可[1]

【基本案情】

2019年5月22日，原告某融资租赁（天津）有限公司（合同甲方、出租人）与被告任某（合同乙方、承租人）签订《融资租赁合同》，约定双方以售后回租形式开展融资租赁业务。租赁物为车辆2辆，车架号为＊679、＊680。每台单价375000元，本合同项下购买租赁物总价款为750000元，租赁期数24期，每期租金除第一期租金为28760.91元外，剩余第2~24期每期租金26734.35元，租金支付日分别是2019年7月至2021年6月的每月15日。关于违约责任约定若乙方支付首期租金后的第一期租金或月付累计两期租金或季付一期租金未按本合同约定的时间、金额支付，则构成严重违约。甲方有权要求支付解除合同之日到期未付租金及逾期利息，若租赁物的价值经评估不足以弥补合同解除之日未到期租金、逾期利息及其他应付款项的，差价部分由乙方予以补足；评估价为设备发票初始金额／（N×360）×［n×360－（租赁物回收日－设备初始发票开具日）］，其中，n为租赁物的折旧年限，租赁物为商用车、乘用车、工程车、农用车则n=2，N表示融资租赁年限，单位年。原告主张被告支付第1-7期租金，第8期起欠付。车架号为＊679的车辆于2020年7月1日由原告收回，于2020年7月25日另行处置售卖，处置价格为157000元，关于车架号为＊680的车辆于2020年12月18日由原告收回，于2021年1月20日另行处置售卖，处置价格为112500元。原告提起本次诉讼，提出解除融资租赁合同、赔偿损失等诉讼请求，损失范围为全部未付租金、其他费用与收回租赁物价值的差额，租赁物价值以处置价格计算。被告未到庭参加诉讼。

【裁判结果】

法院生效判决认为，原、被告双方系融资租赁法律关系，原告依约履行了合同义务，被告未按合同约定履行按时给付租金的义务，构成违约，出租人有权解除合同。因被告存在违约，应赔偿就此给原告造成的损失，损失赔偿范围为全部未付租金、违约金与收回租赁物价值的差额。关于已收回两辆车的价值确定，合同中虽然约定了评估价格计算方式，但约定折旧年限过短，通过该公式难以反映车辆的实际价值，不应采用，本案原告对于案涉两台车辆，收车时间相距约半年，根据原告主张的车辆价值计算方式难以公平合理地确定车辆价值，根据原告提交的证据难以反映处置价格系市场价格，故本院无法对原告主张的租赁物价值计算方式予以采纳。原告要求被告赔偿差价损失欠缺事实依据，不予支持。

【典型意义】

融资租赁合同解除后，租赁物的价值关系到出租人损失赔偿数额的确定。根据《最高人民法院关于审理融资租赁合同纠纷案件适用法律问题的解释》（2020年修正）第12条规定，承租人与出租人对租赁物的价值有争议的，可按照以下方式确定：融资租赁合同有约定的，按照合

---

[1] 参见天津市滨海新区人民法院（天津自由贸易试验区人民法院）2022年7月发布的《十大典型融资租赁司法案例》，载微信公众号"天津高法"（2022年7月5日），https://mp.weixin.qq.com/s/5hDeSa8MClUTyMv1WFFZ6A，最后访问时间：2024年8月8日。

同约定；未约定或约定不明的，可参照合同约定的租赁物折旧以及合同到期后租赁物的残值确定；前两种方式确定的租赁物价值严重偏离租赁物实际价值的，人民法院可以根据出租人或承租人的申请启动评估、拍卖程序。据此，人民法院应首先尊重当事人的约定，但如果按照合同约定确定的租赁物价值明显不合理，严重偏离实际价值的，人民法院可不予采纳。

在出租人诉前已自行收回租赁物并处置完毕的情形下，此时应首先由出租人就处置价格的公平合理性进行举证，如因举证不能导致损害赔偿范围无法确定的，则要承担相应的不利后果；如出租人能提供证据证明处置价格公平合理，则处置价格可以作为租赁物的价值。承租人抗辩处置价格严重偏离租赁物实际价值的，应提供相应的证据。

本案判决明确了合同解除情形下租赁物价值的审查和确定方式。建议融资租赁企业在合同中设置科学、公平、合理的租赁物价值确定条款。出租人如要采取转卖的方式处置租赁物，宜在缔约时对转卖条款进行重点提示和说明，并在处置过程中确保处置价格公平合理。

第十三条 【当事人】出卖人与买受人因买卖合同发生纠纷，或者出租人与承租人因融资租赁合同发生纠纷，当事人仅对其中一个合同关系提起诉讼，人民法院经审查后认为另一合同关系的当事人与案件处理结果有法律上的利害关系的，可以通知其作为第三人参加诉讼。

承租人与租赁物的实际使用人不一致，融资租赁合同当事人未对租赁物的实际使用人提起诉讼，人民法院经审查后认为租赁物的实际使用人与案件处理结果有法律上的利害关系的，可以通知其作为第三人参加诉讼。

承租人基于买卖合同和融资租赁合同直接向出卖人主张受领租赁物、索赔等买卖合同权利的，人民法院应通知出租人作为第三人参加诉讼。

理解与适用

本条旨在解决诉讼当事人的地位问题。由于融资租赁交易由两份合同三方当事人组成，因此，其中一个合同的诉讼是否应当追加当事人参与诉讼，成为司法实践中争议较多的问题。对此，不能一概而论，应当审查另一法律关系的当事人与案件处理结果是否具有法律上的利害关系。如案件处理结果与其具有法律上利害关系的，可以通知其作为第三人参加诉讼；如案件处理结果与其没有法律上利害关系的，不能要求其参加诉讼。[①]

---

① 最高人民法院民事审判第二庭编著：《最高人民法院关于融资租赁合同司法解释理解与适用》，人民法院出版社2016年版，第355页。

相关法律法规

1.《民用航空法》（2021年4月29日）

　　第三十一条　民用航空器融资租赁中的供货方，不就同一损害同时对出租人和承租人承担责任。

2.《民事诉讼法》（2023年9月1日）

　　第五十九条　对当事人双方的诉讼标的，第三人认为有独立请求权的，有权提起诉讼。

　　对当事人双方的诉讼标的，第三人虽然没有独立请求权，但案件处理结果同他有法律上的利害关系的，可以申请参加诉讼，或者由人民法院通知他参加诉讼。人民法院判决承担民事责任的第三人，有当事人的诉讼权利义务。

　　前两款规定的第三人，因不能归责于本人的事由未参加诉讼，但有证据证明发生法律效力的判决、裁定、调解书的部分或者全部内容错误，损害其民事权益的，可以自知道或者应当知道其民事权益受到损害之日起六个月内，向作出该判决、裁定、调解书的人民法院提起诉讼。人民法院经审理，诉讼请求成立的，应当改变或者撤销原判决、裁定、调解书；诉讼请求不成立的，驳回诉讼请求。

相关司法解释

《最高人民法院关于适用〈中华人民共和国民事诉讼法〉的解释》（2022年4月1日）

　　第十九条　财产租赁合同、融资租赁合同以租赁物使用地为合同履行地。合同对履行地有约定的，从其约定。

　　第七十三条　必须共同进行诉讼的当事人没有参加诉讼的，人民法院应当依照民事诉讼法第一百三十五条的规定，通知其参加；当事人也可以向人民法院申请追加。人民法院对当事人提出的申请，应当进行审查，申请理由不成立的，裁定驳回；申请理由成立的，书面通知被追加的当事人参加诉讼。

　　第八十一条　根据民事诉讼法第五十九条的规定，有独立请求权的第三人有权向人民法院提出诉讼请求和事实、理由，成为当事人；无独立请求权的第三人，可以申请或者由人民法院通知参加诉讼。

　　第一审程序中未参加诉讼的第三人，申请参加第二审程序的，人民法院可以准许。

相关司法文件

1.《天津法院融资租赁合同纠纷案件审理标准》[①]（津高法发〔2017〕2号，2018年4月修订）

第2.2.1条 可以作为第三人参加诉讼的情形：（1）买卖合同或者融资租赁合同的当事人仅对其中一个合同关系提起诉讼，另一合同关系的当事人与案件处理结果有法律上的利害关系的；（2）承租人与租赁物的实际使用人不一致的融资租赁合同纠纷，实际使用人与融资租赁案件的处理结果有法律上的利害关系的。

第2.2.2条 应当作为第三人参加诉讼的情形：承租人基于买卖合同和融资租赁合同直接向出卖人主张受领租赁物、索赔等买卖合同权利的，出租人应当作为第三人参加诉讼。

第2.3条 可以合并审理的案件，是基于同一融资租赁行为发生的融资租赁合同、买卖合同、担保合同及回购合同等纠纷。

2. 上海市高级人民法院《融资租赁合同纠纷类案办案要件指南》[②]（2020年5月18日）

融资租赁合同纠纷案件刑民交叉的认定和裁判规则

【审查要点】

1. 分别审理。同一当事人因不同事实分别发生民商事纠纷和涉嫌刑事犯罪，民商事纠纷案件与刑事案件应当分别审理，主要有下列情形：

（1）主合同的债务人涉嫌刑事犯罪或者刑事裁判认定其构成犯罪，债权人请求担保人承担民事责任的；

（2）行为人以法人、非法人组织或者他人名义订立合同的行为涉嫌刑事犯罪或者刑事裁判认定其构成犯罪，合同相对人请求该法人、非法人组织或者他人承担民事责任的；

（3）法人或者非法人组织的法定代表人、负责人或者其他工作人员的职务行为涉嫌刑事犯罪或者刑事裁判认定其构成犯罪，受害人请求该法人或者非法人组织承担民事责任的；

（4）侵权行为人涉嫌刑事犯罪或者刑事裁判认定其构成犯罪，被保险人、受益人或者其他赔偿权利人请求保险人支付保险金的；

（5）受害人请求涉嫌刑事犯罪的行为人之外的其他主体承担民事责任的。

2. 移送。2014年颁布实施的《最高人民法院最高人民检察院公安部关于办理非法集资刑事案件适用法律若干问题的意见》和2019年1月颁布实施的《最高人民法院最高人民检察院公安部关于办理非法集资刑事案件若干问题的意见》规定的涉嫌集资诈骗、非法吸收公众存款等涉众型经济犯罪，所涉人数众多、当事人分布地域广、标的额特别巨大、影响范围广，严重影响社会稳定，对于受害人就同一事实提起的以犯罪嫌疑人或者刑事被

[①] 高憬宏主编：《人民法院司法标准化理论与实践（二）》，法律出版社2018年版，第79页。

[②] 茆荣华主编：《上海法院类案办案要件指南》（第1册），人民法院出版社2020年版，第88-89页。

告人为被告的民事诉讼，人民法院应当裁定不予受理，并将有关材料移送侦查机关、检察机关或者正在审理该刑事案件的人民法院。受害人的民事权利保护应当通过刑事追赃、退赔的方式解决。正在审理民商事案件的人民法院发现有上述涉众型经济犯罪线索的，应当及时将犯罪线索和有关材料移送侦查机关。侦查机关作出立案决定前，人民法院应当中止审理；作出立案决定后，应当裁定驳回起诉；侦查机关未及时立案的，人民法院必要时可以将案件报请党委政法委协调处理。除上述情形人民法院不予受理外，要防止通过刑事手段干预民商事审判，搞地方保护，影响营商环境。

当事人因租赁、买卖、金融借款等与上述涉众型经济犯罪无关的民事纠纷，请求上述主体承担民事责任的，人民法院应予受理。

3. 中止审理。人民法院在审理民商事案件时，如果民商事案件必须以相关刑事案件的审理结果为依据，而刑事案件尚未审结的，应当根据《中华人民共和国民事诉讼法》第一百五十条①第五项的规定裁定中止诉讼。待刑事案件审结后，再恢复民商事案件的审理。如果民商事案件不是必须以相关的刑事案件的审理结果为依据，则民商事案件应当继续审理。

相关典型案例

案例91　承租人以自己名义为他人融资购入车辆的，出租人有权选择约定的承租人作为其合同相对方②

【基本案情】

原告某金融租赁公司与被告张某于2021年3月29日签订《融资租赁合同》，约定某金融租赁公司将案涉车辆租赁给被告张某使用，期限为24个月，每期租金合计6458.66元；被告张某从梁山某贸易有限公司（车辆销售公司）处购买案涉车辆（重型低平板半挂车两台），车辆价款合计160000元，支付首付款24000元，余款136000元自某金融租赁公司处融资；案涉车辆购买后挂靠在沧州某汽车运输公司处，并抵押给某金融租赁公司；因被告张某逾期多期租金未付，原告提起本案诉讼。被告张某辩称，其仅为显名的代理人，其是在原告公司业务人员的介绍下，作为案外人的受托人与原告签订的融资租赁合

---

① 现为2023年修正后的《中华人民共和国民事诉讼法》第153条。该条规定：有下列情形之一的，中止诉讼：
（一）一方当事人死亡，需要等待继承人表明是否参加诉讼的；
（二）一方当事人丧失诉讼行为能力，尚未确定法定代理人的；
（三）作为一方当事人的法人或者其他组织终止，尚未确定权利义务承受人的；
（四）一方当事人因不可抗拒的事由，不能参加诉讼的；
（五）本案必须以另一案的审理结果为依据，而另一案尚未审结的；
（六）其他应当中止诉讼的情形。
中止诉讼的原因消除后，恢复诉讼。

② 参见天津自由贸易试验区人民法院2024年3月发布的《汽车金融风险防控及企业合规治理典型案例》，载微信公众号"天津滨海新区法院"（2024年3月15日），https://mp.weixin.qq.com/s/-7wc0h42Z4gOgPriTOGYAw，最后访问时间：2024年8月1日。

同。案涉车辆实际车主为案外人，案外人将案涉两挂车挂靠在沧州某汽车运输公司运营，收益归案外人所有，其不可能享有案涉车辆的收益及所有权，故该案涉车辆项下的相应义务也应当由案外人承担。

【裁判结果】

法院生效判决认为，因案外人与被告张某之间的法律关系清楚，双方签订了书面《代购协议》等文件，详细约定了双方之间的权利义务。根据《民法典》第926条第2款规定，受托人因委托人的原因对第三人不履行义务，受托人应当向第三人披露委托人，第三人因此可以选择受托人或者委托人作为相对人主张其权利，但是第三人不得变更选定的相对人。在被告张某向原告披露其与案外人之间的委托代理关系后，原告明确表示选择本案被告张某为其合同相对方并主张权利。

被告张某作为承租人与原告订立的案涉融资租赁合同，其内容未违反法律、行政法规强制性规定，应属合法有效。被告张某虽以代他人购车作为抗辩理由，但结合当事人陈述及证据材料，承租人因融资购车事宜与出租人进行业务合作，属于法律保护的合法金融业务，但当事人在订立合同时应慎重考量预期风险，被告张某主张因代他人购车辆故与原告订立案涉融资租赁合同，且认可收取了15000元好处费，该情形涉及行业内所称的"顶名买车"或"背户买车"行为，该行为客观上造成了合同订立人与实际用车人之间的分离，在产生纠纷时也加大了案件事实查明的难度，结合本案，被告的现有证据不足以证明原告作为出租人明确知晓被告所称事实，原告明确坚持向被告张某主张权利，被告张某作为承租人与原告订立融资租赁合同的商事外观应当依法予以维护，合同各方应当依法履行合同项下各自义务，被告举证案外人给其的免责承诺无法约束本案原告，现原告履行完毕融资义务，但被告未按合同约定履行按时给付租金的义务，已构成违约，根据合同约定及法律规定，原告有权主张全部租金加速到期，要求被告张某支付全部未付租金148549.18元及留购价款200元。被告张某若争议因案外人给其造成损失，可在其与案外人的其他法律关系项下另行解决。

【典型意义】

在商用车融资租赁业务中，"顶名买车"或"背户买车"的现象较为常见。实际用车人通过口头或书面形式委托他人与融资租赁公司订立融资租赁合同，以达到融资购入、使用车辆的目的。"顶名购车"或"背户买车"行为造成租赁车辆合同签约方与实际使用方分离，一旦产生诉讼极易导致承租人主体争议。融资租赁公司在不知晓合同签订方与实际用车人之间委托关系的情况下，仅能凭借融资租赁协议的订立及履行情况来确定合同相对方。本案裁判结果在保护出租人合同选择权的同时，也有利于遏制实际中"顶名购车"的行业乱象。

案例92　出租人主张经营者对个体工商户债务承担保证责任的，不予支持[1]

【基本案情】

黄某某系黄某某服务部的经营者，2021年7月，黄某某服务部为购买轻型厢式货车一辆，与某融资租赁公司签订融资租赁合同，通过售后回租模式购买车辆、支付车款，约定被告逾期支付租金时，原告有权解除租赁合同、收回或处置租赁物，并要求被告赔偿损失。同时，黄某某与原告签订保证合同，约定为案涉债务承担连带责任保证担保。因黄某某服务部逾期支付租金，原告向本院提起诉讼，要求解除融资租赁合同并赔偿损失，要求黄某某对黄某某服务部的付款义务承担连带清偿责任。

【裁判结果】

法院生效判决认为，《民法典》第56条第1款规定，个体工商户的债务，个人经营的，以个人财产承担；家庭经营的，以家庭财产承担；无法区分的，以家庭财产承担。因此，黄某某作为黄某某服务部的经营者，依据法律规定，本就应当以其个人财产对黄某某服务部的债务承担给付义务。该债务本身即属于其自身债务，要求其以保证人身份对自身债务承担保证责任违背基本法理，应当予以纠正。

【典型意义】

在以个体工商户为承租人的融资租赁合同纠纷案件中，有的出租人会要求经营者作为保证人与其签订保证合同。依据相关法律规定，个体工商户实质上是个人或家庭为从事经营活动而进行登记的一种形式。经营者本就应以其个人财产对个体工商户的债务承担给付义务，故不可能为自己的债务提供保证担保。此种保证方式有悖法理，司法应予否定。本案裁判结果为融资租赁公司选择合法的保证人提供了警示。

第十四条　【租金债务的诉讼时效】 当事人因融资租赁合同租金欠付争议向人民法院请求保护其权利的诉讼时效期间为三年，自租赁期限届满之日起计算。

理解与适用

本条旨在解决融资租赁合同租金请求权的诉讼时效问题。对融资租赁合同租金欠付争议的诉讼时效，审判实践中存在两方面的争议：一是时效长短问题，即融资租赁合同租金请求权的诉讼时效应适用一年特殊诉讼时效期间，还是适用三年普通诉讼时效期间；二是时效的起算问题，即融资租赁合同中租金请求权的诉讼时效应当从租赁期限届满之日起计算，还是应当从每一期租金履行期限届满之日起计算。根据该条司法解释规定，融资租赁

---

[1] 参见天津自由贸易试验区人民法院2024年3月发布的《典型案例指引促融资租赁产业高质量发展》，载微信公众号"天津滨海新区法院"（2024年3月15日），https://mp.weixin.qq.com/s/-7wc0h42Z4gOgPriTOGYAw，最后访问时间：2024年8月6日。

合同租金请求权的诉讼时效应适用三年普通诉讼时效期间，该期间应从租赁期限届满之日开始起算。①

相关法律法规

《**民法典**》（2020年5月28日）

第一百八十八条 【普通诉讼时效】 向人民法院请求保护民事权利的诉讼时效期间为三年。法律另有规定的，依照其规定。

诉讼时效期间自权利人知道或者应当知道权利受到损害以及义务人之日起计算。法律另有规定的，依照其规定。但是，自权利受到损害之日起超过二十年的，人民法院不予保护，有特殊情况的，人民法院可以根据权利人的申请决定延长。

第一百八十九条 【分期履行债务诉讼时效的起算】 当事人约定同一债务分期履行的，诉讼时效期间自最后一期履行期限届满之日起计算。

相关司法解释

1.《最高人民法院关于审理民事案件适用诉讼时效制度若干问题的规定》（2020年修正）

第二条 当事人未提出诉讼时效抗辩，人民法院不应对诉讼时效问题进行释明。

第三条 当事人在一审期间未提出诉讼时效抗辩，在二审期间提出的，人民法院不予支持，但其基于新的证据能够证明对方当事人的请求权已过诉讼时效期间的情形除外。

当事人未按照前款规定提出诉讼时效抗辩，以诉讼时效期间届满为由申请再审或者提出再审抗辩的，人民法院不予支持。

第八条 具有下列情形之一的，应当认定为民法典第一百九十五条规定的"权利人向义务人提出履行请求"，产生诉讼时效中断的效力：

（一）当事人一方直接向对方当事人送交主张权利文书，对方当事人在文书上签名、盖章、按指印或者虽未签名、盖章、按指印但能够以其他方式证明该文书到达对方当事人的；

（二）当事人一方以发送信件或者数据电文方式主张权利，信件或者数据电文到达或者应当到达对方当事人的；

（三）当事人一方为金融机构，依照法律规定或者当事人约定从对方当事人账户中扣收欠款本息的；

（四）当事人一方下落不明，对方当事人在国家级或者下落不明的当事人一方住所地的省级有影响的媒体上刊登具有主张权利内容的公告的，但法律和司法解释另有特别规定的，适用其规定。

前款第（一）项情形中，对方当事人为法人或者其他组织的，签收人可以是其法定

---

① 最高人民法院民事审判第二庭编著：《最高人民法院关于融资租赁合同司法解释理解与适用》，人民法院出版社2016年版，第381页。

代表人、主要负责人、负责收发信件的部门或者被授权主体；对方当事人为自然人的，签收人可以是自然人本人、同住的具有完全行为能力的亲属或者被授权主体。

第九条 权利人对同一债权中的部分债权主张权利，诉讼时效中断的效力及于剩余债权，但权利人明确表示放弃剩余债权的情形除外。

第十条 当事人一方向人民法院提交起诉状或者口头起诉的，诉讼时效从提交起诉状或者口头起诉之日起中断。

第十一条 下列事项之一，人民法院应当认定与提起诉讼具有同等诉讼时效中断的效力：

（一）申请支付令；
（二）申请破产、申报破产债权；
（三）为主张权利而申请宣告义务人失踪或死亡；
（四）申请诉前财产保全、诉前临时禁令等诉前措施；
（五）申请强制执行；
（六）申请追加当事人或者被通知参加诉讼；
（七）在诉讼中主张抵销；
（八）其他与提起诉讼具有同等诉讼时效中断效力的事项。

第十二条 权利人向人民调解委员会以及其他依法有权解决相关民事纠纷的国家机关、事业单位、社会团体等社会组织提出保护相应民事权利的请求，诉讼时效从提出请求之日起中断。

第十三条 权利人向公安机关、人民检察院、人民法院报案或者控告，请求保护其民事权利的，诉讼时效从其报案或者控告之日起中断。

上述机关决定不立案、撤销案件、不起诉的，诉讼时效期间从权利人知道或者应当知道不立案、撤销案件或者不起诉之日起重新计算；刑事案件进入审理阶段，诉讼时效期间从刑事裁判文书生效之日起重新计算。

第十四条 义务人作出分期履行、部分履行、提供担保、请求延期履行、制定清偿债务计划等承诺或者行为的，应当认定为民法典第一百九十五条规定的"义务人同意履行义务"。

第十五条 对于连带债权人中的一人发生诉讼时效中断效力的事由，应当认定对其他连带债权人也发生诉讼时效中断的效力。

对于连带债务人中的一人发生诉讼时效中断效力的事由，应当认定对其他连带债务人也发生诉讼时效中断的效力。

第十七条 债权转让的，应当认定诉讼时效从债权转让通知到达债务人之日起中断。

债务承担情形下，构成原债务人对债务承认的，应当认定诉讼时效从债务承担意思表示到达债权人之日起中断。

第十八条 主债务诉讼时效期间届满，保证人享有主债务人的诉讼时效抗辩权。

保证人未主张前述诉讼时效抗辩权，承担保证责任后向主债务人行使追偿权的，人民法院不予支持，但主债务人同意给付的情形除外。

第十九条 诉讼时效期间届满，当事人一方向对方当事人作出同意履行义务的意思表示或者自愿履行义务后，又以诉讼时效期间届满为由进行抗辩的，人民法院不予支持。

当事人双方就原债务达成新的协议，债权人主张义务人放弃诉讼时效抗辩权的，人民法院应予支持。

超过诉讼时效期间，贷款人向借款人发出催收到期贷款通知单，债务人在通知单上签字或者盖章，能够认定借款人同意履行诉讼时效期间已经届满的义务的，对于贷款人关于借款人放弃诉讼时效抗辩权的主张，人民法院应予支持。

2.《最高人民法院关于适用〈中华人民共和国民法典〉有关担保制度的解释》（法释〔2020〕28号）

第二十八条 一般保证中，债权人依据生效法律文书对债务人的财产依法申请强制执行，保证债务诉讼时效的起算时间按照下列规则确定：

（一）人民法院作出终结本次执行程序裁定，或者依照民事诉讼法第二百五十七条第三项、第五项的规定作出终结执行裁定的，自裁定送达债权人之日起开始计算；

（二）人民法院自收到申请执行书之日起一年内未作出前项裁定的，自人民法院收到申请执行书满一年之日起开始计算，但是保证人有证据证明债务人仍有财产可供执行的除外。

一般保证的债权人在保证期间届满前对债务人提起诉讼或者申请仲裁，债权人举证证明存在民法典第六百八十七条第二款但书规定情形的，保证债务的诉讼时效自债权人知道或者应当知道该情形之日起开始计算。

第三十五条 保证人知道或者应当知道主债权诉讼时效期间届满仍然提供保证或者承担保证责任，又以诉讼时效期间届满为由拒绝承担保证责任或者请求返还财产的，人民法院不予支持；保证人承担保证责任后向债务人追偿的，人民法院不予支持，但是债务人放弃诉讼时效抗辩的除外。

第十五条 【适用范围】

本解释自2014年3月1日起施行。《最高人民法院关于审理融资租赁合同纠纷案件若干问题的规定》（法发〔1996〕19号）同时废止。

本解释施行后尚未终审的融资租赁合同纠纷案件，适用本解释；本解释施行前已经终审，当事人申请再审或者按照审判监督程序决定再审的，不适用本解释。

理解与适用

本条解释旨在明确本解释的适用范围问题。司法解释的时间效力是指司法解释何时生效、何时失效以及对于生效前的事件和行为是否具有溯及力等问题，对司法解释的适用意义重大。最高人民法院虽有文件对司法解释的生效时间进行规定，但并未涉及司法解释的失效及溯及力问题，且不同司法解释的生效时间并不统一，故每部司法解释出台时均需对该问题进行规定。①

---

① 最高人民法院民事审判第二庭编著：《最高人民法院关于融资租赁合同司法解释理解与适用》，人民法院出版社2016年版，第396页。

第三部分

《最高人民法院关于适用〈中华人民共和国民法典〉有关担保制度的解释》涉及融资租赁部分

第一条　【适用范围】 因抵押、质押、留置、保证等担保发生的纠纷，适用本解释。所有权保留买卖、融资租赁、保理等涉及担保功能发生的纠纷，适用本解释的有关规定。

理解与适用

《民法典》的担保体系由典型担保与非典型担保组成。融资租赁因具有担保功能而归属于非典型担保范畴。比较法上的新趋势是将融资租赁视为保留所有权交易的一种，从而纳入动产担保体系之中。融资租赁交易在法律结构上虽与传统的所有权担保方式存在一些差异，但其经济作用与传统的所有权担保方式并无差别，属于所有权担保方式的现代形式，融资租赁中的标的物在相当程度上承担的是担保的功能。[1] 租赁期间，出租人对租赁物有所有权，但此时出租人的所有权仅具担保功能，系出租人收取租赁物的物权保障，租赁物的占有、使用功能均为承租人所享有，出租人不得任意收回或者转让租赁物。[2]

《最高人民法院关于适用〈中华人民共和国民法典〉有关担保制度的解释》主要适用于典型担保，对于非典型担保如何适用该司法解释，从本条的措辞看，存在双重的限制适用条件：一方面，仅在涉及因担保功能发生的纠纷时才能适用该司法解释；另一方面，适用的也是该司法解释中的"有关规定"而非全部规定。

一是仅在涉及因担保功能发生的纠纷时才能适用该司法解释。并非所有被称为非典型担保的交易形态都具有担保功能，所有权保留买卖、融资租赁中，出卖人、出租人享有的所有权具有担保功能；让与担保中，债务人或者第三人转让的所有权也具有担保功能。但《民法典》规定的保理中，有追索权的保理具有担保功能，能够适用该司法解释的有关规定；无追索权的保理不具有担保功能。非典型担保合同在涉及担保功能发生纠纷时也应适用该司法解释，主要包括以下几方面的规则：①有关登记对抗的规则；②有关担保物权的顺位规则；③有关担保物权的实现规则；④有关价款优先权等担保规则。当非典型担保因能否以及如何适用前述规则发生纠纷时，可以适用该司法解释的相关规定。

二是非典型担保只能适用该司法解释的"有关规定"而非全部规定。本条所谓的"有关规定"，主要是指该司法解释第四部分"关于非典型担保"的规定，而这些规定多数都是前述的涉及担保规则的规定。另外，"有关规定"还包括该司法解释其他部分直接涉及非典型担保的规定，如第6条关于以公益为目的的非营利性学校、幼儿园、医疗机构、养老机构等主体在购入或者以融资租赁方式承租相关公益设施时，出卖人、出租人为

---

[1] 黄薇主编：《中华人民共和国民法典合同编解读（下册）》，中国法制出版社2020年版，第856页。

[2] 最高人民法院民事审判第二庭编著：《最高人民法院关于融资租赁合同司法解释理解与适用》，人民法院出版社2016年版，第37页；最高人民法院民法典贯彻实施工作领导小组主编：《中华人民共和国民法典合同编理解与适用（三）》，人民法院出版社2020年版，第1612页。

担保价款或者租金实现，以所有权保留、融资租赁方式在该公益设施上保留所有权；再如，该司法解释第56条、第57条，将正常经营买受人规则、价款优先权规则扩及所有权保留、融资租赁。除该司法解释明确规定可以适用于非典型担保的条文外，其他条文原则上不适用于非典型担保。如当事人主张某一条文可以适用于非典型担保的，应当详细说明能够适用的理由，法院也应当在判决中对应否适用进行详细说理，避免因非典型担保的泛化适用而冲击担保制度体系。①

相关法律法规

《民法典》（2020年5月28日）

第三百八十八条　【担保合同及其与主合同的关系】设立担保物权，应当依照本法和其他法律的规定订立担保合同。担保合同包括抵押合同、质押合同和其他具有担保功能的合同。担保合同是主债权债务合同的从合同。主债权债务合同无效的，担保合同无效，但是法律另有规定的除外。

担保合同被确认无效后，债务人、担保人、债权人有过错的，应当根据其过错各自承担相应的民事责任。

第七百五十八条第一款　【承租人请求部分返还租赁物价值】当事人约定租赁期限届满租赁物归承租人所有，承租人已经支付大部分租金，但是无力支付剩余租金，出租人因此解除合同收回租赁物，收回的租赁物的价值超过承租人欠付的租金以及其他费用的，承租人可以请求相应返还。

相关部门规章

《金融租赁公司管理办法》（国家金融监督管理总局令2024年第6号，2024年9月14日）

第五十九条　金融租赁公司应当持续提升租赁物管理能力，强化租赁物风险缓释作用，充分利用信息科技手段，密切监测租赁物运行状态、租赁物价值波动及其对融资租赁债权的风险覆盖水平，制定有效的风险管理措施，降低租赁物持有期风险。

第六十条　金融租赁公司应当加强租赁物未担保余值的评估管理，定期评估未担保余值，并开展减值测试。当租赁物未担保余值出现减值迹象时，应当按照会计准则要求计提减值准备。

第六十一条　金融租赁公司应当加强未担保余值风险的限额管理，根据业务规模、业务性质、复杂程度和市场状况，对未担保余值比例较高的融资租赁资产设定风险限额。

---

① 最高人民法院民事审判第二庭：《最高人民法院民法典担保制度司法解释理解与适用》，人民法院出版社2021年版，第86~87页。

相关行政规范性文件

1. 银保监会《融资租赁公司监督管理暂行办法》（银保监发〔2020〕22号，2020年5月26日）

第十八条 融资租赁公司应当重视租赁物的风险缓释作用，密切监测租赁物价值对融资租赁债权的风险覆盖水平，制定有效的风险应对措施。

第十九条 融资租赁公司应当加强租赁物未担保余值管理，定期评估未担保余值是否存在减值，及时按照会计准则的要求计提减值准备。

第二十条 融资租赁公司应当加强对租赁期限届满返还或因承租人违约而取回的租赁物的风险管理，建立完善的租赁物处置制度和程序，降低租赁物持有期风险。

2.《上海市融资租赁公司监督管理暂行办法》（沪金规〔2021〕3号，2021年7月26日）

第二十九条 融资租赁公司应当重视租赁物的风险缓释作用，密切监测租赁物价值对融资租赁债权的风险覆盖水平，制定有效的风险应对措施。

融资租赁公司应当加强租赁物未担保余值管理，定期评估未担保余值是否存在减值，及时按照会计准则的要求计提减值准备。

融资租赁公司应当加强对租赁期限届满返还或因承租人违约而取回的租赁物的风险管理，建立完善的租赁物处置制度和程序，降低租赁物持有期风险。

相关司法文件

1.《全国法院民商事审判工作会议纪要》（法〔2019〕254号，2019年11月8日）

66.【担保关系的认定】当事人订立的具有担保功能的合同，不存在法定无效情形的，应当认定有效。虽然合同约定的权利义务关系不属于物权法规定的典型担保类型，但是其担保功能应予肯定。

2. 最高人民法院、国家发展和改革委员会《关于为新时代加快完善社会主义市场经济体制提供司法服务和保障的意见》（法发〔2020〕25号，2020年7月20日）

依法认定新型担保的法律效力。准确把握物权法定原则的新发展、民法典物权编扩大担保合同范围的新规定，依法认定融资租赁、保理、所有权保留等具有担保功能的非典型担保合同的效力。结合民法典对禁止流押规则的调整和让与担保的司法实践，进一步研究细化让与担保的制度规则和裁判标准，尊重当事人基于意思自治作出的交易安排。依据物权变动规则依法认定担保物权的物权效力，最大限度发挥担保制度的融资功能作用，促进商事交易健康发展。

第六条 【学校、幼儿园、医疗机构、养老机构等提供担保】以公益为目的的非营利性学校、幼儿园、医疗机构、养老机构等提供担保的，人民法院应当认定担保合同无效，但是有下列情形之一的除外：

（一）在购入或者以融资租赁方式承租教育设施、医疗卫生设施、养老服务设施和其他公益设施时，出卖人、出租人为担保价款或者租金实现而在该公益设施上保留所有权；

（二）以教育设施、医疗卫生设施、养老服务设施和其他公益设施以外的不动产、动产或者财产权利设立担保物权。

登记为营利法人的学校、幼儿园、医疗机构、养老机构等提供担保，当事人以其不具有担保资格为由主张担保合同无效的，人民法院不予支持。

理解与适用

本条是关于学校、幼儿园、医疗机构、养老机构等以公益为目的的非营利法人或者非法人组织提供担保的规定。以公益为目的的非营利学校、幼儿园、医疗机构、养老机构等不具有担保资格，因而其提供的担保原则上无效。但此类主体毕竟不同于机关法人等特别法人，在一定情况下也有融资的需要，故不能完全断绝其融资渠道。为此，本条司法解释第1款对其可以提供担保的例外情形作出规定。鉴于《民法典》第399条第3项明确规定，学校、幼儿园、医疗机构等为公益目的成立的非营利法人的教育设施、医疗卫生设施和其他公益设施不得抵押，因而本条明确排除了以公益设施设定抵押的可能，仅规定了融资租赁交易或者保留所有权两种担保方式。对此，应予明确的是，融资租赁交易或者保留所有权系针对教育设施、医疗卫生设施、养老服务设施和其他公益设施所设立，而这些设施依法是不允许设定抵押的，本条允许其设立融资租赁或者所有权保留，因而属于例外规定。[①]

根据本条第1款第2项以及第2款规定，以公益为目的的非营利性学校、幼儿园、医疗机构、养老机构等可以教育设施、医疗卫生设施、养老服务设施和其他公益设施以外的不动产、动产开展融资租赁；登记为营利法人的学校、幼儿园、医疗机构、养老机构等可以教育设施、医疗卫生设施、养老服务设施开展融资租赁。

相关法律法规

1.《民法典》（2020年5月28日）

第三百九十九条　【禁止抵押的财产范围】 下列财产不得抵押：

（一）土地所有权；

（二）宅基地、自留地、自留山等集体所有土地的使用权，但是法律规定可以抵押的

---

① 最高人民法院民事审判第二庭：《最高人民法院民法典担保制度司法解释理解与适用》，人民法院出版社2021年版，第128~129页。

除外；

（三）学校、幼儿园、医疗机构等为公益目的成立的非营利法人的教育设施、医疗卫生设施和其他公益设施；

（四）所有权、使用权不明或者有争议的财产；

（五）依法被查封、扣押、监管的财产；

（六）法律、行政法规规定不得抵押的其他财产。

2.《民办非企业单位登记管理暂行条例》（1998年10月25日）

第二条 本条例所称民办非企业单位，是指企业事业单位、社会团体和其他社会力量以及公民个人利用非国有资产举办的，从事非营利性社会服务活动的社会组织。

相关行政规范性文件

1.《国务院关于加强地方政府融资平台公司管理有关问题的通知》（国发〔2010〕19号，2010年6月10日）

学校、医院、公园等公益性资产不得作为资本注入融资平台公司。

2.《国务院关于鼓励社会力量兴办教育促进民办教育健康发展的若干意见》（国发〔2016〕81号，2016年12月29日）

（八）拓宽办学筹资渠道。鼓励和吸引社会资金进入教育领域举办学校或者投入项目建设。创新教育投融资机制，多渠道吸引社会资金，扩大办学资金来源。鼓励金融机构在风险可控前提下开发适合民办学校特点的金融产品，探索办理民办学校未来经营收入、知识产权质押贷款业务，提供银行贷款、信托、融资租赁等多样化的金融服务。鼓励社会力量对非营利性民办学校给予捐赠。

第五十六条 【正常经营活动中买受人的认定】 买受人在出卖人正常经营活动中通过支付合理对价取得已被设立担保物权的动产，担保物权人请求就该动产优先受偿的，人民法院不予支持，但是有下列情形之一的除外：

（一）购买商品的数量明显超过一般买受人；

（二）购买出卖人的生产设备；

（三）订立买卖合同的目的在于担保出卖人或者第三人履行债务；

（四）买受人与出卖人存在直接或者间接的控制关系；

（五）买受人应当查询抵押登记而未查询的其他情形。

前款所称出卖人正常经营活动，是指出卖人的经营活动属于其营业执照明确记载的经营范围，且出卖人持续销售同类商品。前款所称担保物权人，是指已经办理登记的抵押权人、所有权保留买卖的出卖人、融资租赁合同的出租人。

理解与适用

《民法典》在规定动产抵押制度的同时，也通过对正常经营活动中买受人的特别保护将该制度给第三人造成的交易成本降低至社会能容忍的范围。《民法典》第404条所称正常经营活动既指出卖人的经营活动是在其营业执照明确记载的经营范围内且持续销售同类商品，也要求从买受人的角度看，交易本身没有异常性。此外，由于《民法典》已将所有权保留买卖和融资租赁中的所有权规定为非典型担保物权，而所有权保留和融资租赁的标的物也是动产，且以登记作为公示方式，因此也存在类似动产抵押制度的局限性。在所有权保留、融资租赁中，为了保护正常经营活动中买受人的交易安全，本条将正常经营活动中买受人的认定规则扩张到已经办理登记的所有权保留、融资租赁。①

相关法律法规

1.《民法典》（2020年5月28日）

　　第四百零四条　【动产抵押权对抗效力的限制】以动产抵押的，不得对抗正常经营活动中已经支付合理价款并取得抵押财产的买受人。

2.《公司法》（2023年12月29日）

　　第九条　公司的经营范围由公司章程规定。公司可以修改公司章程，变更经营范围。

　　公司的经营范围中属于法律、行政法规规定须经批准的项目，应当依法经过批准。

　　第三十二条　公司登记事项包括：

　　（一）名称；

　　（二）住所；

　　（三）注册资本；

　　（四）经营范围；

　　（五）法定代表人的姓名；

　　（六）有限责任公司股东、股份有限公司发起人的姓名或者名称。

　　公司登记机关应当将前款规定的公司登记事项通过国家企业信用信息公示系统向社会公示。

　　第三十三条　依法设立的公司，由公司登记机关发给公司营业执照。公司营业执照签

---

① 最高人民法院民事审判第二庭：《最高人民法院民法典担保制度司法解释理解与适用》，人民法院出版社2021年版，第483页。

发日期为公司成立日期。

公司营业执照应当载明公司的名称、住所、注册资本、经营范围、法定代表人姓名等事项。

公司登记机关可以发给电子营业执照。电子营业执照与纸质营业执照具有同等法律效力。

第三十四条 公司登记事项发生变更的，应当依法办理变更登记。

公司登记事项未经登记或者未经变更登记，不得对抗善意相对人。

第三十五条 公司申请变更登记，应当向公司登记机关提交公司法定代表人签署的变更登记申请书、依法作出的变更决议或者决定等文件。

公司变更登记事项涉及修改公司章程的，应当提交修改后的公司章程。

公司变更法定代表人的，变更登记申请书由变更后的法定代表人签署。

第三十六条 公司营业执照记载的事项发生变更的，公司办理变更登记后，由公司登记机关换发营业执照。

第五十七条 【价款超级优先权的适用】担保人在设立动产浮动抵押并办理抵押登记后又购入或者以融资租赁方式承租新的动产，下列权利人为担保价款债权或者租金的实现而订立担保合同，并在该动产交付后十日内办理登记，主张其权利优先于在先设立的浮动抵押权的，人民法院应予支持：

（一）在该动产上设立抵押权或者保留所有权的出卖人；

（二）为价款支付提供融资而在该动产上设立抵押权的债权人；

（三）以融资租赁方式出租该动产的出租人。

买受人取得动产但未付清价款或者承租人以融资租赁方式占有租赁物但是未付清全部租金，又以标的物为他人设立担保物权，前款所列权利人为担保价款债权或者租金的实现而订立担保合同，并在该动产交付后十日内办理登记，主张其权利优先于买受人为他人设立的担保物权的，人民法院应予支持。

同一动产上存在多个价款优先权的，人民法院应当按照登记的时间先后确定清偿顺序。

理解与适用

本条是关于《民法典》第416条规定的价款超级优先权如何适用的规定。通过考察价款超级优先权在域外的发展过程以及立法机构对这一制度的说明，本条将这一制度在实践中的运用区分为两种情形：一是债务人在设定动产浮动抵押后又购入新的动产时，为担保价款的支付而在该动产上为出卖人设定抵押权；二是在动产买卖中，买受人通过赊销取得动产后立即为他人设定担保物权，出卖人为担保价款支付而在该动产上设定抵押权。

前一种情形主要是为了解决中小企业在将现有的和将有的动产设定浮动抵押后的再融

资能力问题，因为如果动产浮动抵押设定在前且已经办理登记，则抵押人新购入的动产也将自动成为浮动抵押权的客体，即使买受人在新购入的动产上为担保价款债权实现而为出卖人设定了抵押权，由于该抵押权登记在后，根据《民法典》第414条关于担保物权清偿顺序的规定，出卖人的交易安全也无法获得有效保障，从而影响到出卖人与抵押人进行交易的积极性。价款超级优先权旨在打破《民法典》第414条、第415条的清偿顺序，赋予后设立的抵押权优先于先设立的浮动抵押权的效力，从而增强了抵押人的再融资能力，具有正当性。

后一种情形下价款优先权的正当性则遭到部分学者的质疑，因为该种情形针对的仅仅是买受人尚未将以赊购方式买入的动产"捂热"，即又在该动产上为第三人设定担保物权，从而导致出卖人的价款可能无法实现，这虽然有利于保障出卖人的交易安全，但却可能威胁到已经在标的物上设定担保物权的第三人的交易安全。从文义上看，《民法典》第416条应包括此种情形，从尽量尊重立法原意的角度，本条对此种情形下的价款优先权亦予以承认，至于由此带来的第三人交易安全的问题，则可由第三人通过尽职调查等方式予以克服。也就是说，第三人在接受他人以动产作为抵押物时，须审查该标的物是否属于抵押人十天内新购入的标的物。

此外，考虑到实践中对价款支付进行担保的手段除了以标的物设定抵押权外，还存在所有权保留、融资租赁等方式，用于设定担保的标的物也可能不是购入的动产，而是以融资租赁方式承租的动产，因此，所担保的债权也可能不是价款，而是租金。正因如此，本条司法解释将《民法典》第416条扩张适用于融资租赁方式承租动产的情形，并将可以主张价款优先权的主体规定为以下三类当事人：一是在该动产上设立抵押权或者保留所有权的出卖人；二是为价款支付提供融资而在该动产上设立抵押权的债权人；三是以融资租赁方式出租该动产的出租人。[①]

相关法律法规

《民法典》（2020年5月28日）

第三百九十六条　【浮动抵押】企业、个体工商户、农业生产经营者可以将现有的以及将有的生产设备、原材料、半成品、产品抵押，债务人不履行到期债务或者发生当事人约定的实现抵押权的情形，债权人有权就抵押财产确定时的动产优先受偿。

第四百一十四条　【同一财产上多个抵押权的效力顺序】同一财产向两个以上债权人抵押的，拍卖、变卖抵押财产所得的价款依照下列规定清偿：

（一）抵押权已经登记的，按照登记的时间先后确定清偿顺序；

（二）抵押权已经登记的先于未登记的受偿；

（三）抵押权未登记的，按照债权比例清偿。

[①] 最高人民法院民事审判第二庭：《最高人民法院民法典担保制度司法解释理解与适用》，人民法院出版社2021年版，第487~492页。

其他可以登记的担保物权，清偿顺序参照适用前款规定。

第四百一十五条 【既有抵押权又有质权的财产的清偿顺序】同一财产既设立抵押权又设立质权的，拍卖、变卖该财产所得的价款按照登记、交付的时间先后确定清偿顺序。

第四百一十六条 【买卖价款抵押权】动产抵押担保的主债权是抵押物的价款，标的物交付后十日内办理抵押登记的，该抵押权人优先于抵押物买受人的其他担保物权人受偿，但是留置权人除外。

第六十五条 【出租人对租赁物享有的所有权及其实现程序】在融资租赁合同中，承租人未按照约定支付租金，经催告后在合理期限内仍不支付，出租人请求承租人支付全部剩余租金，并以拍卖、变卖租赁物所得的价款受偿的，人民法院应予支持；当事人请求参照民事诉讼法"实现担保物权案件"的有关规定，以拍卖、变卖租赁物所得价款支付租金的，人民法院应予准许。

出租人请求解除融资租赁合同并收回租赁物，承租人以抗辩或者反诉的方式主张返还租赁物价值超过欠付租金以及其他费用的，人民法院应当一并处理。当事人对租赁物的价值有争议的，应当按照下列规则确定租赁物的价值：

（一）融资租赁合同有约定的，按照其约定；

（二）融资租赁合同未约定或者约定不明的，根据约定的租赁物折旧以及合同到期后租赁物的残值来确定；

（三）根据前两项规定的方法仍然难以确定，或者当事人认为根据前两项规定的方法确定的价值严重偏离租赁物实际价值的，根据当事人的申请委托有资质的机构评估。

理解与适用

本条是关于融资租赁中出租人对租赁物享有的所有权及其实现程序的规定。在融资租赁中，承租人经催告后在合理期限内仍不支付租金，出租人既可以选择请求支付全部租金，也可以选择解除合同并收回租赁物。

如果出租人选择的是请求承租人支付全部未付租金，则出租人有两个途径可供选择：其一，通过诉讼请求承租人支付全部未付租金，并可主张就拍卖、变卖租赁物所得价款受偿；其二，以非诉执行的方式直接申请人民法院拍卖、变卖租赁物，并就所得价款受偿。这是因为，既然出租人选择的是由承租人支付全部未付租金，自然不能同时请求解除合同并收回租赁物。但是，即使出租人选择由承租人支付全部未付租金，出租人对租赁物享有的所有权仍具有担保功能，因此，在承租人无力支付全部未付租金的情形下，出租人自然有权通过诉讼或者非诉的方式请求人民法院拍卖、变卖租赁物并以所得价款受偿。至于出租人能否主张就拍卖、变卖租赁物所得价款优先受偿，则取决于出租人对租赁物享有的所有权是否已经办理登记。根据《民法典》第745条的规定，出租人对租赁物享有的所有权未经登记的，不得对抗善意第三人，因此在出租人对租赁物享有的所有权未办理登记时，对于出租人请求以拍卖、变卖租赁物所得价款优先受偿的请求，人民法院不予支持，而仅支持其请求以拍卖、变卖租赁物所得价款受偿的请求。

如果出租人选择的是解除租赁合同并收回租赁物，但双方无法就合同解除和租赁物的收回达成一致，出租人自可起诉到人民法院，请求解除合同并收回租赁物。此外，如果出租人仅起诉请求承租人支付全部未付租金，但承租人未履行生效判决，根据《融资租赁解释》第10条第2款的规定，出租人仍可再行起诉请求解除融资租赁合同、收回租赁物。不过，无论何种情形下出租人起诉请求解除合同并收回租赁物，如果当事人约定租赁期限届满租赁物归承租人所有，且承租人已经支付大部分租金，只是无力支付剩余租金，此时出租人享有的所有权就与出卖人保留的所有权极为类似，都可能涉及承租人的利益保护问题。也正因如此，《民法典》第758条规定，当事人约定租赁期限届满租赁物归承租人所有，承租人已经支付大部分租金，但是无力支付剩余租金，出租人因此解除合同收回租赁物，收回的租赁物的价值超过承租人欠付的租金以及其他费用的，承租人可以请求相应返还。据此，在出租人请求解除融资租赁合同并收回租赁物情况下，如果承租人以抗辩或者反诉的方式主张返还租赁物价值超过欠付租金以及其他费用，则人民法院也应当一并处理。也就是说，此时人民法院一方面应判决解除合同并由出租人收回租赁物，另一方面应同时判决出租人将租赁物价值超过欠付租金以及其他费用的部分返还给承租人。①

至于租赁物的价值，融资租赁合同有约定的，按照其约定；融资租赁合同未约定或者约定不明的，根据约定的租赁物折旧以及合同到期后租赁物的残值来确定；根据前述方法仍然难以确定，或者当事人认为根据前两项规定的方法确定的价值严重偏离租赁物实际价值的，根据当事人的申请委托有资质的机构评估。②

✿ 相关法律法规

1. 《民法典》（2020年5月28日）

第七百五十二条　【承租人支付租金的义务】 承租人应当按照约定支付租金。承租人经催告后在合理期限内仍不支付租金的，出租人可以请求支付全部租金；也可以解除合

---

① 最高人民法院民事审判第二庭：《最高人民法院民法典担保制度司法解释理解与适用》，人民法院出版社2021年版，第546~547页。

② 值得注意的是，《最高人民法院关于适用〈中华人民共和国民法典〉有关担保制度的解释》与《最高人民法院关于审理融资租赁合同纠纷案件适用法律问题的解释》在表述上有细微不同之处，前者规定："根据前两项规定的方法仍然难以确定，或者当事人认为根据前两项规定的方法确定的价值严重偏离租赁物实际价值的，根据当事人的申请委托有资质的机构评估。"而后者规定："承租人或者出租人认为依前款确定的价值严重偏离租赁物实际价值的，可以请求人民法院委托有资质的机构评估或者拍卖确定。"后者比前者多了一个"拍卖"途径。

同，收回租赁物。

2.《民事诉讼法》（2023 年 9 月 1 日）

　　第一百零三条　人民法院对于可能因当事人一方的行为或者其他原因，使判决难以执行或者造成当事人其他损害的案件，根据对方当事人的申请，可以裁定对其财产进行保全、责令其作出一定行为或者禁止其作出一定行为；当事人没有提出申请的，人民法院在必要时也可以裁定采取保全措施。

　　人民法院采取保全措施，可以责令申请人提供担保，申请人不提供担保的，裁定驳回申请。

　　人民法院接受申请后，对情况紧急的，必须在四十八小时内作出裁定；裁定采取保全措施的，应当立即开始执行。

　　第一百零四条　利害关系人因情况紧急，不立即申请保全将会使其合法权益受到难以弥补的损害的，可以在提起诉讼或者申请仲裁前向被保全财产所在地、被申请人住所地或者对案件有管辖权的人民法院申请采取保全措施。申请人应当提供担保，不提供担保的，裁定驳回申请。

　　人民法院接受申请后，必须在四十八小时内作出裁定；裁定采取保全措施的，应当立即开始执行。

　　申请人在人民法院采取保全措施后三十日内不依法提起诉讼或者申请仲裁的，人民法院应当解除保全。

　　第一百零五条　保全限于请求的范围，或者与本案有关的财物。

　　第二百零七条　申请实现担保物权，由担保物权人以及其他有权请求实现担保物权的人依照民法典等法律，向担保财产所在地或者担保物权登记地基层人民法院提出。

　　第二百零八条　人民法院受理申请后，经审查，符合法律规定的，裁定拍卖、变卖担保财产，当事人依据该裁定可以向人民法院申请执行；不符合法律规定的，裁定驳回申请，当事人可以向人民法院提起诉讼。

相关司法解释

1.《最高人民法院关于审理融资租赁合同纠纷案件适用法律问题的解释》（法释〔2014〕3 号，2020 年修正）

　　第十二条　诉讼期间承租人与出租人对租赁物的价值有争议的，人民法院可以按照融资租赁合同的约定确定租赁物价值；融资租赁合同未约定或者约定不明的，可以参照融资租赁合同约定的租赁物折旧以及合同到期后租赁物的残值确定租赁物价值。

　　承租人或者出租人认为依前款确定的价值严重偏离租赁物实际价值的，可以请求人民法院委托有资质的机构评估或者拍卖确定。

2.《最高人民法院关于适用〈中华人民共和国民事诉讼法〉的解释》（2022年4月1日）

第二百零四条 实现担保物权案件，人民法院裁定拍卖、变卖担保财产的，申请费由债务人、担保人负担；人民法院裁定驳回申请的，申请费由申请人负担。

申请人另行起诉的，其已经交纳的申请费可以从案件受理费中扣除。

第三百六十一条 实现担保物权案件属于海事法院等专门人民法院管辖的，由专门人民法院管辖。

第三百六十二条 同一债权的担保物有多个且所在地不同，申请人分别向有管辖权的人民法院申请实现担保物权的，人民法院应当依法受理。

第三百六十三条 依照民法典第三百九十二条的规定，被担保的债权既有物的担保又有人的担保，当事人对实现担保物权的顺序有约定，实现担保物权的申请违反该约定的，人民法院裁定不予受理；没有约定或者约定不明的，人民法院应当受理。

第三百六十四条 同一财产上设立多个担保物权，登记在先的担保物权尚未实现的，不影响后顺位的担保物权人向人民法院申请实现担保物权。

第三百六十五条 申请实现担保物权，应当提交下列材料：

（一）申请书。申请书应当记明申请人、被申请人的姓名或者名称、联系方式等基本信息，具体的请求和事实、理由；

（二）证明担保物权存在的材料，包括主合同、担保合同、抵押登记证明或者他项权利证书，权利质权的权利凭证或者质权出质登记证明等；

（三）证明实现担保物权条件成就的材料；

（四）担保财产现状的说明；

（五）人民法院认为需要提交的其他材料。

第三百六十六条 人民法院受理申请后，应当在五日内向被申请人送达申请书副本、异议权利告知书等文书。

被申请人有异议的，应当在收到人民法院通知后的五日内向人民法院提出，同时说明理由并提供相应的证据材料。

第三百六十七条 实现担保物权案件可以由审判员一人独任审查。担保财产标的额超过基层人民法院管辖范围的，应当组成合议庭进行审查。

第三百六十八条 人民法院审查实现担保物权案件，可以询问申请人、被申请人、利害关系人，必要时可以依职权调查相关事实。

第三百六十九条 人民法院应当就主合同的效力、期限、履行情况，担保物权是否有效设立、担保财产的范围、被担保的债权范围、被担保的债权是否已届清偿期等担保物权实现的条件，以及是否损害他人合法权益等内容进行审查。

被申请人或者利害关系人提出异议的，人民法院应当一并审查。

第三百七十条 人民法院审查后，按下列情形分别处理：

（一）当事人对实现担保物权无实质性争议且实现担保物权条件成就的，裁定准许拍卖、变卖担保财产；

（二）当事人对实现担保物权有部分实质性争议的，可以就无争议部分裁定准许拍卖、变卖担保财产；

（三）当事人对实现担保物权有实质性争议的，裁定驳回申请，并告知申请人向人民法院提起诉讼。

第三百七十一条　人民法院受理申请后，申请人对担保财产提出保全申请的，可以按照民事诉讼法关于诉讼保全的规定办理。

第三百七十二条　适用特别程序作出的判决、裁定，当事人、利害关系人认为有错误的，可以向作出该判决、裁定的人民法院提出异议。人民法院经审查，异议成立或者部分成立的，作出新的判决、裁定撤销或者改变原判决、裁定；异议不成立的，裁定驳回。

对人民法院作出的确认调解协议、准许实现担保物权的裁定，当事人有异议的，应当自收到裁定之日起十五日内提出；利害关系人有异议的，自知道或者应当知道其民事权益受到侵害之日起六个月内提出。

第四百六十二条　根据民事诉讼法第二百三十四条规定，案外人对执行标的提出异议的，应当在该执行标的执行程序终结前提出。

3.《最高人民法院关于人民法院民事执行中查封、扣押、冻结财产的规定》（2020年修正）

第二条　人民法院可以查封、扣押、冻结被执行人占有的动产、登记在被执行人名下的不动产、特定动产及其他财产权。

未登记的建筑物和土地使用权，依据土地使用权的审批文件和其他相关证据确定权属。

对于第三人占有的动产或者登记在第三人名下的不动产、特定动产及其他财产权，第三人书面确认该财产属于被执行人的，人民法院可以查封、扣押、冻结。

第六条　查封、扣押动产的，人民法院可以直接控制该项财产。人民法院将查封、扣押的动产交付其他人控制的，应当在该动产上加贴封条或者采取其他足以公示查封、扣押的适当方式。

第七条　查封不动产的，人民法院应当张贴封条或者公告，并可以提取保存有关财产权证照。

查封、扣押、冻结已登记的不动产、特定动产及其他财产权，应当通知有关登记机关办理登记手续。未办理登记手续的，不得对抗其他已经办理了登记手续的查封、扣押、冻结行为。

第八条　查封尚未进行权属登记的建筑物时，人民法院应当通知其管理人或者该建筑物的实际占有人，并在显著位置张贴公告。

相关司法文件

1. 最高人民法院《关于充分发挥司法职能作用助力中小微企业发展的指导意见》（法发〔2022〕2号，2022年1月13日）

助力拓宽中小微企业融资渠道。严格依照民法典及有关司法解释的规定，依法认定生产设备等动产担保，以及所有权保留、融资租赁、保理等非典型担保债权优先受偿效力，支持中小微企业根据自身实际情况拓宽融资渠道。对符合法律规定的仓单、提单、汇票、应收账款、知识产权等权利质押以及保兑仓交易，依法认定其有效，支持金融机构创新服务中小微企业信贷产品。依法推动供应链金融更好服务实体经济发展，针对供应链金融交易中产生的费用，根据费用类型探索形成必要性和适当性原则，合理限制交易费用，切实降低中小微企业融资成本。积极与全国中小企业融资综合信用服务平台共享企业涉诉信息，推动实现对中小微企业信用评价的精准"画像"，提高企业贷款可得性。

2.《天津市高级人民法院关于审理融资租赁合同纠纷案件若干问题的审判委员会纪要（一）》（津高法〔2019〕335号，2019年12月30日）

三、融资租赁企业提供诉讼保全担保的形式

诉讼中，金融租赁企业申请财产保全，符合受理条件的，可以不要求提供担保。

其他融资租赁企业申请财产保全，符合受理条件的，可以结合当事人提供的证明材料，从企业注册资本及实缴出资的数额、纳税信用等级、上一年度纳税额，以及企业资产状况、涉及诉讼案件的情况、信用评级机构出具的资信证明等方面，综合审查企业的资信能力，并决定是否准许其以自身资信提供担保。

相关典型案例

案例93　融资租赁承租人破产时租赁物优先受偿权的司法认定[①]

【基本案情】

2019年4月26日，金融租赁公司与S公司签订《融资租赁合同》，以S公司所有的生产制造设备为租赁物通过售后回租模式进行融资，融资额3亿元。合同签订后，金融租赁公司就案涉合同及租赁物所有权在中国人民银行动产融资统一登记公示系统办理了登记，并按约发放了租赁设备款。合同履行期间，S公司因未按约支付租金而发生违约。金融租赁公司提起诉讼，请求S公司支付未付租金、租赁物留购价款、逾期利息、违约金及律师费共计183282346.18元；并要求根据《最高人民法院关于适用〈中华人民共和国民法典〉有关担保制度的解释》的规定享有租赁物设备优先受偿权。

---

① 参见上海金融法院2022年3月发布的《上海金融法院2021年度典型案例》，载微信公众号"上海金融法院"（2022年3月3日），https://mp.weixin.qq.com/s/NvT0xeBg8CV-kYfDCtHeEg，最后访问时间：2024年8月6日。案号：上海金融法院（2020）沪74民初3458号民事判决书。

S公司辩称，金融租赁公司请求以折价拍卖、变卖租赁物所得价款优先受偿的主张没有法律依据，本案法律关系发生在2021年之前，彼时法律没有规定融资租赁物的出租人享有优先受偿权，金融租赁公司也未办理法定形式的物权登记公示手续。并且，承租人S公司现已进入破产重整，经清算后发现，本案部分租赁物设备做了多次融资租赁或动产抵押，融资租赁在中国人民银行动产融资统一登记公示系统上登记，动产抵押在各地市场监督管理局登记。现案涉租赁物上存在多重担保物权，如果金融租赁公司享有优先受偿权，则将与物上其他担保物权发生冲突。

【裁判结果】

上海金融法院一审判决确认金融租赁公司对S公司享有债权183282346.18元；金融租赁公司可以与S公司协议，将租赁物折价，或者以拍卖、变卖所得价款优先受偿。宣判后，双方均未提出上诉，一审判决已生效。

【专家点评】

《民法典》出台前后，民法领域新旧法的时间效力问题成为理论研究与实践领域的重要议题，尤其在担保规范领域，既涉及了合同规范前后变化与当事人意思自治的关系，又涉及了物权规范先后变化产生的效力问题，它不仅涉及当事人的利益，还涉及第三人的利益。由于在金融领域里面担保所涉及债务标的额巨大，影响甚重，成为各方关注的焦点。

本案既涉及了合同领域规范的时间效力问题，也涉及了物权公示规则变化前后的时间效力问题，重视了当事人的意识以及民法立法的宗旨，体现的是民法不同于公法的特殊性，展现了民法裁判的规则所具有的独特功能。民法具有溯及力体现的是立法者最新的价值判断与法政策导向，并非对当事人的意思自治形成的约束规范的否定。

《最高人民法院关于适用〈中华人民共和国民法典〉时间效力的若干规定》第三条规定"民法典实施前的法律事实引起的民事纠纷案件，当时的法律、司法解释没有规定而民法典有规定的，可以适用民法典的规定，但是明显减损当事人合法权益、增加当事人法定义务或背离当事人合理预期的除外"。本案涉及对该条款的具体理解与适用，给出了实务中导向性的裁判案例，值得关注和深入的研究。

（复旦大学法学院教授　李世刚）

第六十七条　【融资租赁未经登记不得对抗的"善意第三人"范围及效力】在所有权保留买卖、融资租赁等合同中，出卖人、出租人的所有权未经登记不得对抗的"善意第三人"的范围及其效力，参照本解释第五十四条的规定处理。

⚙ 理解与适用

《民法典》第388条将所有权保留、融资租赁和有追索权保理等界定为"其他具有担保功能的合同"，并于《民法典》第745条规定，出租人享有的所有权"未经登记，不得对抗善意第三人"。但是，对于未经登记不得对抗的"善意第三人"的范围及其效力，《民法典》的相关规定未作出明确说明。鉴于融资租赁中所有权与动产抵押权相似的功能构造，以及以上规定与《民法典》第403条关于动产抵押"未经登记，不得对抗善意第三人"的规定在规范表述上的一致性，本条规定在融资租赁等合同中，出租人的所有权未经登记不得对抗的"善意第三人"的范围及其效力问题类推适用动产抵押的解释规则。具体而言：

第一，未登记的所有权不得对抗善意的受让占有人。与动产抵押相似，在融资租赁合同关系中，租赁物的所有权与占有实际处于分离状态，在缺乏登记作为补强的公示手段时，潜在的交易相对人难以准确地洞悉标的物上的真实权利状态。基于维护交易安全和提升交易效率的考虑，未登记的所有权不得对抗善意的受让占有人。因此，参照《最高人民法院关于适用〈中华人民共和国民法典〉有关担保制度的解释》第54条第1项的规定，融资租赁合同中出租人的所有权未经登记，承租人转让租赁物，受让人占有该标的物后，出租人依据《民法典》第752条和本司法解释第65条规定向受让人提出取回、收回标的物或者参照《民事诉讼法》"实现担保物权案件"的有关规定，以拍卖、变卖租赁物所得价款优先受偿的，人民法院不予支持。当然，参照《最高人民法院关于适用〈中华人民共和国民法典〉有关担保制度的解释》第54条第1项的规定，对未登记所有权对抗效力的否定需以受让人善意为前提。

第二，未登记的所有权不得对抗善意的承租人。在实践中，融资租赁的承租人将标的物租赁或转租给第三人的情形颇为常见，作为两种性质不同的权利，第三人的承租权与融资租赁的出租人的所有权一般不存在冲突，而在因出现当事人约定或法律规定的情形，出租人请求以其对标的物享有的所有权保障债权实现时，虽然也未出现《民法典》第725条规定的"租赁合同占有期限内发生所有权变动"的事实，但是，就其权利实现方式来看，无论是请求取回、收回标的物还是请求参照《民事诉讼法》"实现担保物权案件"的有关规定，拍卖、变卖标的物，客观上都难免会对第三人依租赁合同对标的物的占有和使用产生不利的影响。为保护作为承租人的第三人的信赖预期和合法利益，参照《最高人民法院关于适用〈中华人民共和国民法典〉有关担保制度的解释》第54条第2项规定，本条继续贯彻《民法典》关于"买卖不破租赁"规定的基本精神，规定融资租赁合同中出租人的所有权未经登记，承租人将抵押财产出租、转租给第三人并移转占有，租赁关系不受影响，但是出租人能够举证证明第三人知道或者应当知道承租人对标的物未享有法律上的所有权的除外。

第三，未登记的所有权不得对抗已受保全或执行程序保护的债权人和破产债权人。根据《最高人民法院关于适用〈中华人民共和国民法典〉物权编的解释（一）》第6条规定，转让人转让船舶、航空器和机动车等所有权，受让人已经支付合理价款并取得占有，虽未经登记，但转让人的债权人主张其为《民法典》第225条所称的"善意第三人"的，不予支持，法律另有规定的除外。我国司法实践并未将未登记不得对抗的善意"第三人"范围扩张至一般债权人。而根据《最高人民法院关于适用〈中华人民共和国民法典〉有关担保制度的解释》第 54 条第 3 项和第 4 项的规定，动产抵押合同订立后未办理抵押登记，动产抵押权的效力按照下列情形分别处理：抵押人的其他债权人向人民法院申请保全或者执行抵押财产，人民法院已经作出财产保全裁定或者采取执行措施，抵押权人主张对抵押财产优先受偿的，人民法院不予支持；抵押人破产，抵押权人主张对抵押财产优先受偿的，人民法院不予支持。未经登记动产抵押权不得对抗已受保全、执行或破产程序保护的债权人。参照这两项规定，在融资租赁合同中，出租人未经登记的所有权亦不得对上述债权人产生对抗效力。《最高人民法院关于适用〈中华人民共和国民法典〉有关担保制度的解释》如此规定的原因主要在于响应和贯彻《民法典》关于消灭隐性担保的基本思想。将未登记的动产抵押权和融资租赁合同中出租人的所有权作出适当的"限制"，亦是基于此种思想和目标而作出的法政策选择结果。

同时，在现有的理论探讨中，一般认为，无担保债权人已经通过强制执行程序查封、扣押抵押财产的情形下，其对该抵押财产已经取得了对物的支配权，与抵押权人形成了对物的争夺关系。将此类债权人纳入未登记的动产抵押权和融资租赁合同中出租人的所有权不得对抗的第三人范围，也符合登记对抗规则的内涵本质。应当注意的是，对未登记所有权对抗效力的否定，并非债权人就标的向人民法院提出保全或执行申请或者就买受人、承租人向人民法院提出破产申请即可满足，而是须以人民法院已经作出财产保全裁定、采取执行措施或者受理破产申请为条件。只有普通债权人已实际处于保全、执行或破产程序的保护中，方可被纳入未登记不得对抗的"善意第三人"范围。①

相关法律法规

《民法典》（2020 年 5 月 28 日）

第七百四十五条　【租赁物的登记对抗效力】 出租人对租赁物享有的所有权，未经登记，不得对抗善意第三人。

相关部门规章

《金融租赁公司管理办法》（国家金融监督管理总局令 2024 年第 6 号，2024 年 9 月 14 日）

第五十三条　金融租赁公司应当合法取得租赁物的所有权。

租赁物属于未经登记不得对抗善意第三人的财产类别，金融租赁公司应当依法办理相关登记。

除前款规定情形外，金融租赁公司应当在国务院指定的动产和权利担保统一登记机构办理融资租赁登记，采取有效措施保障对租赁物的合法权益。

---

① 最高人民法院民事审判第二庭：《最高人民法院民法典担保制度司法解释理解与适用》，人民法院出版社 2021 年版，第 558~563 页。

相关司法解释

《最高人民法院关于适用〈中华人民共和国民法典〉有关担保制度的解释》（法释〔2020〕28号）

第五十四条 动产抵押合同订立后未办理抵押登记，动产抵押权的效力按照下列情形分别处理：

（一）抵押人转让抵押财产，受让人占有抵押财产后，抵押权人向受让人请求行使抵押权的，人民法院不予支持，但是抵押权人能够举证证明受让人知道或者应当知道已经订立抵押合同的除外；

（二）抵押人将抵押财产出租给他人并移转占有，抵押权人行使抵押权的，租赁关系不受影响，但是抵押权人能够举证证明承租人知道或者应当知道已经订立抵押合同的除外；

（三）抵押人的其他债权人向人民法院申请保全或者执行抵押财产，人民法院已经作出财产保全裁定或者采取执行措施，抵押权人主张对抵押财产优先受偿的，人民法院不予支持；

（四）抵押人破产，抵押权人主张对抵押财产优先受偿的，人民法院不予支持。

相关建议答复

《最高人民法院对十三届全国人大四次会议第9022号建议的答复》（2021年7月5日）

四、关于统一租赁物所有权登记对抗善意第三人的执行标准，依法保护出租人所有权的问题。

根据《最高人民法院关于适用〈中华人民共和国民法典〉时间效力的若干规定》第二十条规定，民法典施行前成立的合同，依照法律规定或者当事人约定该合同的履行持续至民法典施行后，因民法典施行前履行合同发生争议的，适用当时的法律、司法解释的规定。在民法典实施之前，当时的法律、法规尚没有规定法定的融资租赁登记机构，但实践中，国内已存在中国人民银行征信中心开发运行的融资租赁登记系统以及商务部开发建设的融资租赁业务登记系统，许多租赁公司以及商业银行通过前述系统的登记、查询，作为保证其租赁物权利的重要支撑。并且《最高人民法院关于审理融资租赁合同纠纷案件适用法律问题的解释》（法释〔2014〕3号）第九条[1]也专门对第三人不适用善意取得的情形

---

[1] 此处指的是2014年出台的《最高人民法院关于审理融资租赁合同纠纷案件适用法律问题的解释》（法释〔2014〕3号）第9条。该条规定：承租人或者租赁物的实际使用人，未经出租人同意转让租赁物或者在租赁物上设立其他物权，第三人依据物权法第一百零六条的规定取得租赁物的所有权或者其他物权，出租人主张第三人物权权利不成立的，人民法院不予支持，但有下列情形之一的除外：（一）出租人已在租赁物的显著位置作出标识，第三人在与承租人交易时知道或者应当知道该物为租赁物的；（二）出租人授权承租人将租赁物抵押给出租人并在登记机关依法办理抵押权登记的；（三）第三人与承租人交易时，未按照法律、行政法规、行业或者地区主管部门的规定在相应机构进行融资租赁交易查询的；（四）出租人有证据证明第三人知道或者应当知道交易标的物为租赁物的其他情形。需要注意的是，2020年修正后的《最高人民法院关于审理融资租赁合同纠纷案件适用法律问题的解释》已删去此条内容。

作出列举式规定，较为全面地弥补了立法不足，从满足行业急需、引导市场行为的角度出发，对征信中心的融资租赁登记予以认可，有效促进了整个融资租赁行业的健康发展。为配合民法典的颁布实施，中国人民银行修改了《应收账款质押登记办法》，其中第35条将融资租赁纳入到动产和权利担保交易形式。

国务院颁布的《关于实施动产和权利担保统一登记的决定》规定，自2021年1月1日起，在全国范围内实施动产和权利担保统一登记，并对纳入动产和权利担保统一登记范围的担保类型、登记系统、统一登记制度等规范的制定主体等作出规定。融资租赁交易中，出租人进行租赁登记以及登记机构、登记程序均已明确。上述行政法规和部门规章的颁布，已经建立起全国统一的动产和权利担保登记系统。今后，融资租赁交易的登记有着统一的平台，司法裁判中判断租赁登记对抗善意第三人的适用标准也是统一的。

关于实践中的机动车租赁市场中出现的机动车所有权属于出租人但租赁物登记在承租人名下的问题。民法典第七百四十五条所指"未经登记，不得对抗善意第三人"，是指出租人对租赁物享有的所有权必须登记才能取得对抗善意第三人的效力。第三人在交易时，负有审查出卖人是否享有处分租赁物权利的义务，租赁物已在法定的登记平台进行登记的前提下，第三人未对租赁物的权属状况进行查询，不应认定为善意。但是在机动车融资租赁业务当中，出租人对租赁物的权利主张可能发生在两种情形下：

一是承租人与第三人发生机动车买卖的真实交易，由于机动车登记在承租人名下，第三人的权益应当予以保护。融资租赁公司明知机动车的登记管理制度与出租人所有权冲突可能产生的风险，仍然开展相关的租赁业务，对此，法律并不能例外作出保护；

二是承租人的债权人对承租人名下的租赁物申请强制执行，出租人以其系真实所有权人或者抵押权人为由向人民法院提出执行异议。实践中，出租人通常会通过办理抵押登记方式对租赁物设定抵押权。如果对租赁物办理了融资租赁（抵押）登记的，是能够对抗保全、执行措施的；如果对租赁物未办理融资租赁（抵押）登记，人民法院基于承租人的债权人的申请对租赁物采取保全或者执行措施的，出租人主张对抵押财产优先受偿的，根据《最高人民法院关于适用〈中华人民共和国民法典〉有关担保制度的解释》第五十四条第三项规定，不应予以支持。

❀ 相关国际公约

1.《国际融资租赁公约》（1988年5月28日通过）

第七条

1. a. 出租人对设备的物权应可有效地对抗承租人的破产受托人及债权人，包括已得到扣押令状和执行令状的债权人。

b. 就本款而言，"破产受托人"包括清算人、管理人或被指定为债权人的全体的利益而管理承租人财产的其他人。

2. 凡按照适用法律规定只有在符合于公告的规定时出租人对设备的物权才可有效地对抗前款所指的人者，则只有如果符合此种规定时，这些权利才可有效地对抗该人。

3. 就前款而言，适用法律是当第1款所指的人有权援引前款所指规则时下述国家的法律：

a. 如系经注册的船舶，是以船主名义注册的国家（就本款而言，光船租船人不视为船主）；

b. 如系按1944年12月7日于芝加哥制订的《国际民用航空公约》注册的航空器，是据此注册的国家；

c. 如系通常从一国向另一国移动的那类其他设备，包括飞机引擎，是承租人设有其主营业地的国家；

d. 如系其他设备，是设备所在的国家。

4. 第2款不得影响其他需据以承认出租人对设备的物权的条约的规定。

5. 本条不得影响享有以下权利的任何债权人的优先权。

a. 拥有非由于扣押令状或执行令状而引起的，经同意或非经同意的对设备的留置权或担保利益，或

b. 根据国际私法规则确定的适用法律对特别是船舶或飞机拥有的任何扣留、扣押或处置的权利。

2.《租赁示范法》（2008年11月13日通过）

第六条 在租赁当事人之间及对抗第三方的效力

除本法另有规定外：

（1）租赁依当事人之间的约定具有法律效力并且可执行；

（2）当事人之间的权利和救济措施可以对抗租赁物的买受人，也可以对抗当事人的债权人，包括破产管理人。

第八条 权利优先

除本国法另有规定外：

（1）承租人的债权人以及租赁物所附着的土地或个人财产上的权利持有人，受租赁当事人权利和救济措施的约束，且不得损害因租赁而产生的任何利益；

（2）出租人的债权人受租赁当事人之间权利和救济措施的约束。

相关典型案例

案例94 未登记的船舶抵押权可对抗非善意的第三人[①]

【基本案情】

2015年，Z公司与R公司签订《融资租赁合同》和《船舶所有权转让协议》约定：R公司向Z公司转让其享有所有权的D轮，再从Z公司处租回该船舶，以售后回租方式进

[①] 参见最高人民法院2023年6月发布的《2022年全国海事审判典型案例》，载最高人民法院网站，https://www.court.gov.cn/zixun/xiangqing/404922.html，最后访问时间：2024年8月7日。

行融资。R 公司另提供 Z 公司等 8 名保证人连带保证及 D 轮作为抵押担保，但未办理抵押登记。融资租赁期间，R 公司擅自将 D 轮转让给第三人且仅支付部分租金。Z 公司遂诉至法院，要求 R 公司支付剩余全部租金、留购价款及违约金，各担保人承担连带清偿责任，对 D 轮折价或者拍卖、变卖后的价款优先受偿。

【裁判结果】

天津海事法院审理认为，Z 公司与 R 公司之间融资租赁合同符合融资租赁"融资""融物"的双重特性，该合同合法有效，R 公司拖欠租金已构成违约，应依法承担违约责任，各保证人对 R 公司的付款义务承担连带清偿责任。船舶作为特殊动产，未登记不影响抵押合同生效。R 公司伙同第三人转让已抵押船舶，逃避抵押责任，第三人对此知情，并非善意，不适用善意取得制度，不能阻却 Z 公司对 D 轮行使抵押权，该抵押权效力仍及于转让后的船舶。故判决 R 公司向 Z 公司支付全部未付租金及逾期付款违约金，Z 公司可以根据合同约定拍卖、变卖 D 轮并就所得价款享有优先受偿权利。Z 公司提起上诉，天津市高级人民法院二审维持原判。

【典型意义】

融资租赁是企业获得生产性资产的重要途径，具有优化企业资源配置的巨大优势。人民法院依法认定融资租赁合同的违约责任、所有权保留的责任承担、未登记船舶抵押权的追及力等问题，针对当事人恶意转让未登记抵押财产，逃避抵押责任的行为，依法认定抵押权人对抵押船舶的追及力成立，对违约方失信行为作出否定评价，是倡导诚实守信原则、促进公平交易的有力践行。本案的审理对规范航运金融市场秩序，推动船舶产业转型升级、拓展航运服务产业链具有积极意义，充分体现了海事司法为海事金融改革创新保驾护航、推动船舶产业持续健康发展发挥的重要作用。

第七十条　【保证金账户质押】 债务人或者第三人为担保债务的履行，设立专门的保证金账户并由债权人实际控制，或者将其资金存入债权人设立的保证金账户，债权人主张就账户内的款项优先受偿的，人民法院应予支持。当事人以保证金账户内的款项浮动为由，主张实际控制该账户的债权人对账户内的款项不享有优先受偿权的，人民法院不予支持。

在银行账户下设立的保证金分户，参照前款规定处理。

当事人约定的保证金并非为担保债务的履行设立，或者不符合前两款规定的情形，债权人主张就保证金优先受偿的，人民法院不予支持，但是不影响当事人依照法律的规定或者按照当事人的约定主张权利。

理解与适用

保证金质押作为担保债权实现的特殊方式，在符合保证金质押成立要件的情况下，债权人对于保证金账户内的资金具有优先受偿的权利。但是，该种担保方式并不能用动产质押的规则解决，而是应该用本条规定的规则解决。保证金质押是债权人为保证其到期债权的实现，要求债务人或者第三人提供的一种担保方式，其有效设立的条件应该符合担保物权的一般要求：一是标的财产的特定化，以明确担保财产的对象；二是债权人对于标的财产能够实际控制，以达到占有标的物财产的公示要求。

财产特定化的要求。保证金质押的特定化，要求保证金内的资金特定化和账户特定化，通过开立保证金账户这一特定形式，与出质人的其他财产予以区分，同时保证金账户内的资金能够专款专用，款项的存入和扣划均系用于担保债权的偿还或者在担保债权被偿还之后退还给出质人。根据《人民币银行结算账户管理办法》第13条的规定，专用存款账户是存款人按照法律、行政法规和规章，对其特定用途资金进行专项管理和使用而开立的银行结算账户。设立保证金账户可以是设立专门的保证金账户，也可以是在银行账户下设立保证金分户，无论何种形式，均需要采取保证金账户这一专用账户形式，使得其具有外部上的识别性，能够与一般结算账户、基本账户相区分。

需要说明的是，保证金账户的特定化并非金额的固定化，保证金质押所要求的特定化仅要求账户及资金区别于质押人的其他财产，而不是要求账户资金固定不变。保证金账户除按照合同约定存入保证金之外，利息增加、保证金的补充以及在债务到期未获清偿时，债权人委托的相关银行扣划相应款项，都会导致账户余额浮动，该种浮动均与保证业务相对应，不属于非保证业务的结算，不能以账户内资金不固定为由即认为该账户为一般结算账户。

占有转移的认定。债权人对于保证金账户的实际控制主要分为两种不同的情形：一是以债权人的名义开立保证金账户，债务人或者第三人将资金存入该账户内，此时债权人作为账户所有人能够实际控制该笔资金，符合移交债权人占有的条件；二是保证金账户并非以债权人的名义开立，出质人因对于银行享有存款债权而无法直接向债权人完成货币交付，债权人实现对保证金账户的实际控制往往需要与银行签订账户监管协议，约定非依债权人指令不得对账户内资金操作，账户密码由债权人设定并占有预留印鉴，或者通过设立共管账户，约定对于账户共同监管，以实现对于保证金账户的实际控制。

当事人通过设立保证金账户完成担保财产特定化，并移交占有的情况下，产生担保物权的效力，债权人可以就保证金享有优先受偿权。如果当事人设立保证金账户并非为债务的履行提供担保，或者未采取保证金账户的方式予以特定化，债权人不能实际控制保证金账户时，则不能认定保证金具有担保物权的效力，债权人此时主张对于保证金优先受偿的，人民法院不予支持，但是当事人有权按照双方约定的内容主张权利。[①]

[①] 最高人民法院民事审判第二庭：《最高人民法院民法典担保制度司法解释理解与适用》，人民法院出版社2021年版，第550~581页。

相关部门规章

《金融租赁公司管理办法》（国家金融监督管理总局令2024年第6号，2024年9月14日）

第二十八条 金融租赁公司可以经营下列本外币业务：

（一）融资租赁业务；

（二）转让和受让融资租赁资产；

（三）向非银行股东借入3个月（含）以上借款；

（四）同业拆借；

（五）向金融机构融入资金；

（六）发行非资本类债券；

（七）接受租赁保证金；

（八）租赁物变卖及处理业务。

第七十一条 金融租赁公司出于风险防范需要，可以依法收取承租人或融资租赁业务相关方的保证金，合理确定保证金比例，规范保证金的收取方式，放款时不得在融资总额中直接或变相扣除保证金。

相关行政规范性文件

1. 商务部《融资租赁企业监督管理办法》（商流通发〔2013〕337号，2013年9月18日）

第九条 融资租赁企业应当以融资租赁等租赁业务为主营业务，开展与融资租赁和租赁业务相关的租赁财产购买、租赁财产残值处理与维修、租赁交易咨询和担保、向第三方机构转让应收账款、接受租赁保证金及经审批部门批准的其他业务。

2. 银保监会《融资租赁公司监督管理暂行办法》（银保监发〔2020〕22号，2020年5月26日）

第五条 融资租赁公司可以经营下列部分或全部业务：

（一）融资租赁业务；

（二）租赁业务；

（三）与融资租赁和租赁业务相关的租赁物购买、残值处理与维修、租赁交易咨询、接受租赁保证金；

（四）转让与受让融资租赁或租赁资产；

（五）固定收益类证券投资业务。

第九条 融资租赁公司进口租赁物涉及配额、许可等管理的，由租赁物购买方或产权所有方按有关规定办理手续，另有约定的除外。

融资租赁公司经营业务过程中涉及外汇管理事项的，应当遵守国家外汇管理有关规定。

3. 银保监会《金融租赁公司项目公司管理办法》（银保监办发〔2021〕143号，2022年1月7日）

第八条 项目公司可以开展融资租赁以及与融资租赁相关的进出口业务、接受承租人的租赁保证金、转让和受让融资租赁资产、向金融机构借款、向股东借款、境外借款、租赁物变卖及处理业务、经济咨询等业务，以及经银保监会认可的其他业务。

4. 国家金融监督管理总局《汽车金融公司管理办法》（国家金融监督管理总局令2023年第1号，2023年8月11日）

第十八条 汽车金融公司可从事下列部分或全部本外币业务：

……

（二）接受汽车经销商和售后服务商贷款保证金和承租人汽车租赁保证金；

……

第二十三条 汽车金融公司应当规范开展保证金存款业务，不得从信贷资金中直接扣收保证金。

相关司法文件

1.《最高人民法院关于进一步加强金融审判工作的若干意见》（法发〔2017〕22号，2017年8月4日）

规范和促进直接服务实体经济的融资方式，拓宽金融对接实体经济的渠道。依法保护融资租赁、保理等金融资本与实体经济相结合的融资模式，支持和保障金融资本服务实体经济。对名为融资租赁合同、保理合同，实为借款合同的，应当按照实际构成的借款合同关系确定各方的权利义务，防范当事人以预扣租金、保证金等方式变相抬高实体经济融资成本。

2.《天津法院融资租赁合同纠纷案件审理标准》①（津高法发〔2017〕2号，2018年4月修订）

第4.7条 履约保证金冲抵租金及其他费用符合以下原则：（1）合同有约定的，按照合同约定；（2）没有约定的，按照债的抵销处理。抵销的顺序为先抵销违约金或者逾期利息，后抵销租金；（3）承租人未到庭且出租人未主张履约保证金冲抵的，经向出租人释明后，直接按照债的抵销处理。

3.《天津市高级人民法院关于审理融资租赁合同纠纷案件若干问题的审判委员会纪要（一）》（津高法〔2019〕335号，2019年12月30日）

十二、租赁保证金抵扣及顺序

承租人逾期支付租金，出租人宣布租金提前到期的，应当对承租人已经支付的租赁保

---

① 高憬宏主编：《人民法院司法标准化理论与实践（二）》，法律出版社2018年版，第83页。

证金进行抵扣。

融资租赁合同对于租赁保证金的抵扣顺序有明确约定的，从其约定；合同中没有明确约定且当事人未能达成一致意见的，应当按照实现债权的有关费用、逾期利息、违约金、损害赔偿金、租金的顺序，于出租人宣布租金提前到期日进行抵扣。

4. 上海市高级人民法院《融资租赁合同纠纷类案办案要件指南》①（2020 年 5 月 18 日）

（三）保证金的认定和裁判规则

【审查要点】

对于保证金的性质和功能应当结合融资租赁合同的约定进行判断。若合同约定承租人违约时，出租人有权没收保证金，出租人主张没收保证金的，即为违约责任的承担方式之一。出租人诉请保证金冲抵租金，可依照合同约定或者债的抵销规则予以处理。若出租人并未就保证金提出诉求，承租人抗辩保证金应冲抵欠付租金，属债的抵销，法院应审查后予以冲抵。

【注意事项】

在出租人未主张保证金冲抵租金，承租人未到庭抗辩保证金冲抵租金的情况下，如果合同中对保证金有约定，法官应行使释明权，并按约定进行处理；如果合同对此未作约定，虽然保证金非诉请范围，法官亦可根据案情行使释明权，在查清事实的基础上作出相应判决。

保证金的抵扣顺序有约定从约定，没有约定的，基于当事人应当及时止损、防止损失扩大的基本原则，应当于合同解除或加速到期日即进行清算，即参照《民法典》第五百六十条、《最高人民法院关于适用〈中华人民共和国合同法〉若干问题的解释（二）》第二十一条②所规定的顺序抵扣，而非任由未付租金产生滞纳金后再予抵扣。

---

① 茆荣华主编：《上海法院类案办案要件指南》（第 1 册），人民法院出版社 2020 年版，第 78-79 页。

② 该条司法解释已被《民法典》第 560 条吸收并修改。《民法典》第 560 条规定：债务人对同一债权人负担的数项债务种类相同，债务人的给付不足以清偿全部债务的，除当事人另有约定外，由债务人在清偿时指定其履行的债务。债务人未作指定的，应当优先履行已经到期的债务；数项债务均到期的，优先履行对债权人缺乏担保或者担保最少的债务；均无担保或者担保相等的，优先履行债务人负担较重的债务；负担相同的，按照债务到期的先后顺序履行；到期时间相同的，按照债务比例履行。

相关典型案例

案例95　保证金账户符合特定化和移交占有要求的，可以设立金钱质权①

【裁判要点】

当事人依约为出质的金钱开立保证金专门账户，且质权人取得对该专门账户的占有控制权，符合金钱特定化和移交占有的要求，即使该账户内资金余额发生浮动，也不影响该金钱质权的设立。

【基本案情】

原告某银行安徽分行诉称：其与第三人C融资担保公司按照签订的《信贷担保业务合作协议》，就信贷担保业务按约进行了合作。C融资担保公司在某银行安徽分行处开设的担保保证金专户内的资金实际是C融资担保公司向其提供的质押担保，请求判令其对该账户内的资金享有质权。

被告张某标辩称：某银行安徽分行与第三人C融资担保公司之间的《贷款担保业务合作协议》没有质押的意思表示；案涉账户资金本身是浮动的，不符合金钱特定化要求，某银行安徽分行对案涉保证金账户内的资金不享有质权。

第三人C融资担保公司认可某银行安徽分行对账户资金享有质权的意见。

法院经审理查明：2009年4月7日，某银行安徽分行与C融资担保公司签订一份《贷款担保业务合作协议》。其中第三条"担保方式及担保责任"约定：甲方（C融资担保公司）向乙方（某银行安徽分行）提供的保证担保为连带责任保证；保证担保的范围包括主债权及利息、违约金和实现债权的费用等。第四条"担保保证金（担保存款）"约定：甲方在乙方开立担保保证金专户，担保保证金专户行为某银行安徽分行营业部，账号尾号为9511；甲方需将具体担保业务约定的保证金在保证合同签订前存入担保保证金专户，甲方需缴存的保证金不低于贷款额度的10%；未经乙方同意，甲方不得动用担保保证金专户内的资金。第六条"贷款的催收、展期及担保责任的承担"约定：借款人逾期未能足额还款的，甲方在接到乙方书面通知后五日内按照第三条约定向乙方承担担保责任，并将相应款项划入乙方指定账户。第八条"违约责任"约定：甲方在乙方开立的担保专户的余额无论因何原因而小于约定的额度时，甲方应在接到乙方通知后三个工作日内补足，补足前乙方可以中止本协议项下业务。甲方违反本协议第六条的约定，没有按时履行保证责任的，乙方有权从甲方在其开立的担保基金专户或其他任一账户中扣划相应的款项。2009年10月30日、2010年10月30日，某银行安徽分行与C融资担保公司还分别签订与上述合作协议内容相似的两份《信贷担保业务合作协议》。

上述协议签订后，某银行安徽分行与C融资担保公司就贷款担保业务进行合作，C融资担保公司在某银行安徽分行处开立担保保证金账户，账号尾号为9511。C融资担保公司

---

① 参见最高人民法院发布的第54号指导性案例"中国农业发展银行安徽省分行诉张大标、安徽长江融资担保集团有限公司执行异议之诉纠纷案"。

按照协议约定缴存规定比例的担保保证金，并据此为相应额度的贷款提供了连带保证责任担保。自2009年4月3日至2012年12月31日，该账户共发生了107笔业务，其中贷方业务为C融资担保公司缴存的保证金。借方业务主要涉及两大类，一类是贷款归还后C融资担保公司申请某银行安徽分行退还的保证金，部分退至债务人的账户；另一类是贷款逾期后某银行安徽分行从该账户内扣划的保证金。

2011年12月19日，安徽省合肥市中级人民法院在审理张某标诉L食品公司、C融资担保公司等民间借贷纠纷一案过程中，根据张某标的申请，对C融资担保公司上述保证金账户内的资金14957852元进行保全。该案判决生效后，合肥市中级人民法院将上述保证金账户内的资金13383132.57元划至该院账户。某银行安徽分行作为案外人提出执行异议，2012年11月2日被合肥市中级人民法院裁定驳回异议。随后，某银行安徽分行因与被告张某标、第三人C融资担保公司发生执行异议纠纷，提起本案诉讼。

【裁判结果】

安徽省合肥市中级人民法院于2013年3月28日作出（2012）合民一初字第00505号民事判决：驳回某银行安徽分行的诉讼请求。宣判后，某银行安徽分行提出上诉。安徽省高级人民法院于2013年11月19日作出（2013）皖民二终字第00261号民事判决：一、撤销安徽省合肥市中级人民法院（2012）合民一初字第00505号民事判决；二、某银行安徽分行对C融资担保公司账户（账号尾号9511）内的13383132.57元资金享有质权。

【裁判理由】

法院生效裁判认为：本案二审的争议焦点为某银行安徽分行对案涉账户内的资金是否享有质权。对此应当从某银行安徽分行与C融资担保公司之间是否存在质押关系以及质权是否设立两个方面进行审查。

1. 某银行安徽分行与C融资担保公司是否存在质押关系

《物权法》第210条①规定："设立质权，当事人应当采取书面形式订立质权合同。质权合同一般包括下列条款：（一）被担保债权的种类和数额；（二）债务人履行债务的期限；（三）质押财产的名称、数量、质量、状况；（四）担保的范围；（五）质押财产交付的时间。"本案中，某银行安徽分行与C融资担保公司之间虽没有单独订立带有"质押"字样的合同，但依据该协议第四条、第六条、第八条约定的条款内容，某银行安徽分行与C融资担保公司之间协商一致，对以下事项达成合意：C融资担保公司为担保业务所缴存的保证金设立担保保证金专户，C融资担保公司按照贷款额度的一定比例缴存保证金；某银行安徽分行作为开户行对C融资担保公司存入该账户的保证金取得控制权，未经同意，C融资担保公司不能自由使用该账户内的资金；C融资担保公司未履行保证责任，某银行安徽分行有权从该账户中扣划相应的款项。该合意明确约定了所担保债权的种类和数量、债务履行期限、质物数量和移交时间、担保范围、质权行使条件，具备《物权法》第210条规定的质押合同的一般条款，故应认定某银行安徽分行与C融资担保公司之间订立了书

---

① 现为《民法典》第427条。

面质押合同。

2. 案涉质权是否设立

《物权法》第212条①规定："质权自出质人交付质押财产时设立。"《最高人民法院关于适用〈中华人民共和国担保法〉若干问题的解释》第85条②规定，债务人或者第三人将其金钱以特户、封金、保证金等形式特定化后，移交债权人占有作为债权的担保，债务人不履行债务时，债权人可以以该金钱优先受偿。依照上述法律和司法解释规定，金钱作为一种特殊的动产，可以用于质押。金钱质押作为特殊的动产质押，不同于不动产抵押和权利质押，还应当符合金钱特定化和移交债权人占有两个要件，以使金钱既不与出质人其他财产相混同，又能独立于质权人的财产。

本案中，首先，金钱以保证金形式特定化。C融资担保公司于2009年4月3日在某银行安徽分行开户，且与《贷款担保业务合作协议》约定的账号一致，即双方当事人已经按照协议约定为出质金钱开立了担保保证金专户。保证金专户开立后，账户内转入的资金为C融资担保公司根据每次担保贷款额度的一定比例向该账户缴存保证金；账户内转出的资金为某银行安徽分行对保证金的退还和扣划，该账户未作日常结算使用，故符合《最高人民法院关于适用〈中华人民共和国担保法〉若干问题的解释》第85条规定的金钱以特户等形式特定化的要求。其次，特定化金钱已移交债权人占有。占有是指对物进行控制和管理的事实状态。案涉保证金账户开立在某银行安徽分行，C融资担保公司作为担保保证金专户内资金的所有权人，本应享有自由支取的权利，但《贷款担保业务合作协议》约定未经某银行安徽分行同意，C融资担保公司不得动用担保保证金专户内的资金。同时，《贷款担保业务合作协议》约定在担保的贷款到期未获清偿时，某银行安徽分行有权直接扣划担保保证金专户内的资金，某银行安徽分行作为债权人取得了案涉保证金账户的控制权，实际控制和管理该账户，此种控制权移交符合出质金钱移交债权人占有的要求。据此，应当认定双方当事人已就案涉保证金账户内的资金设立质权。

关于账户资金浮动是否影响金钱特定化的问题。保证金以专门账户形式特定化并不等于固定化。案涉账户在使用过程中，随着担保业务的开展，保证金账户的资金余额是浮动的。担保公司开展新的贷款担保业务时，需要按照约定存入一定比例的保证金，必然导致账户资金的增加；在担保公司担保的贷款到期未获清偿时，扣划保证金账户内的资金，必然导致账户资金的减少。虽然账户内资金根据业务发生情况处于浮动状态，但均与保证金业务相对应，除缴存的保证金外，支出的款项均用于保证金的退还和扣划，未用于非保证金业务的日常结算。即某银行安徽分行可以控制该账户，C融资担保公司对该账户内的资金使用受到限制，故该账户资金浮动仍符合金钱作为质权的特定化和移交占有的要求，不影响该金钱质权的设立。

---

① 现为《民法典》第429条。
② 已废止。

案例 96　出租人迟延返还履约保证金的，应承担违约责任①

【基本案情】

2017年9月25日，原告（承租人）与被告（出租人）签订《售后回租租赁合同》，约定承租人向出租人申请办理售后回租业务。合同约定，承租人需在合同签订后5个工作日内向出租人支付保证金3075000元。2017年9月25日，承租人向出租人支付了保证金，出租人当日履行了融资义务并办理了租赁物交接。租赁期限自2017年9月25日至于2020年9月24日共36个月，租金为季付，共12期，合同履行过程中，承租人按期足额支付了全部租金。因出租人迟迟未向承租人返还保证金，承租人于2020年11月9日向出租人发送了《申请退款确认函》，要求出租人将保证金返还承租人，出租人仍拒绝返还。2020年12月10日，出租人向承租人发出《关于返还售后回租赁业务保证金的确认函》，承诺最迟将于2021年1月15日前将保证金全额返还。2021年1月26日，出租人向承租人发出《租赁物所有权转移证明书》，将租赁物所有权转移给承租人，但仍未向承租人返还保证金。承租人因此成讼至法院，要求出租人返还保证金并按照全国银行间同业拆借中心公布的贷款市场报价利率支付利息损失。出租人抗辩认为，融资租赁合同约定保证金为无息占有，承租人主张利息损失没有依据，且合同中关于保证金何时返还没有约定。

【裁判结果】

法院生效判决认为，承租人已经全部履行完毕租赁合同约定的义务，保证金理应返还承租人，故对承租人的该主张予以支持。关于承租人主张的赔偿责任问题，虽《售后回租租赁合同》中并未明确约定保证金的返还时间，但根据法律规定，民事主体从事民事活动，应当遵循公平原则，合理确定各方的权利和义务。结合保证金条款内容的约定，考虑合同约定保证金在合同履行期间并不计息，从权利义务对等角度，出租人更应及时将保证金返还承租人。因租赁期限应于2020年9月24日届满，承租人也于当日支付了最后一期租金，故出租人应及时返还长期无息占有的保证金。综上，承租人主张出租人返还保证金，并一并主张利息损失，具有事实及法律依据，应予以支持。

一审判决作出后，被告（出租人）不服一审结果并提出上诉。二审法院经审理，维持了一审判决。

【典型意义】

履约保证金的功能系担保承租人合同项下的付款义务。在承租人完成全部付款义务且没有其他违约行为的情况下，履约保证金的担保目的已经实现，出租人应当及时返还。双方对于承租人最后一笔付款义务的期限约定清晰，融资租赁合同中约定保证金为无息占有，在严格的合同条款之下，出租人作为合同的主要缔结一方，对于返还保证金的期限应有合理预期，应当及时返还承租人的保证金。至于合同中虽未明确约定迟延返还保证金的

---

① 参见天津市滨海新区人民法院（天津自由贸易试验区人民法院）2022年7月发布的《十大典型融资租赁案例》，载微信公众号"天津高法"（2022年7月5日），https://mp.weixin.qq.com/s/5hDeSa8MClUTyMv1WFFZ6A，最后访问时间：2024年7月31日。

违约责任，但保证金的属性系金钱，如果出租人履行了返还义务，则承租人可以获得由该金钱产生的法定孳息，故出租人应就迟延返还保证金承担相应赔偿责任，以平衡合同项下双方的权利义务。

融资租赁公司应公平合理设置保证金条款，加强对履约保证金的管理，实现当事人权利义务的均衡。妥善处理履约保证金的收取、抵扣和返还等事项，避免利用缔约优势地位，免除或减轻自身责任，加重承租人责任或排除承租人的主要权利。

案例 97　保证金应在提前到期日按照实现债权的费用、滞纳金、手续费、租金的顺序冲抵债务[①]

【基本案情】

某融资租赁公司与某能源科技公司签订《融资租赁合同》，约定以某能源科技公司投资开发建设的扶贫发电项目项下全部电站设备为租赁物开展售后回租业务。因某能源科技公司未按期足额支付租金，某融资租赁公司提起诉讼，要求支付全部未付租金以及相应滞纳金、手续费、留购价款等。诉讼中，某融资租赁公司主张将已收取的保证金10800000元在本案判决生效之日冲抵某能源科技公司欠付款项。

【裁判结果】

天津市第三中级人民法院认为，案涉保证金的性质为履约保证金，其用途系保证案涉《融资租赁合同》项下债务的履行。虽然合同约定出租人有权自行决定划扣保证金冲抵承租人的应付款项，但某融资租赁公司主张在判决生效之日冲抵，与保证金的性质和用途不符，亦不利于防止违约损失的扩大，故认定在提前到期日按照实现债权的费用、滞纳金、手续费、租金的顺序用保证金依次冲抵。

【典型意义】

本案系人民法院积极引导融资租赁企业及时抵扣保证金，降低承租人融资成本，服务地方扶贫项目的典型案例。人民法院结合案涉保证金的性质和约定用途，认定在宣布提前到期日以涉保证金先行抵扣欠付款项，大幅降低了承租人的融资成本，保障了光伏发电扶贫项目的顺利完成，在助力京津冀地区协同发展方面具有积极的示范效应。

[①] 参见天津市高级人民法院2023年6月发布的《天津法院金融审判服务保障实体经济发展典型案例（2023年）》，载微信公众号"天津高法"（2023年7月3日），https：//mp.weixin.qq.com/s/EuIoKimwWwBt2ggFMNrOHA，最后访问时间：2024年8月8日；天津市第三中级人民法院2024年5月发布的《三中院服务保障天津自贸区高质量发展白皮书典型案例》，载微信公众号"天津三中院"（2024年5月22日），https：//mp.weixin.qq.com/s/OfAdV_CbA8NcsvC0Y4HIyw，最后访问时间：2024年7月20日。

案例 98　融资租赁案件三种保证金的性质甄别及回购价格确认①

【基本案情】

2008年3月24日，甲公司与闫某签订《融资租赁合同》，约定甲公司根据闫某的选择向乙公司购买某型号的挖钻机一台出租给闫某使用。租赁期限3年，租金总价6102004元（含租赁保证金499000元）。另约定，如有证据表明承租人无法支付租金，出租人单方解除合同的，回购价格为租赁合同解约前全部未付租金总额减去甲公司已经收取的租赁保证金数额。承租人所支付的款项和租赁保证金款项按照以下顺序清偿所欠出租人的债务：各项费用、罚息、租金。2008年4月11日，甲公司与乙公司签订《租赁合作协议》。同日，甲公司与乙公司、丙公司签订《回购担保合同》，约定：融资租赁合同生效后，承租人单笔逾期超过10日或累计超过60日未支付租金的，回购条件成就，乙公司、丙公司应无条件将全部回购价款，并在甲公司发出书面《回购通知》后20个工作日支付给甲公司。回购价格为《租赁合作协议》全部未付租金总额减去甲公司已经收取的租赁保证金数额。2008年4月25日，甲公司与乙公司签订《补充协议》，约定乙公司向甲公司支付499000元用作承租人闫某融资租赁业务的回购保证金。后因闫某拖欠租金，乙公司、丙公司亦未履行回购义务。甲公司遂诉至法院，要求闫某支付租金4513531元及罚息501835.24元（已抵扣闫某支付的保证金499000元）；乙公司、丙公司支付全部回购价款3515531元（即闫某所欠租金4513531元-闫某已支付的租赁保证金499000元-乙公司已支付的回购保证金499000元）。

【裁判结果】

上海市黄浦区人民法院于2012年12月16日作出（2010）黄民五（商）初字第2736号民事判决：1. 闫某支付甲公司剩余租金4513531元及罚息501835.24元，并偿付相应的迟延罚息；2. 乙公司、丙公司支付甲公司回购价款3515531元；3. 若闫某、乙公司、丙公司中任何一方履行了上述判决主文中相应的给付义务，则其他当事人相对于甲公司相应的给付义务予以免除。判决后，丙公司提起上诉。上海市第二中级人民法院于2012年3月19日作出（2012）沪二中民六（商）终字第30号终审民事判决：驳回上诉，维持原判。

【裁判理由】

法院认为，《租赁合作协议》《回购担保合同》以及《融资租赁合同》均系各方当事人的真实意思表示，应属有效。甲公司按约购买租赁设备，并交付闫某验收，已履行了合同约定的义务。闫某承租设备后，未按约支付租金，违反了合同约定的付款义务，已经构成违约。甲公司要求按《融资租赁合同》的约定，由闫某支付全部剩余租金及迟延付款利息的诉讼请求，合法有据，应予支持。本案中承租人闫某拖欠租金未付的事实已经各方当事人确认，《回购担保合同》中约定的回购条件已经成就，故甲公司有权提起诉讼，要

---

① 参见《某某金融租赁有限公司诉闫某、北京某某工程机械有限公司等融资租赁合同纠纷案》（人民法院案例库，入库编号：2024-08-2-112-003）。

求乙公司、丙公司共同承担回购义务。回购金额应根据《回购担保合同》约定的"租赁合同全部未付租金总额减去甲公司已经收取的租赁保证金数额"予以计算。本案中，闫某交付了租赁保证金 499000 元，乙公司也支付了 499000 元的回购保证金，以保证回购义务的履行。现回购条件已经成就，甲公司自愿以承租人未付租金总额 4513531 元减去租赁保证金 499000 元及回购保证金 499000 元后计得的金额 3515531 元，向乙公司及丙公司主张回购价款，并无不当，应予支持。

【裁判意义】

本案涉及近年来新兴的回购型融资租赁业务，牵涉出租人、承租人、出卖人、回购人等四方主体的不同权利义务，其中回购价格的确认又是该类型案件的难点。本案涵盖了租赁保证金、回购保证金等回购型融资租赁业务中常见的保证金，每种保证金处理的争议点较多，并进而引发回购价格计算的问题。法院从合同相对性、保证金支付依据条款、融资租赁交易习惯，商事交易习惯、合同的目的等方面进行综合考量，对保证金性质合理甄别，准确处理争议点，计算出较为公平适当的回购价格，对回购型融资租赁案件的审理具有借鉴意义。

租赁保证金争议的主要问题在于，计算回购价格时，是否可以租赁保证金先行抵扣罚息。我们认为，租赁保证金对于承租人及回购人的意义不同，对于承租人而言，因其支付依据为《融资租赁合同》，也是融资租赁合同的当事人承租人所缴纳，其处理方式应紧扣出租人和承租人的真实意思，因此，在计算承租人应付的租金罚息时，其抵扣顺序理应按照《融资租赁合同》计算。而且依据《融资租赁合同》的约定，租赁保证金先抵扣罚息，或是本金，最终都不会影响承租人的义务。但对于回购人而言，其并非《融资租赁合同》当事人，《回购合同》也并非完全从属于《融资租赁合同》，对回购价格的计算，应依照《回购合同》的约定对租赁保证金进行抵扣更为合理。另外，从利益衡平的角度来说，回购担保的本意也只是担保融资租赁公司的本金债权，不包含罚息部分，否则在回购型融资租赁业务中，融资租赁公司风险趋近于零，回购担保人风险过大，也不符合商事交易合作互利、风险共担的本意。本案中，甲公司主动同意在抵扣承租人支付的租赁保证金及回购人支付的回购保证金后计算回购价款，更为公允，亦与现行法律不相冲突。

图书在版编目（CIP）数据

融资租赁法律实务指引：理解适用与关联规定 / 李阿侠编. -- 北京：中国法治出版社, 2025. 2. -- （实务精要系列）. -- ISBN 978-7-5216-4979-6

Ⅰ. D922.282.5

中国国家版本馆 CIP 数据核字第 2025W3J459 号

策划编辑：韩璐玮　　　　责任编辑：孙　静　　　　封面设计：杨泽江

融资租赁法律实务指引：理解适用与关联规定
RONGZI ZULIN FALÜ SHIWU ZHIYIN：LIJIE SHIYONG YU GUANLIAN GUIDING

编者/李阿侠
经销/新华书店
印刷/三河市紫恒印装有限公司
开本/710 毫米×1000 毫米　16 开　　　　印张/ 25.75　字数/ 462 千
版次/2025 年 2 月第 1 版　　　　　　　2025 年 2 月第 1 次印刷

中国法治出版社出版
书号 ISBN 978-7-5216-4979-6　　　　　　　　　　　　定价：89.00 元

北京市西城区西便门西里甲 16 号西便门办公区
邮政编码：100053　　　　　　　　　　　传真：010-63141600
网址：http：//www.zgfzs.com　　　　　　编辑部电话：010-63141787
市场营销部电话：010-63141612　　　　　印务部电话：010-63141606

（如有印装质量问题，请与本社印务部联系。）